SCRIPTORVM CLASSICORVM
BIBLIOTHECA OXONIENSIS

OXONII
E TYPOGRAPHEO CLARENDONIANO

EPIGRAMMATA GRAECA

EDIDIT

D. L. PAGE

OXONII

E TYPOGRAPHEO CLARENDONIANO

Oxford University Press, Walton Street, Oxford OX2 6DP

*Oxford New York Toronto
Delhi Bombay Calcutta Madras Karachi
Kuala Lumpur Singapore Hong Kong Tokyo
Nairobi Dar es Salaam Cape Town
Melbourne Auckland Madrid*

*and associated companies in
Berlin Ibadan*

Oxford is a trade mark of Oxford University Press

*Published in the United States
by Oxford University Press Inc., New York*

ISBN 0–19–814581–0

5 7 9 10 8 6

*Printed in Great Britain
on acid-free paper by
The Ipswich Book Co. Ltd.,
Ipswich, Suffolk*

PRAEFATIO

EPIGRAMMATA[1] Graeca continet hic liber fere omnia[2] quae auctoribus nominatim adscripta sunt usque ab Archilocho ad Meleagrum; subsequuntur anonyma quaedam ex eisdem temporibus tradita. includuntur etiam e saeculo primo a.C. epigrammatistae praecipui Philodemus et Crinagoras.

vix necesse est ut moneam, quod ad poetas antiquiores attinet, adscriptionibus perraro fidem esse habendam; quod ad poetas aetatis quam vocant Alexandrinae, saepe esse dubitationi locum. tradita refero; genuina siqua sunt una cum subditivis collocavi. opinionem si poscis, seriem usque ab Archilocho ad Platonem perpauca genuina existimo continere: Archilochi I, Demodoci I, II, et fortasse III, Simonidis VI, Ionis Samii I, fortasse Philiadis I, fortasse etiam Parrhasii Zeuxidisque epigrammata. cetera fere omnia aut suppositicia esse aut mera coniectura a posteris adscripta suspicari licet. de Simonide Anacreonte Platone praesertim cum adhuc grammatici certent, quid sentiam brevibus expono.

I. de Simonide

1. certum est epigrammata ab ipso Simonide composita inscriptioni destinata sine nomine auctoris esse inscripta; posteris igitur ignotum fuisse quid ipse composuisset, nisi forte memoria diserte tradita fuisset sicut ab Herodoto cum epigramma de Megistia vate Simonidi nominatim adscriberet. quicunque posterorum Simonidis nomen certis epigrammatis adfixit, coniectura suoque marte id eum fecisse

[1] cum Alexandrini posterique, quibus pars maxima huius libri debetur, nomine epigrammatis non modo versus inscriptioni destinatos sed etiam qualecunque poema breve elegiacum comprehenderint, pauca brevia elegiaca ex Iambis et Elegis Graecis quos edidit Martinus West inclusi; si mihi constitissem, non nulla e Theognide addidissem.

[2] omissa sunt pauca aetatis Alexandrinae e lapidibus tantum nota.

consentaneum est; et re vera post Herodotum non exstat quisquam ante Aristotelem qui epigramma Simonidi nominatim adscribat.

2. certum etiam est in Corona sua Meleagrum epigrammata Simonidis nomine notata inclusisse, cum in serie Meleagrea in Anthologia Palatina Simonidea non nulla compareant: 5. 159, 7. 24–5, 442–3, 496; etiam series Simonidea intra seriem Meleagream, 6. 212–17, 7. 248–58, 507–16.[1]

3. consentaneum est, quamvis probari nequeat, Meleagrum Simonidea sua e sylloga epigrammatum Simonidi nominatim adscriptorum transtulisse.

4. quamdiu ante Meleagrum ea sylloga composita fuerit si quaeritur, adeundus imprimis liber Marci Boas Amstelodamensis 'De Epigrammatis Simonideis' (Groningae 1905). hic vir, summo ingenii acumine praeditus, eruditione diligentiaque insignis, ad ultima traditionis penetralia perrexit, multis in rebus veritatem primus aperuit: capitali tamen in re hominem sagacissimum erravisse miraberis. argumento enim subtilissimo demonstrare conatur, omnium primum quoad sciamus sylloga Simonidea usum esse Timaeum, at contra Aristoteli syllogam fuisse ignotam; collectorem igitur intra annos c. 335–300 a.C. floruisse.

quod nequaquam verum potest esse. exstant enim inter ea Simonidea quae intra seriem Meleagream in A.P. comparent non nulla ἐπιδεικτικὰ aetatis Alexandrinae florentis (LIX LXVI, LXVII) vel adeo marcescentis (XLVII, LIV, LXXIV) propria, quae tempori Timaei quominus adscribas historia stili epigrammatici praefracte prohibet. unam alteramve harum adscriptionum confusioni in A.P. solitae imputare possis: unamquamque si eiusdem erroris arguis, aversor incredulus. praeterea reputandum est,

---

[1] in serie Simonidea A.P. 7. 507–16 initia alphabeti ordinem sequuntur: quem ordinem Cephalae tribuit M. Boas, ego Syllogae auctori. alphabeti ordinem servat etiam Anacreontis epigrammatum collector, A.P. 6. 134 seqq.

huiusmodi fictiones poetis lectoribusque Alexandrinis acceptissimas fuisse: componebant epigrammata quae sine scrupulo tamquam Sapphonis Anacreontis Ionis Platonis iactitabant. utique manifestum est collectorem a quo Simonidea sua mutuatus est Meleager saeculo tertio vel potius secundo a.C. vixisse.

5. collectoris viam ac rationem egregie definivit idem Marcus Boas (op. cit. 229 seqq.): fontibus praecipue litterariis usus, ubi perpaucis exceptis epigrammata sine nomine auctoris laudata invenit, ea selegit imprimis quae inscriptionum speciem prae se ferentia ad res in bello Medico gestas vel ad personas Simonidi contemporaneas spectare censebat. in quibus multifariam errasse hominem levem ne dicam futtilem constat: pleraque plane ἀναχρονιζόμενα, nonnullos Graeculorum recentissimorum fetus Simonidis nomine adornavit. accedit ut tradita nonnumquam mutata apud collectorem compareant: quandoque si textum qualis est ante syllogam factam traditus cum postera eiusdem forma comparare potes (sicut in XI, XII, XIV, XV, XXXIV, XLV; Anacr. XV, Empedocl. I), mutationes nequaquam fortuitas' deprehendes—addita disticha, verba substituta, sententias mutatas.

6. fatendum est igitur omni nos egere auctoritate qua freti Simonidea epigrammata vera a falsis secernere possimus. Herodoto teste epigr. VI recipimus. ἀναχρονιζόμενα et quae manifesto ἐπιδεικτικὰ sunt reicimus. in reliquis fortasse latent quae vere Simonidea sunt: ea nos nisi instinctu quodam coniecturaque animi adgnoscere non possumus. non nulla adscriptorum anonymorumque Simonide digna esse iudicamus; an scripserit necne nescimus.

7. cum forte fortuna adscriptiones in fontibus nostris additae vel omissae videntur, praestat etiam anonyma quae ad Simonidis aetatem referri possint in obtutu nostro comprehendere. itaque epigrammata hunc in modum digessi:

I–II   de rebus ante bellum Medicum gestis
                        Simonidi adscripta;

II. de Anacreonte

1. seriem A.P. 6. 134–45 (V–XVI) in Coronam suam transtulit Meleager e sylloga epigrammatum Anacreonti nominatim adscriptorum; qua in sylloga initia epigrammatum alphabeti ordinem secuta sunt.

2. sunt in hac serie omnia dedicatorii generis. si vere ἀναθηματικά, cum sine nomine auctoris inscripta sint, titulus Anacreontis aut nullo aut parum solido nititur fundamento; sin ἐπιδεικτικῶς composita, aetati Alexandrinae tribuenda.

3. continet haec series tria epigrammata quae fortasse ad Anacreontis ipsius aetatem redeunt: duo e lapidibus nota (IX, XV), unum de Olympionica poetae suppari (VI).

4. cum Dyseridis (VII) Echecratidaeque (XIII) mentio fiat, nescimus utrum Anacreonti adscripta sint epigrammata ob nominum praesentiam an nomina selecta sint ut adscriptionem Anacreonti veri similem redderent.

5. de epitaphiis I, II tantum dicere licet, Anacreonte esse digna; ipsum ea composuisse testem unicum habemus

eundem qui XVII–XVIII Anacreonti adscribit. porro si vere epitaphia sunt, sine nomine auctoris sunt inscripta, ita ut nemo postea scire posset quisnam eorum auctor fuisset.

III. de Platone

1. epigrammata tria, quorum duo ecphrastica titulo 'Platonis iunioris' notata, in calce subiunxi; eidem 'iuniori' cetera ecphrastica (XXI–XXVII) adscribere si velis, esto mea pace. de aetate non constat; probabiliter saec. i a.C. vel p.C.

2. XVI, XVII a Planude et Syll. S vel $\Sigma\pi$ tantum tradita, bucolica demonstrativi generis sunt; Coronae Meleagreae vel potius Philippeae supparia credideris.

3. in serie Meleagrea comparent quinque epigrammata demonstrativi generis, duo de Eretriensibus prope Susa vel Ecbatana sepultis (XI–XII), tria de naufragis (XVIII–XX); quae aetati Alexandrinae securus adscribo.

4. accedunt disticha sublesta duo (XIII, XV), unum de Aristophane elegantius (XIV): titulum Platonis qui defendere velit, sciat se valde in lubrico stare.

5. restant amatoria decem (I–X) de quibus est eritque controversia. novem Aristippus quidam homo si quis alius ἀφροσιβόμβαξ Diogeni Laertio tradidit, eadem ex alio fonte[1] in Anthologiam Palatinam fluxerunt, ubi accedit decimum epigramma amatorium (VIII). fictiones esse III et VI arguunt nomina Agathonis Phaedrique, etiam V Xanthippae: quae nomina selecta sunt ut epigrammata Platonem redolerent, quamvis Phaedrus et Agathon natu multo seniores ἐρώμενοι Platonis esse non possent. etiam reliqua excepto X supposticia esse demonstravit W. Ludwig *GRBS* 4 (1963) 59–82, quocum consentio nisi quod epigramma in Dionem non minus falsum esse contendo: parum enim veri simile videtur, philosophum septuagenarium sexagenarii tyranni mortem deflentem κεφάλαιον elegorum de puerili amore

---

[1] conferas quaeso lectiones Diogenis Anthologiae ignotas, IV 3 νοεῖς, VI 2 πᾶς τις ἐπιστρέφεται.

fecisse; necesse erit ἔρωτα interpreteris tamquam mysticum quendam Platonicum amorem, quod miror quemquam sibi persuasum habere cum verba videat ὦ ἐμὸν ἐκμήνας θυμὸν ἔρωτι Δίων.

pauca postremo de Erinna subiciam. huic adscribuntur in Anthologia tantum Palatina epigrammata duo de amicae Baucidis morte. cum eadem eandem in carmine celeberrimo Ἠλακάτῃ defleverit, parum veri simile videtur, idem Erinnam iterum tertiumque in epigrammatis praesertim epideicticis stilum Alexandrinorum redolentibus fecisse; etenim melliti verborum globuli multo facilius aetati Alexandrinae tribuentur, qua aetate Erinnae Ἠλακάτη commune epigrammatistis thema fuit; cf. Asclep. XXVIII, Leonid. XCVIII, Antip. Sid. LVIII, anon. LXVII, LXVIII. equidem subditiva esse ista epigrammata iudico; nec multo maiorem fidem tertio epigrammati ecphrastico de Agatharchide habeo.

poetas secundum aetatis ordinem quoad licuit disposui. Alexandrinos in turbulas coegi: in quaque turbula, cum nesciamus quis quo senior fuerit, alphabeti ordinem sequuntur nomina eorum qui floruerunt

A. *c.* 310–290: Aeschrion, Antagoras, Anyte, Duris, Moero, Nossis, Perses, Phalaecus, Philetas Cous, Simias;

B. *c.* 275: Alexander Aetolus, Apollonius Rhodius, Aratus, Arcesilaus, Asclepiades, Callimachus, Hedylus, Heraclitus, Nicias, Posidippus, Theaetetus, Theocritus;

C. *c.* 250: Euphorion, Hegesippus, Leonidas, Mnasalces, Philoxenus;

D. *c.* 250–200: Crates, Damagetus, Dioscorides, Nicaenetus, Phaedimus, Rhianus, Theodoridas;

E. *c.* 220–180: Alcaeus, Herodicus, Philippus rex, Samius;

F. saec. ii: Antipater Sidonius, Dionysius, Moschus, Phanias, Polystratus, Zenodotus;

G. saec. ii/i: Meleager;

H. saec. i: Philodemus, Crinagoras;

I. aetate incerta, verum omnes saec. iii vel ii: Agis, Amyntas, Archelaus, Aristodicus, Ariston, Artemon, Carp(h)yllides, Chaeremon, Damostratus, Diotimus, Glaucus, Hegemon, Hermocreon, Hermodorus, Menecrates, Nicander, Nicarchus, Nicomachus, Pamphilus, Pancrates, Phaennus, Philetas Samius, Theodorus, Thymocles, Tymnes.

permulta in his rebus perquam esse dubia concedo; argumenta de cuiusque aetate expedita invenies in Gow & Page, *The Greek Anthology: Hellenistic Epigrams* vol. ii.

cum partem huius libri maximam compleant epigrammata in Anthologiis Palatina Planudeaque traditis, etiam de his codicibus subsidiisque cognatis summatim praefabor.[1]

I. P = Anthologia quae vocatur Palatina, Heidelb. cod. gr. 23+Paris. Bibl. Nat. cod. gr. suppl. 384, saec. x p.C. scriptus. distinguuntur manus

A = scriba librorum 4–9. 384. 8
J = „ „ 9. 384. 9–9. 563
B = „ „ 9. 564–11. 66. 3, 11. 118. 1–13. 31
B² = „ „ 11. 66. 4–11. 118. 1

quibus accedit

C = Corrector, scilicet diorthota qui in textu qualem reliquerant A et J usque ad 9. 563 permulta correxit, etiam nomina ethnicaque et lemmata permulta supplevit. constat C exemplari alio usum esse atque A, J alio atque A vel C; probabile est scribam B alio usum esse atque A vel J vel C.

lemmata paucis exceptis omisi, cum perraro rem offerant quam non ex ipso epigrammate colligere lector potest.

---

[1] consulendi porro Preisendanz, op. cit. (p. xii); Stadtmueller, praefationes ad editionis Teubnerianae volumina i et ii; Gow & Page, op. cit. vol. i pp. xxxii–xlv auctoresque ibi laudatos.

Anthologiae Palatinae fons praecipuus erat florilegium a Constantino Cephala *c.* 900 p.C. compositum. hic ex epigrammatum Coronis quas composuerant Gadarenus Meleager *c.* 100–90 a.C. et Philippus Thessalonicensis *c.* 40 p.C. series plerasque excerpsit variisque operis sui libris inclusit. Coronae Meleagreae reliquias fere omnis repetivi, e Philippea tantum Philodemum Crinagoramque selegi, ne liber iusto longior fieret.

imaginem codicis P publicavit K. Preisendanz, 'Anthologia Palatina: codex Palatinus et codex Parisinus phototypice editi: praefatus est Carolus Preisendanz' (Lugd. Bat. 1911); quacum epigrammata nostra omnia contuli.

II. Pl = Anthologia Planudea, epigrammatum collectio a Maximo Planude composita ipsiusque manu in codice Ven. Marc. 481 scripta. foliis 2–76 epigrammata ex anthologia Cephalae selecta in septem capita digessit (= Pl^A), mox foliis 81^v–100 supplementa ex alio fonte derivata capitibus i–iv addidit (= Pl^B). constat Planudem ambabus in partibus operis sui aliis fontibus usum esse atque Palatino codice; constat etiam eundem saepius in loco difficili praesertimque in obscenioribus pro arbitrio textum mutasse. quod raro Palatini codicis correctorem (C) fecisse convincitur.

cum imagine codicis Planudei quam faciendam curavit A. S. F. Gow epigrammata nostra omnia contuli.

III. Syllogae minores quae non omnino a codice P pendent:

   (*a*) Syll.E = Sylloga Euphemiana, scilicet corolla epigrammatum lxxxii Euphemio cuidam Cephalae suppari dedicata. exstat in tribus codicibus saec. xvi scriptis: Paris. 2720, quem contulit Schneidewin Progymn. in Anth. Gr. (Gottingae 1855), Paris. 1773, Flor. 57. 29, quos in usum editionis Teubnerianae contulit Stadtmueller.

   (*b*) Σ = sylloga quae Euphemianae praemissa est; vid. Stadtmueller, Anthologia Graeca II xxx; tantum in Ione Chio II laudatur.

(c) $\Sigma\pi$ = sylloga epigrammatum lviii saec. xii/xiii scripta; paginas codicis P primas postremasque vacuas relictas, alia spatia intermedia occupat. ipse contuli.

(d) Syll.S = sylloga epigrammatum cxiv saec. xiii in cod. Paris. suppl. 352 scriptorum; publici iuris fecit Cramer An. Par. 4. 365 seqq.

(e) App. B.-V. = Appendix Barberino-Vaticana, quam edidit L. Sternbach (Lugd. 1890) e codicibus Barber. gr. i. 123, Vat. gr. 240, ambobus saec. xvi.

IV. in lexico quod 'Suda' nominant plus quadringenta epigrammata ex toto vel partim laudata comparent, paucis exceptis e libris codicis P 5.–7. 292, plerumque praefixo ἐν ἐπιγράμμασιν, nomine auctoris nusquam addito. quandoque sed perraro lectionem quae vera est vel potest esse alias ignotam exhibet, sicut in Anyt. XII 3.

V. accedunt epigrammatum e codice P excerptorum editiones, coniecturas hominum doctorum exhibentes, quas vulgo minus accurate 'apographa' nominant:

Ap.B.   apogr. codicis Buheriani: scripserat J. Bouhier (1673–1746), nobis notum ex apographi apographo quod fecit I. G. Schneider.

Ap.G.   apogr. Guietianum: scripsit F. Guyet (1575–1655).

Ap.L.   apogr. Lipsiense: scripsit J. Gruter (1560–1627), usus est J. J. Reiske.

Ap.R.   apogr. Ruhnkenianum: comparavit D. Ruhnken, postea possederunt I. Pierson, H. de Bosch.

SIGLA

P	scriptor (A vel J vel B vel B²) textus Anthologiae Palatinae, sc. Heidelb. cod. gr. 23+Paris. suppl. gr. 384
P¹, P²	eorum quae in cod. P bis exarantur prima et altera transcriptio
J	codicis P partim librarius, partim lemmatista
C	codicis P corrector et partim lemmatista
Pl	Anthologia Planudea, sc. cod. Ven. Marc. 481 ab ipso Planude scriptus
Pl^A	foll. 2–76 capita vii Anthologiae complectentia
Pl^B	foll. 81ᵛ–100 supplementa ad capita i–iv complectentia

Syllogae minores (vid. praef. p. xii)

Syll.E	Sylloga Euphemiana
Σ	Sylloga Euphemianae praemissa
Σπ	Sylloga a cod. P tradita
Syll.S	Sylloga a cod. Paris. suppl. 352 tradita
App. B.-V.	Appendix Barberino-Vaticana

Apographa codicis P (vid. praef. p. xiii)

Ap.B.	Apographon codicis Buheriani
Ap.G.	Apographon Guietianum
Ap.L.	Apographon Lipsiense
Ap.R.	Apographon Ruhnkenianum

Sud.	Lexicon 'Suda'
s.a.n.	sine auctoris nota

litterae 'B', 'D' numeris interioribus in cancellis appositae 'Bergk' et 'Diehl' significant, sc. Th. Bergk, Poetae Lyrici Graeci: pars II, Poetae elegiaci et iambographi (1882, iteratum 1915); pars III, Poetae melici (1882, iteratum 1911); E. Diehl, Anthologia Lyrica Graeca, I i (1949), I iii (1952), I iv (1936), II i, ii (1942).

Callimacho additi sunt numeri quibus Pfeiffer, Theocrito quibus usus est Gow.

ARCHILOCHUS

I [6 B. et D.]

ἀσπίδι μὲν Σαΐων τις ἀγάλλεται, ἣν παρὰ θάμνῳ,   1
ἔντος ἀμώμητον, κάλλιπον οὐκ ἐθέλων·
αὐτὸν δ' ἐξεσάωσα· τί μοι μέλει ἀσπὶς ἐκείνη;
ἐρρέτω· ἐξαῦτις κτήσομαι οὐ κακίω.

II [18B., 17D.]

Ἀλκιβίη πλοκάμων ἱερὴν ἀνέθηκε καλύπτρην   5
Ἥρῃ, κουριδίων εὖτ' ἐκύρησε γάμων.

III [17B., 16D.]

ὑψηλοὺς Μεγάτιμον Ἀριστοφόωντά τε Νάξου   7
κίονας, ὦ μεγάλη γαῖ', ὑπένερθεν ἔχεις.

SAPPHO

I [118B., 157D.]

παῖδες, ἄφωνος ἐοῖσα ποτεννέπω αἴ τις ἔρηται,
φωνὰν ἀκαμάταν κατθεμένα πρὸ ποδῶν·   10

ARCHILOCHUS I   vid. West, Iambi et Elegi Graeci i p. 3, unde refero
tantum testimonia ad v. 3: αὐτόν μ' ἐξεσάωσα· τί μοι μέλει Elias proleg.
philos. 8, αὐτὸν μέν μ' ἐσάωσα· τί μοι μέλει Olympiod. in Plat. Gorg.
p. 141 Westerink, ψυχὴν δ' ἐξεσάωσα Ar. Pax 1301; αὐτὸς δ' ἐξέφυγον
θανάτου τέλος Sext. Emp., Pyrrh. hypot. 3. 216   fort. potius τί μοι
μέλει· ἀσπὶς ... ἐρρέτω·   incertum an integrum sit poema
   II A.P. 6. 133 (caret Pl) Ἀρχιλόχου
   III A.P. 7. 441 (caret Pl) [C] Ἀρχιλόχου   1 Μεγατίμιον P
2 γαῖ' Jacobs: γᾶ P
SAPPHO I A.P. 6. 269 (caret Pl) ὡς Σαπφοῦς; Sud. s.v. εὐκλέισον [6]
1 ποτεννέπω Page: τετ' ἐννέπω P   ερητα P

1

SAPPHO

Αἰθοπία με κόρα Λατοῦς ἀνέθηκεν Ἄριστα
ἁ Ἑρμοκλείδα τῶ Σαϋναϊάδα,
σὰ πρόπολος, δέσποινα γυναικῶν· ᾷ σὺ χαρεῖσα
πρόφρων ἀμετέραν εὐκλέισον γενεάν.

5

I I [119B., 158D.]

Τιμάδος ἅδε κόνις, τὰν δὴ πρὸ γάμοιο θανοῦσαν   15
δέξατο Φερσεφόνας κυάνεος θάλαμος·
ἇς καὶ ἀποφθιμένας πᾶσαι νεοθᾶγι σιδάρῳ
ἄλικες ἱμερτὰν κρατὸς ἔθεντο κόμαν.

I I I [120B., 159D.]

τῶ γριπεῖ Πελάγωνι πατὴρ ἐπέθηκε Μενίσκος
κύρτον καὶ κώπαν, μνᾶμα κακοζοΐας.   20

DEMODOCUS

I [1 B. et D.]

⟨καὶ τόδε Δημοδόκου·⟩ Μιλήσιοι ἀξύνετοι μέν   21
οὐκ εἰσίν, δρῶσιν δ᾽ οἷάπερ ἀξύνετοι.

3 Ἀρίστᾳ Neue coll. Paus. 1. 29. 2 περίβολός ἐστιν Ἀρτέμιδος καὶ ξόανα
Ἀρίστης καὶ Καλλίστης· ὡς μὲν ἐγὼ δοκῶ, καὶ ὁμολογεῖ τὰ ἔπη τὰ Σαπφοῦς,
τῆς Ἀρτέμιδός εἰσιν ἐπικλήσεις αὗται   4 ἁ Ἑρμοκλείδα Meineke :
Ἑρμοκλείταο P; totius versus lectio dubia
  II   A.P. 7. 489, Pl^A [CPl] Σαπφοῦς   3 νεοθᾶγι : -θαγεῖ P, -θῆγι
Pl^ac ut vid. ; -θηγέι χαλκῷ Pl^pc (-γέι χαλκῷ litt. maioribus in rasura)
σιδάρωι C : -δήρωι P
  III   A.P. 7. 505, Pl^A [CPl] Σαπφοῦς   1 γριππεῖ P   ἀνέθηκε Pl,
sed nassam remumque sepulchro superposuit non dedicavit   Μενίσκος
Pl : Μερί- P, Βερί- C   2 -ζοΐας Pl : -ζωᾶς P, -ζωίας Pl^sscr
  DEMODOCUS I   Aristot. Eth. Nic. 7. 8. 1151^a6 Δημοδόκου [= West I.E.G.
ii p. 56]   1 suppl. Bergk

2

DEMODOCUS

II [Phocyl. I B. et D.]

καὶ τόδε Δημοδόκου· Λέριοι κακοί· οὐχ ὁ μέν, ὃς δ' οὔ·   23
πάντες, πλὴν Προκλέους· καὶ Προκλέης Λέριος.

III [4 B. et D.]

Καππαδόκην ποτ' ἔχιδνα κακὴ δάκεν· ἀλλὰ καὶ αὐτή   25
κάτθανε γευσαμένη αἵματος ἰοβόλου.

PHOCYLIDES

I [2B., 17D.]

γνήσιός εἰμι φίλος καὶ τὸν φίλον ὡς φίλον οἶδα,
τοὺς δὲ κακοὺς διόλου πάντας ἀποστρέφομαι.
οὐδένα θωπεύω πρὸς ὑπόκρισιν· οὓς δ' ἄρα τιμῶ,
τούτους ἐξ ἀρχῆς μέχρι τέλους ἀγαπῶ.   30

PISANDER

I [II p. 24B., I i 129D.]

ἀνδρὶ μὲν Ἱππαίμων ὄνομ' ἦν, ἵππῳ δὲ Πόδαργος,   31
καὶ κυνὶ Λήθαργος, καὶ θεράποντι Βάβης·

II A.P. 11. 235 Δημοδόκου; Strab. 10. 5. 12 p. 487 (Phocylidis: 'lapsu memoriae', West l.c.); Eust. in Dion. Per. 530   1-2 Λέριοι ... Λέριος Strab., Eust.: Χῖοι ... Χίος P

III A.P. 11. 237 τοῦ αὐτοῦ [sc. Δημοδ.]; Constant. Porphyrog. de them. 21 [= West I.E.G. ii p. 57]   2 de hiatu vid. Simon. IX 2 n.; αἷμ. ἰοβ. κάτθ. γευσ. Friedemann   Demodoco causa indicta ('est autem satis novicium') abiudicavit Bergk

PHOCYLIDES I A.P. 10. 117, Φωκυλίδου Pl[B] s.a.n.; Syll.S s.a.n. 3 θωπεύω Pl: ποθεύω P, τοθεύω Syll.   ἄρα τιμῶ Pl: ἄρ' ἀτιμάσω P, ἄρα τιμήσω Syll.

PISANDER I A.P. 7. 304, Pl[B] [CPl] Πεισάνδρου [C] Ῥοδίου; Dio Prus. or. 37. 39, II 26 Arnim [1-2]; Pollux 5. 46 [1-2]   1 ὄνομ' om. Pl 2 Λήθαργος C[γρ], Dio, Poll.: Θήραγρος PPl

3

PISANDER

Θεσσαλός, ἐκ Κρήτης, Μάγνης γένος, Αἵμονος υἱός,
ὤλετο δ' ἐν προμάχοις ὀξὺν Ἄρη συνάγων.

ANACREON

I [100 B. et D.]

Ἀβδήρων προθανόντα τὸν αἰνοβίην Ἀγάθωνα   35
πᾶσ' ἐπὶ πυρκαϊῆς ἥδ' ἐβόησε πόλις·
οὔ τινα γὰρ τοιόνδε νέων ὁ φιλαίματος Ἄρης
ἠνάρισε στυγερῆς ἐν στροφάλιγγι μάχης.

II [101 B. et D.]

κάρτερος ἐν πολέμοις Τιμόκριτος, οὗ τόδε σᾶμα·
Ἄρης δ' οὐκ ἀγαθῶν φείδεται, ἀλλὰ κακῶν.   40

III [113B., 102D.]

καὶ σέ, Κλεηνορίδη, πόθος ὤλεσε πατρίδος αἴης   41
θαρσήσαντα νότου λαίλαπι χειμερίῃ·
ὥρη γάρ σε πέδησεν ἀνέγγυος, ὑγρὰ δὲ τὴν σήν
κύματ' ἀφ' ἱμερτὴν ἔκλυσεν ἡλικίην.

ANACREON I A.P. 7. 226, Pl^A [CPl] Ἀνακρέοντος [C] Τηίου; Sud. s.vv.
προθανόντα [1], αἰνοβίας [1–2], ἠνάρισεν [3–4]
  II A.P. 7. 160, Pl^A [CPl] Ἀνακρέοντος
  III A.P. 7. 263, Pl^A [CPl] Ἀνακρέοντος [C] Τηίου   2 θαρσήσαντι
P   3 ἀνέγγυος Pl: ἀνέκγυος P; cf. Nonn. Dionys. 3. 10 Ζεφύροιο
προάγγελος ἔγγυος ὥρη   4 ἀφ' P: ἀμφ' Pl   Leonidae, cuius
epigr. sequitur cum lemmate εἰς τὸν αὐτὸν Κλεηνορίδην (quamvis non
nominetur Cleenorides in ipso epigr.), adscripsit Bergk, probat Boas
De epigr. Sim. 152 n. 121

I V [112B., 105D.]

Τελλίᾳ ἱμερόεντα βίον πόρε, Μαιάδος υἱέ,   45
ἀντ' ἐρατῶν δώρων τῶνδε χάριν θέμενος·
δὸς δέ μιν εὐθυδίκων Εὐωνυμέων ἐνὶ δήμῳ
ναίειν αἰῶνος μοῖραν ἔχοντ' ἀγαθήν.

V [108B., 113D.]

ἡ τὸν θύρσον ἔχουσ' Ἑλικωνιὰς ἥ τε παρ' αὐτήν
Ξανθίππη Γλαύκη τ' εἰς χορὸν ἐρχόμεναι   50
ἐξ ὄρεος χωρεῦσι, Διωνύσῳ δὲ φέρουσι,
κισσὸν καὶ σταφυλήν, πίονα καὶ χίμαρον.

V I [102B., 104D.]

οὗτος Φειδόλα ἵππος ἀπ' εὐρυχόροιο Κορίνθου   53
ἄγκειται Κρονίδᾳ, μνᾶμα ποδῶν ἀρετᾶς.

V I I [109B., 108D.]

Πρηξιδίκη μὲν ἔρεξεν, ἐβούλευσεν δὲ Δύσηρις,   55
εἶμα τόδε· ξυνὴ δ' ἀμφοτέρων σοφίη.

IV A.P. 6. 346 (caret Pl) Ἀνακρέοντος   1 Τελλίᾳ Reiske:
τελαίαι P   ἱμερ- Ap.L.: ἤμερ- P   4 ἀγαθῆς Barnes
V A.P. 6. 134, Pl[B] [PCPl] Ἀνακρέοντος   1 αἵ τε Jacobs ἁ δὲ
παρ' αὐτὰν in ἡ δὲ παρ' αὐτήν mut. (vel vice versa) Pl   2 τ' εἰς
χορὸν P: δ' ἡ σχεδὸν Pl   ἐρχομένη Pl
VI A.P. 6. 135 (caret Pl) τοῦ αὐτοῦ [sc. Ἀνακρέοντος]   vetus
videtur epigr., nam Pheidolae victoriam posteris esse curae vix credibile.
oritur tamen quaestio comparato Paus. 6. 13. 9: vidit hic equam (nomine
Αὔραν) non equum; nec laudat epigr., quamquam epigr. de filiorum
Pheidolae victoria (Ol. 66 = 516/15–513/12) laudat
VII A.P. 6. 136 (caret Pl) τοῦ αὐτοῦ [sc. Ἀνακρ.]; Sud. s.v. εἶμα
[1–2]   idem nomen 'Dyseris' Echecratidae (cf. XIII) Thessaliae
principis uxor

VIII [110 B. et D.]

πρόφρων, Ἀργυρότοξε, δίδου χάριν Αἰσχύλου υἱῷ   57
Ναυκράτει, εὐχωλὰς τάσδ' ὑποδεξάμενος.

IX [104B., 103D.]

πρὶν μὲν Καλλιτέλης ἱδρύσατο, τόνδε δ' ἐκείνου
ἔγγονοι ἐστήσανθ', οἷς χάριν ἀντιδίδου.   60

X [105B., 112D.]

Πραξαγόρας τάδε δῶρα θεοῖς ἀνέθηκε, Λυκαίου   61
υἱός, ἐποίησεν δ' ἔργον Ἀναξαγόρας.

XI [106B., 109D.]

παιδὶ φιλοστεφάνῳ Σεμέλας ἀνέθηκε Μέλανθος   63
μνᾶμα χοροῦ νίκας, υἱὸς Ἀρηιφίλου.

XII [107B., 111D.]

ρυσαμένα Πύθωνα δυσαχέος ἐκ πολέμοιο   65
ἀσπὶς Ἀθηναίης ἐν τεμένει κρέμαται.

VIII A.P. 6. 137 (caret Pl) τοῦ αὐτοῦ [sc. Ἀνακρ.]
IX A.P. 6. 138 (caret Pl) τοῦ αὐτοῦ [sc. Ἀνακρ.] ; I.G. I 381 = I.G. I²
834 s.a.n., 1 πριν—ιδρυσατ[, 2 ε]γ[γ]ονοιεστησαν   1 μ' ἱδρ- P, sed
auditor (cf. ἀντιδίδου) non locutor est statua   2 ἔγγονοι lapis : ἔκυ- P
ἐστάσανθ' P   ambigitur quo tempore lapis fuerit inscriptus : vid. Suppl.
Epigr. Gr. 21. 93 (525–520 a.C., Labarbe), 25. 52 (saec. V med., Pfohl)
X A.P. 139 (caret Pl) τοῦ αὐτοῦ [sc. Ἀνακρ.]   prob. vetus inscr.;
sculptor floruit Anaxagoras c. 480 a.C. (Paus. 5. 23. 3, RE 1. 2077)
XI A.P. 6. 140 (caret Pl) τοῦ αὐτοῦ [sc. Ἀνακρ.]   1 -στεφάνῳ
Barnes : -στεφάνου P   μ' ἀνέθηκε Hecker
XII A.P. 6. 141 (caret Pl) τοῦ αὐτοῦ [sc. Ἀνακρ.] ; Sud. s.v. δυσηχής
[1–2]   1 ρυσαμένη . . . δυσηχέος Sud.   2 Ἀθαναίας Stadtmueller
κρέμαμαι Bergk

XIII [103B., 107D.]

σάν τε χάριν, Διόνυσε, καὶ ἀγλαὸν ἄστεϊ κόσμον   67
Θεσσαλίας μ' ἀνέθηκ' ἀρχὸς 'Εχεκρατίδας.

XIV [111B., 106D.]

εὔχεο Τιμώνακτι θεῶν κήρυκα γενέσθαι
ἤπιον, ὅς μ' ἐρατοῖς ἀγλαΐην προθύροις   70
'Ερμῆι τε κρείοντι καθέσσατο· τὸν δ' ἐθέλοντα
ἀστῶν καὶ ξείνων γυμνασίῳ δέχομαι.

XV [Simon. 150B., 101D.]

Στροίβου παῖ, τόδ' ἄγαλμα, Λεώκρατες, εὖτ' ἀνέθηκας   73
2   'Ερμῆ, καλλικόμους οὐκ ἔλαθες Χάριτας.

XIII A.P. 6. 142 (caret Pl) τοῦ αὐτοῦ [sc. Ἀνακρ.]   de Echecra-
tida Thessaliae principe Simonidi aetate suppari (Simon. fr. 528)
Olympionica (Plin. h.n. 10. 180), vid. *RE* 5. 1910
XIV A.P. 6. 143 (caret Pl) τοῦ αὐτοῦ [sc. Ἀνακρ.]   3 κρείοντι
Valckenaer : κρειόεντι P
XV A.P. 6. 144[1] (caret Pl) τοῦ αὐτοῦ (antecedit spat. linearum vi
vac.; οὐ λείπει ὡς οἶμαι οὐδὲ ἐνταῦθα adnotat C), denuoque[2] post 6. 213
cum eodem titulo τοῦ αὐτοῦ sc. Σιμωνίδου, re vera tamquam Anacreontis
esse traditum demonstravit Boas De epigr. Sim. 152–61; inscr. ed.
Wilhelm *Jahresh. d. Oest. Arch. Inst. Wien* 2 (1899) 221 s.a.n., 1 Σ]τροι[βο]
π[α]ιτο[δαγαλ]μα : λεο[, 2 ἑρμεικαλλικομωσουκελαθεσ[; utroque in Anth.
Pal. loco additum est distichon quo certe caruit lapis :

    οὐδ' Ἀκαδήμειαν πολυγαθέα, τῆς ἐν ἀγοστῷ   73[a]
4   σὴν εὐεργεσίην τῷ προσιόντι λέγω.   73[b]

Sud. s.v. ἀγοστῷ [2 οὐκ —4]; An. Par. Cramer 4. 87. 1 [4]   1 Στροίβ-
lapis (coniecerat I. G. Schneider coll. Thuc. 1. 105) : Στοίβ- P[1], Στρόμβ-
P[2]   2 καλλικόμως lapis   4 εὐεργεσίην P[1]C[2] : -ίαν P[2]Sud.
inscr. saec. V parti priori adscr. Wilhelm; strategus fuit Leocrates anno
479 iterumque 459; *RE* 12. 2001

XVI [Simon. 181B., 156D.]

βωμοὺς τούσδε θεοῖς Σοφοκλῆς ἱδρύσατο πρῶτος,   75
ὃς πλεῖστον Μούσης εἷλε κλέος τραγικῆς.

XVII [115B., 114D.]

βουκόλε, τὰν ἀγέλαν πόρρω νέμε, μὴ τὸ Μύρωνος   77
βοίδιον ὡς ἔμπνουν βουσὶ συνεξελάσῃς.

XVIII [116B., 115D.]

βοίδιον οὐ χοάνοις τετυπωμένον, ἀλλ᾽ ὑπὸ γήρως
χαλκωθὲν σφετέρῃ ψεύσατο χειρὶ Μύρων.   80

SIMONIDES

I–II de rebus ante bellum Medicum gestis
Simonidi adscripta

I [131B., 76D.]

ἦ μέγ᾽ Ἀθηναίοισι φόως γένεθ᾽, ἡνίκ᾽ Ἀριστο-   81
γείτων Ἵππαρχον κτεῖνε καὶ Ἁρμόδιος·
[   ]
[   ] πατρίδα γῆν ἐθέτην.

XVI A.P. 6. 145 (caret Pl) τοῦ αὐτοῦ [sc. Ἀνακρ.; vid. ad XV]
1 πρῶτος C: πο*ου ?P   2 εἷλε C^sscr: εἶδε P
XVII A.P. 9. 715, Pl^A [PPl] Ἀνακρέοντος
XVIII A.P. 9. 716, Pl^A [PPl] τοῦ αὐτοῦ [sc. Ἀνακρ.]

SIMONIDES I Heph. ench. 4. 6, p. 14C. Σιμωνίδου ἐκ τῶν ἐπιγραμμάτων,
+inscr. Athenis in foro repertam ed. Meritt Hesperia 5 (1936) 355 s.a.n.
lapis tantum 2 fin.]αρμοδιος, 4 fin.]πατριδα κτλ.; 3–4 om. Heph.
vv. inscripti sunt in basi tyrannicidarum monumenti quod sculpserunt
Critias Nesiotesque anno 477, cum monumentum vetustius ab Antenore
sculptum (c. 509) a Persis asportatum fuisset; dubio procul epigram-
matis vetustioris repetitio

I I [89B., 87D.]

Δίρφυος ἐδμήθημεν ὑπὸ πτυχί, σῆμα δ' ἐφ' ἡμῖν   85
ἐγγύθεν Εὐρίπου δημοσίᾳ κέχυται·
οὐκ ἀδίκως, ἐρατὴν γὰρ ἀπωλέσαμεν νεότητα
τρηχεῖαν πολέμου δεξάμενοι νεφέλην.

III–IV de rebus ante bellum Medicum gestis anonyma

I I I [132B., 100D.]

δεσμῷ ἐν †ἀχνυνθέντι† σιδηρέῳ ἔσβεσαν ὕβριν
παῖδες Ἀθηναίων ἔργμασιν ἐν πολέμου,   90
ἔθνεα Βοιωτῶν καὶ Χαλκιδέων δαμάσαντες,
τῶν ἵππους δεκάτην Παλλάδι τάσδ' ἔθεσαν.

I V [carent B. et D.]

Βόσπορον ἰχθυόεντα γεφυρώσας ἀνέθηκεν
Μανδροκλέης Ἥρῃ μνημόσυνον σχεδίης,

II A. Plan. (Pl^B) 26 Σιμωνίδου   3–4 postmodo additos esse coni.
Wilhelm, perperam opinor   4 τρηχεῖαν Schneidewin: -είην Pl
victi sunt Chalcidenses Boeotiique ab Atheniensibus anno 506 (cf. III):
hoc epigr. potius in victos quam victores compositum esse crederes;
Friedlaender Ep. Gr. p. 5 n. 6
III lapis (a) I.G. I² 394 = I.G. I suppl. 334ª, saec. VI fin., 1–2
]ρινπαιδε[, 4]τωνιππουσδ[; lapis (b) I.G. I 334+373. 69, c. 446/5 a.C.,
1]σαν[, 2]ηναιωνεργμα[, 3]σαν[; Hdt. 5. 77; Diod. 10. 24. 3; A.P. 6. 343
(caret Pl); Aristid. or. 28. 64, II 164K. [2 π. Ἀθ.]; omnes s.a.n., ἄδηλον
A.P.   versuum ordo 1, 2, 3, 4 in lapide (a), 3, 2, 1, 4 in lapide (b) et
ceteris   1 ἀχνυνθέντι P, Hdt. codd. vett. AB et (-νυθέντι) C, defendit
Friedlaender, Ep. Gr. p. 136, coll. inscr. imperatoriae aetatis ἀχνυθὲν
τόδε δῶρον (sed ἀχνυόεν Peek G.V.I. 238): ἀχλυόεντι Hdt. cett., Diod.;
ἀχνυόεντι Hecker   ἔσβεσεν P   2 ἐν: ἐκ C (εἰς Pᵃᶜ ut vid.)   4 ἀνέθεν
Schneidewin (qui epigr. Simonidi adscripsit)   lapis (a): quadriga
victoriam celebrat Atheniensium de Boeotiis Chalcidensibusque anno
506 reportatam; lapis (b): monumento a Persis diruto succedit alterum
anno 446/5 cum eodem epigrammate στοιχηδὸν scripto
IV Hdt. 4. 88 s.a.n.; A.P. 6. 341 (caret Pl) s.a.n.   2 Μανδρο-
κρέων P in textu et in lemmate   σχεδίας P

αὐτῷ μὲν στέφανον περιθείς, Σαμίοισι δὲ κῦδος,   95
Δαρείου βασιλέος ἐκτελέσας κατὰ νοῦν.

V–XIX de rebus in bello Medico gestis Simonidi adscripta

V [133B., 143D.]

τὸν τραγόπουν ἐμὲ Πᾶνα, τὸν Ἀρκάδα, τὸν κατὰ Μήδων, 97
τὸν μετ' Ἀθηναίων, στήσατο Μιλτιάδης.

VI [94B., 83D.]

μνῆμα τόδε κλεινοῖο Μεγιστία, ὅν ποτε Μῆδοι
Σπερχειὸν ποταμὸν κτεῖναν ἀμειψάμενοι,   100
μάντιος, ὃς τότε Κῆρας ἐπερχομένας σάφα εἰδώς
οὐκ ἔτλη Σπάρτης ἡγεμόνας προλιπεῖν.

VII [95B., 120D.]

εὐκλέας αἶα κέκευθε, Λεωνίδα, οἳ μετὰ σεῖο
τῇδ' ἔθανον, Σπάρτης εὐρυχόρου βασιλεῦ,
πλείστων δὴ τόξων τε καὶ ὠκυπόδων σθένος ἵππων   105
Μηδείων ἀνδρῶν δεξάμενοι πολέμῳ.

3 αὐτῷ μὲν Hdt.: τῷ μὲν δὴ P   4 om. P; in fine v. 3 iterumque
in marg. sin. adnotat C ζήτει στίχον ᾱ
    V A. Plan. (Plᴬ) 232 Σιμωνίδου   vid. Hdt. 6. 105, Myth. Lex.
3. 1408
    VI Hdt. 7. 228 Σιμωνίδης ... ἐστὶ ... ὁ ἐπιγράψας; A.P. 7. 677
(caret Pl) s.a.n.   1 κλειτοῖο Hdt. codd. DRSV Μεγιστίου C
(-ίστεος Pᵃᶜ ut vid.)   4 ἡγεμόνα Stein
    VII A.P. 7. 301, Plᴮ [CPl] τοῦ αὐτοῦ [C] Σιμωνίδου   1 εὐκλέας
αἶα Pl : εὐκλέα γαῖα P   2 Σπάρτας Pl βασιλεῦ Pl : -λεῖς P   4 τ'
ἀνδρῶν ... πόλεμον Pl   τῇδ' (v. 2) = Spartanorum tumulo; 'inde iam
manifestum demonstrativi generis poematium esse ..., nam in Spar-
tanorum tumulo fuit ep. 92' [= XXII(b) infra], Bergk   3–4 parum
eleganter dicti; vid. Boas De epigr. Sim. 220

VIII [100B., 118D.]

εἰ τὸ καλῶς θνῄσκειν ἀρετῆς μέρος ἐστὶ μέγιστον,
ἡμῖν ἐκ πάντων τοῦτ᾽ ἀπένειμε Τύχη·
Ἑλλάδι γὰρ σπεύδοντες ἐλευθερίην περιθεῖναι
κείμεθ᾽ ἀγηράντῳ χρώμενοι εὐλογίῃ.   110

IX [59B., 121D.]

ἄσβεστον κλέος οἵδε φίλῃ περὶ πατρίδι θέντες   111
κυάνεον θανάτου ἀμφεβάλοντο νέφος·
οὐδὲ τεθνᾶσι θανόντες, ἐπεί σφ᾽ ἀρετὴ καθύπερθε
κυδαίνουσ᾽ ἀνάγει δώματος ἐξ Ἀίδεω.

X [98B., 94D.]

οὗτος Ἀδειμάντου κείνου τάφος, ὃν διὰ πᾶσα   115
Ἑλλὰς ἐλευθερίας ἀμφέθετο στέφανον.

VIII   schol. Aristid. III 154–5D., Σιμωνίδης cod. D, Σιμωνίδου στίχοι
cod. B; A.P. 7. 253 [C] Σιμωνίδου, Pl^A s.a.n.   1 ἀρετᾶς C   3 σπεύ-
σαντες schol. cod. D   ἐλευθερίην schol. codd. AC: -ίαν PPl, schol. codd.
rell.   4 ἀγηράντῳ Plan. edd. vett. (Stephanus 1566, Ursinus 1568): -άτῳ
PPl, schol.   epigr. ad τοὺς ἐν ταῖς Πύλαις ἀποθανόντας τριακοσίους
refert schol., ad eosdem lemmata in PPl; si recte, demonstrativi generis
est. ad Athenienses ad Plataeas occisos refert Bergk (vid. IX n. infra).
epigramma notum ante 317/6 a.C.; cf. Peek G.V.I. 1689
IX   A.P. 7. 251 [C] Σιμωνίδου, Pl^A s.a.n.   2 hiatus omnium
rarissimus (vid. Gow–Page Garland of Philip I xli; Demodoc. III 2 supra,
Theogn. codd. 478, Peek G.V.I. 339. 2) ; inauditum apud epigrammatistas
θανάτοι᾽ (Ahrens; cf. 'Simon.' fr. 8. 11, I.E.G. ii 115 West, βιότοι᾽ Camera-
rius; Peek G.V.I. 145, 917, 1178)   lemma [J] εἰς τοὺς . . . μετὰ Λεω-
νίδου πεσόντας refert; si recte, demonstrativi generis est. hoc et VIII supra
ad occisos apud Plataeas refert Bergk, ita ut ἄσβεστον κτλ. Lacedaemonios,
εἰ τὸ καλῶς κτλ. Athenienses celebret, coll. Paus. 9. 2. 4 τοῖς μὲν οὖν λοιποῖς
ἐστιν Ἕλλησι μνῆμα κοινόν, Λακεδαιμονίων δὲ καὶ Ἀθηναίων τοῖς πεσοῦσιν
ἰδίᾳ τέ εἰσιν οἱ τάφοι καὶ ἐλεγεῖά ἐστι Σιμωνίδου γεγραμμένα ἐπ᾽ αὐτοῖς
X   Plut. malign. Herod. 39, 870f s.a.n.; Favorin. (ps.-Dio Prus.) or.
37. 19, II 21 Arnim, Simonidi adscriptum; A.P. 7. 347 (caret Pl) s.a.n.
1 ὃν διὰ πᾶσα Plut. (ex Ephoro: lectio vetustior; vid. Boas De epigr.
Sim. 90): οὗ διὰ βουλάς (-λᾶς C) P   2 ἐλευθερίης P   de Adimanto
Corinthiorum duce vid. Hdt. 8. 59 seqq., 94

XI [96B., 90D.]

ὦ ξεῖν', εὔυδρόν ποκ' ἐναίομες ἄστυ Κορίνθω,   117
νῦν δ' ἄμ' Αἴαντος νᾶσος ἔχει Σαλαμίς.

2

XII [97B., 95D.]

ἀκμᾶς ἑστακυῖαν ἐπὶ ξυροῦ Ἑλλάδα πᾶσαν   121
ταῖς αὐτῶν ψυχαῖς κείμεθα ῥυσάμενοι.

2

XIII [134B., 108D.]

ταῦτ' ἀπὸ δυσμενέων Μήδων ναῦται Διοδώρου   127
ὅπλ' ἀνέθεν Λατοῖ μνάματα ναυμαχίας.

XI I.G. I² 927 s.a.n. 1]ονποκεναιομεσαστυκορινθω, 2]ντοσ[νασοσεχει]σ[;
Plut. malign. Herod. 39, 870e s.a.n.; Favorin. (ps.-Dio Prus.) or. 37. 18,
II 21 Arnim, Simonidi adscriptum; in Plut. et Favorin. additum est
distichon alterum

ἐνθάδε Φοινίσσας νῆας καὶ Πέρσας ἑλόντες
καὶ Μήδους ἱερὰν Ἑλλάδα ῥυσάμεθα.   120

4

1 ξεῖνε Fav. cod. M: ξένε Fav. codd. UB, Plut.   2 δ' ἄμ' Αἴαντος
Valckenaer (δ' ἄμμ': δ' ἄμ' Bergk): δὲ μετ' Αἴαντος Fav., δ' ἀνάματος
Plut.   3 ἐνθάδε Plut.: ῥεῖα δὲ Fav.   4 ῥυσάμεθα Jacobs:
ῥυόμεθα Plut., ἱδρυσάμεθα Fav.   loquuntur Corinthii in pugna
Salaminia anno 480 occisi et in Salamine sepulti; lapis noster con-
temporaneus est

XII Plut. malign. Herod. 39, 870f s.a.n.; schol. Aristid. III 136. 22D.
s.a.n.; A.P. 7. 250 [C] Σιμωνίδου, Plᴧ s.a.n.; Aristid. or. 28. 65, II
163K., qui duo disticha addit:

δουλοσύνης· Πέρσαις δὲ περὶ φρεσὶ πήματα πάντα
ἤψαμεν, ἀργαλέης μνήματα ναυμαχίης.   4

ὀστέα δ' ἡμῖν ἔχει Σαλαμίς, πατρὶς δὲ Κόρινθος   125
ἀντ' εὐεργεσίης μνῆμ' ἐπέθηκε τόδε.   6

1 ἀκμῆς Aristid.   ἔστηκ- Pl, Aristid.   2 ταῖς ἡμῶν Pl   5–6 pro
his versibus A.P. 7. 257 [= XVIII infra] scr. schol. Aristid.   epigr.
inscriptum cenotaphio ἐν Ἰσθμῷ Corinthiorum in pugna Salaminia
occisorum teste Plutarcho l.c.

XIII Plut. malign. Herod. 39, 870f s.a.n.; A.P. 6. 215 (caret Pl)
τοῦ αὐτοῦ [sc. Σιμωνίδου]   1 δυσμενέων Plut.: δυσαμένων P   2 ἀνέθεν
Blomfield: ἀνέθεντο P, Plut.   ναυμαχίης Plut.   dedicatio Diodori
Corinthiorum navarchi post pugnam Salaminiam

XIV [137B., 104D.]

αἵδ᾽ ὑπὲρ Ἑλλάνων τε καὶ ἀγχεμάχων πολιητᾶν
ἔστασαν εὐχόμεναι Κύπριδι δαιμόνια·   130
οὐ γὰρ τοξοφόροισιν ἐβούλετο δῖ᾽ Ἀφροδίτα
Μήδοις Ἑλλάνων ἀκρόπολιν δόμεναι.

XV [140B., 107D.]

τόνδε ποθ᾽ Ἕλληνες Νίκης κράτει, ἔργῳ Ἄρηος,
{εὐτόλμῳ ψυχῆς λήματι πειθόμενοι}
Πέρσας ἐξελάσαντες ἐλευθέρᾳ Ἑλλάδι κοινόν   135
ἱδρύσαντο Διὸς βωμὸν Ἐλευθερίου.

XIV schol. Pind. Ol. 13. 30 s.a.n.; Plut. malign. Herod. 39, 871b
Σιμωνίδης ἐποίησεν; Athen. 13. 573ᶜ Σιμωνίδης . . . συνέθηκε   1 Ἑλ-
λήνων Athen.   ἀγχεμάχων schol.: ἴθυμ- Plut., εὔθυμ- Athen.   2 ἔστα-
σαν schol.: ἐστάθεν Plut., Athen.   δαιμόνια (sc. δαιμονίας εὐχάς;
cf. Plut. l.c.   εὔξαντο τὴν καλὴν ἐκείνην καὶ δαιμόνιον εὐχήν) Page: -νίαι
codd. omnes   3 ἐβούλετο schol.: ἐμήδετο Plut., ἐμήσατο Athen.
4 Πέρσαις Athen.   δόμεναι schol.: προδόμεν Plut., Athen.   anno
480 oravere Veneris in templo mulieres Corinthiae ἔρωτα ἐμπεσεῖν τοῖς
ἀνδράσιν αὐτῶν μάχεσθαι ὑπὲρ τῆς Ἑλλάδος τοῖς Μήδοις . . ., εἶναι δὲ καὶ
νῦν ἀναγεγραμμένον ἐλεγεῖον εἰσιόντι εἰς τὸν ναὸν ἀριστερᾶς χειρός (schol.
Pind. l.c.)   de epigrammatis traditione variisque lectionibus consu-
lendus imprimis Boas De epigr. Sim. 47–66; textum ceteris vetustiorem
praebet schol. Pind.

XV Plut.¹ malign. Herod. 42, 873b s.a.n., ² vit. Aristid. 19. 7, 330f
s.a.n.; A.P. 6. 50, Plᴬ [PCPl] Σιμωνίδου; Simonidi adscr. etiam Paus.
9. 2. 5   1 Ἕλλανες P   Νίκης (-κας Plut.²) κράτει Plut.¹˒²: ῥώμῃ
χερὸς PPl   ἔργον Pl   2 caret Plut.¹˒²; suppositicium esse probabiliter
coni. edd.   λάματι P   3 ἐλευθέρᾳ Plut.¹, Plut.² cod. S: ἐλεύθερον
PPl, Plut.² codd. UA   κοινὸν Plut.¹˒²: κόσμον PPl   post victoriam ad
Plataeas anno 479; fort. genuinum (omisso v. 2) epigr. in ara Iovis
inscriptum

SIMONIDES

XVI [107B., 96D.]

Ἑλλάδι καὶ Μεγαρεῦσιν ἐλεύθερον ἦμαρ ἀέξειν
ἱέμενοι θανάτου μοῖραν ἐδεξάμεθα,
τοὶ μὲν ὑπ' Εὐβοίᾳ καὶ Παλίῳ, ἔνθα καλεῖται
ἁγνᾶς Ἀρτέμιδος τοξοφόρου τέμενος,   140
τοὶ δ' ἐν ὄρει Μυκάλας, τοὶ δ' ἔμπροσθεν Σαλαμῖνος

⟨   ⟩

τοὶ δὲ καὶ ἐν πεδίῳ Βοιωτίῳ, οἵτινες ἔτλαν
χεῖρας ἐπ' ἀνθρώπους ἱππομάχους ἱέναι·
ἀστοὶ δ' ἄμμι τόδε ⟨ξυνὸν⟩ γέρας ὀμφαλῷ ἀμφίς   145
Νισαίων ἔπορον λαοδόκῳ 'ν ἀγορῇ.

XVII [138B., 105D.]

Ἑλλάνων ἀρχαγὸς ἐπεὶ στρατὸν ὤλεσε Μήδων   147
Παυσανίας Φοίβῳ μνᾶμ' ἀνέθηκε τόδε.

XVI I.G. VII 53 τὸ ἐπίγραμμα τῶν ἐν τῷ Περσικῷ πολέμῳ ἀποθανόντων
καὶ κειμένων ἐνταῦθα ἡρώων... Σιμωνίδης ἐποίει   menda orthographica
exscribere supersedi   epigr. antiquiori 1–2 postmodo additos esse 3–10
coni. Wilhelm, perperam opinor   6 versum om. lapicida   8 fort.
χερσὶν ... ἱέναι voluit   9–10 ξυνὸν suppl. et λαοδόκω⟨ι⟩ 'ν distinxit
Wade-Gery   inscr. saec. IV/V p.C., epigrammatis antiqui apo-
graphon; vid. imprimis Wilhelm *Jahresh. d. Oest. Arch. Inst. Wien* 2 (1899)
236
XVII Thuc. 1. 132. 2 s.a.n.; ps.-Demosth. in Neaeram 97; Plut.
malign. Herod. 42, 873c; Aristodem. II A 104, 4 p. 496Jac.; Apostol.
7. 9d; Sud. s.v. Παυσανίας; omnes s.a.n.; A.P. 6. 197 (caret Pl) Σιμωνί-
δου; epigr. respicit etiam Paus. 3. 8. 2, qui Simonidi adscr.; cf. Aristid.
or. 46. 175, II 234D., στρατὸν ... Μήδων et Ἑλλήνων ἀρχηγός   1 Ἑλ-
λάνων ἀρχαγὸς P: Ἑλλήνων ἀρχηγὸς rell.   ὤλεσα P   2 μνᾶμ' P:
μνῆμ' rell.   ἀνέθηκα P   epigr. inscriptum in notissimo illo monu-
mento, sc. tripode aureo cum basi anguiformi, quod dedicavere Graeci
post pulsos Medos anno 479. in eodem monumento alterum epigramma
esse inscriptum testis Diodorus 11. 33. 2 s.a.n., Ἑλλάδος εὐρυχόρου
σωτῆρες τόνδ' ἀνέθηκαν | δουλοσύνης στυγερᾶς ῥυσάμενοι πόλιας; vid.
Gomme *Thucydides* 1. 434; I.G.A. 70; Tod *GHI* I no. 19

XVIII [101B., 119D.]

παῖδες Ἀθηναίων Περσῶν στρατὸν ἐξολέσαντες
ἤρκεσαν ἀργαλέην πατρίδι δουλοσύνην.   150

XIX [143B., 144D.]

τόξα τάδε πτολέμοιο πεπαυμένα δακρυόεντος   151
νηῷ Ἀθηναίης κεῖται ὑπωρόφια,
πολλάκι δὴ στονόεντα κατὰ κλόνον ἐν δαὶ φωτῶν
Περσῶν ἱππομάχων αἵματι λουσάμενα.

XIXa [136B., 65D.]

diu dubitavi utrum versus includerem a Plutarcho malign.
Herod. 36, 869c laudatos: τὸ Δημοκρίτου κατόρθωμα καὶ τὴν
ἀριστείαν ἣν ἐπιγράμματι Σιμωνίδης ἐδήλωσε·

Δημόκριτος τρίτος ἦρξε μάχης ὅτε πὰρ Σαλαμῖνα   154a
Ἕλληνες Μήδοις σύμβαλον ἐν πελάγει·
πέντε δὲ νῆας ἕλεν δηΐων, ἕκτην δ' ὑπὸ χειρός
ῥύσατο βαρβαρικῆς Δωρίδ' ἁλισκομένην.   154d

nec sepulchrale est poematium nec dedicatorium; nec cadit
in epigrammatis initium phrasis τρίτος ἦρξε. epigramma
esse negat Boas De epigr. Sim. 73, 86–7, elegis adsignat Wila-
mowitz SS 144 n. 2 (cf. Diehl fr. 65); sed potius epigrammatis
quam elegi stilum redolent viri loci pugnatorum utrimque
spatio tam brevi mentio, rerum gestarum praecisa narratio.
contemporaneum esse poematium crederes a Naxio quodam

XVIII   schol. Aristid.[1] III 154D. τοῦ αὐτοῦ [sc. Σιμωνίδου, quod
addit cod. D],[2] III 136D. (falso cum XII 1–2 supra coniunctum); A.P.
7. 257 [C] ἄδηλον, Pl[A] ἀδέσποτον   1 ἐξελάσαντες schol.[2] cod. unus
2 δουλοσύνην Pl, schol.[2]: -ναν C, schol.[1], -νας P
XIX   A.P. 6. 2, Pl[A] [PPl] Σιμωνίδου; Syll.E 49 Πλάτωνος   2 νηῷ
ὑπ' Ἀθ. Pl   Ἀθηναίης Psscr Pl: -αίωι P, Syll.   ὑπορρόφια P, Syll.   de
sagittariis Atheniensibus, quorum mentio rara, vid. A. Pers. 460, Hdt.
9. 22, 60

compositum; Herodotum (8. 46) ignorat, Democriti histo-
riam Naxiis tantum familiarem συμπολίτης celebrat. vid.
etiam Maas *RE* 3A 1. 191. 47 seqq.

XX–XXIV de rebus in bello Medico gestis anonyma

XX [88^{A, B} D.]

(a)   ἀνδρῶν τῶνδ' ἀρετῆ[ς ἔσται κλέ]ος ἄφθι[τον] αἰεί   155
       [.........]ρ[   ]νέμωσι θεοί·
       ἔσχον γὰρ πεζοί τε [καὶ] ὠκυπόρων ἐπὶ νηῶν
       Ἑλλά[δα μ]ὴ πᾶσαν δούλιον ἦμαρ ἰδεῖν.

(b)   ἦν ἄρα τοῖσζ' ἀδαμ[*c.* xvii litt.   ]ὅτ' αἰχμήν
       στῆσαν πρόσθε πυλῶν αν[   ]   160
       ἀγχίαλον πρῆσαι ρ[*c.* xix litt.   ]
       ἄστυ βίᾳ Περσῶν κλινάμενο[ι δύναμιν].

XX(*a*) 1 ἀρετῆ[ς ἔσται supplevi   2 e.g. 'quamdiu viris fortibus
laudes meritas tribuent dei', e.g. ὄφρα καλῶν π]ρ[ομάχοις καλὰ] νέμωσι
θεοί
(*b*) 1 e.g. ἀδάμ[αντος ὑπέρβιον ἦτορ], cf. Hes. op. 147 ἀδάμαντος ἔχον
κρατερόφρονα θυμόν; spatium excedit ἀδάμαντος ἐνὶ φρεσὶ θυμός, quod
suppl. Wilhelm   2–3 frustra supplere conantur   3 ἀγχίαλον an
-άλων incertum   4 suppl. Kirchhoff

    est monumenti basis, cuius fragmenta duo: alterum prim. ed. Ran-
gabé *Antiquités Helléniques* II (1855) p. 597 n. 784^b = I.G. I² 763, alterum
prim. ed. Oliver *Hesperia* 2 (1933) 480.
    inscriptiones in basi duae: (*a*) superior duabus lineis, in utraque dact.
hex.+pent., στοιχηδόν; ambigitur utrum *c.* 490–89 an 480–79 litt. incisae
sint. (*b*) inferior, litteris eiusdem fere temporis, monumento iam erecto
addita est in spatio duarum linearum levato; in utraque linea dact. hex.
+pent. non στοιχηδόν.
    superiori inscriptioni accedit lapidis recentioris (saec. IV fin.) frag-
mentum, eiusdem ut vid. epigrammatis apographon, prim. ed. Meritt
The Aegean and the Near East: Studies presented to Hetty Goldman (1956) 268;
cum vetustiore inscr. tantum litteras ν in fine v. 3 et secundum o in v. 4
communia habet, nova praebet 2]νέμωσι θεοί et quae iamdudum sup-
pleverant Wilhelm Hiller Kirchhoff 1 κλέ]ος ἄφθι[τον, 3]ὠκυπόρων ἐπὶ
νηῶν, 4]ον ἦμαρ ἰδεῖν.
    quaenam monumenti forma fuerit; victoriam Marathoniam an

SIMONIDES

XXI [90B., 88D.]

Ἑλλήνων προμαχοῦντες Ἀθηναῖοι Μαραθῶνι 163
χρυσοφόρων Μήδων ἐστόρεσαν δύναμιν.

XXII [91-92 B. et D.]

Hdt. 7. 228 θαφθεῖσι δέ σφι αὐτοῦ ταύτῃ τῇ περ ἔπεσον καὶ
τοῖς πρότερον τελευτήσασι ἢ ὑπὸ Λεωνίδεω ἀποπεμφθέντας
οἴχεσθαι ἐπιγέγραπται γράμματα λέγοντα τάδε·

(a) μυριάσιν ποτὲ τῇδε τριηκοσίαις ἐμάχοντο 165
  ἐκ Πελοποννάσου χιλιάδες τέτορες.

Salaminiam celebret inscriptio superior; si Marathoniam, utrum sit
monumentum anno 490-89 erectum an novum 480-79 pro monumento
a Persis diruto; si Salaminiam, qui fiat ut celebratio victoriae Marathoniae
(sc. inscr. (b)) monumento Salaminio sit addita; an Simonides superioris
inscriptionis, inferioris Aeschylus fuerit auctor—haec atque talia in-
quirenti praesto est immensa dissertationum series, ductores idonei
Jacoby *Hesperia* 14 (1945) 157, Meritt l.c.,,Pritchett *Marathon: Univ. of
California Public. in Class. Archaeol.* 4. 2 (1960) 137.

inscr. (b) manifesto ad victoriam Marathoniam referenda est; inscr.
(a) multo facilius ad victoriam Salaminiam (ὠκυπόρων ἐπὶ νηῶν) quam
ad Marathoniam referendam esse docuit Pritchett l.c.

XXI Lycurg. in Leocr. 109; Aristid. or. 28. 63, II 162K.; schol.
Aristid. or. 46. 118, p. 289 Frommel; Sud. s.v. ποικίλη; omnes s.a.n.
2 ita Lycurg.: ἔκτειναν Μήδων εἴκοσι μυριάδας schol., Sud., ἔκτειναν
Μήδων ἐννέα μυριάδας Aristid. vid. Jacoby *Hesperia* 14 (1945)
160; est Atheniensium epitaphium ad tumulum Marathonium in-
scriptum mirum quod neque hoc epigr. Simonidi, neque exstat
aliud ullum de pugna Marathonia (excepto V supra) huic adscriptum.
Sim. 82B. = 63D. excludo, cum fontis error manifestus sit: versum
ex epigrammate in Athenienses ad Chaeroneam occisos (Demosth. de
corona 290), nimirum Simonidi adscripto sicut alia ἀναχρονιζόμενα, ad
Marathonomachos transtulit. vid. etiam Boas De epigr. Sim. 136
XXII (a) Diod. 11. 33. 2 s.a.n.; Aristid. or. 28. 65, II 162K. s.a.n.;
A.P. 7. 248 [C] Σιμωνίδου, Pl^A s.a.n.; Sud. s.v. Λεωνίδης 1 τᾷδε
τριακ- Schneidewin διηκοσίαις (διακ- codd. pars) Diod. -κοσίης
Aristid. τριακόντοις vaniloquentia offensus coni. Bergk 2 Πελο-
ποννάσου P, Hdt. cod. B: -νήσου rell., Hdt. codd. CDRV

17

ταῦτα μὲν δὴ τοῖσι πᾶσι ἐπιγέγραπται, τοῖσι δὲ Σπαρτιήτῃσι ἰδίῃ·

(b)   ὦ ξεῖν᾿, ἀγγέλλειν Λακεδαιμονίοις ὅτι τῇδε   167
κείμεθα τοῖς κείνων ῥήμασι πειθόμενοι.

Λακεδαιμονίοισι μὲν δὴ τοῦτο, τῷ δὲ μάντι τόδε· (c) μνῆμα τόδε κλεινοῖο κτλ. [VI supra]. ἐπιγράμμασι μέν νυν καὶ στήλῃσι ἔξω ἢ τὸ τοῦ μάντιος ἐπίγραμμα Ἀμφικτυόνες εἰσί σφεας οἱ ἐπικοσμήσαντες, τὸ δὲ τοῦ μάντιος Μεγιστίεω Σιμωνίδης ὁ Λεωπρέπεός ἐστι κατὰ ξεινίην ὁ ἐπιγράψας.

XXIII [93 B. et D.]

τούσδε ποθεῖ φθιμένους ὑπὲρ Ἑλλάδος ἀντία Μήδων μητρόπολις Λοκρῶν εὐθυνόμων Ὀπόεις.   170

(b) Lycurg. in Leocr. 109 s.a.n.; Diod. 11. 33. 2 s.a.n; Strab. 9. 4. 16 s.a.n.; A.P. 7. 249 [C] Σιμωνίδου, Pl^A s.a.n.; Sud. s.v. Λεωνίδης; vertit Simonidique adscribit Cic. Tusc. 1. 101   1 ἀγγέλλειν Hdt.: ἄγγειλον fere rell. (ἄγγελλέ Sud., ὦ ξέν᾿ ἀπάγγειλον Strab.)   2 ῥήμασι πειθ. Hdt., PPlSud.: πειθ. νομίμοις Lycurg., Diod., Strab.   manifesto testatur Herodotus tres stelas exstitisse suo quamque epigrammate ornatam; stelas omnis, epigrammata (a) et (b) Amphictyonas facienda curavisse, Simonidem tantum epigramma (c) composuisse: ἐπιγράψας = 'epigramma scripsit', nam neque insculpsit Simonides ipse neque in hoc contextu ἐπιγράφειν pro 'inscribendum curare' usurpatur, cum Simonidem epigrammatis auctorem manifesto velit dicere Herodotus, non tantummodo pecuniam contulisse. itaque cum Simonidem epigrammatis tertii poetam esse diserte adseveret Herodotus, antitheto negat quoad scit eundem esse auctorem primi secundique
XXIII   Strab. 9. 4. 2 s.a.n.   1 ποθεῖ Meineke: ποτε codd.; cf. Peek 20. 9 πόλις ἥδε ποθεῖ, 1532. 1 πόλις ἥδε ποθὴν ἔχει, 1548. 1 Σπάρτη μέν σε ποθεῖ. ἐπίγραμμα . . . τὸ ἐπὶ τῇ πρώτῃ τῶν πέντε στηλῶν τῶν περὶ Θερμοπύλας ἐπιγεγραμμένον πρὸς τῷ πολυανδρίῳ, Strab. l.c.; vid. Boas De epigr. Sim. 22-4

XXIV [135B., 109D.]

παντοδαπῶν ἀνδρῶν γενεὰς Ἀσίας ἀπὸ χώρας   171
παῖδες Ἀθηναίων τῷδέ ποτ' ἐν πελάγει
ναυμαχίᾳ δαμάσαντες, ἐπεὶ στρατὸς ὤλετο Μήδων,
σήματα ταῦτ' ἔθεσαν παρθένῳ Ἀρτέμιδι.

XXV–XXXVII alia de rebus personisque contemporaneis
Simonidi adscripta

XXV [156B., 153D.]

Μίλωνος τόδ' ἄγαλμα καλοῦ καλόν, ὅς ποτε Πίσῃ   175
ἑπτάκι νικήσας ἐς γόνατ' οὐκ ἔπεσεν.

XXVI A [111B., 85D.]

ἀνδρὸς ἀριστεύσαντος ἐν Ἑλλάδι τῶν ἐφ' ἑαυτοῦ
Ἱππίου Ἀρχεδίκην ἥδε κέκευθε κόνις·
ἣ πατρός τε καὶ ἀνδρὸς ἀδελφῶν τ' οὖσα τυράννων
παίδων τ' οὐκ ἤρθη νοῦν ἐς ἀτασθαλίην.   180

XXIV Plut.[1] malign. Herod. 34, 867f s.a.n., [2] vit. Themist. 8. 5,
116ᵃ s.a.n.   1 Ἀσίης Plut.[2]   3 ναυμαχίη Plut.[2] epigr. inscriptum
in stela ad templum Ἀρτέμιδος Προσηῴας prope Artemisium; vid.
Wade-Gery *JHS* 53 (1933) 73
XXV A. Plan. (Plᴬ) 24 τοῦ αὐτοῦ [sc. Σιμωνίδου]   1 Cro-
toniatem Μίλωνα vocat etiam Dorieus, Athen. 10. 412ᶠ (e Phylarcho);
Μίλωνα recentiores Ov. Ibis 609, metam. 15. 229, Lucillius A.P. 11. 316,
Christodorus A.P. 2. 230. Μῑλ- etiam Theocr. 4. 6 (athleta), 8. 47, 51
(pastoris amasius), 10. 7, 12 (messor); Latine Mīlo, Juv. 2. 26, Luc. 1.
323 (T. Annius); cf. Ov. Ibis 325 (tyrannus Eleus)   2 ἑπτάκι : ἑξάκι
Siebelis, nam sexies non septies vicit Olympia πάλῃ Milon annis 540–516
(Paus. 6. 14. 2–3; Jul. Afric. ap. Euseb. chron. 1. 202Sch.), septimo
conatu victus est (Paus. l.c.)
XXVIA Thuc. 6. 59 s.a.n.; Aristot. rhet. 1. 9. 20, 1367ᵇ τὸ τοῦ
Σιμωνίδου [3]   Archedicae maritus erat Aeantides Lampsacenorum
tyrannus; de fratribus nil scimus nisi quod unus nomine Peisistratus
Athenis archon fuit (vid. epigr. quod sequitur); de filiis nedum regnis
eorum tyrannicis omnino nil scimus

SIMONIDES

XXVIB [carent B. et D.]

μνῆμα τόδ' ἧς ἀρχῆς Πεισίστρατος Ἱππίου υἱός   180ᵃ
θῆκεν Ἀπόλλωνος Πυθίου ἐν τεμένει.   180ᵇ

XXVII [145B., 79D.]

ἐξ ἐπὶ πεντήκοντα, Σιμωνίδη, ἤραο ταύρους   181
καὶ τρίποδας πρὶν τόνδ' ἀνθέμεναι πίνακα·
τοσσάκι δ' ἱμερόεντα διδαξάμενος χορὸν ἀνδρῶν
εὐδόξου Νίκας ἀγλαὸν ἅρμ' ἐπέβης.

XXVIII [147B., 77D.]

ἦρχεν Ἀδείμαντος μὲν Ἀθηναίοις ὅτ' ἐνίκα   185
Ἀντιοχὶς φυλὴ δαιδάλεον τρίποδα·
Ξεινοφίλου δέ τις υἱὸς Ἀριστείδης ἐχορήγει
πεντήκοντ' ἀνδρῶν καλὰ μαθόντι χορῷ·
ἀμφὶ διδασκαλίῃ δὲ Σιμωνίδη ἕσπετο κῦδος
ὀγδωκονταέτει παιδὶ Λεωπρέπεος.   190

XXIX [152B., 148D.]

πατρὶς μὲν Κόρκυρα, Φίλων δ' ὄνομ', εἰμὶ δὲ Γλαύκου   191
υἱός, καὶ νικῶ πὺξ δύ' Ὀλυμπιάδας.

XXVIB   Thuc. 6. 54 s.a.n. Πεισ. ὁ Ἱππίου υἱός . . . τῶν δώδεκα θεῶν
βωμὸν τὸν ἐν τῇ ἀγορᾷ ἄρχων ἀνέθηκε καὶ τὸν τοῦ Ἀπόλλωνος ἐν Πυθίου;
I.G. I² 761 μνημα—Πεισιστ[ρατος Ιππιου] υιος | θηκεν—τεμενει   vid.
Gomme–Andrewes–Dover Thuc. 4. 331–2
XXVII   A.P. 6. 213 (caret Pl) τοῦ αὐτοῦ [sc. Σιμωνίδου] ; Tzetz. chil.¹
1. 636 [1–4], ² 4. 487 ὁ Σιμωνίδης νίκαις δὲ πεντήκοντα καὶ πέντε   1 πέντ'
ἐπὶ ut vid. Tzetz.²   Σιμωνίδη Tzetz.¹ : -δης P   ἤρατο C   ταύρους P:
νίκας Tzetz.¹   4 Νίκης Bergk
XXVIII   Syrian. in Hermog. i p. 86R. s.a.n.; Tzetz. in An. Ox.
Cramer 3. 353 s.a.n.; Plut. an seni 3, 785a [5–6 s.a.n.] ; cf. Val. Max.
8. 7 ext. 13   3 δὲ τόθ' υἱὸς Bergk   archon fuit Athenis Adiman-
tus anno 477/6 vid. Stella Riv. Fil. Class. 1946. 1–24
XXIX   Paus. 6. 9. 9 Σιμωνίδης   vicit Olympia πὺξ Philon
annis 492, 488; RE 19. 2528

SIMONIDES

XXX [149B., 11D.]

γνῶθι Θεόγνητον προσιδὼν τὸν Ὀλυμπιονίκαν
παῖδα, παλαισμοσύνης δεξιὸν ἡνίοχον,
κάλλιστον μὲν ἰδεῖν, ἀθλεῖν δ' οὐ χείρονα μορφῆς,   195
ὃς πατέρων ἀγαθῶν ἐστεφάνωσε πόλιν.

XXXI [154B., 149D.]

— εἶπον τίς, τίνος ἐσσί, τίνος πατρίδος, τί δ' ἐνίκης.   197
— Κασμύλος, Εὐαγόρου, Πύθια πύξ, Ῥόδιος.

XXXII [161B., 154ᴬD.]

Ἰφίων τόδ' ἔγραψε Κορίνθιος· οὐκ ἔνι μῶμος
χερσίν, ἐπεὶ δόξας ἔργα πολὺ προφέρει.   200

XXXIII [162B., 163D.]

Κίμων ἔγραψε τὴν θύραν τὴν δεξιάν,   201
τὴν δ' ἐξιόντων δεξιὰν Διονύσιος.

XXX A. Plan. (Plᴮ) 2 Σιμωνίδου; cf. Paus. 6. 9. 1 Θεογνήτῳ δὲ
Αἰγινήτῃ πάλης μὲν στέφανον λαβεῖν ὑπῆρξεν ἐν παισί, τὸν δὲ ἀνδριάντα οἱ
Πτόλιχος ἐποίησεν Αἰγινήτης; Pind. Pyth. 8. 36; P. Oxy. 222. 10
[Θεογνητοσ Αιγι]νητησ παιδ(ων) παλην, anno 476, sed monet editor
supplementum incertum esse, cum spatio ante]νητησ litterae decem
sufficiant   Θεόγνητον Schneidewin ex Paus. l.c.: Θεόκριτον Pl
2 παλαισμοσύνας edd.   3 μορφᾶς Brunck
XXXI A. Plan. (Plᴬ) 23 Σιμωνίδου   1 δὲ νικῆς Pl   de
Casmylo Isthmionica vid. Pind. fr. 2 Snell (plenius Turyn fr. 5) Πίνδαρος
τῇ ᾠδῇ τῶν Ἰσθμιονικῶν τῇ εἰς Κασμύλον [τὴν εἰς Κάσμηλον codd.: corr.
Rohde] Ῥόδιον πύκτην
XXXII A.P. 9. 757 s.a.n., Plᴬ Σιμωνίδου   cf. A.P. 13. 17 s.a.n.
Ἰφίων ἔγραψεν ἑᾷ χερί, τόν ποκα ὕδωρ | ἔθρεψε Πειρήνης ἄπο   picturae
inscr.; saec. VI ex. vel V in. flor. Iphion (RE 9. 2023)
XXXIII A.P. 9. 758 τοῦ αὐτοῦ [post 757, s.a.n.], Plᴬ Σιμωνίδου
cf. A. Plan. (Plᴮ) 84 s.a.n. οὐκ ἀδαὴς ἔγραψε Κίμων τάδε· παντὶ δ' ἐπ'
ἔργῳ | μῶμος, ὃν οὐδ' ἥρως Δαίδαλος ἐξέφυγεν   picturae in portis
inscr.; saec. VI ex. vel V in. flor. Cimon (RE 11. 454; Plin. h.n. 35. 36)

XXXIV [141B., 106D.]

φημὶ Γέλων' Ἱέρωνα Πολύζηλον Θρασύβουλον,　　　　203
παῖδας Δεινομένευς, τοὺς τρίποδας θέμεναι.

XXXV [125B., 98D.]

Ἀργεῖος Δάνδις σταδιοδρόμος ἐνθάδε κεῖται
νίκαις ἱππόβοτον πατρίδ' ἐπευκλείσας
'Ολυμπίᾳ δίς, ἐν δὲ Πυθῶνι τρία,
δύω δ' ἐν Ἰσθμῷ, πεντεκαίδεκ' ἐν Νεμέᾳ.　　　　210
τὰς δ' ἄλλας νίκας οὐκ εὐμαρές ἐστ' ἀριθμῆσαι.

XXXVI [112B., 86D.]

μνήσομαι, οὐ γὰρ ἔοικεν ἀνώνυμον ἐνθάδ' Ἀρχεναύτεω
κεῖσθαι θανοῦσαν ἀγλαὴν ἄκοιτιν

XXXIV　schol. Pind. Pyth. 1. 155 s.a.n.; A.P. 6. 214 (caret Pl) τοῦ
αὐτοῦ [C] Σιμωνίδου; Sud. s.v. δαρετίου [2 τὸν τρίποδ'—4ᵃ δεκάταν]
alterum distichon add. schol.:

βάρβαρα νικήσαντας ἔθνη, πολλὴν δὲ παρασχεῖν　　　　205
σύμμαχον Ἕλλησιν χεῖρ' ἐς ἐλευθερίην.

alterum etiam A.P.:

3ᵃ　　ἐξ ἑκατὸν λιτρῶν καὶ πεντήκοντα ταλάντων　　　　205ᵃ
4ᵃ　　†δαρετίου† χρυσοῦ, τᾶς δεκάτας δεκάταν.　　　　206ᵃ

2 Διομένευς P　τὸν τρίποδ' ἀνθέμεναι PSud.　　4ᵃ δαρετίου non in-
tellegitur (perperam Δαρείου vel Δαρεικοῦ edd.)　　oriuntur pro-
blemata de quibus consulendus Jebb Bacchylides 452–7
XXXV　A.P. 13. 14 (caret Pl) Σιμωνίδου; cf. P. Oxy. 222. 8 et 20,
anno 476 vicit Olympia Δα]νδισ Αρ[γ]ει[ο]σ διαυλον, anno 472 Δαν]δισ
Αργειοσ σταδιον　1 Δάνδις P, P. Oxy., Diod. 11. 53 cod. vetustis-
simus (Patmius): Δάνδης Diod. codd. rell.　σταδιαδρ- P　4 'Ισθμοῖ
P　πεντακ- . . . Νεμαίαι P　vetus inscr.; huius athletae apud
posteros nulla cura
XXXVI　A.P. 13. 26 (caret Pl) Σιμωνίδου ἐπιτύμβιον　　mirum
si mortem feminae alioquin ignotae commemoret poeta nisi suppar
aetate; et potuit Periandri tyranni ἀπέκγονος vivere usque ad Simonidis
tempora. si haesitationem infert ars metrica, conferre licet Archilochi
frr. 188, 191; nec potuit patris nomen Ἀρχεναύτης versibus elegiacis ac-
commodari. ad v. 4 τέρμα vid. Gow–Page HE Dioscorid. 1519

SIMONIDES

Ξανθίππην, Περιάνδρου ἀπέκγονον, ὅς ποθ᾽ ὑψιπύργου
σήμαινε λαοῖς τέρμ᾽ ἔχων Κορίνθου.　　　　　　215

XXXVII [167B., 99D.]

πολλὰ πιὼν καὶ πολλὰ φαγὼν καὶ πολλὰ κάκ᾽ εἰπών　　216
ἀνθρώπους κεῖμαι Τιμοκρέων ῾Ρόδιος.

XXXVIII–XL alia de rebus personisque Simonidi contemporaneis anonyma

XXXVIII [104B., 89D.]

ἀμφί τε Βυζάντειαν ὅσοι θάνον ἰχθυόεσσαν　　　　218
ῥυόμενοι χώρην ἄνδρες ἀρηίθοοι.

XXXIX [III p. 516B.]

μνᾶμ᾽ ἀρετᾶς ἀνέθηκε Ποσειδάωνι ἄνακτι　　　　220
Παυσανίας, ἄρχων ῾Ελλάδος εὐρυχόρου,
πόντου ἐπ᾽ Εὐξείνου, Λακεδαιμόνιος γένος, υἱός
Κλεομβρότου, ἀρχαίας ῾Ηρακλέος γενεᾶς.

XXXVII A.P. 7. 348, Pl^B [CPl] Σιμωνίδου [C] τοῦ Κηίου; Athen.
10. 415^f s.a.n.　1 π. φαγὼν καὶ π. πιὼν Pl　2 ἀνθρώποις P　in
A.P. sequitur 7. 349 [C] Σιμωνίδου, Pl^B s.a.n. βαιὰ φαγὼν καὶ βαιὰ πιὼν
καὶ πολλὰ νοσήσας (νοήσας Pl) | ὀψὲ μὲν ἀλλ᾽ ἔθανον· ἔρρετε πάντες ὁμοῦ
XXXVIII　Aristid. or. 28. 63, II 162K. s.a.n.　1 Βυζάντειαν
Bergk: Βυζάντιον codd.; Βυζάντειον Scaliger, sed cf. Steph. Byz. s.v.
ἔστι καὶ ἐπὶ τῆς χώρας [cf. 2 χώρην] Βυζάντεια διὰ διφθόγγου　'472
aestate? Cimon Pausaniam Byzantio expellit. Beloch II 2². 188. Plut.
Cim. 6. (476 aestate Busolt III 96. 89³). Huc referri potest epigramma',
I.G. I² p. 277. 76
XXXIX　Athen. 12. 536ª s.a.n.　　cf. Hdt. 4. 81

23

XL [III p. 518B.]

(a) ἔκ ποτε τῆσδε πόληος ἅμ' Ἀτρείδῃσι Μενεσθεύς
    ἡγεῖτο ζαθεὸν Τρωϊκὸν ἐς πεδίον,   225
    ὅν ποθ' Ὅμηρος ἔφη Δαναῶν πύκα θωρηκτάων
    κοσμητῆρα μάχης ἔξοχον ὄντα μολεῖν.
5   οὕτως οὐδὲν ἀεικὲς Ἀθηναίοισι καλεῖσθαι
    κοσμηταῖς πολέμου τ' ἀμφὶ καὶ ἠνορέης.

(b) ἦν ἄρα κἀκεῖνοι ταλακάρδιοι, οἵ ποτε Μήδων   230
    παισὶν ἐπ' Ἠϊόνι Στρυμόνος ἀμφὶ ῥοάς
    λιμόν τ' αἴθωνα κρυερόν τ' ἐπάγοντες Ἄρηα
4   πρῶτοι δυσμενέων εὗρον ἀμηχανίην.

(c) ἡγεμόνεσσι δὲ μισθὸν Ἀθηναῖοι τάδ' ἔδωκαν
    ἀντ' εὐεργεσίης καὶ μεγάλων ἀγαθῶν·   235
    μᾶλλόν τις τάδ' ἰδὼν καὶ ἐπεσσομένων ἐθελήσει
4   ἀμφὶ περὶ ξυνοῖς πράγμασι δῆριν ἔχειν.

XL Aeschin. in Ctes. 183 s.a.n.; Plut. vit. Cimon. 7, 482e s.a.n.
(a) 2 ἐς Plut., Aeschin. codd. h k l P: ἄμ Aeschin. codd. rell.   3 θωρη-
κτάων Plut.: χαλκοχιτώνων Aeschin., sed θωρ. sscr. codd. g h m   4 ὄντα
Plut.: ἄνδρα Aeschin.   5–6 seclusit Weidner   6 κοσμηταῖς Plut.:
-τὰς Aeschin.
  (b) 3 κρυερόν Plut.: κρατερόν Aeschin.
  (c) 1 ἔδωκαν Aeschin.: ἐπέδωκαν Plut.   2 μεγάλων ἀγαθῶν Plut.:
μεγάλης ἀρετῆς Aeschin.   4 ἀμφὶ ξυνοῖσι πράγμασι μόχθον ἔχειν
Aeschin.
  vid. imprimis Jacoby Hesperia 14 (1945) 185. urbem Eionem anno 475
a Persis Athenienses duce Cimone receperunt; victoriam celebrant
Athenis in foro tres Hermae, tria epigrammata quae carmen unum
componunt. ordo epigrammatum in fontibus est (b), (c), (a), verum vidit
Goettling; vid. Jacoby l.c. 200. Simonidem minime redolet

XLI–XLIV miscellanea Simonidi adscripta

XLI [163B., 110D.]

πρόσθε μὲν ἀμφ' ὤμοισιν ἔχων τραχεῖαν ἄσιλλαν   238
ἰχθῦς ἐξ Ἄργους ἐς Τεγέαν ἔφερον.

XLII [153B., 151D.]

Ἴσθμια καὶ Πυθοῖ Διοφῶν ὁ Φίλωνος ἐνίκα   240
ἅλμα ποδωκείην δισκὸν ἄκοντα πάλην.

XLIII [155B., 147D.]

ἄνθηκεν τόδ' ἄγαλμα Κορίνθιος, ὅσπερ ἐνίκα
ἐν Δελφοῖς ποτε, Νικολάδας,
καὶ Παναθηναίοις στεφάνους λάβε, πέντ' ἐπ' ἀέθλοις
†ἐξήκοντα† ἀμφιφορεῖς ἐλαίου·   245
5   Ἰσθμῷ δ' ἐν ζαθέᾳ τρὶς ἐπισχερὼ †οὐδ' ἐγένοντο
ἀκτίνων τομίδων ποταθμοι†·
καὶ Νεμέᾳ τρὶς ἐνίκησεν καὶ τετράκις ἄλλα
Πελλάνᾳ, δύο δ' ἐν Λυκαίῳ,
καὶ †Νεμέαι† καὶ ἐν Αἰγίνᾳ κρατερᾷ τ' Ἐπιδαύρῳ   250
10   καὶ Θήβας Μεγάρων τε δάμῳ·
ἐν δὲ Φλειοῦντι στάδιον τά τε πέντε κρατήσας
ηὔφρανεν μεγάλαν Κόρινθον.

XLI Aristot.[1] rhet. 1. 7. 1365ᵃ24 s.a.n., τὸ ἐπίγραμμα τῷ Ὀλυμ-
πιονίκῃ, [2] rhet. 1. 9. 1367ᵇ18 [1 πρόσθε—τραχεῖαν] s.a.n.; Aristoph.
grammaticus ap. Eust. Od. 1761. 25 παρὰ Σιμωνίδῃ   1 πρόσθεν
μὲν τραχεῖαν ἔχων ὤμοισιν ἄσιλλαν Aristot.[1] cod. Aʸᵖ   τρηχεῖαν Eust.
2 Τεγέην ἔφερε Eust.   Simonidem auctorem esse antitheto negare
videtur Aristot.[1], cum pergat καὶ τὸ τοῦ Σιμωνίδου . . .
XLII A. Plan. (Plᴮ) 3 τοῦ αὐτοῦ [sc. Σιμωνίδου]
XLIII A.P. 13. 19 (caret Pl) Σιμωνίδου   1 ἐννίκα P   2 ποτέ:
ποσί Bergk   4 ἐξήκοντα: vid. Wilamowitz SS 218   5–6 ζαθέῳ
Brunck   Ἰσθμοῖ δὲ ζαθέα τρὶς ἐπισχερὼ εἶδεν ἑλόντα | ἀκτὰ Ποντο-
μέδοντος ἄθλον post alios Wilamowitz   9 Νεμέᾳ: errore ex v. 7 ut
vid.; Τεγέᾳ Brunck; fort. Πίσα, nam mirum videtur, qui alibi toties
vicerit, Olympia numquam vicisse   10 Θήβας Wilamowitz: -βαι
P   11 στάδιον Hermann: -δίω P

XLIV [159B., 113D.]

† Ἑρμῆν τόνδ᾽ ἀνέθηκεν Δημήτριος ὄρθια δ᾽ οὐκ ἐν
προθύροις Δήμητρος ρ.. [.].. κ. ιμαθ. [†   255

XLV–LVIII ἀναχρονιζόμενα Simonidi adscripta

XLV [142B., 103D.]

ἐξ οὗ τ᾽ Εὐρώπην Ἀσίας δίχα πόντος ἔνειμεν
καὶ πόλιας θνητῶν θοῦρος Ἄρης ἐπέχει,
οὐδέν πω τοιοῦτον ἐπιχθονίων γένετ᾽ ἀνδρῶν
ἔργον ἐν ἠπείρῳ καὶ κατὰ πόντον ἅμα·
5   οἶδε γὰρ ἐν Κύπρῳ Μήδους πολλοὺς ὀλέσαντες   260
Φοινίκων ἑκατὸν ναῦς ἕλον ἐν πελάγει
ἀνδρῶν πληθούσας· μέγα δ᾽ ἔστενεν Ἀσὶς ὑπ᾽ αὐτῶν
πληγεῖσ᾽ ἀμφοτέραις χερσὶ κράτει πολέμου.

XLIV Trypho π. τρόπ. ed. M. L. West *CQ* 15 (1965) 239 ἔνιοι δὲ καὶ
ἐν ταῖς συλλαβαῖς ὑπερβατὰ πεποιήκασιν, ὡς καὶ Σιμωνίδης ἐν ἐπιγράμ-
μασιν [ ].λοθε εσυπερβ[..]...[......τ]ου Δήμητρος τὴν τ[ε]λευταίαν
[..........] τὸ γὰρ ἑξῆς οὕτω[ς ἀπ]οδίδοται· Ἑρμῆν κτλ.   ἀνέθη-
Δημήτριος ᾽Ορθιάδου -κεν | ἐν προθύροις coni. Headlam *J. Phil.* 26 (1889)
93, *CR* 14 (1900) 9, ut hyperbaton ἐν συλλαβαῖς fieret
XLV Diodor. 11. 62. 3 s.a.n.; Aristid. or. 28. 64, II 162K. s.a.n.;
idem or. pro quatt. II 209D. s.a.n., et II 210. 3–4 s.a.n.; schol. Aristid.
III 209D. Σιμωνίδης ὕμνησε; A.P. 7. 296 (caret Pl) [C] Σιμωνίδου τοῦ
Κηίου; Apostol. 7. 57ᵃ Σιμωνίδου; cf. Tit. As. Min. I 44. 1 (= Kaibel
ep. 768), I.G. II 555 (= Kaibel ep. 844)   1 τ᾽ Arist.: γ᾽ P, Diod.
Εὐρώπαν Ἀσίης P   ἔνειμε(ν) P, Diod.: ἔκρινε Arist.   2 πόλιας
θνητῶν Arist.: πολέας θνητῶν Diod., πόλεμον λαῶν P   ἐπέχει Diod.:
ἐφέπει P, Arist.   3 οὐδέν Diod. (οὐδέ codd. AF): οὐδενί Arist.,
οὐδαμά P   τοιοῦτον Diod.: καλλίων P, κάλλιον Arist.   4 ἅμα
P, Diod.: ὁμοῦ Arist.   5 Κύπρῳ P, Diod.: γαίη Arist.   Μήδους
Diod.: -δων P, Arist.   7 αὐτῶν Arist.: -τῷ Diod. (ἔστεν᾽, tum nil
scriptum in P)   8 non sine causa emendare conantur (e.g.
ἀμφοτέρως χερσοκρατεῖ πολέμῳ Blomfield)   in rebus minoribus
corruptior Diodorus, in maioribus textum ex Ephoro vetustiorem videtur
offerre; vid. Boas De epigr. Sim. 104–8   miram rerum con-

SIMONIDES

XLVI [105B., 115D.]

οἵδε παρ' Εὐρυμέδοντά ποτ' ἀγλαὸν ὤλεσαν ἥβην
μαρνάμενοι Μήδων τοξοφόρων προμάχοις   265
αἰχμηταί, πεζοί τε καὶ ὠκυπόρων ἐπὶ νηῶν,
κάλλιστον δ' ἀρετῆς μνῆμ' ἔλιπον φθίμενοι.

XLVII [106B., 116D.]

τῶνδέ ποτ' ἐν στέρνοισι τανυγλώχινας ὀιστοὺς
λοῦσεν φοινίσσᾳ θοῦρος Ἄρης ψακάδι·
ἀντὶ δ' ἀκοντοδόκων ἀνδρῶν μνημεῖα θανόντων   270
ἄψυχ' ἐμψύχων ἅδε κέκευθε κόνις.

fusionem explicare si quaeris, studiorum initium praebebunt Busolt
Gr. Gesch. III 1. 146, Meyer *Forschungen* II 9, Weber *Philol.* N.S. 28 (1917)
248, Wade-Gery *JHS* 53 (1933) 79, Friedländer *SIFC* 15 (1938) 102,
Gomme *Thuc.* 1. 286. non persuadent qui vv. 1–4 tamquam de victoria
Eurymedontia *c.* 468/7 a vv. 5–8 tamquam de victoria Cypria anno
450/49 distinguunt, nam 1–4 pro integro epigrammate haberi nequeunt
et γάρ in v. 5 mutantibus resistit. equidem consentio cum illis qui totum
epigr. ad Cypriam victoriam referunt, Ephorum tralationis ineptae ad
Eurymedontiam arguunt. utique dubium est an victoriam Eurymedonti-
am Simonides supervixerit

XLVI A.P. 7. 258, Pl^A [PPl] Σιμωνίδου   1 Εὐρυμέδοντί Pl
ποτ' valde abnorme, sed emendantibus resistit   ἀγλαὰν P   ἥβαν C
3 αἰχμηταῖς P   vid. imprimis Pritchett *Marathon: Univ. of Calif.
Publ. in Class. Archaeology* 4. 2 (1960) 164–7
XLVII A.P. 7. 443 (caret Pl) [C] Σιμωνίδου   1 ποτ' ἐν
Meineke: ποτὲ P   ad victoriam Eurymedontiam (cf. XLV–XLVI)
refert lemma in P   de sensu voc. ἀκοντοδόκων disputant, ἄψυχ'
ἐμψύχων et κέκευθε κόνις emendare conantur; potius imbecillum
Graeculi hariolantis ingenium quam corruptum epigramma dignosco

SIMONIDES

XLVIII [160B., 112D.]

γράψε Πολύγνωτος, Θάσιος γένος, Ἀγλαοφῶντος   272
υἱός, περθομέναν Ἰλίου ἀκρόπολιν.

XLIX [108B., 117D.]

χαίρετ᾽ ἀριστῆες πολέμου μέγα κῦδος ἔχοντες,
κοῦροι Ἀθηναίων, ἔξοχοι ἱπποσύνᾳ,   275
οἵ ποτε καλλιχόρου περὶ πατρίδος ὠλέσαθ᾽ ἥβαν
πλείστοις Ἑλλάνων ἀντία μαρνάμενοι.

L [187B., 166D.]

— τίς εἰκόνα τάνδ᾽ ἀνέθηκεν; — Δωριεὺς ὁ Θούριος.
— οὐ Ῥόδιος γένος ἦν; — ναί, πρὶν φυγεῖν γε πατρίδα,
δεινᾷ γε χειρὶ πολλὰ ῥέξας ἔργα καὶ βίαια.   280

LI [180B., 127D.]

ἐσβέσθης, γηραιὲ Σοφόκλεες, ἄνθος ἀοιδῶν,   281
οἰνωπὸν Βάκχου βότρυν ἐρεπτόμενος.

XLVIII Plut. or. def. 47, 436b s.a.n.; A.P. 9. 700 (caret Pl) Σιμω-
νίδου; schol. Plat. Gorg. 448b s.a.n.; Hesych. s.v. Θάσιος παῖς Ἀγλαοφῶν-
τος (haec tantum) s.a.n.; Paus. 10. 27. 4 ἐλεγεῖόν ἐστι Σιμωνίδου [1–2]
1 γράψεν Ἀρίγνωτος P   2 περθομέναν Plut.: -νην P, schol., Paus.
ἡλίου P   'Ilium captum' post obitum Simonidis pinxit Polygnotus
ut vid.; RE 21. 1630, 1634

XLIX A.P. 7. 254, Plᴬ [CPl] Σιμωνίδου; I.G. I² 946 = II 3. 1677
s.a.n. 1]κυδο[, 2]οσυνα[, 3]ριδοσωλ[, 4]αρναμε[2 ιππ]οσυνα[ι
lapis: -νῃ PPl   3 ἥβην PPl   4 Ἑλλήνων PPl   μαρνάμενοι Cʸᴾ,
lapis: μαχόμενοι P   vid. Wilhelm Jahresh. d. Oest. Arch. Inst. Wien 2
(1899) 222: pugnam Tanagraeam anno 457 celebrat lapis eodem fere
tempore inscriptus

L A.P. 13. 11 (caret Pl) Σιμωνίδου   2 init. deest syllaba ut vid.;
e.g. ⟨ἆρ'⟩ οὐ   γε Bergk: τε P   3 γε Bergk: τε P   πολλὰ ῥέξας
Jacobs: πόλλ᾽ ἔρξας P   vicit Olympia παγκρατίῳ Dorieus annis
432, 428, 424; RE 5. 1560–1

LI A.P. 7. 20, Plᴬ [PPl] Σιμωνίδου; denuo C in marg. inf. post
A.P. 7. 37. 5, ἀδέσποτον; Sud. s.v. οἴνοψ [2]   2 οἰνῶπος Stadtmueller

LII [188B., 152D.]

Πύθια δίς, Νεμέᾳ δίς, 'Ολυμπίᾳ ἐστεφανώθην,
οὐ πλάτεϊ νικῶν σώματος ἀλλὰ τέχνᾳ,
Ἀριστόδαμος Θράσυος Ἀλεῖος πάλᾳ.   285

LIII [102B., 122D.]

τῶνδε δι' ἀνθρώπων ἀρετὰν οὐχ ἵκετο καπνός   286
αἰθέρα δαιομένης εὐρυχόρου Τεγέης,
οἳ βούλοντο πόλιν μὲν ἐλευθερίῃ τεθαλυῖαν
παισὶ λιπεῖν, αὐτοὶ δ' ἐν προμάχοισι θανεῖν.

LIV [103B., 123D.]

εὐθυμάχων ἀνδρῶν μνησώμεθα, τῶν ὅδε τύμβος,   290
οἳ θάνον εὔμηλον ῥυόμενοι Τεγέαν,
αἰχμηταὶ πρὸ πόληος, ἵνα σφίσι μὴ καθέληται
Ἑλλὰς ἀποφθιμένου κρατὸς ἐλευθερίαν.

LII Heph.[1] π. ποιημ. 4 p. 60C., denuoque [2] p. 65C., utroque loco τὸ
Σιμωνίδειον ἐπίγραμμα; cf. Paus. 6. 3. 4 ἀνάκειται δὲ καὶ ἐξ αὐτῆς Ἤλιδος
παλαιστὴς ἀνὴρ Ἀριστόδημος Θράσιδος· γεγόνασι δὲ αὐτῷ καὶ Πυθοῖ δύο
νῖκαι καὶ Νεμέᾳ   1 Πύθια Brunck coll. Paus. 5. 2. 5, 6. 16. 2 : Ἴσθμια
Heph., sed Elei ab Isthmiis arcebantur (Paus. l.c.)   3 Ἀριστοδάμας
Heph.[1], -δημος Heph.[2]   Θράσυος Wilamowitz: θρασὺς Heph.[1,2],
Θράσιδος Paus. 6. 3. 4. (ubi Θράσυδος Wilamowitz)   ἅλιος Heph.[1],
Heph.[2] cod. I   vicit Olympia πάλῃ Aristodamus Eleus anno 388
LIII A.P. 7. 512 [C] τοῦ αὐτοῦ [sc. Σιμωνίδου], Pl[B] s.a.n. (antecedit
Simonideum)   1 fort. ἀρετὴν   3 ἐλευθερίαι P   ad pugnam
apud Mantineam anno 362 coll. I.G. V 2. 173 referunt Wilamowitz
SS 215, alii; cf. Geffcken Gr. Epigr. no. 152; restat dubitationi locus
LIV A.P. 7. 442, Pl[B] [CPl] Σιμωνίδου   3 ἵνα—4 obscura; vid.
Boas De epigr. Sim. 208. fortasse ἀποφθιμένη (Bergk) κρατὸς ἐλευθερίαν
(= ἐλευθερίας στέφανον), siquidem rhetoris ineptiis succurrere par est;
ἀποφθιμένοις κάρτος ἐλευθερίης coni. Pl   de re vid. LIII n.

SIMONIDES

LV [186B., 155D.]

δῆμος Ἀθηναίων σε, Νεοπτόλεμ', εἰκόνι τῇδε
τίμησ' εὐνοίης εὐσεβίης θ' ἕνεκα.   295

LVI [II p. 323 B., I i 135D.]

Πραξιτέλης ὃν ἔπασχε διηκρίβωσεν Ἔρωτα   296
ἐξ ἰδίης ἕλκων ἀρχέτυπον κραδίης,
Φρύνη μισθὸν ἐμεῖο διδοὺς ἐμέ· φίλτρα δὲ τίκτω
οὐκέτι τοξεύων ἀλλ' ἀτενιζόμενος.

LVII [185ᴬB., 164D.]

— τίς ἅδε; — Βάκχα. — τίς δέ νιν ξέσε; — Σκόπας.   300
— τίς δ' ἐξέμηνε, Βάκχος ἢ Σκόπας; —Σκόπας.

LVIII [185ᴮB., 165D.; anon. LVIII
(b) G.–P.]

τὸν ἐν Ῥόδῳ κολοσσὸν ὀκτάκις δέκα   302
Χάρης ἐποίει πηχέων ὁ Λίνδιος.

LV Σπ (prima post indicem in A.P. pagina) Σιμωνίδου; Syll.E 12
de Neoptolemo (flor. saec. IV med.) vid. RE 16. 2462
LVI A. Plan. (Plᴬ) 204 Σιμωνίδου; Athen. 13. 591ᵃ Πραξιτέλης ...
ἐπέγραψε [1–4; 3 βάλλω pro τίκτω, 4 οὐκέτ' ὀιστεύων]
LVII A. Plan. (Plᴬ) 60, Σπ (quarta post indicem in A.P. pagina)
[Pl Σπ] Σιμωνίδου
LVIII A. Plan. (Plᴬ) 82 Σιμωνίδου; Strab. 14. 2. 5 [1 ἑπτάκις δέκα—2
s.a.n.]; Constant. Porphyrog. de admin. imp. 21, III 99. 9 Bonn.
[1–2 s.a.n.]   1 ἑπτάκις Strab.   2 Χάρης Strab.: Λάχης Pl, Con-
stant.

30

SIMONIDES

LIX–LXXXVII alia suppositicia vel falso adscripta

LIX [179B., 158D.; II G.–P.]

χειμερίην νιφετοῖο κατήλυσιν ἡνίκ᾽ ἀλύξας
Γάλλος ἐρημαίην ἤλυθ᾽ ὑπὸ σπιλάδα   305
ὑετὸν ἄρτι κόμης ἀπεμόρξατο, τοῦ δὲ κατ᾽ ἴχνος
βουφάγος εἰς κοίλην ἀτραπὸν ἷκτο λέων·
5   αὐτὰρ ὁ πεπταμένῃ μέγα τύμπανον ὃ σχέθε χειρί
ἤραξεν, καναχῇ δ᾽ ἴαχεν ἄντρον ἅπαν·
οὐδ᾽ ἔτλη Κυβέλης ἱερὸν βρόμον ὑλονόμος θήρ   310
μεῖναι, ἀν᾽ ὑλῆεν δ᾽ ὠκὺς ἔθυνεν ὄρος
δείσας ἡμιγύναικα θεῆς λάτριν, ὃς τάδε Ῥείᾳ
10   ἔνδυτα καὶ ξανθοὺς ἐκρέμασεν πλοκάμους.

LX [178B., 157D.; I G.–P.]

Βοίδιον ηὐλητρὶς καὶ Πυθιάς, αἵ ποτ᾽ ἐρασταί,
σοί, Κύπρι, τὰς ζώνας τάς τε γραφὰς ἔθεσαν.   315
ἔμπορε καὶ φορτηγέ, τὸ σὸν βαλλάντιον οἶδεν
καὶ πόθεν αἱ ζῶναι καὶ πόθεν οἱ πίνακες.

LXI [144B., 145D.]

οὕτω τοι, μελία ταναά, ποτὶ κίονα μακρόν
ἧσο πανομφαίῳ Ζηνὶ μένουσ᾽ ἱερά·
ἤδη γὰρ χαλκός τε γέρων αὐτά τε τέτρυσαι   320
πυκνὰ κραδαινομένα δαΐῳ ἐν πολέμῳ.

LIX   A.P. 6. 217 (caret Pl) τοῦ αὐτοῦ [sc. Σιμωνίδου]; Sud. s.vv.
κατήλυσιν [1–2], ἀπεμορξάμην, βουφάγος [3–4], ἤρασσον [5–6], λάτρης
[9–10], ὀρεία [9 ὅς—10], ἔνδυτά [10]   2 ἦλθεν Sud.   5 ὃ σχέθε
C in marg.: ἔσχεν P, ἔσχεθε C in textu, ἔσχετο Sud.   9 ὃς τάδ᾽
ὄρεια Sud.
    LX   A.P. 5. 159, Plᴬ [PPl] Σιμωνίδου   1 αὐλητρὶς Pl
    LXI   A.P. 6. 52, Plᴬ [PPl] Σιμωνίδου; Sud. s.vv. ἧσο, μελίαι [1–2],
ταναή [1–2 ἧσο], τετρύσθαι [3]   1 μελίη ταναή Pl   3 αὐτή omnes
4 κραδαινομένη Pl   δαῖωι C: δηϊ- PPl

LXII [164B., 146D.]

εὔχεό τοι δώροισι, Κύτων, θεὸν ὧδε χαρῆναι
Λητοΐδην ἀγορῆς καλλιχόρου πρύτανιν,
ὥσπερ ὑπὸ ξείνων τε καὶ οἳ ναίουσι Κόρινθον
αἶνον ἔχεις χαρίτων, δέσποτα, τοῖς στεφάνοις.   325

LXIII [157B., 114D.]

Ἀρτέμιδος τόδ' ἄγαλμα· διηκόσιαι δ' ἄρ' ὁ μισθός   326
δραχμαὶ ταὶ Πάριαι, τῶν ἐπίσημα τράγος·
ἀσκητὸς δ' ἐποίησεν Ἀθηναίης παλάμῃσιν
Νάξιος Ἀρκεσίλας, υἱὸς Ἀριστοδίκου.

LXIV [151B., 159D.]

πατρίδα κυδαίνων ἱερὴν πόλιν Ὦπις Ἀθηνᾶς   330
†τέκνον μελαίνης γῆς χαρίεντας† αὐλούς
τούσδε σὺν Ἡφαίστῳ τελέσας ἀνέθηκ' Ἀφροδίτῃ
καλοῦ δαμασθεὶς ἱμέρῳ Βρύσωνος.

LXV [182B., 124D.; V G.–P.]

οἴδε τριακόσιοι, Σπάρτα πατρί, τοῖς συναρίθμοις
Ἰναχίδαις Θυρέαν ἀμφὶ μαχεσσάμενοι,   335

LXII A.P. 6. 212 (caret Pl) Σιμωνίδου   1 τοι: τοῖς Salmasius,
σοῖς Bergk   Κύλων Bergk   3 ὑπό: ἀπό Reiske   4 δέσποτα τοῖς:
μεστοτάτοις Hecker   Anacreonti transtulit Boas De epigr. Sim. 156
LXIII Diog. Laert. 4. 45 Σιμωνίδης   1 δ' ἄρ' cod. F: γὰρ codd.
CPBᵖᶜ (om. Bᵃᶜ)   2 ἐπίσημα τράγος Heyne: ἐπίσημ' ἄρατος codd.
3 ἀσκητὸς codd. BP: -τῆς cod. F; -τῶς Bergk   4 Νάξιος M. Schmidt:
ἄξιος codd. Ἀριστοδόκου cod. F   vid. RE 2. 1168 no. 20
LXIV A.P. 13. 20 (caret Pl) Σιμωνίδου   1 Ἀθανᾶς P   2 valde
abnorme χαρίεντας trisyll., neque intellegitur τέκνον μελ. γῆς; τέκνον
Μελαίνης καὶ Χάρητος Hartung
LXV A.P. 7. 431 [C] ἄδηλον, οἱ δὲ Σιμωνίδου, Plᴮ s.a.n.   1 τριακ-
Bergk: τριηκ- PPl   2 Ἰναχίδας P

αὐχένας οὐ στρέψαντες, ὅπᾳ ποδὸς ἴχνια πρᾶτον
ἁρμόσαμεν, ταύτᾳ καὶ λίπομεν βιοτάν·
5 ἄρσενι δ' Ὀθρυάδαο φόνῳ κεκαλυμμένον ὅπλον
καρύσσει "Θυρέα, Ζεῦ, Λακεδαιμονίων."
αἰ δέ τις Ἀργείων ἔφυγεν μόρον, ἦς ἀπ' Ἀδράστου·   340
Σπάρτᾳ δ' οὐ τὸ θανεῖν ἀλλὰ φυγεῖν θάνατος.

LXVI [183B., 125D.; III G.-P.]

ἠμερὶ πανθέλκτειρα μεθυτρόφε μῆτερ ὀπώρης,
οὔλης ἢ σκολιὸν πλέγμα φύεις ἕλικος,
Τηίου ἡβήσειας Ἀνακρέοντος ἐπ' ἄκρῃ
στήλῃ καὶ λεπτῷ χώματι τοῦδε τάφου,   345
5 ὡς ὁ φιλάκρητός τε καὶ οἰνοβαρὴς φιλόκωμος
παννύχιος κρούων τὴν φιλόπαιδα χέλυν
κἢν χθονὶ πεπτηὼς κεφαλῆς ἐφύπερθε φέροιτο
ἀγλαὸν ὡραίων βότρυν ἀπ' ἀκρεμόνων,
καί μιν ἀεὶ τέγγοι νοτερὴ δρόσος, ἧς ὁ γεραιός   350
10 λαρότερον μαλακῶν ἔπνεεν ἐκ στομάτων.

LXVII [184B., 126D.; IV G.-P.]

οὗτος Ἀνακρείοντα τὸν ἄφθιτον εἵνεκα Μουσέων
ὑμνοπόλον πάτρης τύμβος ἔδεκτο Τέω,
ὃς Χαρίτων πνείοντα μέλη, πνείοντα δ' Ἐρώτων
τὸν γλυκὺν ἐς παίδων ἵμερον ἡρμόσατο·   355

3 ἴχνια πρᾶτον: ἴχνος ἄπρατον P, ἴχνια πρῶτον Pl   vid. Hdt. 1. 82.
Dioscoridi adscripsit Boas De epigr. Sim. 146–7
    LXVI A.P. 7. 24, Plᴬ [PCPl] Σιμωνίδου; Sud. s.vv. ἠμερίς [1–2],
λαρόν [9–10], γεραιός [9 ἧς—10]   1 ὀπώρης CPl: -ρας PSud.
2 οὔλης ἢ σκολιὸν C et (ἣι) Pl: οὐλῆτις κολιὸν P, οὐ λήγῃ σκολιὸν Sud.
φύεις Küster: φύσεις PPl, φύῃς Sud.   5 φιλάκρητός CPl: φιλά-
κ**ρητός P   φιλόκωμος Pl: φίλα κώμωι P   6 κρούοι Plᵖᶜ   7 καὶ
χθονὶ Cʸᵖ   8 ὡραίων Lascaris: ὡραῖον PPl   9 μιν PlSud.:
φιν P, σφιν C   τέγγει P   ἧς ὁ CPlSud.: η σε P ut vid.
    LXVII A.P. 7. 25, Plᴬ [PPl] τοῦ αὐτοῦ [sc. Σιμωνίδου]; Sud. s.v.
μολπή [9 μολπ.—μελιτ.]   1 Μουσέων Pᵃᶜ: -σῶν CPl

5   μοῦνον δ' εἰν Ἀχέροντι βαρύνεται οὐχ ὅτι λείπων
    ἠέλιον Λήθης ἐνθάδ' ἔκυρσε δόμων,
    ἀλλ' ὅτι τὸν χαρίεντα μετ' ἠιθέοισι Μεγιστέα
    καὶ τὸν Σμερδίεω Θρῇκα λέλοιπε πόθον.
    μολπῆς δ' οὐ λήγει μελιτερπέος, ἀλλ' ἔτ' ἐκεῖνον   360
10 βάρβιτον οὐδὲ θανὼν εὔνασεν εἰν Ἀίδῃ.

LXVIII [114B., 80D.]

    ἠερίη Γεράνεια, κακὸν λέπας, ὤφελες Ἴστρον
    τῆλε καὶ ἐκ Σκυθέων μακρὸν ὁρᾶν Τάναϊν,
    μηδὲ πέλας ναίειν Σκειρωνικὸν οἶδμα θαλάσσης
    ἄγκεα νειφομένης ἀμφὶ Μεθουριάδος·   365
5   νῦν δ' ὁ μὲν ἐν πόντῳ κρυερὸς νέκυς, οἱ δὲ βαρεῖαν
    ναυτιλίην κενεοὶ τῇδε βοῶσι τάφοι.

LXIX [130B., 142D.]

    ἦ σεῦ καὶ φθιμένας λεύκ' ὀστέα τῷδ' ἐνὶ τύμβῳ
    ἴσκω ἔτι τρομέειν θῆρας, ἄγρωσσα Λυκάς·
    τὰν δ' ἀρετὰν οἶδεν μέγα Πήλιον ἅ τ' ἀρίδηλος   370
    Ὄσσα Κιθαιρῶνός τ' οἰονόμοι σκοπιαί.

5 μοῦνον Bothe: -νος PPl   6 δόμῳ Pl   9 λήγει Porson: λῆγεν
Sud., λήθει PPl   ἐκεῖνο Pl
    LXVIII A.P. 7. 496 (caret Pl) Σιμωνίδου   1 ὤφελες Salmasius:
-λεν P   Ἴστρου C   2 ἐκ: ἐς Heringa   4 ἄγκεα Salmasius:
ἀγνέα P   νειφομένας P   Μολουριάδος Salmasius   quid significet
'Methurias' ignoramus: non insulas in sinu Megarico ('Methurides'
Plin. h.n. 4. 54), nam mentione indignae sunt, et montem indicant vocc.
ἄγκεα et νειφομένης; itaque aut Μολουριάδος scribendum, de quo monte
vid. Paus. 1. 44. 7 (Μολουρίδα πέτραν, prope Scironias rupes) aut
montanam regionem nomine alioquin ignoto 'Methuriada' (unde insulae
nominatae) sumere necesse erit
    LXIX Pollux 5. 47 Σιμωνίδης   1 ἦ σεῦ H. Stephanus: ἦς αὖ
codd. AS, εἰς αὖ cod. F   2 ἄγρωσσα: formatio prob. Alexandrinae
vel posterioris aetatis   3 οἶδεν codd. SF: οἱ δὲ cod. A

LXX [117B., 130D.]

αἰαῖ νοῦσε βαρεῖα, τί δὴ ψυχαῖσι μεγαίρεις
ἀνθρώπων ἐρατῇ πὰρ νεότητι μένειν;
ἠ καὶ Τίμαρχον γλυκερῆς αἰῶνος ἄμερσας
ἠίθεον, πρὶν ἰδεῖν κουριδίην ἄλοχον.   375

LXXI [120B., 136D.]

αἰδὼς καὶ Κλεόδημον ἐπὶ προχοῇσι Θεαίρου   376
ἀενάου στονόεντ᾽ ἤγαγεν εἰς θάνατον
Θρηικίῳ κύρσαντα λόχῳ· πατρὸς δὲ κλεεννόν
Διφίλου αἰχμητὴς υἱὸς ἔθηκ᾽ ὄνομα.

LXXII [119B., 135D.]

σῶμα μὲν ἀλλοδαπὴ κεύθει κόνις, ἐν δέ σε πόντῳ,   380
Κλείσθενες, Εὐξείνῳ μοῖρ᾽ ἔκιχεν θανάτου
πλαζόμενον· γλυκεροῦ δὲ μελίφρονος οἴκαδε νόστου
ἤμπλακες, οὐδ᾽ ἵκευ Χῖον ἐπ᾽ ἀμφιρύτην.

LXXIII [123B., 134D.]

ἐνθάδε Πυθώνακτα κασίγνητόν τε κέκευθε
γαῖ᾽ ἐρατῆς ἥβης πρὶν τέλος ἄκρον ἰδεῖν.   385
μνῆμα δ᾽ ἀποφθιμένοισι πατὴρ Μεγάριστος ἔθηκεν
ἀθάνατον θνητοῖς παισὶ χαριζόμενος.

LXX   A.P. 7. 515, Pl^A [CPl] Σιμωνίδου   2 ἐρατῇ Jacobs: ἀρετᾶι
(sic) P, ἐρατᾷ Pl
LXXI   A.P. 7. 514 (caret Pl) [C] Σιμωνίδου   1 αἰδὼς: Ἄιδης
apogr.
LXXII   A.P. 7. 510 [C] τοῦ αὐτοῦ [sc. Σιμωνίδου], Pl^B Σιμωνίδου
1 σῶμα Pl: σῆμα P   4 ἤμβροτες Pl   Χῖον abnorme, sicut in Peek
G.V.I. 1987. 6 Χῖος   ἐπ᾽ P: ἐς Pl
LXXIII   A.P. 7. 300, Pl^B [CPl] Σιμωνίδου   1 κασίγνητόν C
marg.: κασιγηη^την P, κασιγνήτην Pl   κέκευθε C marg.: κεκεύθει PPl
2 γᾶ Pl   3 Μεγάριστος Grotius: μέγ᾽ ἄριστος P, μέγ᾽ ἄριστον Pl
4 χαριζόμενον P^ac

LXXIV [115B., 128D.]

φῆ ποτε Πρωτόμαχος, πατρὸς περὶ χεῖρας ἔχοντος,
  ἡνίκ' ἀφ' ἱμερτὴν ἔπνεεν ἡλικίην,
"ὦ Τιμηνορίδη, παιδὸς φίλου οὔποτε λήσῃ   390
  οὔτ' ἀρετὴν ποθέων οὔτε σαοφροσύνην."

LXXV [113B., 84D.]

σῆμα καταφθιμένοιο Μεγακλέος εὖτ' ἂν ἴδωμαι,   392
  οἰκτίρω σε, τάλαν Καλλία, οἷ' ἔπαθες.

LXXVI [109B., 97ᵃ,ᵇ D.]

(a)   τούσδε ποτ' ἐκ Σπάρτας ἀκροθίνια Φοίβῳ ἄγοντας
  ἓν πέλαγος, μία νύξ, ἓν σκάφος ἐκτέρισεν.   395

(b)   τούσδ' ἀπὸ Τυρρηνῶν ἀκροθίνια Φοίβῳ ἄγοντας   396
  ἓν πέλαγος, μία ναῦς, εἷς τάφος ἐκτέρισεν.

LXXVII [121B., 137D.]

τῶν αὑτοῦ τις ἕκαστος ἀπολλυμένων ἀνιᾶται,   398
  Νικόδικον δὲ φίλοι καὶ πόλις ἥδε γ' ὅλη.

LXXIV A.P. 7. 513, Plᴮ [CPl] τοῦ αὐτοῦ [sc. Σιμωνίδου]
1 Πρωτόμαχος Hecker: Πρόμαχος P, Τίμαρχος (e LXX) Pl
LXXV A.P. 7. 511 (caret Pl) [C] τοῦ αὐτοῦ [sc. Σιμωνίδου]
LXXVI (a) A.P. 7. 270, Plᴬ [CPl] Σιμωνίδου   1 ἀκροθήνια P
Φοῖβ' ἀγαγόντας P
(b) A.P. post 7. 650 (caret Pl) [C] Σιμωνίδου   1 ἀκροθήνια P
altera alterius imitatio; ambo separatim in Corona inclusisse Melea-
grum vidit Wifstrand; vid. etiam Boas De epigr. Sim. 243
LXXVII A.P. 7. 302, Plᴮ [CPl] Σιμωνίδου   2 γ' ὅλη Fettes: πόλη P,
πολλὴ C; post ἥδε nil nisi lineolam ∼ scr. Pl; ποθεῖ Brunck; Πόλη (urbs
Istriae) Salmasius, Πόλαι Jacobs (cf. Pfeiffer ad Callim. fr. 11. 6), sed tum
πόλις ἥδε supervacanea

LXXVIII [127B., 138D.]

Κρὴς γενεὰν Βρόταχος Γορτύνιος ἐνθάδε κεῖμαι,   400
οὐ κατὰ τοῦτ᾽ ἐλθὼν ἀλλὰ κατ᾽ ἐμπορίαν.

LXXIX [122B., 139D.]

χαίρει τις, Θεόδωρος ἐπεὶ θάνον· ἄλλος ἐπ᾽ αὐτῷ   402
χαιρήσει. θανάτῳ πάντες ὀφειλόμεθα.

LXXX [124ᴬB., 140D.]

ἄνθρωπ᾽, οὐ Κροίσου λεύσσεις τάφον· ἀλλὰ γὰρ ἀνδρός
χερνήτεω μικρὸς τύμβος, ἐμοὶ δ᾽ ἱκανός.   405

LXXXI [124ᴮB., 131D.]

οὐκ ἐπιδὼν νύμφεια λέχη κατέβην τὸν ἄφυκτον   406
Γόργιππος ξανθῆς Φερσεφόνης θάλαμον.

LXXXII [118B., 132D.]

σῆμα Θεόγνιδός εἰμι Σινωπέος, ᾧ μ᾽ ἐπέθηκεν   408
Γλαῦκος ἑταιρείης ἀντὶ πολυχρονίου.

LXXVIII A.P. 7. 254ᵇ (caret Pl) [C] Σιμωνίδου   epigr. om. P,
add. C in marg. sup.   2 ἐμπορίην C
LXXIX A.P. 10. 105 Σιμωνίδου, Plᴬ ἄδηλον
LXXX A.P. 7. 507 [C] Σιμωνίδου, Plᴬ Ἀλεξάνδρου   hoc et
LXXXI coniuncta exhibet A.P.; lemma, ad LXXX. 1 scriptum, ad
LXXXI pertinet; veri simile est titulum Σιμωνίδου aeque cum lemmate
ad LXXXI pertinere. itaque seriem Simonideam incipiet LXXXI, non
LXXX, quod fort. recte 'Alexandro' adscribit Pl. vid. Boas De epigr.
Sim. 183
LXXXI A.P. 7. 507ᵃ (caret Pl) s.a.n. (cum LXXX coniunctum)
1 ἐπίδον C   κατέβην C: -βη P   2 θάλαμον Salmasius: -μος P
LXXXII A.P. 7. 509 (caret Pl) [C] τοῦ αὐτοῦ [sc. Σιμωνίδου]

37

SIMONIDES

LXXXIII [110B., 141D.]

θηρῶν μὲν κάρτιστος ἐγώ, θνατῶν δ' ὃν ἐγὼ νῦν   410
φρουρῶ τῷδε τάφῳ λαΐνῳ ἐμβεβαώς.

LXXXIV [128B., 81D.]

οἱ μὲν ἐμὲ κτείναντες ὁμοίων ἀντιτύχοιεν,   412
Ζεῦ ξένι', οἱ δ' ὑπὸ γᾶν θέντες ὄναιντο βίου.

LXXXV [129B., 82D.]

οὗτος ὁ τοῦ Κείοιο Σιμωνίδου ἐστὶ σαωτήρ,
ὃς καὶ τεθνηὼς ζῶντι παρέσχε χάριν.   415

LXXXVI [126B., 133D.]

σᾶμα τόδε Σπίνθηρι πατὴρ ἐπέθηκε θανόντι.   416

LXXXIII A.P. 7. 344, Pl^B [CPl] Σιμωνίδου   2 λάϊνος Meineke
sequitur in Pl (τοῦ αὐτοῦ, sc. Σιμωνίδου) ἀλλ' εἰ μὴ θυμόν γε Λέων ἐμὸν
ὡς ὄνομ' εἶχεν, | οὐκ ἂν ἐγὼ τύμβῳ τῷδ' ἐπέθηκα πόδας, = A.P. 7. 344^b
(post 7. 350 scriptum) ubi Callimacho adscribitur
LXXXIV A.P. 7. 516 [C¹] τοῦ αὐτοῦ [sc. Σιμωνίδου], Pl^A Σιμωνίδου;
iterum exscripsit C² in marg. sup. ad A.P. 7. 77 [= LXXXV] cum argu-
mento: C¹ Σιμωνίδης εὑρὼν νεκρὸν . . . θάψας ἐπέγραψεν, C² ὁ ταφεὶς νεκρὸς
τῷ Σιμωνίδῃ ἐπιφανεὶς ἐκώλυσε πλεῖν, διὸ τῶν συμπλεόντων μὴ πεισθέντων
αὐτὸς μείνας σῴζεται καὶ ἐπιγράφει τόδε τὸ ἐλεγεῖον [sc. LXXXV] τῷ
τάφῳ; cf. Cic. de div. 1. 27; Boas De epigr. Sim. 98–101   2 βίου
C²Pl: βίον P   imitatur epigr. Peek G.V.I. 1362 (saec. I a.C.)
LXXXV A.P. 7. 77 (caret Pl) Σιμωνίδου; denuo exscripsit C² in
marg. sup.; schol. Aristid. III 533D. (Simonidis); Tzetz. chil. 1. 632
(Simonidis); Simonidi adscribit etiam ps.-Libanius VIII p. 42. 13F.
1 ὁ τοῦ Κείοιο P, C²: ὁ Κίου schol., Tzetz.   Σιμωνίδου P, C²:-δεω schol.,
Tzetz.   2 τεθνειὼς C², schol. cod. B, Tzetz.   ζῶντι παρέσχε schol.,
Tzetz.: ζῶντ' ἀπέδωκε P, C²
LXXXVI A.P. 7. 177 (caret Pl) [C] Σιμωνίδου   post h.v.
spatium unius lineae vacuum relictum in P; vetus inscr., nil deest. vid.
Friedländer Ep. Gr. pp. 11 seqq.   Σπινθῆρι P; vid. Gow–Page ad
Ariston. 784

SIMONIDES

LXXXVII [158B., 150D.]

Κρὴς Ἄλκων Διδ[ύμου] Φοίβῳ στέφος Ἴσθμι᾿ ἑλὼν πύξ. 417

LXXXVIII [167B., 67D.]

τῇ ῥά ποτ᾿ Οὐλύμποιο περὶ πλευρὰς ἐκάλυψεν
ὠκὺς ἀπὸ Θρήκης ὀρνύμενος Βορέας,
ἀνδρῶν δ᾿ ἀχλαίνων ἔδακε φρένας, αὐτὰρ ἐκάμφθη   420
ζωὴ Πιερίην γῆν ἐπιεσσαμένη,
5   ἔν τις ἐμοὶ καὶ τῆς χεέτω μέρος· οὐ γὰρ ἔοικεν
θερμὴν βαστάζειν ἀνδρὶ φίλῳ πρόποσιν.

LXXXIX [176B., 75D.]

ὅ τοι χρόνος ὀξὺς ὀδόντας
†καὶ πάντα ψύχει† καὶ τὰ βιαιότατα.   425

LXXXVII Σπ (quinta post indicem in A.P. pagina) Σιμωνίδου
suppl. Bergk; Διδύμοις Welcker
LXXXVIII Athen. 3. 125ᶜ Καλλίστρατος ἐν ζ Συμμείκτων φησὶν ὡς
ἐστιώμενος παρά τισι Σιμωνίδης ὁ ποιητὴς κραταιοῦ καύματος ὥρᾳ καὶ τῶν
οἰνοχόων τοῖς ἄλλοις μισγόντων εἰς τὸ ποτὸν χιόνος αὐτῷ δὲ οὔ, ἀπε-
σχεδίασε τόδε τὸ ἐπίγραμμα   1 τῇ Casaubon, ut a καὶ τῆς v. 5 ex-
ciperetur: τὴν cod.   2 ὀξὺς ἀπὸ Valckenaer   3–4 αὐτὰρ κτλ.:
nix ʻvivaʼ (i.e. natura eius salva) servatur in Thessalia (Πιερ.) in cellis
subterraneis (γῆν ἐπιεσσ.); quid velit verb. κάμπτεσθαι in hoc contextu
non video; ἐκρύφθη Brunck, ἐθάφθη Porson
LXXXIX Stob. ecl. 1. 8. 22 Σιμωνίδου ἐπιγραμμάτων   1 ὅ τοι
cod. F: οὗτοι cod. P   2 ψύχῃ cod. P; πάντα καταψήχει Bergk
βεβαιότατα Pierson   potius elegis adsignandum

39

PHILIADES

I [II p. 378B., I i 87D.]

ἄνδρες θ' οἵ ποτ' ἔναιον ὑπὸ κροτάφοις Ἑλικῶνος,   426
λήματι τῶν αὐχεῖ Θεσπιὰς εὐρύχορος.

PINDARUS

I

χαῖρε, δὶς ἡβήσας καὶ δὶς τάφου ἀντιβολήσας,   428
Ἡσίοδ', ἀνθρώποις μέτρον ἔχων σοφίης.

BACCHYLIDES

I [49B.]

Εὔδημος τὸν νηὸν ἐπ' ἀγροῦ τόνδ' ἀνέθηκεν   430
τῷ πάντων ἀνέμων πιοτάτῳ Ζεφύρῳ·
εὐξαμένῳ γάρ οἱ ἦλθε βοαθόος, ὄφρα τάχιστα
λικμήσῃ πεπόνων καρπὸν ἀπ' ἀσταχύων.

PHILIADES I Steph. Byz. s.v. Θέσπεια, Φιλιάδου Μεγαρέως; Eust. Od.
266. 13 1 θ' οἵ: τοί Brunck, sed epigr. integrum esse non credo, cum
de evento, sc. bello Medico, mentio nulla sit κροτάφοις Eust.: -φῳ
Steph. 2 αὐχεῖ . . . εὐρύχορος Eust.: ἄρχει . . . εὐρύχωρος Steph.
ἐπίγραμμα τῶν ἀναιρεθέντων ὑπὸ τῶν Περσῶν, Steph. l.c.; vid. Hdt. 7.
222–7, Wade-Gery *JHS* 53 (1933) 76; fort. epigr. genuinum de Thespiis
ad Thermopylas occisis. ceterum vid. Boas De epigr. Sim. 17 n. 23

PINDARUS I Aristoteles ἐν 'Ορχομενίων πολιτείᾳ ap. App. Prov. 4. 92
s.a.n.; Sud. s.v. 'Ησιόδειον γῆρας (Pindari epigramma); Tzetz. vit. Hes.
(Pindari)

BACCHYLIDES I A.P. 6. 53, Pl^A [CPl] Βακχυλίδου; Sud. s.vv. πιότατος
ἄνεμος [1 τόνδ'—2], πέπονες [3 ὄφρα—4] 3 βοηθ- Pl

II [48B.]

κούρα Πάλλαντος πολυώνυμε, πότνια Νίκα,
πρόφρων †Κρανναίων† ἱμερόεντα χορόν   435
αἰὲν ἐποπτεύοις, πολέας δ' ἐν ἀθύρμασι Μουσᾶν
Κηΐῳ ἀμφιτίθει Βακχυλίδῃ στεφάνους.

III [Simon. 148B., II p. 144D.]

πολλάκι δὴ φυλῆς Ἀκαμαντίδος ἐν χοροῖσιν Ὧραι
ἀνωλόλυξαν κισσοφόροις ἐπὶ διθυράμβοις
αἱ Διονυσιάδες, μίτραισι δὲ καὶ ῥόδων ἀώτοις   440
σοφῶν ἀοιδῶν ἐσκίασαν λιπαρὰν ἔθειραν·
5   οἳ τόνδε τρίποδά σφισι μάρτυρα βακχίων ἀέθλων
θήκαντο· κείνους δ' Ἀντιγένης ἐδίδασκεν ἄνδρας,
εὖ δ' ἐτιθηνεῖτο γλυκερὰν ὄπα Δωρίοις Ἀρίστων
Ἀργεῖος ἡδὺ πνεῦμα χέων καθαροῖς ἐν αὐλοῖς·   445
τῶν ἐχορήγησεν κύκλον μελίγηρυν Ἱππόνικος
10   Στρούθωνος υἱὸς ἅρμασιν ἐν Χαρίτων φορηθείς,
αἵ οἱ ἐπ' ἀνθρώπους ὄνομα κλυτὸν ἀγλαάν τε νίκαν
†θῆκαν ἰοστεφάνων θεᾶν ἕκατι Μοισᾶν.†

II A.P. 6. 313 (caret Pl) Βακχυλίδου   2 Κρανναίων non in-
tellegitur; Καρθαιῶν Bergk   4 Κηΐῳ Brunck: κηόρωι P   Βακ-
χυλίδηι P: -δης C
III A.P. 13. 28 (caret Pl) Βακχυλίδου ἢ Σιμωνίδου   2 ἀνωλό-
λυξαν Brunck: ἀνώλουξαν P   5 βακχείων P   6 θήκαντο Bentley:
ἔθηκαν P   7 ἐτίθην εἰ τὸ P   9 κύκλον Anna Fabri: -λων
P   10 Στρούθονος P   φωρη- P   11 κλυτὸν Brunck: κ' αὐτὸν P
12 verborum ordo turbatus; e.g. ἕκατι Μοισᾶν θῆκαν ἰοστεφάνων θεαινῶν
vid. imprimis Wilamowitz *Sappho und Simonides* 219–23; auctor potius
didascalus ipse Antigenes (v. 6) quam rivalis Bacchylides vel Simonides;
ceterum voc. Ἀκαμαντίς (v. 1) Simonidi adscribit Steph. Byz. s.v.
Ἀκαμάντιον

AESCHYLUS

I [II p. 241B., I i 77D.]

κυανέη καὶ τούσδε μενεγχέας ὤλεσεν ἄνδρας   450
Μοῖρα πολύρρηνον πατρίδα ῥυομένους.
ζωὸν δὲ φθιμένων πέλεται κλέος, οἵ ποτε γυίοις
τλήμονες Ὀσσαίαν ἀμφιέσαντο κόνιν.

II [II p. 241B., I i 78D.]

Αἰσχύλον Εὐφορίωνος Ἀθηναῖον τόδε κεύθει
μνῆμα καταφθίμενον πυροφόροιο Γέλας·   455
ἀλκὴν δ' εὐδόκιμον Μαραθώνιον ἄλσος ἂν εἴποι
καὶ βαθυχαιτήεις Μῆδος ἐπιστάμενος.

EMPEDOCLES

I [II p. 260B., I i 132D.]

Παυσανίην ἰητρὸν ἐπώνυμον, Ἀγχίτου υἱόν,
φῶτ' Ἀσκληπιάδην πατρὶς ἔθρεψε Γέλα,
ὃς πολλοὺς μογεροῖσι μαραινομένους καμάτοισι   460
φῶτας ἀπέστρεψεν Φερσεφόνης ἀδύτων.

AESCHYLUS I A.P. 7. 255, Pl^A [CPl] Αἰσχύλου   lemma εἰς ἑτέρους
προμάχους Θεσσαλῶν   omnino ignotum quibus de rebus agatur
II Plut. exil. 13 ; vita Aeschyli p. 332 Page ; Eustrat. ad Ar. Eth. Nic.
iii 2 ; omnes s.a.n. ; Athen. 14. 627^c [3–4] ; cf. Paus. 1. 14. 5 ; Aeschylum
ipsum auctorem esse sumunt Athen. et Paus.   1 Ἀθηναίων vita
2 πυροφ- Plut., Eustr. : παραφ- vitae cod. M, πυραφ- recentiores   Γέλας
Plut. : πέλας vita   3 ἄλσος Plut., Athen. : ἄλλος vita   4 βαθυ-
χεταικεν Athen. (= -χαῖταί κεν)

EMPEDOCLES I Diog. Laert. 8. 61 (Empedoclis) ; A.P. 7. 508 [C]
Σιμωνίδου, Pl^B s.a.n.   1 Παυσανίαν P   Ἀγχίτεω PPl   2 φῶτ'...
ἔθρεψε Diog. : τόνδ'... ἔθαψε PPl   Γέλα Diog. : πέλας P, κόνις Pl
3 ὃς πλείστους κρυεραῖσι μαρ. ὑπὸ νούσοις PPl   4 Φερσεφόνης P,
Diog. cod. P^pc : -νας Diog. codd. BFP^ac, Περσεφόνας Pl   ἀδύτων
Diog. : θαλάμων PPl   vetustior est Diogenis textus ; vid. Boas De epigr.
Sim. 124–8

42

SOPHOCLES

I [II p. 244B., I i 79D.]

ἥλιος ἦν, οὐ παῖς, Εὐριπίδη, ὅς με χλιαίνων
γυμνὸν ἐποίησεν· σοὶ δὲ φιλοῦντι †ἑταίραν†
Βορρᾶς ὡμίλησε. σὺ δ' οὐ σοφός, ὃς τὸν Ἔρωτα,
ἀλλοτρίαν σπείρων, λωποδύτην ἀπάγεις.   465

II [II p. 245B., I i 79D.]

ᾠδὴν Ἡροδότῳ τεῦξεν Σοφοκλῆς ἐτέων ὢν   466
πέντ' ἐπὶ πεντήκοντα

ION CHIUS

I [II p. 254B., I i 85D.]

χαῖρε μελαμπετάλοις, Εὐριπίδη, ἐν γυάλοισι
Πιερίας τὸν ἀεὶ νυκτὸς ἔχων θάλαμον·
ἴσθι δ' ὑπὸ χθονὸς ὢν ὅτι σοι κλέος ἄφθιτον ἔσται,   470
ἴσον Ὁμηρείαις ἀενάοις χάρισιν.

II [carent B. et D.]

εἰ καὶ δακρυόεις, Εὐριπίδη, εἷλέ σε πότμος,
καί σε λυκορραῖσται δεῖπνον ἔθεντο κύνες,

SOPHOCLES I Athen. 13. 604ᵈ Σοφοκλῆς . . . ἐποίησεν . . . ἐπίγραμμα
2 σοὶ δὲ . . . 4 vid. West Studies in Gk. Elegy & Iambus (1974) 182–3
    II Plut. an seni 3, 785b ὁμολογουμένως Σοφοκλέους ἐστὶ τὸ ἐπι-
γραμμάτιον   2 πεντήκονθ' ⟨ἑξάκις ἑπταετεῖ⟩ Gomperz   vid.
Jacoby RE suppl. II 233

ION I A.P. 7. 43, Plᴬ [CPl] Ἴωνος; Sud. s.v. ἐν γυάλοισι [1–2 Πιερίας]
1 μελαμπετάλοις Lobeck: -πέπλοις PPl Sud.   Ionem Euripides diu
supervixit (Ar. Pax 835)
    II A.P. 7. 44, Plᴬ, s.a.n.; Σ 72 Ἴωνος

τὸν σκηνῇ μελίγηρυν ἀηδόνα, κόσμον Ἀθηνῶν,
τὸν σοφίῃ Μουσέων μιξάμενον χάριτα, 475
5   ἀλλ᾿ ἔμολες Πελλαῖον ἐπ᾿ ἠρίον, ὡς ἂν ὁ λάτρις
Πιερίδων ναίῃς ἀγχόθι Πιερίης.

EURIPIDES

I [II p. 265B., I i 90D.]

ὦ τὸν ἀγήραντον πόλον αἰθέρος Ἥλιε τέμνων,
ἆρ᾿ εἶδες τοιόνδ᾿ ὄμμασι πρόσθε πάθος,
μητέρα παρθενικήν τε κόρην δισσούς τε συναίμους 480
ἐν ταὐτῷ φέγγει μοιραδίῳ φθιμένους;

II [II p. 265B., I i 90D.]

οἵδε Συρακοσίους ὀκτὼ νίκας ἐκράτησαν 482
ἄνδρες, ὅτ᾿ ἦν τὰ θεῶν ἐξ ἴσου ἀμφοτέροις.

HIPPON

I [II p. 259B., I i 133D.]

Ἵππωνος τόδε σῆμα, τὸν ἀθανάτοισι θεοῖσιν
ἴσον ἐποίησεν Μοῖρα καταφθίμενον. 485

4 Μουσέων P: τραγικὴν Pl, Σ   5 ὑπ᾿ ἠρίον Pᵃᶜ   6 Πιερίης
Σ: Πιερίδων PPl

EURIPIDES I   Athen. 2. 61ᵇ (Euripidis)   1 ἀγήραντον recc. sec.
Bergk (iam Stephanus 1566): ἀγήρατον rell.   4 μοιριδ- Musurus
   II   Plut. Nic. 17 (Euripidis)   ἐπικήδειον vocat Plut.; epigramma
sepulchrale esse docet οἵδε (Preger Inscr. Gr. Metricae p. 9)

HIPPON I   Clem. Alex. protr. 55, I p. 43 St. s.a.n. Ἵππων . . . ἐπιγραφῆναι
ἐκέλευσεν τῷ μνήματι τῷ ἑαυτοῦ τόδε τὸ ἐλεγεῖον

PARRHASIUS

I [II p. 320B., I i 110D.]

ἁβροδίαιτος ἀνὴρ ἀρετήν τε σέβων τάδ᾽ ἔγραψε   486
Παρράσιος κλεινῆς πατρίδος ἐξ Ἐφέσου.
οὐδὲ πατρὸς λαθόμην Εὐήνορος, ὅς ⟨μ᾽⟩ ἀνέφυσε
γνήσιον, Ἑλλήνων πρῶτα φέροντα τέχνης.

II [II p. 321B., I i 111D.]

εἰ καὶ ἄπιστα κλύουσι λέγω τάδε· φημὶ γὰρ ἤδη   490
τέχνης εὑρῆσθαι τέρματα τῆσδε σαφῆ
χειρὸς ὑφ᾽ ἡμετέρης· ἀνυπέρβλητος δὲ πέπηγεν
οὖρος· ἀμώμητον δ᾽ οὐδὲν ἔγεντο βροτοῖς.

III [II p. 321B., I i 111D.]

οἷος δ᾽ ἐννύχιος φαντάζετο πολλάκι φοιτῶν
Παρρασίῳ δι᾽ ὕπνου, τοῖος ὅδ᾽ ἐστὶν ὁρᾶν.   495

PARRHASIUS I Athen.[1] 12. 543[d] (Parrhasii); Athen.[2] ibid. paulo supra
[1],[3] 15. 687[b] [1-2 Παρρ.]; cf. Plin. h.n. 35. 71 '(Parrhasius) cognomina
usurpavit habrodiaetum se appellando'   1 τε: δὲ Athen.[2] cod. E
3 μ᾽ suppl. Hecker
   II Aristid. or. 28. 88, II 170K. (Parrhasii); Athen. 12. 543[e] (Parr-
hasii); cf. Plin. h.n. 35. 71 '(Parrhasius) se appellando . . . principem
artis et eam ab se consummatam'   4 ἔγεντο Aristid. codd. TQ[2]:
ἐγένετο Athen., Aristid. rell.
   III Athen. 12. 544[a] ἔγραψεν (ὁ Παρράσιος) τῷ πίνακι (τοῦ ἐν Λίνδῳ
Ἡρακλέος) cf. Plin. h.n. 35. 71 'Herculem qui est Lindi talem a se
pictum (dixit Parrhasius) qualem saepe in quiete vidisset'   1 ἐν-
νύχιος cod. E[sscr]: -ιον AE

ZEUXIS

I [II p. 318B., I i 111D.]

Ἡράκλεια πατρίς, Ζεῦξις δ' ὄνομ'· εἰ δέ τις ἀνδρῶν   496
ἡμετέρης τέχνης πείρατά φησιν ἔχειν,
δείξας νικάτω. ⟨   ⟩
⟨   ⟩ δοκῶ δ' ἡμᾶς οὐχὶ τὰ δεύτερ' ἔχειν.

THUCYDIDES vel TIMOTHEUS

I [II p. 267B., I i 133D.]

μνῆμα μὲν Ἑλλὰς ἅπασ' Εὐριπίδου, ὀστέα δ' ἴσχει   500
γῆ Μακεδών· ἡ γὰρ δέξατο τέρμα βίου·
πατρὶς δ' Ἑλλάδος Ἑλλάς, Ἀθῆναι· πλεῖστα δὲ Μούσαις
τέρψας ἐκ πολλῶν καὶ τὸν ἔπαινον ἔχει.

ALCIBIADES

I [II p. 268B., I i 133D.]

βάπτε σύ μ' ἐν θυμέλῃσιν· ἐγὼ δέ σε κύμασι πόντου
βαπτίζων ὀλέσω νάμασι πικροτάτοις.   505

ZEUXIS I   Aristid. or. 28. 89, II 170K. (Zeuxidis)   3–4 δείξας
νικάτω· δοκῶ δέ, φησίν, ἡμᾶς κτλ. Aristid.

THUC. vel TIM. I   vita Eur. p. 3 Schwartz ἐτάφη δ' ἐν Μακεδονία,
κενοτάφιον δ' αὐτοῦ Ἀθήνησιν ἐγένετο καὶ ἐπίγραμμα ἐπιγέγραπτο Θουκυ-
δίδου τοῦ ἱστοριογράφου ποιήσαντος ἢ Τιμοθέου τοῦ μελοποιοῦ; Athen.
5. 187ᵈ Θουκυδίδης δ' ἐν τῷ εἰς Εὐριπίδην ἐπιγράμματι, Ἑλλάδος Ἑλλάδα;
A.P. 7. 45 Θουκυδίδου τοῦ ἱστορικοῦ, Plᴬ s.a.n.; cf. Eust. Il. 284. 6
1 μνῆμα vita : μνᾶμα PPl   2 τῇ γὰρ Jacobs   3 πολλὰ δὲ vitae cod.
Par.   Μούσαις P, vitae cod. Par. : -σας Pl (compendio), vitae codd. rell.

ALCIBIADES I   schol. Aristid. III 444D. (Alcibiadis), κωμῳδηθεὶς γὰρ
παρὰ Εὐπόλιδος ἔρριψεν αὐτὸν ἐν τῇ θαλάττῃ ἐν Σικελίᾳ συστρατευόμενον,
εἰπὼν "Βάπτε κτλ." ; Tzetz. π. κωμῳδ. pp. 20, 28 Kaibel (fabulam eandem
multo plenius) ; cf. Cic. ad Att. 6. 1   1 σύ μ' ἐν Hiller–Crusius :
με ἐν schol., ἐμὲ σὺ Tzetz.   2 'fort. πικροτέροις' West

ION SAMIUS

I [I i 87D.]

εἰκόν' ἐὰν ἀνέθηκεν [ἐπ'] ἔργῳ τῷδ', ὅτε νικῶν
ναυσὶ θοαῖς πέρσεν Κε[κ]ροπιδᾶν δύναμιν,
Λύσανδρος, Λακεδαίμον' ἀπόρθητον στεφανώσα[ς,
Ἑλλάδος ἀκρόπο[λιν, κ]αλλίχορον πατρίδα.

ἐκ Σάμου ἀμφιρύτ[ου] τεῦξ' ἐλεγεῖον Ἴων.   510

PLATO

I [14B., 4D.]

ἀστέρας εἰσαθρεῖς, ἀστὴρ ἐμός· εἴθε γενοίμην   511
οὐρανός, ὡς πολλοῖς ὄμμασιν εἰς σὲ βλέπω.

II [15B., 5D.]

ἀστὴρ πρὶν μὲν ἔλαμπες ἐνὶ ζωοῖσιν ἑῷος,   513
νῦν δὲ θανὼν λάμπεις ἕσπερος ἐν φθιμένοις.

Ion I *Ath. Mitt.* 31 (1906) 505, 553 Pomtow (prim. ed. Homolle
Acad. des Inscr.: comptes rendus 1901. 681); inscr. ut vid. *c.* 330 a.C.,
vetustioris (*c.* 400) apographon   celebratur Lysandri apud Aegos-
potamos victoria

PLATO I A.P. 7. 669, Pl^A [PPl] Πλάτωνος [P] φιλοσόφου [C] τοῦ αὐτοῦ
Πλάτωνος; Diog. Laert. 3. 29, Apul. apol. 10, qui Platoni adscribunt;
Apostol. 4. 12ª Πλάτωνος . . . εἰς Φαῖδρον   1 εἰσάθρει Pl, -εῖ P^ac
ἀστήρ non Ἀστήρ

II A.P. 7. 670 [C] τοῦ αὐτοῦ [sc. Πλάτωνος], Pl^A s.a.n.; Diog. Laert.
3. 29, Apul. apol. 10, qui Platoni adscribunt; Apostol. 4. 12^b τοῦ αὐτοῦ
[sc. Πλάτ.] εἰς τὸν αὐτόν; cf. I.G. 14. 1792

III [1 B. et D.]

τὴν ψυχὴν Ἀγάθωνα φιλῶν ἐπὶ χείλεσιν ἔσχον·   515
ἦλθε γὰρ ἡ τλήμων ὡς διαβησομένη.

IV [2 B. et D.]

τῷ μήλῳ βάλλω σε· σὺ δ᾽, εἰ μὲν ἑκοῦσα φιλεῖς με,
δεξαμένη τῆς σῆς παρθενίης μετάδος·
εἰ δ᾽ ἄρ᾽ ὃ μὴ γίγνοιτο νοεῖς, τοῦτ᾽ αὐτὸ λαβοῦσα
σκέψαι τὴν ὥρην ὡς ὀλιγοχρόνιος.   520

V [3 B. et D.]

μῆλον ἐγώ· βάλλει με φιλῶν σέ τις· ἀλλ᾽ ἐπίνευσον,   521
Ξανθίππη· κἀγὼ καὶ σὺ μαραινόμεθα.

VI [8B., 7D.]

νῦν, ὅτε μηδὲν Ἄλεξις ὅσον μόνον εἶφ᾽ ὅτι καλός,
ὦπται, καὶ πάντη πᾶς τις ἐπιστρέφεται.
θυμέ, τί μηνύεις κυσὶν ὀστέον, εἶτ᾽ ἀνιήσῃ   525
ὕστερον; οὐχ οὕτω Φαῖδρον ἀπωλέσαμεν;

III A.P. 5. 78 (caret Pl) Πλάτωνος; Diog. Laert. 3. 32 (Platonis);
Aul. Gell. 19. 11. 1 'neque adeo pauci sunt veteres scriptores qui . . .
Platonis esse philosophi adfirmant'; Syll.S s.a.n.   1 ἐνὶ Diog. cod. F
εἶχον Diog.   2 ἦλθε γὰρ ἡ δύσερως ὡς διαβησομένα Syll. (ἡδὺς ἔρως
et -ομέναν cod.)

IV A.P. 5. 79 τοῦ αὐτοῦ [sc. Πλάτωνος], Plᴬ s.a.n.; Diog. Laert. 3. 32
(Platonis)   2 παρθενίας Diog. cod. B   3 νοεῖς Diog., Pl
(= Plᵖᶜ ut vid.) : μισεῖς C, μετεις vel μεγεις Pᵃᶜ

V A.P. 5. 80 τοῦ αὐτοῦ [sc. Πλάτωνος], Plᴬ τοῦ αὐτοῦ [sc. Φιλοδήμου] ;
Diog. Laert. 3. 32 (Platonis)

VI A.P. 7. 100, Plᴮ [PPl] Πλάτωνος; Diog. Laert. 3. 31, Apul. apol.
10, qui Platoni adscribunt   1 = 'nunc, ubi nil dixi nisi quod for-
mosus Alexis'   2 post ὦπται, non post καλός, interpungunt PPl   πᾶς
τις ἐπιστρέφεται Diog.: πᾶσι περιβλέπεται CPl, παῖ περικλέπεται Pᵃᶜ
ut vid.   3 ἀνιήσῃ Stephanus (-σει Apul. cod. Flor.) : -σεις PPl,
Diog.

PLATO

VII [31B., 13D.]

ἁ Κύπρις Μούσαισι· "κοράσια, τὰν Ἀφροδίταν
τιμᾶτ', ἢ τὸν Ἔρων ὔμμιν ἐφοπλίσομαι."
χαὶ Μοῦσαι ποτὶ Κύπριν· "Ἄρει τὰ στωμύλα ταῦτα·
ἡμῖν οὐ πέτεται τοῦτο τὸ παιδάριον."   530

VIII [4B., 15D.]

ἡ σοβαρὸν γελάσασα καθ' Ἑλλάδος, ἡ τὸν ἐραστῶν   531
ἑσμὸν ἐνὶ προθύροις Λαῒς ἔχουσα νέων,
τῇ Παφίῃ τὸ κάτοπτρον· ἐπεὶ τοίη μὲν ὁρᾶσθαι
οὐκ ἐθέλω, οἵη δ' ἦν πάρος οὐ δύναμαι.

IX [30B., 8D.]

Ἀρχεάνασσαν ἔχω, τὴν ἐκ Κολοφῶνος ἑταίραν,   535
ἧς καὶ ἐπὶ ῥυτίδων ἕζετο δριμὺς Ἔρως.
ἆ δειλοί, νεότητος ἀπαντήσαντες ἐκείνης
πρωτοπλόου, δι' ὅσης ἤλθετε πυρκαϊῆς.

X [7B., 6D.]

δάκρυα μὲν Ἑκάβῃ τε καὶ Ἰλιάδεσσι γυναιξί
Μοῖραι ἐπέκλωσαν δὴ τότε γεινομέναις·   540

VII   Diog. Laert. 3. 33 (Platonis) ; A.P. 9. 39, Pl^A [CPl] Μουσικίου
2 Ἔρων P : Ἔρον Pl, Ἔρωτ' Diog.   3 χαί Pl : χά P, αἱ Diog.   Κύπρι P
4 ἀμίν Brunck   δ' οὐ πέταται PPl
VIII   A.P. 6. 1, Pl^A [PPl] Πλάτωνος ; Syll.E 16 Πλάτωνος ; Olympiod.
in Alcib. 1 p. 31 [3–4] ; vertit Auson. epigr. 65   1 ἡ τὸν Pl, Syll. : ἡ
τῶν P ; ἢ ποτ' Hecker   ἐρώντων Pl   2 ἐπὶ Bergk   3 τοίην ἔμ'
ὁρᾶσθαι Lobel   4 ἐθέλει . . . δύναται Olympiod.
IX   Diog. Laert. 3. 31 (Platonis) ; Athen. 13. 589ᶜ (Platonis)   epigr.
simillimum Asclepiadi adscribit A.P. 7. 217 (= Asclep. XXXIV) ; vid.
Ludwig GRBS 4 (1963) 63–8   2 πικρὸς ἔπεστιν Ἔρως Athen.
4 πρωτοπόρου Athen.
X   A.P. 7. 99, Pl^A [PPl] Πλάτωνος [P] φιλοσόφου ; Diog. Laert. 3. 30
(Platonis ; τοῦτο καὶ ἐπιγεγράφθαι φησὶν ἐν Συρακούσαις ἐπὶ τῷ τάφῳ) ;
Apul. apol. 10 [6] ; Sud. s.v. γειναμέναις [1–2]   2 δὴ τότε P, Diog.
cod. F : δή ποτε Pl, Diog. codd. BP

σοὶ δέ, Δίων, ῥέξαντι καλῶν ἐπινίκιον ἔργων
δαίμονες εὐρείας ἐλπίδας ἐξέχεαν·
5   κεῖσαι δ' εὐρυχόρῳ ἐν πατρίδι τίμιος ἀστοῖς,
ὦ ἐμὸν ἐκμήνας θυμὸν ἔρωτι Δίων.

XI [10B., 9D.]

Εὐβοίης γένος ἐσμὲν 'Ερετρικόν, ἄγχι δὲ Σούσων   545
κείμεθα· φεῦ γαίης ὅσσον ἀφ' ἡμετέρης.

XII [9B., 10D.]

οἵδε ποτ' Αἰγαίοιο βαρύβρομον οἶδμα λιπόντες
'Εκβατάνων πεδίῳ κείμεθ' ἐνὶ μεσάτῳ.
χαῖρε κλυτή ποτε πατρὶς 'Ερέτρια, χαίρετ' Ἀθῆναι
γείτονες Εὐβοίης, χαῖρε θάλασσα φίλη.   550

XIII [20B., 16D.]

ἐννέα τὰς Μούσας φασίν τινες· ὡς ὀλιγώρως·   551
ἠνίδε καὶ Σαπφὼ Λεσβόθεν ἡ δεκάτη.

3 καλὸν . . . ἔργον Pl   5 ἐνὶ Pl (ex εἰν factum ut vid.)
XI A.P. 7. 259 [C] Πλάτωνος, Pl^A s.a.n. (antecedit Platonis XII);
Diog. Laert. 3. 33 (Platonis); schol. Hermog., Rhet. Gr. 7. 1 p. 193W.;
Sud. s.v. 'Ιππίας; An. Ox. Cramer 4. 154. 10 s.a.n.   1 Εὐβοέων Sud.,
An. Ox., -βοίων schol.   ἦμεν Diog. codd. PF^pc, εἰμὲν Diog. codd. BF^ac,
An. Ox., schol.   2 αἴης An. Ox., αἴας schol.   ὅσον Diog. cod. F,
τόσσον Diog. cod. P, schol., τόσον Diog. cod. B, An. Ox.   ἡμετέρας
schol.   vid. Hdt. 6. 119
XII A.P. 7. 256, Pl^A [CPl] Πλάτωνος; Philostr. vit. Apoll. 1. 24 s.a.n.
1 βαθύρροον οἶδμα πλέοντες Philostr.   2 κείμεθ' ἐνὶ Pl, Philostr., et
P^ac ut vid.: κείμεθα ἐν C; κείμεθα μεσσατίῳ Bergk   de Eretriensibus
'Εκβατάνων πεδίῳ collocatis nil scimus; prope Susa Hdt. 6. 119, Platon.
XI
XIII A.P. 9. 506, Pl^A [PPl] Πλάτωνος

XIV [29B., 14D.]

αἱ Χάριτες, τέμενός τι λαβεῖν ὅπερ οὐχὶ πεσεῖται   553
ζητοῦσαι, ψυχὴν εὗρον Ἀριστοφάνους.

XV [19B., 31D.]

αἰὼν πάντα φέρει· δολιχὸς χρόνος οἶδεν ἀμείβειν   555
οὔνομα καὶ μορφὴν καὶ φύσιν ἠδὲ τύχην.

XVI [24B., 26D.]

σιγάτω λάσιον Δρυάδων λέπας οἵ τ' ἀπὸ πέτρας
κρουνοὶ καὶ βληχὴ πουλυμιγὴς τοκάδων,
αὐτὸς ἐπεὶ σύριγγι μελίσδεται εὐκελάδῳ Πάν,
ὑγρὸν ἱεὶς ζευκτῶν χεῖλος ὑπὲρ καλάμων·   560
5 οἱ δὲ πέριξ θαλεροῖσι χορὸν ποσὶν ἐστήσαντο
Ὑδριάδες Νύμφαι, Νύμφαι Ἀμαδρυάδες.

XVII [25B., 27D.]

ὑψίκομον παρὰ τάνδε καθίζεο φωνήεσσαν
φρίσσουσαν πυκνοῖς κῶνον ὑπὸ ζεφύροις,
καί σοι καχλάζουσιν ἐμοῖς παρὰ νάμασι σύριγξ   565
θελγομένων ἄξει κῶμα κατὰ βλεφάρων.

XIV   Olympiod. vit. Plat. p. 192 Herm. = I xliii Bekker (Platonis);
Prol. in Plat. philos. p. 198 Herm.; vit. Aristoph. p. 174 van Leeuwen
1 τό περ οὔτι πεσεῖται Olympiod., ὅπερ ἤθελον εὑρεῖν Prol.   2 ζητοῦ-
σαι vita: ζηλοῦσαι Olympiod., διζόμεναι Prol.
XV   A.P. 9. 51, PlᴬΑ, Σπ (sub fine A.P. lib. xi) [CPlΣπ] Πλάτωνος;
Syll.E 47 Πλάτωνος   2 fin. ἠδὲ τέχνην Syll.
XVI   Σπ (= 'A.P. 9. 823'), Plᴬ [ΣπPl] Πλάτωνος   2 βληχὰ Pl
3 ἐπὶ Σπ   μελίσδεται Pl: -ίζεται Σπ
XVII   A. Plan. (Plᴮ) 13 Πλάτωνος; Syll.S s.a.n.   2 κῶνον Scaliger:
κῶμον Pl, Syll.   4 θελγομένων Syll.: -νῳ Pl   ἄξει Pl: ἄζει Syll.; στάξει
Emperius

XVIII [12B., 29D.]

ναυηγόν με δέδορκας, ὃν οἰκτείρασα θάλασσα
γυμνῶσαι πυμάτου φάρεος ἠδέσατο.
ἄνθρωπος παλάμῃσιν ἀταρβήτοις μ' ἀπέδυσε,
τόσσον ἄγος τόσσου κέρδεος ἀράμενος.   570
κεῖνό κεν ἐνδύσαιτο καὶ εἰν Ἀίδαο φοροῖτο,
καί μιν ἴδοι Μίνως τοὐμὸν ἔχοντα ῥάκος.

5

XIX [11B., 28D.]

ναυηγοῦ τάφος εἰμί, ὁ δ' ἀντίον ἐστὶ γεωργοῦ·   573
ὡς ἁλὶ καὶ γαίῃ ξυνὸς ὕπεστ' Ἀίδης.

XX [13B., 30D.]

πλωτῆρες, σώζοισθε καὶ εἰν ἁλὶ καὶ κατὰ γαῖαν,   575
ἴστε δὲ ναυηγοῦ σῆμα παρερχόμενοι.

XXI [5B., 22D.]

τὸν Νυμφῶν θεράποντα φιλόμβριον ὑγρὸν ἀοιδόν,
τὸν λιβάσιν κούφαις τερπόμενον βάτραχον,
χαλκῷ μορφώσας τις ὁδοιπόρος εὖχος ἔθηκε
καύματος ἐχθροτάτην δίψαν ἀκεσσάμενος·   580

XVIII A.P. 7. 268, Pl^A [CPl] Πλάτωνος; Syll.E 52 s.a.n. 1 οἰκτεί-
ρασα P: ἡ κτείνασα Pl, Syll.   5 κεν: καὶ Schneidewin   εἰν PPl: εἰς
Syll.   φοροῖτο Wakefield: φέροιτο PPl, Syll.   6 ῥάκος P: φάρος
C^yρPl, Syll.
    XIX A.P. 7. 265, Pl^A [CPl] Πλάτωνος   1 εἴμ', ὁ δ' ἐναντίον
Jacobs
    XX A.P. 7. 269, Pl^A [CPl] τοῦ αὐτοῦ [C] Πλάτωνος; Syll.E 53 s.a.n.
2 σῶμα Syll.
    XXI A.P. 6. 43 Πλάτωνος, Pl^A ἄδηλον   2 λιβάσιν om. Pl spat.
vac. relicto   3 μορφώσας C^yρ: τυπώσας P, στηλώσας Pl; χαλκο-
τυπησάμενος Hecker   4 ἀκεσσάμενον Pl

PLATO

5   πλαζομένῳ γὰρ ἔδειξεν ὕδωρ εὔκαιρον ἀείσας
      κοιλάδος ἐκ δροσερῆς ἀμφιβίῳ στόματι·
      φωνὴν δ' ἡγήτειραν ὁδοιπόρος οὐκ ἀπολείπων
      ⟨   ⟩

XXII [22B., 19D.]

τὸν Βρομίου Σάτυρον τεχνήσατο δαιδαλέη χείρ   585
μούνη θεσπεσίως πνεῦμα βαλοῦσα λίθῳ.
εἰμὶ δὲ ταῖς Μούσαισιν ὁμέψιος· ἀντὶ δὲ τοῦ πρίν
πορφυρέου μέθυος λαρὸν ὕδωρ προχέω.

5 εὔκηλον δ' ἴθυνε φέρων πόδα, μὴ τάχα κοῦρον
κινήσῃς ἁπαλῷ κώματι θελγόμενον.   590

XXIII [23B., 20D.]

εἰμὶ μὲν εὐκεράοιο φίλος θεράπων Διονύσου,   591
λείβω δ' ἀργυρέων ὕδατα Ναϊάδων·
θέλγω δ' ἱμερόεντα νέον περὶ κώματι παῖδα
⟨   ⟩

XXIV [28B., 21D.]

τὸν Σάτυρον Διόδωρος ἐκοίμισεν, οὐκ ἐτόρευσεν·   595
ἦν νύξῃς, ἐγερεῖς· ἄργυρος ὕπνον ἔχει.

8 versum om. P et spat. vac. relicto Pl; in fine v. 7 εὗρε πόσιν γλυκερῶν
ὧν ἐπόθη ναμάτων Musis invitis scr. C, tum γλυκερὴν C^γρ
   XXII   Σπ (= 'A.P. 9. 826') s.a.n., Pl^A Πλάτωνος   1 τεχνάσ-
Pl   3 Νύμφαις Σπ   ὁμέστιος Pl
   XXIII   Σπ (= 'A.P. 9. 827') Ἀμμωνίου, Pl^A τοῦ αὐτοῦ [sc. Πλάτωνος]
4 versum om. Σπ (hic finis paginae nonique in A.P. libri) et spat. vac.
relicto Pl
   XXIV   A. Plan. (Pl^A) 248 Πλάτωνος   vid. Jex-Blake The Elder
Pliny's Chapters on the History of Art (1896) lxviii

53

XXV [26B., 23D.]

ἡ Παφίη Κυθέρεια δι' οἴδματος ἐς Κνίδον ἦλθε
βουλομένη κατιδεῖν εἰκόνα τὴν ἰδίην·
πάντη δ' ἀθρήσασα περισκέπτῳ ἐνὶ χώρῳ
φθέγξατο "ποῦ γυμνὴν εἶδέ με Πραξιτέλης;"
Πραξιτέλης οὐκ εἶδεν ἃ μὴ θέμις, ἀλλ' ὁ σίδηρος
ἔξεσεν οἶ' ἂν Ἄρης ἤθελε τὴν Παφίην.

600

5

XXVI [27B., 25D.]

οὔτε σε Πραξιτέλης τεχνάσατο οὔθ' ὁ σίδαρος·
ἀλλ' οὕτως ἔστης ὥς ποτε κρινομένη.

603

XXVII [21B., 18D.]

εἰκόνα πέντε βοῶν μικρὰ λίθος εἶχεν ἴασπις
ὡς ἤδη πάσας ἔμπνοα βοσκομένας.
καὶ τάχα κἂν ἀπέφευγε τὰ βοίδια· νῦν δὲ κρατεῖται
τῇ χρυσῇ μάνδρῃ τὸ βραχὺ βουκόλιον.

605

XXVIII [II p. 296B.]

ἁ λίθος ἔστ' ἀμέθυστος, ἐγὼ δ' ὁ πότας Διόνυσος·
ἢ νήφειν πείσει μ', ἢ μαθέτω μεθύειν.

610

XXV Σπ (tertia post indicem in A.P. pagina), A. Plan. (Plᴬ) 160
[Σπ Pl] Πλάτωνος   5 σίδαρος Σπ   6 οἶ' ἂν cod. rec. ap.
Dübner: οἵαν ΣπPl
XXVI Σπ (tertia post indicem in A.P. pagina) τοῦ αὐτοῦ [sc.
Πλάτωνος], A. Plan. (Plᴬ) 161 Πλάτωνος; Syll.S s.a.n.   1 σίδηρος
Syll.   2 ποτε ΣπPl: πάλαι Syll.; fort. πάλι
XXVII A.P. 9. 747, Plᴬ [PPl] Πλάτωνος   vid. Gow–Page
Garland of Philip 2. 401
XXVIII A.P. 9. 748, Plᴬ, Σπ (post A.P. 11. 441) [PPlΣπ] Πλάτωνος
νεωτέρου   1 ἀμέθυσος PΣπ   2 ἢ νείφειν πείσει μ' P, ἢ πιθέτω
νήφειν Pl, ἢ πεισάτω νήφειν Σπ

XXIX [II p. 296B.]

ἁ σφραγὶς ὑάκινθος, Ἀπόλλων δ' ἐστὶν ἐν αὐτῇ   611
καὶ Δάφνη. ποτέρου μᾶλλον ὁ Λητοΐδας;

XXX [II p. 295B.]

ἀνέρα τις λιπόγυιον ὑπὲρ νώτοιο λιπαυγής   613
ἧγε πόδας χρήσας, ὄμματα χρησάμενος.

XXXI [18B., 12D.]

χρυσὸν ἀνὴρ ὁ μὲν εὗρεν, ὁ δ' ὤλεσεν· ὧν ὁ μὲν εὑρών   615
ῥίψεν, ὁ δ' οὐχ εὑρὼν λυγρὸν ἔδησε βρόχον.

ASTYDAMAS

I [II p. 326B., I i 113D.]

εἴθ' ἐγὼ ἐν κείνοις γενόμην ἢ κεῖνοι ἁμ' ἡμῖν
οἳ γλώσσης τερπνῆς πρῶτα δοκοῦσι φέρειν,
ὡς ἐπ' ἀληθείας ἐκρίθην ἀφεθεὶς παράμιλλος·
νῦν δὲ χρόνῳ προέχουσ', οἷς φθόνος οὐχ ἕπεται.   620

XXIX   A.P. 9. 751, Pl^B [PPl] Πλάτωνος [P] νεωτέρου   1 οἱάκιν-
θος P

XXX   A.P. 9. 13, Pl^A [PPl] Πλάτωνος νεωτέρου

XXXI   A.P. 9. 45 [C] Στατυλλίου Φλάκκου, Pl^A Πλάτωνος, οἱ δὲ
Ἀντιπάτρου   vid. Gow–Page *Garland of Philip* 2. 454–5

ASTYDAMAS I   Phot. lex. s.v. σαυτὴν ἐπαινεῖς (Astydamantis); Apostol.
15. 36 (Astydamantis); Sud. s.v. σαυτὴν ἐπαινεῖς; epigramma respiciunt
Astydamantique adscribunt Zenob. 5. 100, Eust. Il. 122. 1   1 γενόμην
Sud.: γενοίμην Phot.   2 δοκούσης Phot.   3 ἐκρίθη Phot.   4 προ-
έχουσ' Apostol. cod. R: προσεχούσαις Phot., παρέχουσ' Sud.   οἷς: ᾧ
Bentley   φθόνος Sud., Apostol.: χρόνος Phot.   vid. Capps *AJPhil.* 21
(1900) 41

APHAREUS

I [II p. 329B., I i 114D.]

Ἰσοκράτους Ἀφαρεὺς πατρὸς εἰκόνα τήνδ' ἀνέθηκε   621
Ζηνί, θεούς τε σέβων καὶ γονέων ἀρετήν.

ARISTOTELES

I [II p. 338B., I i 116D.]

τόνδε ποτ' οὐχ ὁσίως παραβὰς μακάρων θέμιν ἁγνήν
ἔκτεινεν Περσῶν τοξοφόρων βασιλεύς,
οὐ φανερῶς λόγχῃ φονίοις ἐν ἀγῶσι κρατήσας,   625
ἀλλ' ἀνδρὸς πίστει χρησάμενος δολίου.

THEOCRITUS CHIUS

I [II p. 374B., I i 127D.]

Ἑρμίου εὐνούχου τε καὶ Εὐβούλου τόδε δούλου
σῆμα κενὸν κενόφρων τεῦξεν Ἀριστοτέλης,

APHAREUS I Plut. vit. decem orat. 839b (Apharei); Phot. bibl. 488ª8
Ἀφαρεὺς ... ἐπιγράψας

ARISTOTELES I Diog. Laert. 5. 5 (Aristotelis); Didym. in Demosth.
BKT 1. 27 Αριστοτε[λης ...] εγγεγ[ραφε· (1–4 fragmenta, 1]σιωσπαραβ[,
2]κτινεν[, 3]νερασ[λογ]χη[, 4 αλ[λανδρο]σ[)   3 φανερᾶς λόγχης ut
vid. Didym.   de Hermia Atarneo agitur dolo malo a Persis capto
necatoque; *RE* 8. 831

THEOCRITUS I Aristocl. ap. Euseb. praep. ev. 15. 2, 793ª Θεόκριτος ...
ὁ Χῖος ἐποίησεν ἐπίγραμμα τοιοῦτον; Theocrito Chio adscribunt etiam
Diog. Laert. 5. 11 [1–2], Plut. exil. 10, 603c [3 εἵλετο—4], Didym. in
Demosth. *BKT* 1. 27 φησι Βρ[υ]ω[ν εν τωι περι Θεοκριτου επιγραμ]ματι
Θεοκριτον [τον Χιον εισ αυτον ποιη]σαι· Ερμιο[υ] ευ[νουχου τ]ε και [Ευβουλου
τοδε] δουλου σημα κ[ενον] κενο[φρων τευξεν Αριστο]τελησ οσ [γα]στροσ
τιμων ανομ[ον φυσιν ειλετο ναι]ειν α[ντ' Α]καδημειασ βορβ[ορου εν προ-
χοαις]   1 Ἑρμίῳ Wilamowitz   τε καὶ edd.: δὲ καὶ Euseb., ἠδ'
Diog.,]ε καὶ Didym.   τόδε Euseb.: ἅμα Diog.   2 σῆμα Diog.,
Didym.: μνῆμα Euseb.   τεῦξεν Diog.: θῆκεν Euseb.

THEOCRITUS CHIUS

ὃς διὰ τὴν ἀκρατῆ γαστρὸς φύσιν εἵλετο ναίειν
ἀντ' Ἀκαδημείας Βορβόρου ἐν προχοαῖς.   630

SPEUSIPPUS

I [II p. 329B., I i 114D.]

σῶμα μὲν ἐν κόλποις κατέχει τόδε γαῖα Πλάτωνος,   631
ψυχὴ δ' ἰσόθεος τάξιν ἔχει μακάρων.

MAMERCUS

I [II p. 325B., I i 112D.]

τάσδ' ὀστρειογραφεῖς καὶ χρυσελεφαντηλέκτρους   633
ἀσπίδας ἀσπιδίοις εἵλομεν εὐτελέσι.

ERINNA

I [5 B. et D.]

στάλα καὶ Σειρῆνες ἐμαὶ καὶ πένθιμε κρωσσέ,   635
ὅστις ἔχεις Ἄιδα τὰν ὀλίγαν σποδιάν,

3 ὃς γαστρὸς τιμῶν ἄνομον φύσιν ut vid. Didym.   vid. RE 5A (1934)
2025

SPEUSIPPUS I A. Plan. (Pl^B) 31 Σπευσίππου   cf. A.P. 7. 61, Pl^A,
Syll.E 56, Diog. Laert. 3. 44, omnes s.a.n., γαῖα μὲν ἐν κόλποις (κόλπῳ
Diog.) κρύπτει τόδε σῶμα Πλάτωνος, | ψυχὴ δ' ἀθανάτων (ἀθάνατον P,
Diog. cod. B) τάξιν ἔχει μακάρων   2 ἰσόθεος Bergk: -θέων codd.

MAMERCUS I Plut. vit. Timol. 31. 1, 251d (Mamerci)   1 -ηλέκτρους
codd. CL²: -επιλέκτρους L¹KPQ et (-επιλέκτους) Z   dedicatio
Mamerci Catanae tyranni, qui anno 339 Timoleonta vicit

ERINNA I A.P. 7. 710 (caret Pl) [C] Ἡρίννης Μιτυληναίας   1 στάλα
Schneidewin: -λαι P   2 τὰν C: πᾶν P

57

τοῖς ἐμὸν ἐρχομένοισι παρ' ἠρίον εἴπατε χαίρειν,
αἴτ' ἀστοὶ τελέθωντ' αἴθ' ἑτεροπτόλιες·
5   χὤτι με νύμφαν εὖσαν ἔχει τάφος· εἴπατε καὶ τό,
     χὤτι πατήρ μ' ἐκάλει Βαυκίδα, χὤτι γένος   640
Τηλία, ὡς εἰδῶντι, καὶ ὅττι μοι ἁ συνεταιρίς
"Ηριννʼ ἐν τύμβῳ γράμμ' ἐχάραξε τόδε.

II [6B., 4D.]

νύμφας Βαυκίδος εἰμί, πολυκλαύταν δὲ παρέρπων
στάλαν τῷ κατὰ γᾶς τοῦτο λέγοις Ἀίδα·
"βάσκανος ἔσσ', Ἀίδα." τὰ δέ τοι καλὰ σάμαθ' ὁρῶντι 645
     ὠμοτάταν Βαυκοῦς ἀγγελέοντι τύχαν,
5   ὡς τὰν παῖδ', 'Υμέναιος ἐφ' αἷς ἀείδετο πεύκαις,
     ταῖσδ' ἔπι καδεστὰς ἔφλεγε πυρκαϊᾷ·
καὶ σὺ μέν, ὦ 'Υμέναιε, γάμων μολπαῖον ἀοιδάν
ἐς θρήνων γοερὸν φθέγμα μεθαρμόσαο.   650

III [4B., 3D.]

ἐξ ἀταλᾶν χειρῶν τάδε γράμματα· λῷστε Προμαθεῦ,   651
ἔντι καὶ ἄνθρωποι τὶν ὁμαλοὶ σοφίαν.
ταύταν γοῦν ἐτύμως τὰν παρθένον ὅστις ἔγραψεν
αἰ καὐδὰν ποτέθηκ', ἧς κ' Ἀγαθαρχὶς ὅλα.

3 ἐμὸν Salmasius: -οῖς P   4 αἴθ' ἑτεροπτόλιες Reiske: αἰ θετέρωι
πόλιος P   6 Βαυκ- Heringa: Βρυκ- P (et J in lemmate)   7 Τηλία,
ὡς εἰδῶντι Welcker: τηνι δωσει δων τι P; Τηνία Heringa   συνεταρίς P
II A.P. 7. 712 (caret Pl) [C] 'Ηρίννης   3 σάμαθ' Jacobs:
τὰ μεθ' P   4 ὠμοτάταν Salmasius: ὄμματατὰ P   τύχαν Salmasius:
-χαι C, -χα P   5 ὡς Ap.B.: ὃς P   ἀείδετο Schneidewin: ἤδετο P
6 ταῖσδ'... πυρκαϊᾷ Jacobs: τᾶν δ'... πυρκαϊᾶς P   7 μολπαῖον Bergk:
-αἶαν P   ἀοιδάν C: ἀυδ- P   8 γοερὸν Reiske: -ρῶν P   μεθαρμ-
Bergk: μεθηρμ- P
III A.P. 6. 352, Pl^B [PPl] 'Ηρίννης   1 ἐξαταλαν P, δέξα-
τάλαν C, ἐξ ἀπαλῶν Pl   Προμηθεῦ Pl   2 τὴν Pl   3 γῶν
Bergk   4 αἰ καὐδὰν Weiske: αἴκ' αὐγὰν PPl   ῆς, om. κ', Pl

MENANDER

I [II p. 375B., I i 135D.]

χαῖρε Νεοκλείδα δίδυμον γένος, ὧν ὁ μὲν ὑμῶν   655
πατρίδα δουλοσύνας ῥύσαθ᾽, ὁ δ᾽ ἀφροσύνας.

AESCHRION

I [8B., 6D.]

ἐγὼ Φιλαινίς, ἡ 'πίβωτος ἀνθρώποις,
ἐνταῦθα γήρᾳ τῷ μακρῷ κεκοίμημαι.
μή μ᾽, ὦ μάταιε ναῦτα, τὴν ἄκραν κάμπτων,
χλεύην τε ποιεῦ καὶ γέλωτα καὶ λάσθην·   660
5   οὐ γάρ, μὰ τὸν Ζῆν᾽, οὐ μὰ τοὺς κάτω κούρους,
οὐκ ἦν ἐς ἄνδρας μάχλος οὐδὲ δημώδης.
Πολυκράτης δὲ τὴν γονὴν Ἀθηναῖος,
λόγων τι παιπάλημα καὶ κακὴ γλῶσσα,
ἔγραψεν οἷ᾽ ἔγραψ᾽· ἐγὼ γὰρ οὐκ οἶδα.   665

ANTAGORAS

I

μνήματι τῷδε Κράτητα θεουδέα καὶ Πολέμωνα
ἔννεπε κρύπτεσθαι, ξεῖνε, παρερχόμενος,

Menander I A.P. 7. 72, Pl^A [PPl] Μενάνδρου [P] κωμικοῦ 1 -κλειδᾶν
Bothe   de Themistocle Epicuroque agitur

Aeschrion I Athen. 8. 335ᶜ Αἰσχρίων ὁ Σάμιος; A.P. 7. 345 [C] ἀδέσπο-
τον, οἱ δὲ Σιμωνίδου, Pl^A ἀδέσποτον 2 κεκοίμαμαι P 3 ἄκρην
Meineke   4 λάσθνην Athen., λέσχην Pl 5 Ζεῦν Athen.
7 γενῆν Athen.   8 γλώσσηι C   9 ἄσσ᾽ Athen. ἔγραψεν ἐγὼ
δ᾽ P, ἔγραψεν αὐτὴ δ᾽ οὐκ Pl   cf. P. Oxy. 2891 (Philaenidis περὶ
ἀφροδισίων fragmentum)

Antagoras I A.P. 7. 103 (caret Pl), vv. 3–6 tantum s.a.n.; Diog.
Laert. 4. 21 (Antagorae)

ANTAGORAS

ἄνδρας ὁμοφροσύνῃ μεγαλήτορας, ὧν ἀπὸ μῦθος
ἱερὸς ἤισσεν δαιμονίου στόματος,
5   καὶ βίοτος καθαρὸς σοφίας ἐπὶ θεῖον ἐκόσμει   670
αἰῶν' ἀστρέπτοις δόγμασι πειθομένους.

II

ὦ ἴτε Δήμητρος πρὸς ἀνάκτορον, ὦ ἴτε, μύσται,
μηδ' ὕδατος προχοὰς δείδιτε χειμερίους,
τοῖον γὰρ Ξενοκλῆς ὁ †Λίνδιος† ἀσφαλὲς ὕμμιν
ζεῦγμα διὰ πλατέος τοῦδ' ἔβαλεν ποταμοῦ.   675

ANYTE

I

ἔσταθι τᾷδε, κράνεια βροτοκτόνε, μηδ' ἔτι λυγρόν   676
χάλκεον ἀμφ' ὄνυχα στάζε φόνον δαΐων,
ἀλλ' ἀνὰ μαρμάρεον δόμον ἡμένα αἰπὺν Ἀθάνας
ἄγγελλ' ἀνορέαν Κρητὸς Ἐχεκρατίδα.

II

βουχανδὴς ὁ λέβης· ὁ δὲ θεὶς Ἐριασπίδα υἱός   680
Κλεύβοτος, ἁ πάτρα δ' εὐρύχορος Τεγέα·

4 ἤισσεν Jacobs: ἤισεν Diog., ἤεισεν P   6 αἰῶνα στρ- C, Diog.
πειθομένους von d. Mühll: -νος P, Diog.
  II A.P. 9. 147 [J] Ἀνταγόρου Ῥοδίου, Plᴬ Σιμωνίδου   2 δείδιτε
Dübner: -δετε PPl   3 τοῖον Ξεινοκλῆς γὰρ Pl   ὁ Λίνδιος non
intellegitur, nam Atheniensis erat Xenocles; vid. Kirchner 11234,
Dittenberger, Syll.³ 1048; ὁ Ξείνιδος Foucart, Hiller von Gaertringen
ἀσφαλῶς P   4 ποταμοῖο P

ANYTE I A.P. 6. 123 (caret Pl) Ἀνύτης; Sud. s.vv. κράνεια [1–2], ἠνορέη
[4]   1 τᾷδε Meineke: τῇδε PSud.   κράνεια C: -αι P   2 δαΐων
Küster: δηΐων P, δαίδων Sud.   3 ἡμένα Salmasius: εἰμ- P
  II A.P. 6. 153 (caret Pl) Ἀνύτης; Sud. s.v. βουχανδής [1–2 Κλ.];
Zonar. s.v. βουχανδής [1]

60

τἀθάνᾳ δὲ τὸ δῶρον, Ἀριστοτέλης δ' ἐπόησεν
Κλειτόριος, γενέτᾳ ταὐτὸ λαχὼν ὄνομα.

III

φριξοκόμᾳ τόδε Πανὶ καὶ αὐλιάσιν θέτο Νύμφαις
   δῶρον ὑπὸ σκοπιᾶς Θεύδοτος οἰονόμος,   685
οὕνεχ' ὑπ' ἀζαλέου θέρεος μέγα κεκμηῶτα
   παῦσαν ὀρέξασαι χερσὶ μελιχρὸν ὕδωρ.

IV

†ἥβα μέν σε πρόαρχε ἔσαν παίδων ἅτε ματρός†
   Φειδία ἐν δνοφερῷ πένθει ἔθου φθίμενος·
ἀλλὰ καλόν τοι ὕπερθεν ἔπος τόδε πέτρος ἀείδει,   690
   ὡς ἔθανες πρὸ φίλας μαρνάμενος πατρίδος.

V

πολλάκι τῷδ' ὀλοφυδνὰ κόρας ἐπὶ σάματι Κλείνα
   μάτηρ ὠκύμορον παῖδ' ἐβόασε φίλαν,
ψυχὰν ἀγκαλέουσα Φιλαινίδος, ἁ πρὸ γάμοιο
   χλωρὸν ὑπὲρ ποταμοῦ χεῦμ' Ἀχέροντος ἔβα.   695

VI

παρθένον Ἀντιβίαν κατοδύρομαι, ἇς ἐπὶ πολλοί   696
   νυμφίοι ἱέμενοι πατρὸς ἵκοντο δόμον
κάλλευς καὶ πινυτᾶτος ἀνὰ κλέος· ἀλλ' ἐπιπάντων
   ἐλπίδας οὐλομένα Μοῖρ' ἐκύλισε πρόσω.

4 γενέτᾳ Ap.B.: -τωι P
   III   A. Plan. (Pl^{A,B}) 291 Ἀνύτης   1 τάδε Pl^A   3 αἴ μιν
ὑπὸ ζαθέοιο θέρευς Pl^A
   IV   A.P. 7. 724 (caret Pl) [C] Ἀνύτης   1 ἦ ῥα μένος σε, Πρόαρχ',
ὄλεσ' ἐν δαΐ, δῶμά τε ματρός Jacobs (πατρός Meineke)
   V   A.P. 7. 486 [C] Ἀνύτης, Pl^B τῆς αὐτῆς [sc. Ἀνύτης]   1 σήματι P
Κλεινώ Reiske   2 ἐβόησε Pl
   VI   A.P. 7. 490, Pl^B [CPl] Ἀνύτης   1 Ἀντιβίην ... ἧς Pl   3 πι-
νυτᾶτος P: -τῆτος JPl   ἀγακλέος Pl   4 οὐλομένη Pl   ἐκύλισσε PPl

VII

λοίσθια δὴ τάδε πατρὶ φίλῳ περὶ χεῖρε βαλοῦσα   700
εἶπ' Ἐρατὼ χλωροῖς δάκρυσι λειβομένα,
"ὦ πάτερ, οὔ τοι ἔτ' εἰμί, μέλας δ' ἐμὸν ὄμμα καλύπτει
ἤδη ἀποφθιμένας κυάνεος θάνατος."

VIII

ἀντί τοι εὐλεχέος θαλάμου σεμνῶν θ' ὑμεναίων
μάτηρ στᾶσε τάφῳ τῷδ' ἔπι μαρμαρίνῳ   705
παρθενικὰν μέτρον τε τεὸν καὶ κάλλος ἔχοισαν,
Θερσί, ποτιφθεγκτὰ δ' ἔπλεο καὶ φθιμένα.

IX

μνᾶμα τόδε φθιμένου μενεδαΐου εἴσατο Δᾶμις
ἵππου, ἐπεὶ στέρνον τοῦδε δαφοινὸν Ἄρης
τύψε, μέλαν δέ οἱ αἷμα ταλαυρίνου διὰ χρωτός   710
ζέσσ', ἐπὶ δ' ἀργαλέῳ βῶλον ἔδευσε φόνῳ.

X

ὤλεο δή ποτε καὶ σὺ πολύρριζον παρὰ θάμνον,
Λόκρι, φιλοφθόγγων ὠκυτάτα σκυλάκων·
τοῖον ἐλαφρίζοντι τεῷ ἐγκάθετο κώλῳ
ἰὸν ἀμείλικτον ποικιλόδειρος ἔχις.   715

VII A.P. 7. 646, Pl[B] [CPl] Ἀνύτης ǀ 1 δὴ om. P   4 -φθιμένας
Stadtmueller: -νης PPl
VIII A.P. 7. 649 [C] Ἀνύτης, Pl[B] s.a.n.   2 στᾶσε Gow: στῆσε
PPl   μαρμαρίναν Pl   3 ἔχουσαν Pl
IX A.P. 7. 208, Pl[B] [CPl] Ἀνύτης; Sud. s.vv. δαφοινόν, μενεδάιος
ἵππος [1-2], τάλαρος [3-4]   1 μνᾶμα PPl: σᾶμα Sud. (δαφ. et
μενεδ.)   μενεδαι✱✱ C; Μενεδ- (equi nomen) Ursinus   2 ἵππῳ
Pl[pc]   δαφοινὸς PlSud. (δαφ.)   4 ζέσσ' C: ξέσσ' PPlSud.   ἀργαλέῳ
Meineke: -έαν PPl   ἔδυσε P   φόνωι CPl: φόναι P
X Pollux 5. 48 Ἀνύτη   2 ὠκυτάτα Baale: -τη Poll.

XI

οὐκέτι μ' ὡς τὸ πάρος πυκιναῖς πτερύγεσσιν ἐρέσσων   716
ὄρσεις ἐξ εὐνᾶς ὄρθριος ἐγρόμενος·
ἢ γάρ σ' ὑπνώοντα σίνις λαθρηδὸν ἐπελθών
ἔκτεινεν λαιμῷ ῥίμφα καθεὶς ὄνυχα.

XII

οὐκέτι δὴ πλωτοῖσιν ἀγαλλόμενος πελάγεσσιν   720
αὐχέν' ἀναρρίψω βυσσόθεν ὀρνύμενος,
οὐδὲ περὶ σκαρθμοῖσι νεὼς περικαλλέα χείλη
ποιφύξω τἀμᾷ τερπόμενος προτομᾷ·
5   ἀλλά με πορφυρέα πόντου νοτὶς ὦσ' ἐπὶ χέρσον,
κεῖμαι δὲ ῥαδινὰν τάνδε παρ' ἀιόνα.   725

XIII

ἡνία δή τοι παῖδες ἐπί, τράγε, φοινικόεντα   726
θέντες καὶ λασίῳ φιμὰ περὶ στόματι
ἵππια παιδεύουσι θεοῦ περὶ ναὸν ἄεθλα,
ὄφρ' αὐτοὺς ἐφορῇ νήπια τερπομένους.

XIV

θάεο τὸν Βρομίου κεραὸν τράγον, ὡς ἀγερώχως   730
ὄμμα κατὰ λασιᾶν γαῦρον ἔχει γενύων,
κυδιόων ὅτι οἱ θάμ' ἐν οὔρεσιν ἀμφὶ παρῇδα
βόστρυχον εἰς ῥοδέαν Ναῒς ἔδεκτο χέρα.

XI A.P. 7. 202, Pl^A [CPl] Ἀνύτης; Sud. s.vv. ἐρέσσων [1–2], ῥίμφα, σίνις [3–4]   2 εὐνᾶς Baale: -νῆς PPl   ὄρθριος CPl: -ροις P

XII A.P. 7. 215 (caret Pl) [C] Ἀνύτης; Sud. s.v. ποιφύσσω [3–4]
2 ἀναρρίψω C: ἀρρίψω P   3 σκαρθμοῖσι Sud.: σκαλάμ- P, σκαλμ- C νεὼς CSud.: νεῶ P   4 ποιφύξω Ap.B.: -ύσσω PSud., -ύσσων C
6 ἀιόνα Graefe: ἠι- P   loquitur delphinus

XIII A.P. 6. 312, Pl^B [PPl] Ἀνύτης   1 ἐπί Bothe: ἔνι PPl
3 ναὸν CPl: ναίουσιν P   4 ἐφορῇ Hecker: φορέηις PPl, φ' ὁρ- C νήπια Jacobs: ἤπια PPl   describitur pictura vel sculptura

XIV A.P. 9. 745 (caret Pl) Ἀνύτης   3 οἱ Brunck: οὐ P
pictura vel sculptura

XV

Κύπριδος οὗτος ὁ χῶρος, ἐπεὶ φίλον ἔπλετο τήνᾳ
αἰὲν ἀπ' ἠπείρου λαμπρὸν ὁρῆν πέλαγος,   735
ὄφρα φίλον ναύτῃσι τελῇ πλόον, ἀμφὶ δὲ πόντος
δειμαίνῃι λιπαρὸν δερκόμενος ξόανον.

XVI

ἵζε' ἅπας ὑπὸ καλὰ δάφνας εὐθαλέα φύλλα
ὡραίου τ' ἄρυσαι νάματος ἁδὺ πόμα,
ὄφρα τοι ἀσθμαίνοντα πόνοις θέρεος φίλα γυῖα   740
ἀμπαύσῃς πνοιᾷ τυπτόμενα Ζεφύρου.

XVII

Ἑρμᾶς τᾷδ' ἕστακα παρ' ὄρχατον ἀνεμόεντα
ἐν τριόδοις πολιᾶς ἐγγύθεν ἀιόνος,
ἀνδράσι κεκμηῶσιν ἔχων ἄμπαυσιν ὁδοῖο,
ψυχρὸν δ' ἀχραὴς κράνα ὕπαιθα χέει.   745

XVIII

ξεῖν', ὑπὸ τὰν πέτραν τετρυμένα γυῖ' ἀνάπαυσον   746
(ἁδύ τοι ἐν χλωροῖς πνεῦμα θροεῖ πετάλοις)
πίδακά τ' ἐκ παγᾶς ψυχρὰν πίε, δὴ γὰρ ὁδίταις
ἄμπαυμ' ἐν θερμῷ καύματι τοῦτο φίλον.

XV A.P. 9. 144, Pl^{A.B} [JPl] Ἀνύτης   2 ἀπείρου Gow   ὁρᾶν Pl
3 ναύταισι Pl^B   4 δειμαίνῃ Pl : -νει P   λαμπρὸν Pl^A
    XVI A.P. 9. 313 [C] Ἀνύτης, Pl^B s.a.n.   1 ἵζε' Jacobs (ἵζεο
τᾶσδ'): ἵζευ PPl   ὑπὸ τῆσδε δάφνης Pl   2 ἡδὺ Pl   4 πνοιᾷ
Stadtmueller: -οιῆι PPl
    XVII A.P. 9. 314 [C] τῆς αὐτῆς [sc. Ἀνύτης], Pl^B Ἀνύτης   1 ἀνεμ-
Hermann: ἠνεμ- PPl   3 ἔχοντ' Benndorf   4 ἀχραὴς Gow:
ἀκραὲς P, εὐκραεῖ (et κράνᾳ) Pl   ὕπαιθα χέει Harberton: ὑποιάχει PPl
    XVIII A. Plan. (Pl^A) 228 Ἀνύτης   1 τὰν πτελέαν Jacobs
3 ψυχρὰν Baale: -ρὸν Pl

XIX

— τίπτε κατ' οἰόβατον, Πὰν ἀγρότα, δάσκιον ὕλαν   750
ἥμενος ἀδυβόᾳ τῷδε κρέκεις δόνακι;
— ὄφρα μοι ἐρσήεντα κατ' οὔρεα ταῦτα νέμοιντο
πόρτιες ἠυκόμων δρεπτόμεναι σταχύων.

XX

ἀκρίδι τᾷ κατ' ἄρουραν ἀηδόνι καὶ δρυοκοίτᾳ
τέττιγι ξυνὸν τύμβον ἔτευξε Μυρώ,   755
παρθένιον στάξασα κόρα δάκρυ· δισσὰ γὰρ αὐτᾶς
παίγνι' ὁ δυσπειθὴς ᾤχετ' ἔχων Ἀίδας.

XXI

Λύδιον οὖδας ἔχει τόδ' Ἀμύντορα, παῖδα Φιλίππου,
πολλὰ σιδηρείας χερσὶ θιγόντα μάχας·
οὐδέ μιν ἀλγινόεσσα νόσος δόμον ἄγαγε νυκτός,   760
ἀλλ' ὄλετ' ἀμφ' ἑτάρῳ σχὼν κυκλόεσσαν ἴτυν.

XXII [XXIII G.–P.]

οἰχόμεθ', ὦ Μίλητε, φίλη πατρί, τῶν ἀθεμίστων
τὴν ἄνομον Γαλατᾶν ὕβριν ἀναινόμεναι,
παρθενικαὶ τρισσαὶ πολιήτιδες, ἃς ὁ βιατάς
Κελτῶν εἰς ταύτην μοῖραν ἔτρεψεν Ἄρης·   765

XIX   A. Plan. (Plᴬ) 231 Ἀνύτης   3 ἐρσάεντα Gow   4 ἠυκόμων
Plan. edd. vett.: ἠυτόκ- Pl
XX   A.P. 7. 190, Plᴬ [CPl] Ἀνύτης, οἱ δὲ Λεωνίδου; Sud. s.v. δρυο-
κοίτης [1–3]   1 -κοίται CPl: -τῶι P (τῇ . . . -κοίτῃ Sud.)
XXI   A.P. 7. 232 [C] Ἀντιπάτρου, Plᴮ Ἀνύτης; Sud. s.vv. θιγεῖν [2],
ἴτυς [4]   2 σιδηρείας Brunck (σιδαρ-): -είης PPl   μάχας C: -ης
PPl   3 ἤγαγε Pl   4 ἀμφ' ἑτάρωι P: ἀμφοτέραν Pl, ἀμφ' ἑτάρων
Sud.   de auctore epigr. non constat
XXII   A.P. 7. 492 [C] Ἀνύτης, Plᴮ s.a.n.   1 ᾤχ- Pl   2 τὰν
P   Γαλάταν P   ἀναινόμεναι CPl: -όμεθα P   3 ἇς Ascensius: ὧν PPl
βιατάς Jacobs: βιατός P, βιαστός Pl

5   οὐ γὰρ ἐμείναμεν ἄμμα τὸ δυσσεβές, οὐδ' Ὑμέναιον
     νυμφίον ἀλλ' Ἀίδην κηδεμόν' εὑρόμεθα.

XXIII [XXIV G.-P.]

Μάνης οὗτος ἀνὴρ ἦν ζῶν ποτε, νῦν δὲ τεθνηκώς   768
ἴσον Δαρείῳ τῷ μεγάλῳ δύναται.

DURIS

I

ἠέριαι νεφέλαι, πόθεν ὕδατα πικρὰ πιοῦσαι   770
νυκτὶ σὺν ἀστεμφεῖ πάντα κατεκλύσατε,
οὐ Λιβύης, Ἐφέσου δὲ τὰ μυρία κεῖνα ταλαίνης
αὔλια καὶ μακρῶν ἐξ ἐτέων κτέανα;
5   ποῖ δὲ σαωτῆρες τότε δαίμονες ἔτρεπον ὄμμα;
     αἰαῖ τὴν Ἰάδων πολλὸν ἀοιδοτάτην·   775
     κεῖνα δὲ κύμασι πάντα κυλινδομένοισιν ὁμοῖα
     εἰς ἅλα σὺν ποταμοῖς ἔδραμε πεπταμένοις.

5 ἄμμα Jacobs: αἷμα PPl   Ὑμέναιον C: -ον PPl   6 νυμφίου C
εὑράμ- Pl   Anytae falso adscriptum
   XXIII   A.P. 7. 538 [C] Ἀνύτης, Pl[B] s.a.n.   Anytae falso ad-
scriptum

Duris I   A.P. 9. 424[1], denuoque[2] post 9. 429, Pl[A] [P[1,2]Pl] Δούριδος [P[1]]
τοῦ [P[1]Pl] Ἐλαΐτου (Ἐλεάτου Pl); Steph. Byz. s.v. Ἔφεσος, Δούριδος ἐπί-
γραμμα τοῦ Ἐλαΐτου; Eust. ad Dion. Per. 828 Δουρίδου [1–2]   4 μα-
κρῶν Salmasius: μακάρων PPl, Steph.   5 ποῖ Bothe: ποῦ PPl, Steph.
ἔτραπον Steph.   lemma [P] εἰς τὸν κατακλυσμὸν Ἐφέσου [C] ὃν
ἔπαθεν ἐπὶ Λυσιμάχου βασιλέως ἑνὸς τῶν διαδόχων

MOERO

I [II ii 68D.]

κεῖσαι δὴ χρυσέαν ὑπὸ παστάδα τὰν Ἀφροδίτας,
βότρυ, Διωνύσου πληθόμενος σταγόνι,
οὐδ' ἔτι τοι μάτηρ ἐρατὸν περὶ κλῆμα βαλοῦσα   780
φύσει ὑπὲρ κρατὸς νεκτάρεον πέταλον.

II [II ii 68D.]

Νύμφαι Ἀμαδρυάδες, ποταμοῦ κόραι, αἳ τάδε βένθη
ἀμβρόσιαι ῥοδέοις στείβετε ποσσὶν ἀεί,
χαίρετε καὶ σῴζοιτε Κλεώνυμον, ὃς τάδε καλά
εἴσαθ' ὑπαὶ πιτύων ὕμμι, θεαί, ξόανα.   785

NOSSIS

I

ἅδιον οὐδὲν ἔρωτος· ἃ δ' ὄλβια, δεύτερα πάντα   786
ἐστίν· ἀπὸ στόματος δ' ἔπτυσα καὶ τὸ μέλι.
τοῦτο λέγει Νοσσίς· τίνα δ' ἁ Κύπρις οὐκ ἐφίλασεν,
οὐκ οἶδεν τήνας τἄνθεα, ποῖα ῥόδα.

MOERO I   A.P. 6. 119 (caret Pl) Μοιροῦς [C] Βυζαντίας   3 κλῆμα
C: κνῆμα P
   II   A.P. 6. 189, Pl^A [CPl] Μυροῦς [C] Βυζαντίας; Sud. s.v. εἴσατο
[3 ὅς—4]   1 Ἀνιγριάδες Unger

NOSSIS I   A.P. 5. 170 (caret Pl) Νοσσίδος   1 ἃ δ' Ap.L.: τὰδ' P
3 ἐφίλασεν Brunck: -λησεν P   4 τήνας Ap.G.: κῆνα P (κήνατάνθεα
P, κῆνα τ' ἄνθεα C

II

ἔντεα Βρέττιοι ἄνδρες ἀπ' αἰνομόρων βάλον ὤμων   790
θεινόμενοι Λοκρῶν χερσὶν ὕπ' ὠκυμάχων,
ὧν ἀρετὰν ὑμνεῦντα θεῶν ὕπ' ἀνάκτορα κεῖνται,
οὐδὲ ποθεῦντι κακῶν πάχεας οὕς ἔλιπον.

III

Ἥρα τιμάεσσα, Λακίνιον ἃ τὸ θυῶδες
πολλάκις οὐρανόθεν νισομένα καθορῇς,   795
δέξαι βύσσινον εἶμα τό τοι μετὰ παιδὸς ἀγαυᾶς
Νοσσίδος ὕφανεν Θευφιλὶς ἁ Κλεόχας.

IV

ἐλθοῖσαι ποτὶ ναὸν ἰδώμεθα τᾶς Ἀφροδίτας
τὸ βρέτας ὡς χρυσῷ δαιδαλόεν τελέθει.
εἴσατό μιν Πολυαρχὶς ἐπαυρομένα μάλα πολλάν   800
κτῆσιν ἀπ' οἰκείου σώματος ἀγλαΐας.

V

χαίροισάν τοι ἔοικε κομᾶν ἄπο τὰν Ἀφροδίταν
ἄνθεμα κεκρύφαλον τόνδε λαβεῖν Σαμύθας·
δαιδάλεός τε γάρ ἐστι καὶ ἁδύ τι νέκταρος ὄσδει·
τούτῳ καὶ τήνα καλὸν Ἄδωνα χρίει.   805

II A.P. 6. 132 (caret Pl) Νοσσίδος   1 Βρείτιοι P   3 ὑμνεῦντα
C: -νευτὰν P
III A.P. 6. 265 (caret Pl) Νοσσίδος; Sud. s.vv. θεῶδες [1–2], εἶμα
[3 δέξ.—εἶμα], βύσσινον [3 δέξ.—4 ὑφ.]   1 τιμάεσσα Page: τιμή- P
Λακώνιον Sud.   ἃ P ut vid.: ἡ C   2 νισ- Sud.: νεισ- P   4 Θευ-
φιλὶς Bentley: -λὴς P
IV A.P. 9. 332 [C] Νοσσίδος Λεσβίας, Pl[B] s.a.n.   1 ἐλθοιμεν Pl
ἰδώμεθα Jacobs: ἰδοίμ- PPl   2 δαιδάλεον Pl   3 Πολίαρχις Pl
πολλήν Pl
V A.P. 6. 275 (caret Pl) Νοσσίδος; Sud. s.vv. δαιδάλεον, Σαμύθας
[2–3]   3 fort. δαιδαλόεις (cf. IV 2)   ὄσδει Ap.B.: ὄζει P (δ supra
ζ add. C) Sud.   4 χρῑ- abnorme; χρίει Ἄδωνα καλόν Gow

VI

τὸν πίνακα ξανθᾶς Καλλὼ δόμον εἰς Ἀφροδίτας   806
εἰκόνα γραψαμένα πάντ' ἀνέθηκεν ἴσαν.
ὡς ἀγανῶς ἕστακεν· ἴδ' ἁ χάρις ἁλίκον ἀνθεῖ.
χαιρέτω, οὔ τινα γὰρ μέμψιν ἔχει βιοτᾶς.

VII

Θαυμαρέτας μορφὰν ὁ πίναξ ἔχει· εὖ γε τὸ γαῦρον   810
τεῦξε τό θ' ὡραῖον τᾶς ἀγανοβλεφάρου.
σαίνοι κέν σ' ἐσιδοῖσα καὶ οἰκοφύλαξ σκυλάκαινα,
δέσποιναν μελάθρων οἰομένα ποθορῆν.

VIII

Αὐτομέλιννα τέτυκται· ἴδ' ὡς ἀγανὸν τὸ πρόσωπον.
ἁμὲ ποτοπτάζειν μειλιχίως δοκέει.   815
ὡς ἐτύμως θυγάτηρ τᾷ ματέρι πάντα ποτῴκει·
ἦ καλὸν ὅκκα πέλῃ τέκνα γονεῦσιν ἴσα.

IX

γνωτὰ καὶ τηλῶθε Σαβαιθίδος εἴδεται ἔμμεν
ἅδ' εἰκὼν μορφᾷ καὶ μεγαλειοσύνᾳ.
θάεο· τὰν πινυτὰν τό τε μείλιχον αὐτόθι τήνας   820
ἔλπομ' ὁρῆν. χαίροις πολλά, μάκαιρα γύναι.

VI   A.P. 9. 605 (caret Pl) τῆς αὐτῆς [sc. Νοσσ.]   2 ἴσαν Valcke-
naer: ἴσα P
    VII   A.P. 9. 604 Νοσσίδος, Plᴮ s.a.n.   2 θ' Brunck: δ' PPl
τῆς Pl   3 ἐσιδοῦσα Pl   4 οἰομένη Pl
    VIII   A.P. 6. 353 (caret Pl) Νοσσίδος   2 ᾧ με Reiske   3 ποτ-
Bentley: προσ- P   4 πέλῃ Schaefer: -λοι P
    IX   A.P. 6. 354 (caret Pl) τῆς αὐτῆς [sc. Νοσσ.]   1 τηλῶθε . . .
εἴδεται ἔμμεν Meineke: τηνῶθε . . . εἴδετε μὲν P   2 μεγαλειοσύνᾳ
Reiske: -λωσύναι C, -λωσύνα P   4 ὁρῆν Brunck: ὁρᾶν P

X

καὶ καπυρὸν γελάσας παραμείβεο καὶ φίλον εἰπών
ῥῆμ᾽ ἐπ᾽ ἐμοί. ῾Ρίνθων εἴμ᾽ ὁ Συρακόσιος,
Μουσάων ὀλίγα τις ἀηδονίς, ἀλλὰ φλυάκων
ἐκ τραγικῶν ἴδιον κισσὸν ἐδρεψάμεθα.   825

XI

ὦ ξεῖν᾽, εἰ τύ γε πλεῖς ποτὶ καλλίχορον Μιτυλήναν   826
τᾶν Σαπφοῦς χαρίτων ἄνθος ἐναυσόμενος,
εἰπεῖν ὡς Μούσαισι φίλαν τήνᾳ τε Λοκρὶς γᾶ
τίκτε μ᾽· ἴσαις δ᾽ ὅτι μοι τοὔνομα Νοσσίς, ἴθι.

XII

Ἄρτεμι Δᾶλον ἔχοισα καὶ Ὀρτυγίαν ἐρόεσσαν,   830
τόξα μὲν εἰς κόλπους ἄγν᾽ ἀπόθου Χαρίτων,
λοῦσαι δ᾽ Ἰνωπῷ καθαρὸν χρόα, βᾶθι δ᾽ ἐς οἴκους
λύσουσ᾽ ὠδίνων Ἀλκέτιν ἐκ χαλεπῶν.

PERSES

I

τρεῖς ἄφατοι κεράεσσιν ὑπ᾽ αἰθούσαις τοι, Ἄπολλον,
ἄγκεινται κεφαλαὶ Μαιναλίων ἐλάφων,   835

X A.P. 7. 414, Pl^A [CPl] Νοσσίδος   2 Συρηκ- CPl   3 ὀλίγα
Kaibel: -γη PPl   φλυάκων C (P dub.): καλύκων Pl   4 κισσὸν CPl:
κρέσσον P
XI A.P. 7. 718 (caret Pl) [C] Νοσσίδος   3 φίλαν τήνᾳ τε
Λοκρὶς γᾶ Brunck: φίλα τῆναιτε Λόκρισσα P   4 τίκτε μ᾽ Meineke:
τίκτεν P   ἴσαις = μαθών
XII A.P. 6. 273 (caret Pl) ὡς Νοσσίδος; Sud. s.vv. Ἰνωπός, χροός
[3]   1 ἔχοισα Brunck: ἔχουσα P   3 οἴκους Sud.: -κος P
PERSES I A.P. 6. 112 (caret Pl) Πέρσου; Sud. s.vv. ἄφατοι [1-2],
Μαιναλίων [2]   2 ἄγκεινται Sud.: ἐγκ- P, Sud. v.l.

PERSES

ἃς ἕλον ἐξ ἵππων †γυγερῶι χέρε† Δαΐλοχός τε
καὶ Προμένης, ἀγαθοῦ τέκνα Λεοντιάδου.

II

ζῶμά τοι, ὦ Λατωί, καὶ ἀνθεμόεντα κύπασσιν
καὶ μίτραν μαστοῖς σφιγκτὰ περιπλομέναν
θήκατο Τιμάεσσα, δυσωδίνοιο γενέθλας   840
ἀργαλέον δεκάτῳ μηνὶ φυγοῦσα βάρος.

III

πότνια κουροσόος, ταύταν †ἐπιποντίδα νύμφαν†
καὶ στεφάναν λιπαρῶν ἐκ κεφαλᾶς πλοκάμων,
ὀλβία Εἰλείθυια, πολυμνάστοιο φύλασσε
Τισίδος, ὠδίνων ῥύσια δεξαμένα.   845

IV

Εὔρου χειμέριαί σε καταιγίδες ἐξεκύλισαν,   846
Φίλλι, πολυκλαύτῳ γυμνὸν ἐπ' ἠιόνι,
οἰνηρῆς Λέσβοιο παρὰ σφυρόν· αἰγίλιπος δέ
πέτρου ἁλιβρέκτῳ κεῖσαι ὑπὸ πρόποδι.

V

Μαντιάδας, ὦ ξεῖνε, καὶ Εὔστρατος, υἷες Ἐχέλλου,   850
Δυμαῖοι, κραναᾷ κείμεθ' ἐνὶ ξυλόχῳ,

3 Γύγεω χέρε Jacobs   vid. Dittenberger, Syll.³ 300
 II A.P. 6. 272 (caret Pl) Πέρσου   1 Λατωί Graefe: Λατοῖ P
2 μαστοῖς Salmasius: -οῖο P   3 Τιμή- C   δυσωδ- C: διωδ- P
 III A.P. 6. 274 (caret Pl) Πέρσου; Sud. s.v. ῥυτῆρα [4]   1 κουρο-
σόος Jacobs: κοῦρος ὁ P   fort. ἐπιπορπίδα (Jacobs) νύμφας (Gow);
νύμφαν C: -φην P   2 ἐκ Reiske: τ' ἐκ P; λιπαρόν τ'... πλόκαμον
Ap.L.   3 Εἰλείθ- C: Εἰλήθ- P
 IV A.P. 7. 501, Plᴬ [CPl] Πέρσου   2 πολυκλύστῳ Hecker
 V A.P. 7. 445, Plᴮ [CPl] Πέρσου [C] Θηβαίου   1 Μαντιάδης...
Ἀχέλλου Pl   2 Δυμαίη Pl   κραναᾷ Stadtmueller: -αῇ PPl

71

ἄγραυλοι γενεῆθεν ὁροιτύποι· οἱ δ' ἐπὶ τύμβῳ
μανυταὶ τέχνας δουροτόμοι πελέκεις.

VI

ὤλεο δὴ πρὸ γάμοιο, Φιλαίνιον, οὐδέ σε μάτηρ
Πυθιὰς ὡραίους ἄγαγεν εἰς θαλάμους   855
νυμφίου, ἀλλ' ἐλεεινὰ καταδρύψασα παρειάς
τεσσαρακαιδεκέτιν τῷδ' ἐκάλυψε τάφῳ.

VII

δειλαία Μνάσυλλα, τί τοι καὶ ἐπ' ἠρίῳ οὗτος
μυρομένα κούραν γραπτὸς ἔπεστι τύπος
Νευτίμας; ἅς δή ποκ' ἀπὸ ψυχὰν ἐρύσαντο   860
ὠδῖνες, κεῖται δ' οἷα κατὰ βλεφάρων
5   ἀχλύι πλημύρουσα φίλας ὑπὸ ματρὸς ἀγοστῷ.
αἰαῖ Ἀριστοτέλης δ' οὐκ ἀπάνευθε πατήρ
δεξιτερᾷ κεφαλὰν ἐπεμάσσατο· ὦ μέγα δειλοί,
οὐδὲ θανόντες ἑῶν ἐξελάθεσθ' ἀχέων.   865

VIII

κἀμὲ τὸν ἐν σμικροῖς ὀλίγον θεὸν ἢν ἐπιβώσῃ   866
εὐκαίρως τεύξῃ, μὴ μεγάλων δὲ γλίχου·
ὡς ὅ τι δημοτέρων δύναται θεὸς ἀνδρὶ πενέστῃ
δωρεῖσθαι, τούτων κύριός εἰμι Τύχων.

3 ὀρειτ- Pl   4 μηνυταὶ τέχνης Pl
   VI A.P. 7. 487, Pl^B [CPl] Πέρσου   2 ἄγαγεν Page: ἦγ- PPl
   VII A.P. 7. 730 (caret Pl) [C] Πέρσου   2 κούραν Hecker: -ρα P
3 ἅς C: dub. P   ἐρύσαντο C: dub. P   4 βλεφ- C: φαεφ- P   5 ὑπὸ
C: ἀπὸ P   ματρὸς Brunck: μητ- P   7 ὦ Jacobs: κ' ὦ P
   VIII A.P. 9. 334, Pl^B [CPl] Πέρσου   1 ἐπιβώσηις P   2 με-
γάλωι P   3 ὅτι Stephanus: ὅτε PPl   δημοτέρων Hecker: -ογέρων
PPl   πένητι Pl   de Tychone vid. Strab. 13. 588, Diodor. 4. 6. 4,
Myth. Lex. 5. 1381

IX

οὐ προϊδών, Θεότιμε, κακὴν δύσιν ὑετίοιο   870
  Ἀρκτούρου κρυερῆς ἥψαο ναυτιλίης,
ἤ σε δι᾽ Αἰγαίοιο πολυκλήιδι θέοντα
  νηὶ σὺν οἷς ἑτάροις ἤγαγεν εἰς Ἀίδην.
5 αἰαῖ, Ἀριστοδίκη δὲ καὶ Εὔπολις οἵ σ᾽ ἐτέκοντο
  μύρονται κενεὸν σῆμα περισχόμενοι.   875

PHALAECUS

I

χρυσωτὸν κροκόεντα περιζώσασα χιτῶνα   876
  τόνδε Διωνύσῳ δῶρον ἔδωκε Κλεώ,
οὕνεκα συμποσίοισι μετέπρεπεν, ἶσα δὲ πίνειν
  οὔτις οἱ ἀνθρώπων ἤρισεν οὐδαμά πω.

II

α — νικῶ δίαυλον. β — ἀλλ᾽ ἐγὼ παλαίων.   880
γ — ἐγὼ δὲ πεντάεθλον. δ — ἀλλ᾽ ἐγὼ πύξ.
ε — καὶ τίς τύ; α — Τιμόδημος. β — ἀλλ᾽ ἐγὼ Κρής.
γ — ἐγὼ δὲ Κρηθεύς. δ — ἀλλ᾽ ἐγὼ Διοκλῆς.
5 ε — καὶ τίς πατήρ τοι; α — Κλεῖνος. βγδ — ὥσπερ ἄμμιν.
ε — ἔμπη δὲ νικῇς; α — †ἰσθμον· η† ε — τὺ δ᾽ ἔμπη;   885
β? — Νέμειον ἂν λειμῶνα καὶ παρ᾽ Ἥρᾳ.

IX   A.P. 7. 539 [C] Πέρσου, Plᴮ Θεοφάνους

PHALAECUS I   Athen. 10. 440ᵈ Φάλαικος   2 τόνδε Διων- Casaubon:
τῷδε Διον- Athen.
  II   A.P. 13. 5 (caret Pl) Φαλαίκου   5 ὥσπερ Salmasius: ἠ
ὅσπερ P   7 Ἥρᾳ Brunck: -αν P   mancum videtur epigr.

PHALAECUS

III

τοῦτ' ἐγὼ τὸ περισσὸν εἰκόνισμα
τοῦ κωμῳδογέλωτος εἰς θρίαμβον
κισσῷ καὶ στεφάνοισιν ἀμπυκασθέν
ἔστακ', ὄφρα Λύκωνι σᾶμ' ἐπείη·   890
5   †ὅσσα γὰρ καθύπερθε λαμπρὸς ἀνήρ,†
μνᾶμα τοῦ χαρίεντος ἔν τε λέσχᾳ
ἔν τ' οἴνῳ τόδε, κἄτι τοῖς ἔπειτα
ἄγκειται παράδειγμα τᾶς ὀπωπᾶς.

IV

Φῶκος ἐπὶ ξείνῃ μὲν ἀπέφθιτο, κῦμα γὰρ μέλαινα   895
νεῦς οὐχ †ὑπεξήνεικεν οὐδ' ἐδέξατο†·
ἀλλὰ κατ' Αἰγαίοιο πολὺν βυθὸν ᾤχετο πόντου
βίῃ Νότου πρήσαντος ἐσχάτην ἅλα·
5   τύμβου δ' ἐν πατέρων κενεοῦ λάχεν, ὃν πέρι Προμηθίς
μήτηρ λυγρῇ ὄρνιθι πότμον εἰκέλη   900
αἲ αἲ κωκύει τὸν ἑὸν γόνον ἤματα πάντα,
λέγουσα τὸν πρόωρον ὡς ἀπέφθιτο.

V

φεῦγε θαλάσσια ἔργα, βοῶν δ' ἐπιβάλλευ ἐχέτλῃ,
εἴ τί τοι ἡδὺ μακρῆς πείρατ' ἰδεῖν βιοτῆς·
ἠπείρῳ γὰρ ἔνεστι μακρὸς βίος, εἰν ἁλὶ δ' οὔ πως   905
εὐμαρὲς εἰς πολιὴν ἀνδρὸς ἰδεῖν κεφαλήν.

III A.P. 13. 6 (caret Pl) τοῦ αὐτοῦ [sc. Φαλ.]   4 ἔστακ'
Meineke: ἔστασα P   7 κἄτι Jacobs: καί τι P
IV A.P. 13. 27 (caret Pl) Φαλαίκου   3 πολὺν βυθὸν Meineke:
πολὺ βαθὺν P   4 ἐσχατάτην P   5 Προμηθεις P   6 ob
hiatum suspectus   ἰκέλη P   8 πρόορον P
V A.P. 7. 650 [C] Φλάκκου ἢ Φαλαίκου, Plᴬ Φακέλλου   1 ἐπι-
βάλλετ' P   3 οὐ πᾶσ' P   Phalaeco abiudicandum

PHILETAS COUS?

I [II ii 52D.; III G.-P.]

οὐ κλαίω ξείνων σε φιλαίτατε· πολλὰ γὰρ ἔγνως   907
καλά, κακῶν δ' αὖ σοι μοῖραν ἔνειμε θεός.

II [II ii 52D.; IV G.-P.]

γαῖαν μὲν φανέουσι θεοί ποτε, νῦν δὲ πάρεστιν
αἰψηρῶν ἀνέμων μοῦνον ὁρᾶν τέμενος.   910

SIMIAS

I [24B., 12D.]

οὐκέτ' ἀν' ὑλῆεν δρίος εὔσκιον, ἀγρότα πέρδιξ,   911
ἠχήεσσαν ἵεις γῆρυν ἀπὸ στομάτων,
θηρεύων βαλιοὺς συνομήλικας ἐν νομῷ ὕλης·
ᾤχεο γὰρ πυμάταν εἰς Ἀχέροντος ὁδόν.

II [25B., 13D.]

τάνδε κατ' εὔδενδρον στείβων δρίος εἴρυσα χειρί   915
πτώσσουσαν Βρομίας οἰνάδος ἐν πετάλοις,

PHILETAS I   Stob. flor. 4. 56. 11 Φιλέα (-λητᾶ Brunck) ἐπιγραμμάτων
2 ἔνειμε Gesner : νέμει codd.
II   Stob. flor. 4. 17. 5 Φιλητᾶ ἐπιγραμμάτων   mancum videtur,
siquidem epigramma

SIMIAS I   A.P. 7. 203, Pl[B] [CPl] Σιμμίου; Sud. s.vv. δρίος [1–2], βαλιάν
[3–4]   1 δρίος CSud.: δρύσὲς P, δρυὸς Pl   2 ἠχήεσσαν ἵεις J :
ἠχήσεις ἀνεὶς PSud., ἠχήσεις ἐνιεὶς Pl   στομάτων P et (qui v. in marg.
iterat) J : -τος CPlSud.   3 βαλιοὺς PSud.: ἀγρίους Pl   4 ᾤχεο
CPlSud.: -ετο P   πυμάτην edd. vett.
II   A.P. 7. 193 (caret Pl) [C] Σιμμίου; Sud. s.vv. πτώσεις [1–2],
εὐερκεῖ [3]   1 εὔδενδρον CSud.: εὔδρυδον P   δρίος Küster: δρυὸς
PSud.   2 πτώσσουσαν CSud.: -σα P

ὄφρα μοι εὐερκεῖ καναχὰν δόμῳ ἔνδοθι θείη
τερπνὰ δι᾽ ἀγλώσσου φθεγγομένα στόματος.

III [26B., 14D.]

πρόσθε μὲν ἀγραύλοιο δασύτριχος ἰξάλου αἰγός
†δοιὸν ἐπὶ† χλωροῖς ἐστεφόμαν πετάλοις,   920
νῦν δέ με Νικομάχῳ κεραοξόος ἥρμοσε τέκτων
ἐντανύσας ἕλικος καρτερὰ νεῦρα βοός.

IV [22B., 10D.]

τόν σε χοροῖς μέλψαντα Σοφοκλέα, παῖδα Σοφίλλου,
τὸν τραγικῆς Μούσης ἀστέρα Κεκρόπιον,
πολλάκις ὃν θυμέλῃσι καὶ ἐν σκηνῇσι τεθηλώς   925
βλαισὸς Ἀχαρνίτης κισσὸς ἔρεψε κόμην,
5   τύμβος ἔχει καὶ γῆς ὀλίγον μέρος· ἀλλ᾽ ὁ περισσός
αἰὼν ἀθανάτοις δέρκεται ἐν σελίσιν.

V [23B., 11D.]

ἠρέμ᾽ ὑπὲρ τύμβοιο Σοφοκλέος, ἠρέμα, κισσέ,
ἑρπύζοις χλοεροὺς ἐκπροχέων πλοκάμους,   930
καὶ πέταλον πάντῃ θάλλοι ῥόδου ἥ τε φιλορρὼξ
ἄμπελος ὑγρὰ πέριξ κλήματα χευαμένη,
5   εἵνεκεν εὐμαθίης πινυτόφρονος, ἣν ὁ μελιχρός
ἤσκησεν Μουσῶν ἄμμιγα καὶ Χαρίτων.

3 μοι CSud.: με P
III   A.P. 6. 113, Pl^B [CPl] Σιμμίου [C] γραμματικοῦ; Sud. s.vv. ἴξαλος
[1-2], κεραοζόος [3]   1 δασύτριχος Reiske: διατριχὸς PPlSud.
2 δοιῶ Pl, Sud. v.l.; δοιὸν ὅπλον Geist   χώροις et χοροῖς Sud.   ἐστεφόμαν
C: ἐστιφ- P, ἐστεφόμην PlSud.   4 ἕλκος P, ἔνδον C marg.
IV   A.P. 7. 21 Σιμμίου [J] Θηβαίου, Pl^B s.a.n.; Sud. s.vv. Κέκροψ [2],
Ἀχαρνείτης, βλαισός, θυμέλη [3-4]   3 παλλάκις P   ὃν Emperius: ἐν
PPlSud.
V   A.P. 7. 22 τοῦ αὐτοῦ [sc. Σιμμ.], Pl^A s.a.n.; Sud. s.vv. ἄμμιγα,
πινυτός [5-6]; Zonar. s.v. ἄμμιγα [5-6]   1 τύμβου Σοφοκλέους P
4 κλίματα P   5 εὐεπίης C   μελιχρός CSud., Zonar.: -χρους P
6 καί: κὰκ Hecker, ἤσκησ᾽ ἐκ idem

VI [Simon. 116 B., 129D.; VII G.–P.]

ὕστατα δὴ τάδ' ἔειπε φίλαν ποτὶ ματέρα Γοργώ,   935
    δακρυόεσσα δέρας χερσὶν ἐφαπτομένα·
"αὖθι μένοις παρὰ πατρί, τέκοις δ' ἐπὶ λῴονι μοίρᾳ
    ἄλλαν σῷ πολιῷ γήραϊ καδεμόνα."

ALEXANDER AETOLUS

I [6D.]

Σάρδιες, ἀρχαῖος πατέρων νομός, εἰ μὲν ἐν ὑμῖν
    ἐτρεφόμαν, κέρνας ἦν τις ἂν ἢ βακέλας   940
χρυσοφόρος ῥήσσων λάλα τύμπανα· νῦν δέ μοι Ἀλκμάν
    οὔνομα, καὶ Σπάρτας εἰμὶ πολυτρίποδος,
καὶ Μούσας ἐδάην Ἑλικωνίδας, αἵ με τυράννων
    θῆκαν Δασκύλεω μείζονα καὶ Γύγεω.

II [5D.]

αὐτά που τὰν Κύπριν ἀπηκριβώσατο Παλλάς,   945
    τᾶς ἐπ' Ἀλεξάνδρου λαθομένα κρίσιος.

VI   A.P. 7. 647 [C] Σιμωνίδου, οἱ δὲ Σιμμίου, Plᴬ Σαμίου   1 δὴ
om. P   φίλην . . . μητέρα P   2 δέρας Stadtmueller: -ρης PPl
4 καδεμόνα Salmasius: καδομέναν PᵃᶜPl, κηδομένην Pᵖᶜ   de auctore
non constat

ALEXANDER I   A.P. 7. 709 (caret Pl) Ἀλεξάνδρου; Plut. mor. 599e s.a.n.
1 Σάρδιες C, Plut.: -διαι P   ἀρχαῖαι P   2 -όμην Plut.   κέλσας
Plut.   ἦν τις ἂν ἢ Salmasius: ησισαν ἢ P, ἤ τις ἀνὴρ Plut.   βακέλας
Ursinus: μακ- P, Plut.   3 λάλα Meineke: καλὰ P, Plut.   Ἀλκμάν
Plut.: ἄλλο P   4 οὔνομ' ἐκ Σπ. P   πολυτρίποδος P: πολίτης Plut.
5 Ἑλληνίδας Plut.   6 Δασκύλεω Bentley, sed error
fortasse poetae imputandus; mirum etiam γύγεω   κρείσσονα Plut.
II   A. Plan. (Plᴬ) 172 Ἀλεξάνδρου Αἰτωλοῦ

APOLLONIUS RHODIUS

I [I iii 124D.]

Καλλίμαχος τὸ κάθαρμα, τὸ παίγνιον, ὁ ξύλινος νοῦς,   947
αἴτιος ὁ γράψας Αἴτια Καλλίμαχος.

ARATUS

I [II ii 81D.]

Ἀργεῖος Φιλοκλῆς Ἄργει καλός, αἱ δὲ Κορίνθου
στῆλαι καὶ Μεγαρέων ταυτὸ βοῶσι τάφοι·   950
γέγραπται καὶ μέχρι λοετρῶν Ἀμφιαράου
ὡς καλός. ἀλλ᾽ †ὀλίγοι† γράμμασι λειπόμεθα·
5   τῷδ᾽ οὐ γὰρ πέτραι ἐπιμάρτυρες, ἀλλὰ Πριηνεύς
αὐτὸς ἰδών, ἑτέρου δ᾽ ἐστὶ περισσότερος.

II [II ii 81D.]

αἰάζω Διότιμον, ὃς ἐν πέτραισι κάθηται   955
Γαργαρέων παισὶν βῆτα καὶ ἄλφα λέγων.

APOLLONIUS I   A.P. 11. 275 Ἀπολλωνίου γραμματικοῦ, J ad 7. 41, Pl^B
s.a.n.; Eust. Od. 1422. 30 [2]   2 Καλλίμαχος Bentley: -μάχου PPl,
Eust., μαχ J

ARATUS I   A.P. 12. 129 (caret Pl) Ἀράτου   2 ταυτὸ Brunck:
ταῦτα P   4 ὀλίγοις Brunck, ὀλίγον· ('parvi momenti est') Hecker;
fort. ἀλόγως   5 ἀλλ᾽ ὁ Knaack   Ῥιηνός Maass
   II   A.P. 11. 437, Pl^A [PPl] Ἀράτου; Macrob. sat. 5. 20. 8; Steph. Byz.
s.v. Γάργαρα; Eust. Il. 986. 48   1 αἰάζω ὅτι μοῦνος ἐνὶ πέτρῃσι
Steph.   2 παισὶν Γαργ. Steph., Eust.

ARCESILAUS

I

Πέργαμος οὐχ ὅπλοις κλεινὴ μόνον, ἀλλὰ καὶ ἵπποις
πολλάκις αὐδᾶται Πῖσαν ἀνὰ ζαθέην·
εἰ δὲ τὸν ἐκ Διόθεν θεμιτὸν θνατῷ νόον εἰπεῖν,
ἔσσεται εἰσαῦτις πολλὸν ἀοιδοτέρη.   960

II

τηλοῦ μὲν Φρυγίη, τηλοῦ δ' ἱερὴ Θυάτειρα,
ὦ Μηνόδωρε, σὴ πατρίς, Καδαυάδη·
ἀλλὰ γὰρ εἰς Ἀχέροντα τὸν οὐ φατὸν ἴσα κέλευθα,
ὡς αἶνος ἀνδρῶν, πάντοθεν μετρούμενα.
5 σῆμα δέ τοι τόδ' ἔρεξεν ἀριφραδὲς Εὔγαμος, ᾧ σύ   965
πολλῶν πενεστέων ἦσθα προσφιλέστατος.

ASCLEPIADES

I

ἡδὺ θέρους διψῶντι χιὼν ποτόν, ἡδὺ δὲ ναύταις
ἐκ χειμῶνος ἰδεῖν εἰαρινὸν Στέφανον·
ἥδιον δ' ὁπόταν κρύψῃ μία τοὺς φιλέοντας
χλαῖνα, καὶ αἰνῆται Κύπρις ὑπ' ἀμφοτέρων.   970

ARCESILAUS I Diog. Laert. 4. 30 (Arcesilai)   vid. RE 2. 1164
  II Diog. Laert. 4. 31 (Arcesilai)   2 Καδαυάδη codd. BP:
Καδανάδη codd. dgt, Κανάδη F, Καδαβαδή Fʸᵖ; lectio dubia   4 αἶνος
Porson: δεινὸς codd.   5 Εὔγαμος Arnim: Εὔδαμος codd.   ᾧ codd.
BP: ὡς cod. F

ASCLEPIADES I A.P. 5. 169 Ἀσκληπιάδου, Plᴬ s.a.n.   2 στέφανον
CPl: στέφος P   3 ἥδιον Jacobs: ἡδεῖον P, ἥδιστον Cʸᵖ, ἡδὺ δὲ καὶ
ὁπόταν (δὲ καὶ man. rec.) Pl   4 αἰνεῖται P

II

φείδη παρθενίης· καὶ τί πλέον; οὐ γὰρ ἐς Ἅιδην   971
ἐλθοῦσ' εὑρήσεις τὸν φιλέοντα, κόρη.
ἐν ζωοῖσι τὰ τερπνὰ τὰ Κύπριδος, ἐν δ' Ἀχέροντι
ὀστέα καὶ σποδιή, παρθένε, κεισόμεθα.

III

Νικαρέτης τὸ πόθοισι βεβαμμένον ἡδὺ πρόσωπον   975
πυκνὰ δι' ὑψηλῶν φαινόμενον θυρίδων
αἱ χαροπαὶ Κλεοφῶντος ἐπὶ προθύροισι μάραναν,
Κύπρι φίλη, γλυκεροῦ βλέμματος ἀστεροπαί.

IV

Ἑρμιόνη πιθανῇ ποτ' ἐγὼ συνέπαιζον ἐχούσῃ
ζώνιον ἐξ ἀνθέων ποικίλον, ὦ Παφίη,   980
χρύσεα γράμματ' ἔχον· "διόλου" δ' ἐγέγραπτο "φίλει με,
καὶ μὴ λυπηθῇς ἤν τις ἔχῃ μ' ἔτερος."

V

†τῷ θαλλῷ† Διδύμη με συνήρπασεν, ὤμοι, ἐγὼ δέ
τήκομαι ὡς κηρὸς πὰρ πυρὶ κάλλος ὁρῶν.
εἰ δὲ μέλαινα, τί τοῦτο; καὶ ἄνθρακες· ἀλλ' ὅτε κείνους   985
θάλψωμεν, λάμπουσ' ὡς ῥόδεαι κάλυκες.

II A.P. 5. 85 Ἀσκληπιάδου, Pl^A s.a.n.

III A.P. 5. 153 (caret Pl) Ἀσκληπιάδου   1 βεβαμμένον Wila-
mowitz: βεβλημένον P   2 ὑψηλῶν C^yp: ὑψηλόφων P, ὑψολόφων C;
ὑψιλόφων Reiske, ὑψορόφων Schneidewin   3 -οισι μάραναν Kaibel:
-οις ἐμάρ. P

IV A.P. 5. 158 (caret Pl) Ἀσκληπιάδου; App. B.-V. 51 ἄδηλον
3 χρύσεα CApp.: -σια P   ἔχον CApp.: ἔχων P   4 ἔχηι μ' C: μ'
ἔχηι P, ἔχει μ' App.

V A.P. 5. 210 Ἀσκληπιάδου, Pl^A τοῦ αὐτοῦ [sc. Ἀσκλ.]   1 τῴφθαλμὼ
Διδύμης . . . -ήρπασαν Ruhnken   δέ CPl: om. P   3 ἀλλ' ὅτε κείνους
Jacobs: ἀλλὰ τὰ κείνης C, ἀλλὰ τὸ κείνου P, ἀλλ' ἂν ἐκείνους Pl

VI

Λυσιδίκη σοί, Κύπρι, τὸν ἱππαστῆρα μύωπα
χρύσεον εὐκνήμου κέντρον ἔθηκε ποδός,
ᾧ πολὺν ὕπτιον ἵππον ἐγύμνασεν, οὐδέ ποτ' αὐτῆς
μηρὸς ἐφοινίχθη κοῦφα τινασσομένης.   990
ἦν γὰρ ἀκέντητος τελεοδρόμος, οὕνεκεν ὅπλον
σοὶ κατὰ μεσσοπύλης χρύσεον ἐκρέμασεν.

VII

αἱ Σάμιαι Βιττὼ καὶ Νάννιον εἰς Ἀφροδίτης
φοιτᾶν τοῖς αὐτῆς οὐκ ἐθέλουσι νόμοις,
εἰς δ' ἔτερ' αὐτομολοῦσιν ἃ μὴ καλά. δεσπότι Κύπρι,   995
μίσει τὰς κοίτης τῆς παρὰ σοὶ φυγάδας.

VIII

ἡ λαμυρή μ' ἔτρωσε Φιλαίνιον· εἰ δὲ τὸ τραῦμα
μὴ σαφές, ἀλλ' ὁ πόνος δύεται εἰς ὄνυχα.
οἴχομ', Ἔρωτες, ὄλωλα, διοίχομαι· εἰς γὰρ ἔχιδναν
νυστάζων ἐπέβην †ἠδ'† ἔθιγόν τ' Ἀΐδα.   1000

IX

λύχνε, σὲ γὰρ παρεοῦσα τρὶς ὤμοσεν Ἡράκλεια   1001
ἥξειν, κοὐχ ἥκει· λύχνε, σὺ δ' εἰ θεὸς εἶ
τὴν δολίην ἀπάμυνον· ὅταν φίλον ἔνδον ἔχουσα
παίζῃ, ἀποσβεσθεὶς μηκέτι φῶς πάρεχε.

VI   A.P. 5. 203 (caret Pl) Ἀσκληπιάδου; Sud. s.vv. μύωψ [1–2],
ὕπτιος [3]

VII   A.P. 5. 207, Plᴬ [PPl] Ἀσκληπιάδου   1 Ἄννιον Pl   2 αὐτοῖς
P   3 ἃ om. P   Κύπρι CPl: -ρον P   4 κοίτας τὰς Pl

VIII   A.P. 5. 162 (caret Pl) Ἀσκληπιάδου   3 ἔχιδναν Waltz:
ἑταίραν C, -ρων? P   4 fort. τήνδ', ἔθιγόν (Meineke)   Ἀΐδαι C

IX   A.P. 5. 7 Ἀσκληπιάδου, Plᴬ τοῦ αὐτοῦ [sc. Ἀσκλ.]   3 ἐπ-
άμυνον P

X

ὡμολόγησ᾽ ἥξειν εἰς νύκτα μοι ἡ ᾽πιβόητος   1005
Νικὼ καὶ σεμνὴν ὤμοσε Θεσμοφόρον,
κοὐχ ἥκει, φυλακὴ δὲ παροίχεται. ἆρ᾽ ἐπιορκεῖν
ἤθελε; τὸν λύχνον, παῖδες, ἀποσβέσατε.

XI

νεῖφε, χαλαζοβόλει, ποίει σκότος, αἶθε, κεραύνου,
πάντα τὰ πορφύροντ᾽ ἐν χθονὶ σεῖε νέφη·   1010
ἢν γάρ με κτείνῃς, τότε παύσομαι· ἢν δέ μ᾽ ἀφῇς ζῆν,
κἂν διαθῇς τούτων χείρονα, κωμάσομαι·
5   ἕλκει γάρ μ᾽ ὁ κρατῶν καὶ σοῦ θεός, ᾧ ποτε πεισθείς,
Ζεῦ, διὰ χαλκείων χρυσὸς ἔδυς θαλάμων.

XII

αὐτοῦ μοι στέφανοι παρὰ δικλίσι ταῖσδε κρεμαστοί   1015
μίμνετε μὴ προπετῶς φύλλα τινασσόμενοι,
οὓς δακρύοις κατέβρεξα· κάτομβρα γὰρ ὄμματ᾽ ἐρώντων·
ἀλλ᾽ ὅταν οἰγομένης αὐτὸν ἴδητε θύρης,
5   στάξαθ᾽ ὑπὲρ κεφαλῆς ἐμὸν ὑετόν, ὡς ἂν †ἄμεινον
ἡ ξανθή γε κόμη τἀμὰ πίῃ δάκρυα.   1020

XIII

Νύξ, σὲ γάρ, οὐκ ἄλλην, μαρτύρομαι, οἷά μ᾽ ὑβρίζει   1021
Πυθιὰς ἡ Νικοῦς οὖσα φιλεξαπάτις.

X A.P. 5. 150 (caret Pl) Ἀσκληπιάδου; Sud. s.v. Θεσμοφόρος [1]
1 -βόητος C: -βότης P   2 Θεσμοφόρον C: om. P
XI A.P. 5. 64 Ἀσκληπιάδου, Plᴬ τοῦ αὐτοῦ [sc. Ἀσκλ.]; Sud. s.v.
κωμάσομαι [3–4]   3 ἀφῇς ζῆν P: ἀφείῃς Pl   4 κἂν Meineke:
καὶ PPlSud.   διαθεὶς P
XII A.P. 5. 145, Plᴬ [PPl] Ἀσκληπιάδου   3 ἐρώντων CPl:
ἐρώτων P   4 αὐτὴν C   5 ἐκείνου Schneidewin   6 κόρη
C   τἀμὰ δάκρυα πίῃ Pl
XIII A.P. 5. 164 (caret Pl) Ἀσκληπιάδου   1 ἄλλον Meineke
οἷά μ᾽ ὑβρίζει Salmasius: οἷαν ὑβρίζεις P   2 -απάτις Unger: -απάτης P

κληθείς, οὐκ ἄκλητος, ἐλήλυθα· ταὐτὰ παθοῦσα
σοὶ μέμψαιτ' ἔτ' ἐμοῖς στᾶσα παρὰ προθύροις.

XIV

ὑετὸς ἦν καὶ νὺξ καὶ ⟨ ⟩ τρίτον ἄλγος ἔρωτι   1025
†οἶνος καὶ †Βορέης ψυχρός, ἐγὼ δὲ μόνος.
ἀλλ' ὁ καλὸς Μόσχος πλέον ἴσχυεν· †καὶ σὺ γὰρ οὕτως
ἤλυθες, οὐδὲ θύρην πρὸς μίαν ἡσυχάσας
τῇδε τοσοῦτ' ἐβόησα βεβρεγμένος· ἄχρι τίνος, Ζεῦ;
Ζεῦ φίλε, σιγήσω· καὐτὸς ἐρᾶν ἔμαθες.   1030

XV

οὐκ εἴμ' οὐδ' ἐτέων δύο κείκοσι, καὶ κοπιῶ ζῶν·   1031
ὤρωτες, τί κακὸν τοῦτο; τί με φλέγετε;
ἢν γὰρ ἐγώ τι πάθω τί ποιήσετε; δῆλον, Ἔρωτες,
ὡς τὸ πάρος παίξεσθ' ἄφρονες ἀστραγάλοις.

XVI

πῖν', Ἀσκληπιάδη· τί τὰ δάκρυα ταῦτα; τί πάσχεις;   1035
οὐ σὲ μόνον χαλεπὴ Κύπρις ἐλῃίσατο,
οὐδ' ἐπὶ σοὶ μούνῳ κατεθήξατο τόξα καὶ ἰούς
πικρὸς Ἔρως· τί ζῶν ἐν σποδιῇ τίθεσαι;
πίνωμεν Βάκχου ζωρὸν πόμα· δάκτυλος ἀώς·
ἢ πάλι κοιμιστὰν λύχνον ἰδεῖν μένομεν;   1040
πίνωμεν †οὐ γὰρ ἔρως†· μετά τοι χρόνον οὐκέτι πουλύν,
σχέτλιε, τὴν μακρὰν νύκτ' ἀναπαυσόμεθα.

3 ταὐτὰ Salmasius: ταῦτα P   4 μέμψαιτ' Ap.B.: -ψετ' P   ἔτ'
Reiske: ἐπ' P

XIV A.P. 5. 167 (caret Pl) Ἀσκληπιάδου   1 τὸ suppl. apogr.,
δὴ Piccolos   3-4 οὐ γὰρ ἂν οὕτως | ἤλυθον postulat sententia
6 σιγήσω Hermann: -σον P

XV A.P. 12. 46 (caret Pl) Ἀσκληπιάδου

XVI A.P. 12. 50 Ἀσκληπιάδου, Pl^A [1–6] s.a.n.; Syll.S   3 -θήξατο
Boissonade: -θήκατο PPlSyll.   6 κοιμιστὴν Pl   7-8 om.
PlSyll.   7 πίνωμεν Kaibel: πίνομεν P   γεραρῶς Page

XVII

τοῦθ' ὅ τί μοι λοιπὸν ψυχῆς, ὅ τι δήποτ', Ἔρωτες,
τοῦτό γ' ἔχειν πρὸς θεῶν ἡσυχίην ἄφετε,
ἢ μὴ †καὶ τόξοις† βάλλετέ μ', ἀλλὰ κεραυνοῖς,   1045
καὶ πάντως τέφρην θέσθε με κἀνθρακιήν.
5   ναὶ ναὶ βάλλετ', Ἔρωτες, ἐνεσκληκὼς γὰρ ἀνίαις
ἐξ ὑμέων †τούτων εἰτετι† βούλομ' ἔχειν.

XVIII

οἶνος ἔρωτος ἔλεγχος· ἐρᾶν ἀρνεύμενον ἡμῖν
ἤτασαν αἱ πολλαὶ Νικαγόρην προπόσεις·   1050
καὶ γὰρ ἐδάκρυσεν καὶ ἐνύστασε καί τι κατηφές
ἔβλεπε, χὠ σφιγχθεὶς οὐκ ἔμενε στέφανος.

XIX

πρόσθε μοι Ἀρχεάδης ἐθλίβετο, νῦν δέ, τάλαινα,
οὐδ' ὅσσον παίζων εἰς ἔμ' ἐπιστρέφεται.
οὐδ' ὁ μελιχρὸς Ἔρως αἰεὶ γλυκύς, ἀλλ' ἀνιήσας   1055
πολλάκις ἡδίων γίνετ' ἐρῶσι θεός.

XX

Δόρκιον ἡ φιλέφηβος ἐπίσταται ὡς ἁπαλὸς παῖς
ἔσθαι πανδήμου Κύπριδος ὠκὺ βέλος,

XVII A.P. 12. 166 (caret Pl) Ἀσκληπιάδου   1 Ἔρωτες Sal-
masius: -τος P   2 τοῦτό Salmasius: τον το P   θεῶν Salmasius: θεὸν
P   3 ἢ μὴ δὴ τόξοις ἔτι βάλλετέ Hermann   4 καὶ Brunck: ναὶ P
    XVIII A.P. 12. 135 (caret Pl) Ἀσκληπιάδου   2 ita Salmasius:
ἤτησαν ἐν πολλαῖς νικασόρην πρόποσις P   3 ἐνύστασε καί τι Sal-
masius: ἐνύσταξε κητι P   4 σφιχθ- P
    XIX A.P. 12. 153 (caret Pl) Ἀσκληπιάδου   1 τάλαιναν Brunck
3 μελίχρως P ἀεὶ P   4 ἡδείων P
    XX A.P. 12. 161 (caret Pl) Ἀσκληπιάδου   1 ἐπίσταται ὡς
Salmasius: ἐπιοταιτοσως P   2 ἔσθαι Salmasius: ἔσται P

ἵμερον ἀστράπτουσα κατ᾿ ὄμματος, †ἠδ᾿ ὑπὲρ ὤμων†
σὺν πετάσῳ, γυμνὸν μηρὸν ἔφαινε χλαμύς.   1060

XXI

εἰ πτερά σοι προσέκειτο καὶ ἐν χερὶ τόξα καὶ ἰοί,   1061
οὐκ ἂν ῎Ερως ἐγράφη Κύπριδος ἀλλὰ σὺ παῖς.

XXII

μικρὸς ῎Ερως ἐκ μητρὸς ἔτ᾿ εὐθήρατος ἀποπτάς
ἐξ οἴκων ὑψοῦ Δάμιδος οὐ πέτομαι,
ἀλλ᾿ αὐτοῦ φιλέων τε καὶ ἀζήλωτα φιληθείς,   1065
οὐ πολλοῖς εὐκρὰς δ᾿ εἰς ἑνὶ συμφέρομαι.

XXIII

οὔπω τοξοφορῶν οὐδ᾿ ἄγριος ἀλλὰ νεογνός
οὑμὸς ῎Ερως παρὰ τὴν Κύπριν ὑποστρέφεται
δέλτον ἔχων χρυσέην, τὰ Φιλοκράτεος δὲ Διαύλου
τραυλίζει ψυχῇ φίλτρα κατ᾿ Ἀντιγένους.   1070

XXIV

εὗρεν ῎Ερως τι καλῷ μῖξαι καλόν, οὐχὶ μάραγδον   1071
χρυσῷ, †ὃ μήτ᾿ ἀνθεῖ μήτε γένοιτ᾿ ἐν ἴσῳ†,
οὐδ᾿ ἐλέφαντ᾿ ἐβένῳ, λευκῷ μέλαν, ἀλλὰ Κλέανδρον
Εὐβιότῳ, πειθοῦς ἄνθεα καὶ φιλίης.

3-4 lacunam post 3 statuit Jacobs, post 3 ἠδ᾿ Gow
  XXI A.P. 12. 75 (caret Pl), App. B.-V. 30 [PApp.] Ἀσκληπιάδου
  XXII A.P. 12. 105 (caret Pl) Ἀσκληπιάδου   3 φιλέων Bois-
sonade: -έω P   4 δ᾿ εἰς Jacobs: δισσ P
  XXIII A.P. 12. 162 (caret Pl) τοῦ αὐτοῦ [sc. Ἀσκλ.]   1 ἄγριος
Meineke: ἄριος P   2 ὑποστρ- Ap.G.: ὑποτρ- P
  XXIV A.P. 12. 163 (caret Pl) τοῦ αὐτοῦ [sc. Ἀσκλ.]   1 ῎Ερως
τι . . . μῖξαι Salmasius: ἔρωτι . . . μίξη P   4 Εὐβιότῳ Salmasius:
ἐν βιότω P

XXV

τῶν †καρίων† ἡμῖν λαβὲ †κώλακας†· ἀλλὰ πόθ᾽ ἥξει;   1075
καὶ πέντε στεφάνους τῶν ῥοδίνων. τί τὸ πάξ;
οὐ φῂς κέρματ᾽ ἔχειν; διολώλαμεν· οὐ τροχιεῖ τις
τὸν Λαπίθην; λῃστήν, οὐ θεράποντ᾽, ἔχομεν.
5   οὐκ ἀδικεῖς οὐδέν; φέρε τὸν λόγον. ἐλθὲ λαβοῦσα,
Φρύνη, τὰς ψήφους. ὦ μεγάλου κινάδους·   1080
πέντ᾽ οἶνος δραχμῶν, ἀλλᾶς δύο, . . .
ὦτα, λέγεις, σκόμβροι, †θέσμυκες† σχαδόνες.
αὔριον αὐτὰ καλῶς λογιούμεθα, νῦν δὲ πρὸς Αἴσχραν
10   τὴν μυρόπωλιν ἰὼν πέντε λάβ᾽ †ἀργυρέας·
εἰπὲ δὲ σημεῖον, Βάκχων ὅτι πέντ᾽ ἐφίλησεν   1085
ἐξῆς, ὧν κλίνη μάρτυς ἐπεγράφετο.

XXVI

εἰς ἀγορὰν βαδίσας, Δημήτριε, τρεῖς παρ᾽ Ἀμύντου
γλαυκίσκους αἴτει καὶ δέκα φυκίδια
καὶ κυφὰς καρῖδας — ἀριθμήσει δέ σοι αὐτός —
εἴκοσι καὶ τέτορας. δεῦρο λαβὼν ἄπιθι,   1090
5   καὶ παρὰ Θαυβαρίου ῥοδίνους ἓξ πρόσλαβε . . .
καὶ Τρυφέραν ταχέως ἐν παρόδῳ κάλεσον.

XXVII

νικήσας τοὺς παῖδας ἐπεὶ καλὰ γράμματ᾽ ἔγραψεν
Κόνναρος ὀγδώκοντ᾽ ἀστραγάλους ἔλαβεν,

XXV A.P. 5. 181 (caret Pl) Ἀσκληπιάδου; Sud. s.vv. τροχαῖον [3-4],
κίναιδος [6]   1 καρύων Ruhnken; fort. καρνῶν (Gow) . . . κλώνακας
(Hermann)   2 τί Meineke: τε P   7 ἀλλᾶς Ap.B.: ἄλλος P
8 ᾠά, λαγώς Jacobs   σκόμβροι Jacobs: -οις P   9 Αἴσχραν Brunck:
-ρόν P   10 μυρόπολιν P   ἀργυρέων vel -ρίων Gow   11 Βάκχων᾽
Hecker   12 κλίνη Pierson: καινὴ P
XXVI A.P. 5. 185 (caret Pl) Ἀσκληπιάδου; Sud. s.v. κυφός [3]
3 ἀριθμῆσαί σε δεῖ αὐτάς Gow, ἀριθμήσῃ δὲ σὺ καυτός Waltz   5 Θαυ-
βαρ- Gow: Θαυβορ- P   πρόσλαβ᾽· ἐ⟨πείγου,⟩ suppl. Meineke
XXVII A.P. 6. 308, Pl^A [PPl] Ἀσκληπιάδου   2 Κώναρος Pl

κἀμὲ χάριν Μούσαις τὸν κωμικὸν ὧδε Χάρητα　　　1095
πρεσβύτην θορύβῳ θῆκ' ἐνὶ παιδαρίων.

XXVIII

ὁ γλυκὺς Ἠρίννας οὗτος πόνος, οὐχὶ πολὺς μέν
ὡς ἂν παρθενικᾶς ἐννεακαιδεκέτευς,
ἀλλ' ἑτέρων πολλῶν δυνατώτερος· εἰ δ' Ἀΐδας μοι
μὴ ταχὺς ἦλθε, τίς ἂν ταλίκον ἔσχ' ὄνομα;　　　1100

XXIX

ἅδ' ἐγὼ ἁ τλάμων Ἀρετὰ παρὰ τῷδε κάθημαι　　　1101
Αἴαντος τύμβῳ κειραμένα πλοκάμους,
θυμὸν ἄχει μεγάλῳ βεβολημένα, εἰ παρ' Ἀχαιοῖς
ἁ δολόφρων Ἀπάτα κρέσσον ἐμεῦ δύναται.

XXX

ὀκτώ μευ πήχεις ἄπεχε, τρηχεῖα θάλασσα,　　　1105
καὶ κύμαινε βόα θ' ἡλίκα σοι δύναμις·
ἢν δὲ τὸν Εὐμάρεω καθέλῃς τάφον, ἄλλο μὲν οὐδέν
κρήγυον, εὑρήσεις δ' ὀστέα καὶ σποδιήν.

XXXI

ὦ παρ' ἐμὸν στείχων κενὸν ἠρίον, εἶπον, ὁδῖτα,
εἰς Χίον εὖτ' ἂν ἵκῃ πατρὶ Μελησαγόρῃ,　　　1110

3 Μούσης Pl　Χρέμητα Bergk　　4 θῆκ' ἐνὶ Hecker: θῆκέ με PPl
XXVIII A.P. 7. 11, Pl^B [PPl] Ἀσκληπιάδου　　1 Ἠρίννας Stadt-
mueller: -νης PPl
XXIX A.P. 7. 145, Pl^A [PPl] Ἀσκληπιάδου; [Arist.] Pepl. 7 Bergk;
Tzetz. ad Posthom. 489; Eust. Il. 285. 19　　　2 κειρομ- PPl^{ac}
3 βεβαρημένα Tzetz.　εἰ παρ' P: οὔνεκ' Pl, Eust., ὡς παρ' Pepl., Tzetz.
4 κρείσσον ἐμοῦ Pl　δύναται P: κέκριται rell.
XXX A.P. 7. 284, Pl^B [PPl] Ἀσκληπιάδου　　2 κύμαινε CPl:
-νει P　　4 εὑρήσεις CPl: εὐνή- P
XXXI A.P. 7. 500, Pl^A [CPl] Ἀσκληπιάδου　　1 στείχων CPl:
-χον P

ὡς ἐμὲ μὲν καὶ νῆα καὶ ἐμπορίην κακὸς Εὖρος
ὤλεσεν, Εὐίππου δ' αὐτὸ λέλειπτ' ὄνομα.

XXXII

Λυδὴ καὶ γένος εἰμὶ καὶ οὔνομα, τῶν δ' ἀπὸ Κόδρου
σεμνοτέρη πασῶν εἰμι δι' Ἀντίμαχον·
τίς γὰρ ἔμ' οὐκ ἤεισε; τίς οὐκ ἀνελέξατο Λυδήν,   1115
τὸ ξυνὸν Μουσῶν γράμμα καὶ Ἀντιμάχου;

XXXIII

ἰὼ παρέρπων, μικρὸν εἴ τι κἀγκονεῖς ἄκουσον
τὰ Βότρυος περισσὰ δῆτα κήδη,
ὃς πρέσβυς ὀγδώκοντ' ἐτῶν τὸν ἐκ νέων ἔθαψεν
ἤδη τι τέχνᾳ καὶ σοφὸν λέγοντα.   1120
5   φεῦ τὸν τεκόντα, φεῦ δὲ καὶ σέ, Βότρυος φίλος παῖ,
ὅσᾶν ἄμοιρος ἡδονᾶν ἀπώλευ.

XXXIV [XLI G.-P.]

Ἀρχεάνασσαν ἔχω τὰν ἐκ Κολοφῶνος ἑταίραν,
ἇς καὶ ἐπὶ ῥυτίδων ὁ γλυκὺς ἕζετ' Ἔρως.
ἃ νέον ἥβης ἄνθος ἀποδρέψαντες ἐρασταί   1125
πρωτοβόλου, δι' ὅσης ἤλθετε πυρκαϊῆς.

XXXII   A.P. 9. 63 (caret Pl) [C] Ἀσκληπιάδου   4 Μουσέων
Meineke
XXXIII   A.P. 13. 23 (caret Pl) Ἀσκληπιάδου   1 τι κἀγκονεῖς
Meineke: τι κακὸν εις (η sup. ει) P   2 Βότρυος Jacobs: -ύου P
6 ὅσσαν ... ἡδονὰν P, et fort. ὀσσᾶν scribendum
XXXIV   A.P. 7. 217 (v. 4 iterat in marg. dext. P², 3–4 in marg.
sup. C), Plᴮ [CPl] Ἀσκληπιάδου; Sud. s.v. ῥύτορα [1–2]; vid. Platonis
epigr. IX   1 τὴν PlSud. ἑταίρην CSud.   3 ᾇ Jacobs: ᾇς
P, ἥν Pl   ἥβης ἄνθος P: ἡβήσασαν Pl   Platonis v. 3 scr. C marg.
4 πρωτοβόλοι PPl: πρωτοπλόου (cf. Diog. Laert. ad Platonis v. 4) P²C
δι' ὅσης C: δισσᾶς P, δισσῆς Pl

XXXV [XLII G.-P.]

νὺξ μακρὴ καὶ χεῖμα, †μέσην δ' ἐπὶ Πλειάδα δύνει,
κἀγὼ πὰρ προθύροις νίσομαι ὑόμενος,
τρωθεὶς τῆς δολίης †κείνης† πόθῳ· οὐ γὰρ ἔρωτα
Κύπρις, ἀνιηρὸν δ' ἐκ πυρὸς ἧκε βέλος.   1130

XXXVI [XLVI G.-P.]

νῦν αἰτεῖς ὅτε λεπτὸς ὑπὸ κροτάφοισιν ἴουλος   1131
ἕρπει καὶ μηροῖς ὀξὺς ἔπεστι χνόος·
εἶτα λέγεις "ἥδιον ἐμοὶ τόδε." καὶ τίς ἂν εἴποι
κρείσσονας αὐχμηρὰς ἀσταχύων καλάμας;

XXXVII [XLVII G.-P.]

]ον ἀπὸ τρισσῶν ἕνα μάτηρ   1135
]δ' ὑποδεξαμένα
]ντα τομῷ διέπαξε σιδάρῳ
].ε Λάκαινα γυνά
]νπε [. . . . . .] . νων

CALLIMACHUS

I (32*)

ὠγρευτής, Ἐπίκυδες, ἐν οὔρεσι πάντα λαγωόν   1140
διφᾷ καὶ πάσης ἴχνια δορκαλίδος,

* = ordo editionis Pfeifferianae.

XXXV A.P. 5. 189 Ἀσκληπιάδου, Pl^A Μελεάγρου   2 νείσ- PPl
3 κείνης P: Ἑλένης Pl; Κλείνης Hecker, Κλεινοῦς Meineke
XXXVI A.P. 12. 36 (caret Pl) Ἀσκληπιάδου †Ἀδραμυντίνου†
2 χνόος apogr.: χρόος P   3 ἥδειον P
XXXVII P. Tebt. 3. vv. 26–31]ιᾳδου   1 υἱ]ὸν, 3 τρέσσα]ντα
suppl. Hunt
CALLIMACHUS I A.P. 12. 102¹ (caret Pl) Καλλιμάχου; ² post v. 6 iterantur
vv. 5–6 cum titulo ἄδηλον

στίβῃ καὶ νιφετῷ κεχρημένος· ἦν δέ τις εἴπῃ
"τῆ, τόδε βέβληται θηρίον", οὐκ ἔλαβεν.
5 χοὐμὸς ἔρως τοιόσδε· τὰ μὲν φεύγοντα διώκειν
οἶδε, τὰ δ' ἐν μέσσῳ κείμενα παρπέταται.   1145

II (28)

ἐχθαίρω τὸ ποίημα τὸ κυκλικόν, οὐδὲ κελεύθῳ
χαίρω τὶς πολλοὺς ὧδε καὶ ὧδε φέρει·
μισέω καὶ περίφοιτον ἐρώμενον, οὐδ' ἀπὸ κρήνης
πίνω· σικχαίνω πάντα τὰ δημόσια.
5 Λυσανίη, σὺ δὲ ναίχι καλὸς καλός· ἀλλὰ πρὶν εἰπεῖν   1150
τοῦτο σαφῶς, ἠχώ φησί τις "ἄλλος ἔχει."

III (46)

ὡς ἀγαθὰν Πολύφαμος ἀνεύρατο τὰν ἐπαοιδάν
τὠραμένῳ· ναὶ Γᾶν, οὐκ ἀμαθὴς ὁ Κύκλωψ.
αἱ Μοῖσαι τὸν ἔρωτα κατισχναίνοντι, Φίλιππε·
ἦ πανακὲς πάντων φάρμακον ἁ σοφία.   1155
5 τοῦτο, δοκέω, χἀ λιμὸς ἔχει μόνον ἐς τὰ πονηρά
τὠγαθόν· ἐκκόπτει τὰν φιλόπαιδα νόσον.
ἔσθ' ἁμῖν †χ' ακαστας† ἀφειδέα ποττὸν Ἔρωτα
τοῦτ' εἶπαι, "κείρευ τὰ πτερά, παιδάριον·
οὐδ' ὅσον ἀττάραγόν τυ δεδοίκαμες, αἱ γὰρ ἐπῳδαί   1160
10 οἴκοι τῶ χαλεπῶ τραύματος ἀμφότεραι."

3 στείβ- P   4 τηι P   5 οὐμὸς P²   6 προφέρεται P²; -πέτεται
Nauck
    II A.P. 12. 43 (caret Pl) Καλλιμάχου   3 μισῶ P   οὐδ' Meineke:
οὔτ' P   4 σικχάνω P   5–6 distichon obscurissimum seclusit
Haupt   6 ἄλλον ἔχειν Schneider
    III A.P. 12. 150 (caret Pl) τοῦ αὐτοῦ [sc. Καλλ.]; schol. Theocr. 11. 1
[1, 3]; Clem. Al. strom. 687 P. [4]; Et. Gen. B s.v. ἀττάραγος, Et. M.
168. 4 [9]   2 τωρραμενω P   οὐκ ἀμαθὴς Eldick: οὐ καθ ἡμᾶς P
3 Μοῦσαι P   4 πανακὲς Bentley: -ης Clem., πανὲς P   5 τοῦτο
Salmasius: τοῦ P   7 ποττὸν Brunck: πρὸς τὸν P   8 εἶπαι
Kaibel: ιπαι P   9 τυ Bentley: τί P Et. M., τοι Et. Gen.   10 οἴ-
κοι Ernesti: -κω P

IV (41)

ἥμισύ μευ ψυχῆς ἔτι τὸ πνέον, ἥμισυ δ' οὐκ οἶδ'
εἴτ' Ἔρος εἴτ' Ἀίδης ἥρπασε, πλὴν ἀφανές.
ἦ ῥά τιν' ἐς παίδων πάλιν ᾤχετο; καὶ μὲν ἀπεῖπον
πολλάκι "τὴν δρῆστιν μή νυ δέχεσθε, νέοι."   1165
Θεύτιμον δίφησον· ἐκεῖσε γὰρ ἡ λιθόλευστος
κείνη καὶ δύσερως οἶδ' ὅτι που στρέφεται.

V (29)

ἔγχει καὶ πάλιν εἰπὲ "Διοκλέος"· οὐδ' Ἀχελῷος
κείνου τῶν ἱερῶν αἰσθάνεται κυάθων.
καλὸς ὁ παῖς, Ἀχελῷε, λίην καλός· εἰ δέ τις οὐχί   1170
φησίν, ἐπισταίμην μοῦνος ἐγὼ τὰ καλά.

VI (52)

τὸν τὸ καλὸν μελανεῦντα Θεόκριτον εἰ μὲν ἔμ' ἔχθει
τετράκι μισοίης, εἰ δὲ φιλεῖ φιλέοις·
ναίχι πρὸς εὐχαίτεω Γανυμήδεος, οὐράνιε Ζεῦ·
καὶ σύ ποτ' ἠράσθης. οὐκέτι μακρὰ λέγω.   1175

VII (32)

οἶδ' ὅτι μευ πλούτου κενεαὶ χέρες, ἀλλά, Μένιππε,   1176
μὴ λέγε πρὸς Χαρίτων τοὐμὸν ὄνειρον ἐμοί.
ἀλγέω τὴν διὰ παντὸς ἔπος τόδε πικρὸν ἀκούων·
ναί, φίλε, τῶν παρὰ σεῦ τοῦτ' ἀνεραστότατον.

IV   A.P. 12. 73 (caret Pl) Καλλιμάχου; Choerob. in Heph. 226. 12C.
2 ἔρις P   ἥρπασεν ἐκ μερόπων Choer.   4 νυ δέχεσθε Page: ὑπέχεσθε
P   5 Θεύτιμον Schneider (coll. Catulo ap. Aul. Gell. 19. 9. 14)
δίφησον Jacobs (vel -σω, Gow): ουκισυννιφησον P
V   A.P. 12. 51 Καλλιμάχου, Pl^A s.a.n. [3–4]; schol. Theocr. 2. 150
1 Διοκλέος schol. cod. K: -λεες P, -κλέους schol. rell.
VI   A.P. 12. 230 (caret Pl) Καλλιμάχου   1 ἔχθει apogr.: ὀχ- P
4 ποτ' apogr.: ποθ' P
VII   A.P. 12. 148 (caret Pl) Καλλιμάχου   1 μευ Pfeiffer: μου P
4 τῶν apogr.: τὸν P   σεῦ Pfeiffer: σοῦ P

VIII (42)

εἰ μὲν ἑκών, Ἀρχῖν', ἐπεκώμασα, μυρία μέμφου,   1180
  εἰ δ' ἄκων ἥκω, τὴν προπέτειαν ἔα.
ἄκρητος καὶ ἔρως μ' ἠνάγκασαν, ὧν ὁ μὲν αὐτῶν
  εἷλκεν, ὁ δ' οὐκ εἴα τὴν προπέτειαν ἐᾶν·
5 ἐλθὼν δ' οὐκ ἐβόησα τίς ἢ τίνος, ἀλλ' ἐφίλησα
  τὴν φλιήν. εἰ τοῦτ' ἔστ' ἀδίκημ', ἀδικέω.   1185

IX (44)

ἔστι τι, ναὶ τὸν Πᾶνα, κεκρυμμένον, ἔστι τι ταύτῃ,
  ναὶ μὰ Διώνυσον, πῦρ ὑπὸ τῇ σποδιῇ.
οὐ θαρσέω· μὴ δή με περίπλεκε· πολλάκι λήθει
  τοῖχον ὑποτρώγων ἡσύχιος ποταμός.
5 τῷ καὶ νῦν δείδοικα, Μενέξενε, μή με παρεισδύς   1190
  οὗτος †οσειγαρνης† εἰς τὸν ἔρωτα βάλῃ.

X (45)

"ληφθήσει· περίφευγε, Μενέκρατες" εἶπα Πανήμου
  εἰκάδι, καὶ Λῴου τῇ — τίνι; τῇ δεκάτῃ
ἦλθεν ὁ βοῦς ὑπ' ἄροτρον ἑκούσιος. εὖ γ', ἐμὸς Ἑρμῆς,
  εὖ γ', ἐμός· οὐ παρὰ τὰς εἴκοσι μεμφόμεθα.   1195

VIII A.P. 12. 118 (caret Pl) Καλλιμάχου; Syll.S; Kaibel ep. 1111;
Plut. mor. 455b [5–6]   1 Ἀρχῖν' Bentley: ἄρχειν P, -χὴν Syll.
2 ἀέκων Meineke ἔα Syll., Kaibel ep.: ὅραι P   3 με ἀνάγκ- P
4 τὴν προπέτειαν ἐᾶν Dressel:]ετηανεαν Kaibel ep., τὴν βίαν ὅσσην ὅρα
Syll., σώφρονα θυμὸν ἔχειν P   5 ἐφύλαξα Syll.   6 φλιήν Plut.:
φιλίην Syll., ϊαρήν P ἀδικέω Meineke: -κῶ omnes
IX A.P. 12. 139 (caret Pl) Καλλιμάχου   2 Διον- P   6 βάλλῃ P
οὕτω σιγέρπης (hoc Bentley) . . . βάλῃς Gow; fort. οὗτος ὁ σιγέρπης (= ὁ
ποταμός, v. 4) . . . βάλῃ
X A.P. 12. 149 (caret Pl) τοῦ αὐτοῦ [sc. Καλλ.]; P. Oxy. 221. xv. 33
[3]   1 περίφοιτε Bentley   3 Ἑρμῆς Brunck: -μᾶς P

XI (25)

ὤμοσε Καλλίγνωτος Ἰωνίδι μήποτ' ἐκείνης
ἕξειν μήτε φίλον κρέσσονα μήτε φίλην.
ὤμοσεν· ἀλλὰ λέγουσιν ἀληθέα τοὺς ἐν ἔρωτι
ὅρκους μὴ δύνειν οὔατ' ἐς ἀθανάτων.
5 νῦν δ' ὁ μὲν ἀρσενικῷ θέρεται πυρί, τῆς δὲ ταλαίνης   1200
νύμφης ὡς Μεγαρέων οὐ λόγος οὐδ' ἀριθμός.

XII (30)

Θεσσαλικὲ Κλεόνικε, τάλαν τάλαν, οὐ, μὰ τὸν ὀξύν
ἥλιον, οὔ σ' ἔγνων. σχέτλιε, ποῦ γέγονας;
ὀστέα σοι καὶ μοῦνον ἔτι τρίχες· ἦ ῥά σε δαίμων
οὑμὸς ἔχει, χαλεπῇ δ' ἤντεο θευμορίῃ;   1205
5 ἔγνων· Εὐξίθεός σε συνήρπασε· καὶ σὺ γὰρ ἐλθών
τὸν καλόν, ὦ μόχθηρ', ἔβλεπες ἀμφοτέροις.

XIII (43)

ἕλκος ἔχων ὁ ξεῖνος ἐλάνθανεν· ὡς ἀνιηρόν
πνεῦμα διὰ στηθέων — εἶδες; — ἀνηγάγετο,
τὸ τρίτον ἡνίκ' ἔπινε, τὰ δὲ ῥόδα φυλλοβολεῦντα   1210
τὠνδρὸς ἀπὸ στεφάνων πάντ' ἐγένοντο χαμαί.
5 ὤπτηται μέγα δή τι. μὰ δαίμονας, οὐκ ἀπὸ ῥυσμοῦ
εἰκάζω, φωρὸς δ' ἴχνια φὼρ ἔμαθον.

XI   A.P. 5. 6, Pl^A [PPl] Καλλιμάχου; Stob. 3. 28. 9; Choric. 32. 24
[3–4]; Phot. et Sud. s.v. ὑμεῖς ὦ Μεγαρεῖς [5 τῆς—6]   1 -γνωστος P
μήποτε κείνης Pl   2 κρείσσ- Pl   5 ἀρσενικῶι C: -κῶν? P,
ἄλλης δὴ Pl
XII   A.P. 12. 71 (caret Pl) Καλλιμάχου   2 οὔ σ' Ernesti: οὐκ P
ἔγνων apogr.: ἔγνω P   5 σε apogr.: με P
XIII   A.P. 12. 134 (caret Pl) Καλλιμάχου; Athen. 15. 669^d [3 τὰ—4];
An. Ox. Cramer 1. 440 [6]   3 ἡνίκ' Scaliger: ηγκ P   4 στο-
μάτων P   5 ὤπτηται μέγα δή τι Bentley: ὤπτημαι μεγαλητί P
6 ἔμαθε An. Ox.

XIV

κόγχος ἐγώ, Ζεφυρῖτι, παλαίτερον, ἀλλὰ σὺ νῦν με,
Κύπρι, Σεληναίης ἄνθεμα πρῶτον ἔχεις,   1215
ναυτίλος ὃς πελάγεσσιν ἐπέπλεον, εἰ μὲν ἆται,
τείνας οἰκείων λαῖφος ἀπὸ προτόνων,
5 εἰ δὲ Γαληναίη, λιπαρὴ θεός, οὖλος ἐρέσσων
ποσσίν — ἴδ᾽ ὡς τὤργῳ τοὔνομα συμφέρεται —
ἔστ᾽ ἔπεσον παρὰ θῖνας Ἰουλίδας, ὄφρα γένωμαι   1220
σοὶ τὸ περίσκεπτον παίγνιον, Ἀρσινόη,
μηδέ μοι ἐν θαλάμῃσιν ἔθ᾽ ὡς πάρος — εἰμὶ γὰρ ἄπνους —
10 τίκτηται νοτερῆς ὤεον ἀλκυόνος.
Κλεινίου ἀλλὰ θυγατρὶ δίδου χάριν· οἶδε γὰρ ἐσθλά
ῥέζειν, καὶ Σμύρνης ἐστὶν ἀπ᾽ Αἰολίδος.   1225

XV (51)

τέσσαρες αἱ Χάριτες, ποτὶ γὰρ μία ταῖς τρισὶ κείναις   1226
ἄρτι ποτεπλάσθη, κἤτι μύροισι νοτεῖ,
εὐαίων ἐν πᾶσιν ἀρίζηλος Βερενίκα,
ἇς ἄτερ οὐδ᾽ αὐταὶ ταὶ Χάριτες Χάριτες.

XVI (55)

τῷ με Κανωπίτᾳ Καλλίστιον εἴκοσι μύξαις   1230
πλούσιον ἁ Κριτίου λύχνον ἔθηκε θεῷ
εὐξαμένα περὶ παιδὸς Ἀπελλίδος· ἐς δ᾽ ἐμὰ φέγγη
ἀθρήσας φήσεις ᾽᾽Ἕσπερε, πῶς ἔπεσες;᾽᾽

XIV Athen. 7. 318ᵇ; Et. M. 664. 49 [7–8]   1 παλαίτερον
Bentley: -ρος Athen.   με Musurus: μοι Athen.   3 ναυτίλος Kaibel:
-λον Athen.   6 ἴδ᾽ ὡς τὤργῳ Schneider: ἱν᾽ ὡσπεργῳ Athen.
7 Ἰουλίδος Casaubon   8 Ἀρσινόη Et. M.: -όης Athen.   9 ἄ-
πλους Lobeck   10 ita Bentley: τίκτει τ᾽ αἰνοτερῆς ὤεον ἀλκυόνης
Athen.

XV A.P. 5. 146 (caret Pl) Καλλιμάχου   1 τήναις Wilamowitz
XVI A.P. 6. 148 (caret Pl) τοῦ αὐτοῦ [sc. Καλλ.]; Sud. s.v. μύξα
[1–4]   2 ἁ Meineke: ἡ PSud.   λύχνον C: -νιον PSud.   4 φάσεις
Wilamowitz

XVII (37)

ὁ Λύκτιος Μενίτας
τὰ τόξα ταῦτ' ἐπειπών   1235
ἔθηκε, "τῆ, κέρας τοι
δίδωμι καὶ φαρέτρην,
5   Σάραπι· τοὺς δ' ὀιστούς
ἔχουσιν Ἑσπερῖται."

XVIII (57)

Ἰναχίης ἔστηκεν ἐν Ἴσιδος ἡ Θάλεω παῖς   1240
Αἰσχυλὶς Εἰρήνης μητρὸς ὑποσχεσίη.

XIX (39)

Δήμητρι τῆ Πυλαίη,
τῆ τοῦτον οὐκ Πελασγῶν
Ἀκρίσιος τὸν νηὸν ἐδείματο, ταῦθ' ὁ Ναυκρατίτης
καὶ τῆ κάτω θυγατρί   1245
5   τὰ δῶρα Τιμόδημος
εἴσατο τῶν κερδέων δεκατεύματα· καὶ γὰρ εὔξαθ' οὗτως.

XX (38)

τὰ δῶρα τἀφροδίτη
Σῖμον ἡ περίφοιτος, εἰκόν' αὑτῆς

XVII A.P. 13. 7 (caret Pl) Καλλιμάχου; P. Oxy. 220. x. 6 [1]
1 Μενείτης pap.   3 τῆι P   4 φαρέτραν Gow
   XVIII A.P. 6. 150 (caret Pl) τοῦ αὐτοῦ [sc. Καλλ.]
   XIX A.P. 13. 25 (caret Pl) τοῦ αὐτοῦ [sc. Καλλ.]; Heph. 55. 15C.
[1-3]   2 τῆ om. P   ουκεπελασγων P
   XX A.P. 13. 24 (caret Pl) Καλλιμάχου   1 τῆι Ἀφρ- P
2 Σειμον P   αὑτῆς Salmasius: αυτη P

ἔθηκε τήν τε μίτρην 1250
ἢ μαστοὺς ἐφίλησε †τόν τε πᾶνα
* * * *
καὶ τοὺς αὐτοὺς ὁρῇ τάλαινα θάρσους†

XXI (33)

Ἄρτεμι, τὶν τόδ᾽ ἄγαλμα Φιληρατὶς εἵσατο τῇδε·
ἀλλὰ σὺ μὲν δέξαι, πότνια, τὴν δὲ σάου. 1255

XXII (34)

τίν με, λεοντάγχ᾽ ὦνα συοκτόνε, φήγινον ὄζον 1256
θῆκε—τίς;—Ἀρχῖνος.—ποῖος;—ὁ Κρής.—δέχομαι.

XXIII (53)

καὶ πάλιν, Εἰλείθυια, Λυκαινίδος ἐλθὲ καλεύσης
εὔλοχος ὠδίνων ὧδε σὺν εὐτοκίῃ,
ὡς τόδε νῦν μέν, ἄνασσα, κόρης ὕπερ, ἀντὶ δὲ παιδός 1260
ὕστερον εὐώδης ἄλλο τι νηὸς ἔχοι.

XXIV (54)

τὸ χρέος ὡς ἀπέχεις, Ἀσκληπιέ, τὸ πρὸ γυναικός
Δημοδίκης Ἀκέσων ὤφελεν εὐξάμενος,
γιγνώσκειν· ἢν δ᾽ ἄρα λάθῃ καὶ ⟨δίς⟩ μιν ἀπαιτῇς,
φησὶ παρέξεσθαι μαρτυρίην ὁ πίναξ. 1265

4 ἐφύλασσε A. Fabri   τόν τε πανόν Schneider, τύμπανόν τε Gow
post h.v. lacunam statuit Bentley   6 θύρσους Bentley
XXI A.P. 6. 347 (caret Pl) Καλλιμάχου   1 τὶν apogr.: τὴν P
2 τὸ μὲν Boissonade   σάω A. Fabri
XXII A.P. 6. 351 (caret Pl) Καλλιμάχου   1 λεοντάγχ᾽ ὦνα
Lobeck: λεοντάγχωνε P
XXIII A.P. 6. 146¹ (caret Pl), denuoque² post 274, utroque loco
Καλλιμάχου   1 Εἰλείθ- P²ᵖᶜ: Εἰλήθ- P¹, ²ᵃᶜ   καλούσης P²   2 εὔ-
λοχος P²C¹: -λεχος P¹   εὐτυχίηι P²   3 ὥς τοι P¹
XXIV A.P. 6. 147 (caret Pl) τοῦ αὐτοῦ [sc. Καλλ.]; Sud. s.v. ἀπέχω
[1]   1 πρὸ C: πρὸς PSud.   2 εὐξ- C: αὐξ- P   3 γιγνώσκεις
apogr.   δίς suppl. Stadtmueller   ἀπαιτῇς apogr.: ἀσπ- P

XXV (56)

φησὶν ὅ με στήσας Εὐαίνετος — οὐ γὰρ ἔγωγε   1266
γιγνώσκω — νίκης ἀντί με τῆς ἰδίης
ἀγκεῖσθαι χάλκειον ἀλέκτορα Τυνδαρίδῃσι.
πιστεύω Φαίδρου παιδὶ Φιλοξενίδεω.

XXVI (48)

εὐμαθίην ᾐτεῖτο διδοὺς ἐμὲ Σῖμος ὁ Μίκκου   1270
ταῖς Μούσαις, αἱ δὲ Γλαῦκος ὅκως ἔδοσαν
ἀντ' ὀλίγου μέγα δῶρον. ἐγὼ δ' ἀνὰ τῇδε κεχηνώς
κεῖμαι τοῦ Σαμίου διπλόον, ὁ τραγικός
5   παιδαρίων Διόνυσος ἐπήκοος· οἱ δὲ λέγουσιν
"ἱερὸς ὁ πλόκαμος", τοὐμὸν ὄνειαρ ἐμοί.   1275

XXVII (49)

τῆς Ἀγοράνακτός με λέγε, ξένε, κωμικὸν ὄντως   1276
ἀγκεῖσθαι νίκης μάρτυρα τοῦ Ῥοδίου,
Πάμφιλον οὐκ ἐν ἔρωτι δεδαγμένον ἥμισυ δ' ὀπτῇ
ἰσχάδι καὶ λύχνοις Ἴσιδος εἰδόμενον.

XXVIII (47)

τὴν ἁλίην Εὔδημος, ἐφ' ἧς ἅλα λιτὸν ἐπέσθων   1280
χειμῶνας μεγάλους ἐξέφυγεν δανέων,

XXV   A.P. 6. 149 (caret Pl) τοῦ αὐτοῦ [sc. Καλλ.]   3 χάλκειον
C: -είων P
XXVI   A.P. 6. 310 (caret Pl) Καλλιμάχου; Ap. Dysc. 2. 493. 3U.
[1—ἐμέ]   1 δίδου P   Σημὸς C   2 Γλαῦκος Bentley: γλεῦκος P
3 τῇδε Brunck: τήνδε P
XXVII   A.P. 6. 311 (caret Pl) τοῦ αὐτοῦ [sc. Καλλ.]   1 ξένε
C: ξεῖνε P   3 δεδαυμένον Bentley   ὀπτῇ Meineke: -ται P   ἥμισυ
ὀπτῇ = 'semicocto'   de persona Pamphili agitur, cuius partes egit
Agoranax, non ut exspectasses adulescentis (sicut in Andria Terentii) sed
senis
XXVIII   A.P. 6. 301 (caret Pl) Καλλιμάχου; Sud. s.v. ἐπέσθων [1-3]
1 ἀφ' Blomfield

θῆκε θεοῖς Σαμόθρᾳξι, λέγων ὅτι τήνδε κατ' εὐχήν,
ὦ λαοί, σωθεὶς ἐξ ἁλὸς ὧδε θέτο.

XXIX (21)

ὅστις ἐμὸν παρὰ σῆμα φέρεις πόδα, Καλλιμάχου με
    ἴσθι Κυρηναίου παῖδά τε καὶ γενέτην.   1285
εἰδείης δ' ἄμφω κεν· ὁ μέν ποτε πατρίδος ὅπλων
    ἦρξεν, ὁ δ' ἤεισεν κρέσσονα βασκανίης.
5 [οὐ νέμεσις, Μοῦσαι γὰρ ὅσους ἴδον ὄμματι παῖδας
    ἄχρι βίου πολιοὺς οὐκ ἀπέθεντο φίλους.]

XXX (35)

Βαττιάδεω παρὰ σῆμα φέρεις πόδας, εὖ μὲν ἀοιδήν   1290
    εἰδότος, εὖ δ' οἴνῳ καίρια συγγελάσαι.

XXXI (13)

— ἦ ῥ' ὑπὸ σοὶ Χαρίδας ἀναπαύεται; — εἰ τὸν Ἀρίμμα
    τοῦ Κυρηναίου παῖδα λέγεις, ὑπ' ἐμοί.
— ὦ Χαρίδα, τί τὰ νέρθε; Χ. πολὺ σκότος. — αἱ δ' ἄνοδοι τί;
    Χ. ψεῦδος. — ὁ δὲ Πλούτων; Χ. μῦθος. — ἀπωλόμεθα.   1295
5 Χ. οὗτος ἐμὸς λόγος ὕμμιν ἀληθινός· εἰ δὲ τὸν ἡδύν
    βούλει, Πελλαίου βοῦς μέγας εἰν Ἀίδῃ.

3 -θρηξι Wilamowitz
    XXIX A.P. 7. 525 [C] τοῦ αὐτοῦ [sc. Καλλ.], Plᴬ Καλλιμάχου; schol.
Hes. theog. 81 [3-4]   3 ἠδείης P   ποτε Pl: κοτέν P   4 κρείσσ-
Pl   5-6 secl. Pfeiffer, quem vid.   ἄχρι βίου PPl: μὴ λοξῷ schol. Hes.
et prob. Callim. aet. 1. 38
    XXX A.P. 7. 415 (caret Pl) [C] Καλλιμάχου
    XXXI A.P. 7. 524, Plᴬ [CPl] τοῦ αὐτοῦ [sc. Καλλ.]   3 Χαρίδαν
Meineke   πολὺς P   6 εἰς Ἀίδην Pl

XXXII (20)

ἠῶι Μελάνιππον ἐθάπτομεν, ἠελίου δέ
δυομένου Βασιλὼ κάτθανε παρθενική
αὐτοχερί, ζώειν γὰρ ἀδελφεὸν ἐν πυρὶ θεῖσα   1300
οὐκ ἔτλη· δίδυμον δ' οἶκος ἐσεῖδε κακόν
5   πατρὸς Ἀριστίπποιο, κατήφησεν δὲ Κυρήνη
πᾶσα τὸν εὔτεκνον χῆρον ἰδοῦσα δόμον.

XXXIII (10)

ἢν δίζῃ Τίμαρχον ἐν Ἄιδος ὄφρα πύθηαι
ἤ τι περὶ ψυχῆς ἢ πάλι πῶς ἔσεαι,   1305
δίζεσθαι φυλῆς Πτολεμαΐδος υἱέα πατρός
Παυσανίου· δήεις δ' αὐτὸν ἐν εὐσεβέων.

XXXIV (2)

εἶπέ τις, Ἡράκλειτε, τεὸν μόρον, ἐς δέ με δάκρυ
ἤγαγεν, ἐμνήσθην δ' ὁσσάκις ἀμφότεροι
ἠέλιον λέσχῃ κατεδύσαμεν. ἀλλὰ σὺ μέν που,   1310
ξεῖν' Ἁλικαρνησεῦ, τετράπαλαι σποδιή·
5   αἱ δὲ τεαὶ ζώουσιν ἀηδόνες, ᾗσιν ὁ πάντων
ἁρπακτὴς Ἀίδης οὐκ ἐπὶ χεῖρα βαλεῖ.

XXXV (11)

σύντομος ἦν ὁ ξεῖνος, ὃ καὶ στίχος οὐ μακρὰ λέξων
"Θῆρις Ἀρισταίου Κρής" ἐπ' ἐμοὶ δολιχός.   1315

XXXII   A.P. 7. 517, Pl^A [CPl] Καλλιμάχου   6 εὔτεκνον C:
-τέκνων Pl, -τακτον P

XXXIII   A.P. 7. 520, Pl^B [CPl] Καλλιμάχου   2 ἔσεται Pl

XXXIV   A.P. 7. 80, Pl^B [PPl] Καλλιμάχου; Diog. Laert. 9. 17; Sud.
s.v. λέσχη [2–5]   1 δέ με C: δέ δε P, δ' ἐμὲ Diog.   3 ἠέλιον
Bentley: ἠέλιον ἐν Pl, Diog.: ἤλιον ἐν PSud.   4 -νασεῦ Diog. v.l.

XXXV   A.P. 7. 447, Pl^A [CPl] Καλλιμάχου   1 ὃ = 'quam-
obrem'   λέξων C: -ξω PPl; desideratur λέξας   2 ὑπ' Pl

XXXVI (22)

Ἀστακίδην τὸν Κρῆτα τὸν αἰπόλον ἥρπασε Νύμφη   1316
ἐξ ὄρεος, καὶ νῦν ἱερὸς Ἀστακίδης.
οὐκέτι Δικταίῃσιν ὑπὸ δρυσίν, οὐκέτι Δάφνιν,
ποιμένες, Ἀστακίδην δ' αἰὲν ἀεισόμεθα.

XXXVII (16)

Κρηθίδα τὴν πολύμυθον ἐπισταμένην καλὰ παίζειν   1320
δίζηνται Σαμίων πολλάκι θυγατέρες,
ἡδίστην συνέριθον ἀείλαλον· ἡ δ' ἀποβρίζει
ἐνθάδε τὸν πάσαις ὕπνον ὀφειλόμενον.

XXXVIII (18)

Νάξιος οὐκ ἐπὶ γῆς ἔθανεν Λύκος, ἀλλ' ἐνὶ πόντῳ
ναῦν ἅμα καὶ ψυχὴν εἶδεν ἀπολλυμένην   1325
ἔμπορος Αἰγίνηθεν ὅτ' ἔπλεε· χὠ μὲν ἐν ὑγρῇ
νεκρός, ἐγὼ δ' ἄλλως οὔνομα τύμβος ἔχων
5   κηρύσσω πανάληθες ἔπος τόδε· "φεῦγε θαλάσσῃ
συμμίσγειν Ἐρίφων, ναυτίλε, δυομένων."

XXXIX (60)

οἵτινες Ἀλείοιο παρέρπετε σᾶμα Κίμωνος,   1330
ἴστε τὸν Ἱππαίου παῖδα παρερχόμενοι.

XXXVI A.P. 7. 518, Pl^A [CPl] Καλλιμάχου   3 οὐκέτι primo
loco Salmasius: οὐκ ει P, οἰκεῖ Pl
     XXXVII A.P. 7. 459, [C] τοῦ αὐτοῦ [sc. Καλλ.], Pl^B Καλλιμάχου
2 δίζονται Pl   Σαμίων CPl: -ίην P   3 ἡδίστην Meineke: -ταν PPl
     XXXVIII A.P. 7. 272 [C] τοῦ αὐτοῦ Καλλιμάχου et sequ. pag. ad
v. 5 ἄδηλον, Pl^A τοῦ αὐτοῦ [sc. Καλλ.]   1 θάνεν P   4 ἔχων
CPl: ἔχω P   6 δυομένων CPl: δυσμενέων P (cf. Simonid. XIII 1)
     XXXIX A.P. 7. 523 (caret Pl) [C] τοῦ αὐτοῦ [sc. Καλλ.]   1 Ἀλίοιο
P   σᾶμα Heringa: σῆμα P

XL (15)

Τιμονόη. — τίς δ' ἐσσί; μὰ δαίμονας, οὔ σ' ἂν ἐπέγνων,
εἰ μὴ Τιμοθέου πατρὸς ἐπῆν ὄνομα
στήλῃ καὶ Μήθυμνα, τεὴ πόλις. ἦ μέγα φημί
χῆρον ἀνιᾶσθαι σὸν πόσιν Εὐθυμένη.   1335

XLI (9)

τῇδε Σάων ὁ Δίκωνος Ἀκάνθιος ἱερὸν ὕπνον   1336
κοιμᾶται· θνήσκειν μὴ λέγε τοὺς ἀγαθούς.

XLII (61)

Αἴνιε, καὶ σὺ γὰρ ὧδε, Μενέκρατες, οὐκ ἐπὶ πουλύ
ἦσθα, τί σε, ξείνων λῷστε, κατειργάσατο;
ἦ ῥα τὸ καὶ Κένταυρον; — ὅ μοι πεπρωμένος ὕπνος   1340
ἦλθεν, ὁ δὲ τλήμων οἶνος ἔχει πρόφασιν.

XLIII (12)

Κύζικον ἢν ἔλθῃς, ὀλίγος πόνος Ἱππακὸν εὑρεῖν
καὶ Διδύμην, ἀφανὴς οὔτι γὰρ ἡ γενεή·
καί σφιν ἀνιηρὸν μὲν ἐρεῖς ἔπος, ἔμπα δὲ λέξαι
τοῦθ', ὅτι τὸν κείνων ὧδ' ἐπέχω Κριτίην.   1345

XLIV (14)

δαίμονα τίς τ' εὖ οἶδε τὸν αὔριον, ἁνίκα καὶ σέ,   1346
Χάρμι, τὸν ὀφθαλμοῖς χθιζὸν ἐν ἁμετέροις,

XL   A.P. 7. 522, Pl^A [CPl] Καλλιμάχου   1 Τιμονίη P
XLI   A.P. 7. 451, Pl^A [CPl] Καλλιμάχου   1 ὁ Ἀκ- P   2 θνά-
σκειν P
XLII   A.P. 7. 725 (caret Pl) [C] Καλλιμάχου   1 οὐκ ἐπὶ πουλύ
Zedel: οὐκέτι πουλύς P   2 λῷστε Zedel: ὥστε P
XLIII   A.P. 7. 521, Pl^A [CPl] Καλλιμάχου   1 ἐθέλῃς P
3 λέξον Pl   4 ὧδ' ἐπέχω C marg.: ἔχω P, υἱὸν ἔχω Pl   Κριτίαν Pl
XLIV   A.P. 7. 519, Pl^B [CPl] Καλλιμάχου   1 τ' Page (cf. Hom.
Il. 1. 8, 23. 845): δ' PPl   ἡνίκα, 2 ἡμ-, 3 τῇ ἑτέρῃ Pl

τᾷ ἑτέρᾳ κλαύσαντες ἐθάπτομεν; οὐδὲν ἐκείνου
εἶδε πατὴρ Διοφῶν χρῆμ᾽ ἀνιαρότερον.

XLV (17)

ὤφελε μηδ᾽ ἐγένοντο θοαὶ νέες, οὐ γὰρ ἂν ἡμεῖς   1350
παῖδα Διοκλείδεω Σώπολιν ἐστένομεν·
νῦν δ᾽ ὁ μὲν εἰν ἁλί που φέρεται νέκυς, ἀντὶ δ᾽ ἐκείνου
οὔνομα καὶ κενεὸν σᾶμα παρερχόμεθα.

XLVI (19)

δωδεκέτη τὸν παῖδα πατὴρ ἀπέθηκε Φίλιππος
ἐνθάδε, τὴν πολλὴν ἐλπίδα, Νικοτέλην.   1355

XLVII (26)

εἶχον ἀπὸ σμικρῶν ὀλίγον βίον, οὔτε τι δεινόν   1356
ῥέζων οὔτ᾽ ἀδικέων οὐδένα. Γαῖα φίλη,
Μίκυλος εἴ τι πονηρὸν ἐπήνεσα μήτε σὺ κούφη
γίνεο μήτ᾽ ἄλλοι δαίμονες οἵ μ᾽ ἔχετε.

XLVIII (40)

ἱερέη Δήμητρος ἐγώ ποτε καὶ πάλιν Καβείρων,   1360
ὦνερ, καὶ μετέπειτα Δινδυμήνης
ἡ γρηῢς γενόμην, ἡ νῦν κόνις †η νο
πολλῶν προστασίη νέων γυναικῶν.

4 ἀνιαρ- Jacobs: ἀνιηρ- PPl
    XLV   A.P. 7. 271, Plᴬ [CPl] Καλλιμάχου; Et. M. 643. 46 [1—νέες]
2 Διοκλείδεω Pfeiffer: -δου PPl   4 σῆμα Brunck
    XLVI   A.P. 7. 453, Plᴬ [CPl] Καλλιμάχου   1 δωδεκέτην C
    XLVII   A.P. 7. 460, Plᴬ [CPl] Καλλιμάχου   2 ἀδικέων Meineke:
·κῶν PPl   4 γίγνεο Pl   μ᾽ ἔχετε CPl: μέτεχε P
    XLVIII   A.P. 7. 728 (caret Pl) [C] Καλλιμάχου   1 πάλιν
Ap.B.: πάλι P   2 Δινδυμήνης P   3 e.g. ἢν ὅτ᾽ ἐνθάδ᾽ ἔζων
(Gow)

5   καί μοι τέκν' ἐγένοντο δύ' ἄρσενα κἠπέμυσ' ἐκείνων
     εὐγήρως ἐνὶ χερσίν. ἕρπε χαίρων.   1365

XLIX (50)

τὴν Φρυγίην Αἴσχρην, ἀγαθὸν γάλα, πᾶσιν ἐν ἐσθλοῖς   1366
Μίκκος καὶ ζωὴν οὖσαν ἐγηροκόμει
καὶ φθιμένην ἀνέθηκεν, ἐπεσσομένοισιν ὁρᾶσθαι
ἡ γρηῢς μαστῶν ὡς ἀπέχει χάριτας.

L (58)

— τίς, ξένος ὦ ναυηγέ; — Λεόντιχος ἐνθάδε νεκρόν   1370
εὗρέ μ' ἐπ' αἰγιαλοῦ, χῶσε δὲ τῷδε τάφῳ
δακρύσας ἐπίκηρον ἑὸν βίον· οὐδὲ γὰρ αὐτός
ἥσυχον, αἰθυίῃ δ' ἴσα θαλασσοπορεῖ.

LI (4)

Τίμων, οὐ γὰρ ἔτ' ἐσσί, τί τοι, σκότος ἢ φάος, ἐχθρόν;
— τὸ σκότος, ὑμέων γὰρ πλείονες εἰν Ἀΐδῃ.   1375

LII (3)

μὴ χαίρειν εἴπῃς με, κακὸν κέαρ, ἀλλὰ πάρελθε·   1376
ἶσον ἐμοὶ χαίρειν ἐστὶ τὸ μή σε πελᾶν.

XLIX A.P. 7. 458 (caret Pl) [C] Καλλιμάχου   1 πᾶσιν
Bentley: παισὶν P   3 ἐπεσσομ- C: ἐπεσσυμ- P
L A.P. 7. 277 (caret Pl) [C] Καλλιμάχου   2 εὗρέ μ' Agar:
εὗρεν P   αἰγιαλοῦ Hecker: -ούς P   χῶσε δὲ C: χώσετε P   3 δακρύ-
σας C: -σας δ' P   4 ἥσυχος Hemsterhuis
LI A.P. 7. 317, Plᴬ [CPl] Καλλιμάχου   1 φάος ἢ σκότος Pl
2 ὑμείων P
LII A.P. 7. 318 [C] Καλλιμάχου, Plᴮ s.a.n.   1 κάρα Pl
2 πελᾶν Graefe: γελ- PPl

LIII (23)

εἶπας "*Ἥλιε χαῖρε*" Κλεόμβροτος ὠμβρακιώτης
ἥλατ' ἀφ' ὑψηλοῦ τείχεος εἰς Ἀίδην,
ἄξιον οὐδὲν ἰδὼν θανάτου κακόν, ἀλλὰ Πλάτωνος   1380
ἓν τὸ περὶ ψυχῆς γράμμ' ἀναλεξάμενος.

LIV (1)

ξεῖνος Ἀταρνείτης τις ἀνείρετο Πιττακὸν οὕτω
τὸν Μιτυληναῖον, παῖδα τὸν Ὑρράδιον·
"ἄττα γέρον, δοιός με καλεῖ γάμος· ἡ μία μὲν δή
νύμφη καὶ πλούτῳ καὶ γενεῇ κατ' ἐμέ,   1385
ἡ δ' ἑτέρη προβέβηκε. τί λώιον; εἰ δ' ἄγε σύμ μοι
βούλευσον, ποτέρην εἰς ὑμέναιον ἄγω."
εἶπεν, ὁ δὲ σκίπωνα γεροντικὸν ὅπλον ἀείρας·
"ἠνίδε κεῖνοί σοι πᾶν ἐρέουσιν ἔπος."
(οἱ δ' ἄρ' ὑπὸ πληγῇσι θοὰς βέμβικας ἔχοντες   1390
ἔστρεφον εὐρείῃ παῖδες ἐνὶ τριόδῳ.)
"κείνων ἔρχεο", φησί, "μετ' ἴχνια." χὠ μὲν ἐπέστη
πλησίον, οἱ δ' ἔλεγον "τὴν κατὰ σαυτὸν ἔλα."
ταῦτ' ἀίων ὁ ξεῖνος ἐφείσατο μείζονος οἴκου
δράξασθαι, παίδων κληδόνα συνθέμενος·   1395

LIII A.P. 7. 471 [C] Καλλιμάχου, Pl^B s.a.n.; Sext. Emp. math. 1. 48;
Ammon. in Porph. Isag. p. 4. 22 (Busse, Comm. in Arist. 4. 3); Elias
proleg. phil. 14. 3 (Busse 18. 1); David. proleg. phil. 31. 29 (Busse 18. 2);
schol. Dion. Thr. 160. 15Hilg.; Choerob. in Theodos. canon. 125. 18,
128. 15, 139. 14 Hilg. [1]; schol. Dion. Thr. 3. 22 [3-4]   1 εἰπὼν
Pl^sscr ὠμβρακιώτης CPl: -τας P; ἀμ- Pl^ac, Sext., El., Dav., schol. Dion.
2 ἥλλατ' C Ἀίδαν P   3 ἄξιον οὔτι παθὼν schol. Dion., El., Dav.
ἀλλὰ: ἢ τὸ P   4 ἐν τὸ Pl, Sext.: ἐν τῶι P
LIV A.P. 7. 89, Pl^A [PPl] s.a.n.; Diog. Laert. 1. 79 Καλλίμαχος ἐν
τοῖς ἐπιγράμμασι; Sud. s.vv. ἄττα [3-6], βέμβηξ [9-10]   1 ἀνήρετο
Pl^ac, Diog.   2 Ὑρράδιον P: -ου CPl, Diog.   5 σύμ μοι CSud.:
σύν μοι P, Diog., μοι σύ Pl   7 σκήπ- C   10 εὐρείῃ CPl, Diog.
Sud.: -ην P   11 ἴχνια CPl, Diog.: -νεσι P ἐπέστη Pl, Diog. codd.
FP: ἐφέστα C, Diog. cod. B, ἐφέστην P   12 τὴν CPl, Diog.: τὸν P
14 κληδόνι Pl^pc

15   τὴν δ' ὀλίγην ὡς κεῖνος ἐς οἰκίον ἤγετο νύμφην,
     οὕτω καὶ σύ, Δίων, τὴν κατὰ σαυτὸν ἔλα.

LV (6)

τοῦ Σαμίου πόνος εἰμὶ δόμῳ ποτὲ θεῖον ἀοιδόν
  δεξαμένου, κλείω δ' Εὔρυτον ὅσσ' ἔπαθεν,
καὶ ξανθὴν Ἰόλειαν, Ὁμήρειον δὲ καλεῦμαι   1400
  γράμμα. Κρεωφύλῳ, Ζεῦ φίλε, τοῦτο μέγα.

LVI (27)

Ἡσιόδου τό τ' ἄεισμα καὶ ὁ τρόπος· οὐ τὸν ἀοιδόν
  ἔσχατον, ἀλλ' ὀκνέω μὴ τὸ μελιχρότατον
τῶν ἐπέων ὁ Σολεὺς ἀπεμάξατο. χαίρετε λεπταί
  ῥήσιες, Ἀρήτου σύμβολον ἀγρυπνίης.   1405

LVII (7)

ἦλθε Θεαίτητος καθαρὴν ὁδόν· εἰ δ' ἐπὶ κισσόν   1406
  τὸν τεὸν οὐχ αὕτη, Βάκχε, κέλευθος ἄγει,
ἄλλων μὲν κήρυκες ἐπὶ βραχὺν οὔνομα καιρόν
  φθέγξονται, κείνου δ' Ἑλλὰς ἀεὶ σοφίην.

15 ἐς οἶκον ἐπήγετο PPl   16 σύ γ' ἰὼν PPl

LV   Strab. 14. 638; Sext. Emp. math. 1. 48; schol. Dion. Thr. 160.
12Hilg.; Eust. 331. 5; Callimacho adscr. omnes; schol. Dion. Thr.
163. 36 [1–4 Κρεωφ.], 448. 3 [3 Ὁμ.—4 γράμμα]   1 τοῦ Σαμίου:
Κρεωφύλου Sext., schol. Dion.   θεῖον Ὅμηρον Strab., Eust.; θ. ἀοιδόν
= 'Homerum'

LVI   A.P. 9. 507 (caret Pl) Καλλιμάχου; Achill. vit. Arat. 5, 78. 28
Maass; Comm. Arat. 76. 9M.   1 τό τ' Blomfield: τὸ δ' P, Ach.
ἀοιδῶν Scaliger   1–2 fort. οὗτοι ἀοιδῶν | ἐσχάτου   4 σύμβολον
Ruhnken: σύντονος P, σύγγονος Ach.   ἀγρυπνίης Ach.: -νίη P

LVII   A.P. 9. 565, Plᴬ [PPl] Καλλιμάχου; Demetr. π. ποιημάτων
p. 35 de Falco [3–4]   1 κισσοῦ P   4 σοφίαν PPl

LVIII (8)

μικρή τις, Διόνυσε, καλὰ πρήσσοντι ποιητῇ   1410
ῥῆσις· ὁ μὲν "νικῶ" φησὶ τὸ μακρότατον.
ᾧ δὲ σὺ μὴ πνεύσῃς ἐνδέξιος, ἤν τις ἔρηται
"πῶς ἔβαλες ;", φησὶ "σκληρὰ τὰ γιγνόμενα."
5   τῷ μερμηρίξαντι τὰ μὴ ἔνδικα τοῦτο γένοιτο
τοὔπος, ἐμοὶ δ', ὦναξ, ἡ βραχυσυλλαβίη.   1415

LIX (59)

εὐδαίμων ὅτι τἆλλα μανεὶς ὠρχαῖος Ὀρέστας,
Λεύκαρε, τὰν ἀμὰν οὐκ ἐμάνη μανίαν,
οὐδ' ἔλαβ' ἐξέτασιν τῶ Φωκέος, ἅτις ἐλέγχει
τὸν φίλον· ἀλλ' αἴ χ' ἐν δρᾶμ' ἐδίδαξε μόνον,
5   ἢ τάχα κα τὸν ἑταῖρον ἀπώλεσε. τοῦτο ποήσας   1420
κἠγὼ τοὺς πολλοὺς οὐκέτ' ἔχω Πυλάδας.

LX (24)

ἥρως Ἠετίωνος ἐπίσταθμος Ἀμφιπολίτεω
ἵδρυμαι μικρῷ μικρὸς ἐπὶ προθύρῳ,
λοξὸν ὄφιν καὶ μοῦνον ἔχων ξίφος· ἀνέρι δ' ἱππεῖ
θυμωθεὶς πεζὸν κἀμὲ παρῳκίσατο.   1425

LXI (62)

Κυνθιάδες, θαρσεῖτε· τὰ γὰρ τοῦ Κρητὸς Ἐχέμμα   1426
κεῖται ἐν Ὀρτυγίῃ τόξα παρ' Ἀρτέμιδι,

LVIII A.P. 9. 566, Pl^A [PPl] τοῦ αὐτοῦ [sc. Καλλ.]   3 ὡς δὲ Pl
   LIX A.P. 11. 362 (caret Pl) Καλλιμάχου   1 τἆλλα Ernesti:
ταλα P   2 ἀμὰν Schneider: μαν P; λίαν Maas   μανίαν Ernesti:
-ίην P   4 αἰ χῆν (= καὶ ἐν) Davies   5 κα Meineke: καὶ P
6 κἠγὼ Meineke: κἀγὼ P
   LX A.P. 9. 336, Pl^B [CPl] Καλλιμάχου   1 Ἠετ- Pl: Ἡιετ-
P, Αἰετ- C   ἐπὶ σταθμὸν Pl   3 ἀνέρι δ' ἱππεῖ Jacobs: ἀνδρὶ ἱπείωι
P, ἀνδρὶ δὲ ἱππεῖ Pl
   LXI A.P. 6. 121 [C] Καλλιμάχου, Pl^A ἄδηλον; Sud. s.v. Κυνθιάδες
[1–2]   1 Κυνθιάδες Sud.: -ίδες PPl   Ἐχέμμου C

οἷς ὑμέων ἐκένωσεν ὄρος μέγα· νῦν δὲ πέπαυται,
αἶγες, ἐπεὶ σπονδὰς ἡ θεὸς εἰργάσατο.

LXII (36)

τὸν βαθὺν οἰνοπότην Ἐρασίξενον ἡ δὶς ἐφεξῆς   1430
ἀκρήτου προποθεῖσ' ᾤχετ' ἔχουσα κύλιξ.

LXIII (63)

οὕτως ὑπνώσαις, Κωνώπιον, ὡς ἐμὲ ποιεῖς
κοιμᾶσθαι ψυχροῖς τοῖσδε παρὰ προθύροις·
οὕτως ὑπνώσαις, ἀδικωτάτη, ὡς τὸν ἐραστήν
κοιμίζεις, ἐλέου δ' οὐδ' ὄναρ ἠντίασας.   1435
γείτονες οἰκτείρουσι, σὺ δ' οὐδ' ὄναρ· ἡ πολιὴ δέ
αὐτίκ' ἀναμνήσει ταῦτά σε πάντα κόμη.

FRAGMENTA

LXIV (fr. 393)

(a)

αὐτὸς ὁ Μῶμος
ἔγραφεν ἐν τοίχοις "ὁ Κρόνος ἐστὶ σοφός."

(b)

ἠνίδε καὶ κόρακες τεγέων ἔπι "κοῖα συνῆπται;"   1440
κρώζουσιν, καὶ "κῶς αὖθι γενησόμεθα;"

3 πέπαυνται C
LXII A.P. 7. 454 (caret Pl) [C] τοῦ αὐτοῦ [sc. Καλλ.]; Athen. 10.
436ᵉ s.a.n.   1 τὸν C: οὐ P, Athen.   2 προποθεῖσ' P: φανερῶς
Athen.   Callimacho abiudicandum
LXIII A.P. 5. 23 Καλλιμάχου, Plᴬ τοῦ αὐτοῦ [sc. Ῥουφίνου]
1 ὑπνώσ- CPl: ὑπνήσ- P   4 ἠντίασα Boissonade   Callimacho
abiudicandum
LXIV (a) Diog. Laert. 2. 111 Καλλ. ἐν ἐπιγράμμασιν; schol. Dion.
Thr. 3. 192Hilg. Καλλίμαχος
(b) Sext. Emp. math. 1. 309 (p. 672Bekk.) ἐπιγραμμάτιον ... Καλλι-
μάχου   3 καὶ Fabricius: κου codd.

CALLIMACHUS

LXV (*fr.* 394)

(*a*)

ἱερὸς δέ τοι, ἱερὸς ὔκης.

(*b*)

θεὸς δέ οἱ ἱερὸς ὔκης.

LXVI (*fr.* 395)

εἰς Δύμην ἀπιόντα τὴν Ἀχαι..

LXVII (*fr.* 398)

Λύδη καὶ παχὺ γράμμα καὶ οὐ τορόν.   1445

LXVIII (*fr.* 399)

ἔρχεται πολὺς μὲν Αἰγαῖον διατμήξας ἀπ' οἰνηρῆς Χίου
ἀμφορεύς, πολὺς δὲ Λεσβίης ἄωτον νέκταρ οἰνάνθης ἄγων.

LXIX (*fr.* 400)

ἁ ναῦς ἃ τὸ μόνον φέγγος ἐμὶν τὸ γλυκὺ τᾶς ζόας
ἅρπαξας, ποτί τε Ζανὸς ἱκνεῦμαι λιμενοσκόπω

LXV   (*a*) Athen. 7. 284ᶜ ἐν ... τοῖς ἐπιγράμμασιν ὁ αὐτὸς ποιητής
[sc. *Καλλ.*]
    (*b*) Athen. 7. 327ᵃ *Καλλίμαχος ἐν ἐπιγράμμασι*
LXVI   Steph. Byz. s.v. *Δύμη, Καλλίμαχος ἐν ἐπιγράμμασιν   Ἀχαιῶν*
Meineke
LXVII   Vit. Dion. Per. (Geogr. Gr. Min. 2. 427) *Καλλίμαχος ἐν τοῖς
ἐπιγράμμασι*; schol. Dion. Per. 3 *Καλλίμαχος*
LXVIII   A.P. 13. 9 (caret Pl) *Καλλιμάχου*; Heph. 19. 1C., *Καλλι-
μάχου* [1]; schol. Heph. 271.12 s.a.n. [1]   1 διανήξας Heph. et
schol.   2 *Λεσβίης* Bentley: -ην P
LXIX   A.P. 13. 10 (caret Pl) *τοῦ αὐτοῦ* [sc. *Καλλ.*]   1 μόνον
Bentley: μον P   εμειν P   ζωᾶς P   2 *Ζαν-* Bentley: *Ζην-* P

108

LXX (*fr.* 401)

ἡ παῖς ἡ κατάκλειστος,   1450
τὴν οἴ φασι τεκόντες
εὐναίους ὀαρισμούς
ἔχθειν ἶσον ὀλέθρῳ

HEDYLUS

I

αἱ μίτραι τό θ' ἀλουργὲς ὑπένδυμα τοί τε Λάκωνες
πέπλοι καὶ ληρῶν οἱ χρύσεοι κάλαμοι,   1455
πάνθ' ἅμα Νικονόη †σὺν ἔκπιε†· ἦν γὰρ Ἐρώτων
καὶ Χαρίτων ἡ παῖς ἀμβρόσιόν τι θάλος.
5   τοιγὰρ τῷ κρίναντι τὰ καλλιστεῖα Πριάπῳ
νεβρίδα καὶ χρυσέην τήνδ' ἔθετο προχοήν.

II

οἶνος καὶ προπόσεις κατεκοίμισαν Ἀγλαονίκην   1460
αἱ δόλιαι, καὶ ἔρως ἡδὺς ὁ Νικαγόρεω,
ἧς πάρα Κύπριδι ταῦτα μύροις ἔτι πάντα μυδῶντα
κεῖνται, παρθενίων ὑγρὰ λάφυρα πόθων,
5   σάνδαλα καὶ μαλακαὶ μαστῶν ἐκδύματα μίτραι,
ὕπνου καὶ σκυλμῶν τῶν τότε μαρτύρια.   1465

LXX Heph. 64. 4C. s.a.n.; id. 58. 20C. τὸ Καλλιμάχειον τοῦτο ποιημάτιον [1-2]   4 ἔχθειν Scaliger : ἔχειν codd.

HEDYLUS I A.P. 6. 292, Plᴬ [PPl] Ἡδύλου; Sud. s.vv. μίτρα [1-3], ἀλουργά, Λακωνικαί [1 τοί—2 εὔπεπλοι], ληρεῖς ἔχων [2], ἀμβρόσιον, θαλέεσσι [3-4], καλλιστεῖα, προχόῳ [5-6]; Zonar. s.v. θαλέεσσι [3-4]   1 ἁ μίτρα Pl   2 εὔπεπλοι Sud. (Λακ.)   3 σὺν ἔκπιε P, συνεπέκπιε PlSud. (μίτ.)   5 κρίναντι CPl : -νοντι P   Πριήπῳ Plᵖᶜ   6 νευρίδα PlSud. (καλλ.)

II A.P. 5. 199 (caret Pl) Ἡδύλου; Sud. s.v. μυδῶντες [3-4]   5 ἐνδύματα Salmasius

III

ἡ διαπινομένη Καλλίστιον ἀνδράσι, θαῦμα
κοὐ ψευδές, νῆστις τρεῖς χόας ἐξέπιεν,
ἧς τόδε σοί, Παφίη, †ζωρεσμιτρησι† θυωθέν
κεῖται πορφυρέης Λέσβιον ἐξ ὑέλου.
5 ἣν ⟨σὺ⟩ σάου πάντως, ὡς καὶ †πάντων ἐπ' ἐκείνης†   1470
σοὶ τοῖχοι γλυκερῶν σῦλα φέρωσι πότων.

IV

ζωροπόται, καὶ τοῦτο φιλοζεφύρου κατὰ νηόν
τὸ ῥυτὸν αἰδοίης δεῦτ' ἴδετ' Ἀρσινόης,
ὀρχηστὴν Βησᾶν Αἰγύπτιον, ὃς λιγὺν ἦχον
σαλπίζει κρουνοῦ πρὸς ῥύσιν οἰγομένου,
5 οὐ πολέμου σύνθημα, διὰ χρυσέου δὲ γέγωνεν   1475
κώδωνος κώμου σύμβολα καὶ θαλίης,
Νεῖλος ὁκοῖον ἄναξ μύσταις φίλον ἱεραγωγοῖς
εὗρε μέλος θείων πάτριον ἐξ ὑδάτων.
ἀλλὰ Κτησιβίου σοφὸν εὕρεμα τίετε τοῦτο, —   1480
10 δεῦτε νέοι — νηῷ τῷδε πάρ' Ἀρσινόης.

V

πίνωμεν, καὶ γάρ τι νέον, καὶ γάρ τι παρ' οἶνον
εὕροιμ' ἂν λεπτὸν καί τι μελιχρὸν ἔπος.
ἀλλὰ κάδοις Χίου με κατάβρεχε καὶ λέγε "παῖζε,
Ἡδύλε"· μισῶ ζῆν ἐς κενὸν οὐ μεθύων.   1485

III Athen. 11. 486ᵃ 'Ηδύλος   1 Καλλίστιον Musurus: κάλλιστον
Athen.   2 ψεῦδος Headlam   3 ζωροῖς ἀμέτροισι (sc. ποτοῖς)
Gow   5 σὺ suppl. Dindorf   πάντων: πάλι τῶν Kaibel   ἐπ' ἐκείνῳ
Gow   6 πότων Brunck: πόθων Athen.

IV Athen. 11. 497ᵈ 'Ηδύλος   2 αἰδοίης Jacobs: εἰδείης Athen.
4 οἰγο- Salmasius: ἠγο- Athen.   5 οὐ Jacobs: καὶ Athen.
6 σύμβολα Jacobs: σύνθημα Athen.   7 ὁκοῖον Schweighaeuser: -ος
Athen.

V Athen. 11. 472ᶠ 'Ηδύλος   2 εὕροιμ' ἂν Jacobs: -οιμεν
Athen.   4 μισῶ ζῆν Jacobs: με σωζην Athen.

VI

ἐξ ἠοῦς εἰς νύκτα καὶ ἐκ νυκτὸς πάλι Σωκλῆς
εἰς ἠοῦν πίνει τετραχόοισι κάδοις,
εἶτ' ἐξαίφνης που τυχὸν οἴχεται· ἀλλὰ παρ' οἶνον
Σικελίδεω παίζει πουλὺ μελιχρότερον,
ἐστὶ δὲ δὴ πουλὺ στιβαρώτερος· ὡς δ' ἐπιλάμπει   1490
ἡ χάρις, ὥστε, φίλος, καὶ γράφε καὶ μέθυε.

5

VII

Φαίδων δὲ . . . φυκί' ἐνεῖκαι   1492
χορδάς ⟨θ'⟩ ὁ ψάλτης, ἐστὶ γὰρ ὀψοφάγος.

VIII

ἐφθὸς ὁ κάλλιχθυς· νῦν ἔμβαλε τὴν βαλανάγραν,
ἔλθῃ μὴ Πρωτεὺς Ἇγις ὁ τῶν λοπάδων.
γίνεθ' ὕδωρ καὶ πῦρ καὶ ὃ βούλεται· ἀλλ' ἀπόκλειε   1495
*   *   *   *   *   *   *   *
ἥξει γὰρ τοιαῦτα μεταπλασθεὶς τυχὸν ὡς Ζεύς
χρυσορόης ἐπὶ τήνδ' Ἀκρισίου λοπάδα.

5

IX

ὀψοφάγει, Κλειώ· καταμύομεν. ἢν δὲ θελήσῃς,   1500
ἔσθε μόνη. δραχμῆς ἐστιν ὁ γόγγρος ἅπας.

VI   Athen. 11. 473ᵃ (Hedyli)   1 νυκτὸς Meineke : -τῶν
Athen.   πάλι Σωκλῆς Bergk : πασισωκλης Athen.   4 πουλὺ Musurus :
πολὺ Athen.   5 πουλὺ nescio quis : πολὺ Athen.   6 φίλος
Wilamowitz : φίλε Athen.
VII   Athen. 8. 344ᶠ 'Ηδύλος   1 φυκί' Gow : -κει' Athen. ; -κίδ'
Jacobs   ἐνεῖκαι Jacobs : αἰνεῖ καὶ Athen.   2 θ' suppl. Jacobs
VIII   Athen. 8. 344ᶠ (Hedyli)
IX   Athen. 8. 345ᵃ (Hedyli)   1 Κλειοῖ Heraldus

θὲς μόνον ἢ ζώνην ⟨ἢ⟩ ἐνώτιον ἤ τι τοιοῦτον
σύσσημον †τὸ δ' ὁρᾶν μὴ μόνον οὐ λέγομεν.†
5   ἡμετέρη σὺ Μέδουσα· λιθούμεθα †πάντα πάλαι που†
οὐ Γοργοῦς, γόγγρου δ' οἱ μέλεοι λοπάδι.   1505

X

⟨τοῦτο⟩ Θέων ὁ μόναυλος ὑπ' ἠρίον ὁ γλυκὺς οἰκεῖ
αὐλητής, μίμων κῆν θυμέλῃσι χάρις.
τυφλὸς ὑπαὶ γήρως† εἶχε καὶ Σκίρπαλον υἱόν
νήπιον τ' ἐκάλει Σκίρπαλος Εὐπαλάμου·†
5   ἀείδειν αὐτοῦ τὰ γενέθλια, τοῦτο γὰρ εἶχεν   1510
†πανμαρπᾶν ηδυσμα σημανέων†
ηὖλει δὲ Γλαύκης μεμεθυσμένα παίγνια Μουσέων
ἢ τὸν ἐν ἀκρήτοις Βάτταλον ἡδυπότην
ἢ καὶ Κώταλον ἢ καὶ Πάκαλον. ἀλλὰ Θέωνα
10   τὸν καλαμαυλήτην εἴπατε "χαῖρε Θέων."   1515

XI [Asclep. XL G.–P.]

Εὐφρὼ καὶ Θαῒς καὶ Βοίδιον, αἱ Διομήδους
γραῖαι ναυκλήρων ὁλκάδες εἰκόσοροι,
Ἇγιν καὶ Κλεοφῶντα καὶ Ἀνταγόρην ἕν' ἑκάστη
γυμνούς, ναυηγῶν ἥσσονας, ἐξέβαλον.
5   ἀλλὰ σὺν αὐταῖς νηυσὶ τὰ ληστρικὰ τῆς Ἀφροδίτης   1520
φεύγετε, Σειρήνων αἵδε γὰρ ἐχθρότεραι.

3 ἢ suppl. Musurus   4 e.g. τὸ δ' ὁρᾶν, ναὶ μὰ τόν (Jacobs), οὐκ ἔχομεν
(Gow)   5 πάντες (hoc Athen. cod. E) ἀπλάτου Kaibel   6 γόγ-
γρου Athen. cod. E: -ροι cod. A

X   Athen. 4. 176ᶜ Ἡδύλος   1 τοῦτο suppl. Musurus   ὑπ'
ἠρίον Musurus: ὑπηριονον Athen.   2 μίμων κῆν Toup: μιμωμένην
Athen.   5 ἤειδεν δ' Kaibel   8 ita Musurus: ἀκρηιστοις
βάταλον ἡδυπώτην Athen.

XI   A.P. 5. 161¹ Ἡδύλου, οἱ δὲ Ἀσκληπιάδου, denuoque² post 11. 9
Σιμωνίδου, Plᴬ Σιμωνίδου   3 Ἇγιν C: ἀγειν Pl, Ἇπιν P²Pl
6 ἐχθρόταται Pl

HERACLITUS

I

ἁ κόνις ἀρτίσκαπτος, ἐπὶ στάλας δὲ μετώπων
σείονται φύλλων ἡμιθαλεῖς στέφανοι.
γράμμα διακρίναντες, ὁδοιπόρε, πέτρον ἴδωμεν,
λευρὰ περιστέλλειν ὀστέα φατὶ τίνος.
"ξεῖν', Ἀρετημιάς εἰμι· πάτρα Κνίδος· Εὔφρονος ἦλθον   1525
εἰς λέχος· ὠδίνων οὐκ ἄμορος γενόμαν,
δισσὰ δ' ὁμοῦ τίκτουσα τὸ μὲν λίπον ἀνδρὶ ποδηγόν
γήρως, ἓν δ' ἀπάγω μναμόσυνον πόσιος."

NICIAS

I

— μαινὰς Ἐνυαλίου, πολεμαδόκε, θοῦρι κράνεια,   1530
τίς νύ σε θῆκε θεᾷ δῶρον ἐγερσιμάχᾳ;
— Μήνιος· ἦ γὰρ τοῦ παλάμας ἄπο ῥίμφα θοροῦσα
ἐν προμάχοις †ἱδρύσας† δήιον ἂμ πεδίον.

II

μέλλον ἄρα στυγερὰν κἀγώ ποτε δῆριν Ἄρηος
ἐκπρολιποῦσα χορῶν παρθενίων ἄιειν   1535
Ἀρτέμιδος περὶ ναόν, Ἐπίξενος ἔνθα μ' ἔθηκεν
λευκὸν ἐπεὶ κείνου γῆρας ἔτειρε μέλη.

HERACLITUS I   A.P. 7. 465 [C] Ἡρακλήτου, Pl^B Ἡρακλείδου   1 μετ-
ώπῳ Pl   2 σεύονται Pl   ἡμιθανεῖς Pl   4 λευρὰ C et C^yp :
λύρα P, λυγρὰ Pl, λευκὰ C^yp   5 Ἀρετιμ- P   7 ποδαγ- Hecker
8 ἐν Jacobs : ὃν PPl   μνημ- Pl

NICIAS I   A.P. 6. 122 (caret Pl) Νικίου   1 θοῦρι Ap.B. : -ρε C, -ρεα P
2 -μάχαι C : -μάχαν ? P   4 Ὀδρυσᾶν Hermann   ἀμπέδιον C^yp,
ἀμπέλιον P
II   A.P. 6. 127 (caret Pl) Νικίου; Sud. s.v. δῆριν [1-2]   1 Ἄρηος
Ap.B. : Ἄρηι PSud.   loquitur ἀσπίς ut vid.

III

Ἀμφαρέτας κρήδεμνα καὶ ὑδατόεσσα καλύπτρα,
Εἰλείθυια, τεᾶς κεῖται ὑπὲρ κεφαλᾶς,
ὡς σὲ μετ᾽ εὐχωλᾶς ἐκαλέσσατο λευγαλέας οἱ   1540
κῆρας ἀπ᾽ ὠδίνων τῆλε βαλεῖν λοχίων.

IV

οὐκέτι δὴ τανύφυλλον ὑπὸ πλάκα κλωνὸς ἐλυσθεὶς
τέρψομ᾽ ἀπὸ ῥαδινῶν φθόγγον ἱεὶς πτερύγων·
χεῖρα γὰρ εἰς ἀραίαν παιδὸς πέσον, ὅς με λαθραίως
μάρψεν ἐπὶ χλωρῶν ἑζόμενον πετάλων.   1545

V

ἵζευ ὑπ᾽ αἰγείροισιν, ἐπεὶ κάμες, ἐνθάδ᾽, ὁδῖτα,   1546
καὶ πῖθ᾽ ἆσσον ἰὼν πίδακος ἀμετέρας·
μνᾶσαι δὲ κράναν καὶ ἀπόπροθι, ἃν ἐπὶ Γίλλῳ
Σῖμος ἀποφθιμένῳ παιδὶ παριδρύεται.

VI

αἰόλον ἱμεροθαλὲς ἔαρ φαίνουσα μέλισσα   1550
ξουθά, ἐφ᾽ ὡραίοις ἄνθεσι μαινομένα,

III   A.P. 6. 270 (caret Pl) Νικίου; Sud. s.v. λευγαλέας [3–4]   1 Ἀμ-
φαρέτας Meineke: -τις P, -τρις C   καλύπτρα Jacobs: -ρη P   2 Εἰλείθ-
C: Εἰλήθ- P   3 εὐχωλᾶς apogr.: -αῖς PSud.   οἱ apogr.: τοι PSud.
IV   A.P. 7. 200, Plᴬ [CPl] Νικίου; Sud. s.v. ῥαδινή [1–2]   1 ὑπὸ
πλάκα PlSud.: ὑπὸ κλάκα P, ὑπ᾽ ὅρπακα C   ἐλυσθείς Dilthey ἑλιχθείς
PPlSud.   2 φθέγξομ᾽ Sud.   φθόγγων PSud.   στομάτων Sud.
3 ἀραίαν ('detestandam'): ἀραιὰν Pl, ἀρεὰν C, ἀρετὰν P   λαθραίως CPl:
-αίης P   4 χλοερῶν Pl   loquitur τέττιξ ut vid.
V   A.P. 9. 315, Plᴮ [CPl] Νικίου   1 ἵζου P   2 πῖθ᾽
ἆσσον Schneidewin: πίε θᾶσσον PPl   3 μνᾶσε P   ἀπόπροθεν Pl
ἐπιγγίλλω P, ἐπιγγείλω C   loquitur κρήνη
VI   A.P. 9. 564, Plᴮ [PPl] Νικίου; Syll.S   1 ἡμερο- Pl   2 ἐφ᾽
ὡραίοις Pl: ἐσφορέουσ᾽ P, φωραιοίσ᾽ P marg.

χῶρον ἐφ᾽ ἡδύπνοον πωτωμένα ἔργα τίθευσο,
ὄφρα τεὸς πλήθῃ κηροπαγὴς θάλαμος.

VII

εἰνοσίφυλλον ὄρος Κυλλήνιον αἰπὺ λελογχώς,
τῇδ᾽ ἔστηκ᾽ ἐρατοῦ γυμνασίου μεδέων   1555
Ἑρμῆς· ᾧ ἔπι παῖδες ἀμάρακον ἠδ᾽ ὑάκινθον
πολλάκι καὶ θαλεροὺς θῆκαν ἴων στεφάνους.

VIII

φρουρὸς ἐπὶ σμήνεσσι Περιστράτου εἵνεκα μίμνω
ἐνθάδε, Μαιναλίαν κλιτὺν ἀποπρολιπών,
κλῶπα μελισσάων δεδοκημένος. ἀλλ᾽ ἀλέασθε   1560
χεῖρα καὶ ἀγροτέρου κοῦφον ὄρεγμα ποδός.

POSIDIPPUS

I

Κεκροπί, ῥαῖνε, λάγυνε, πολύδροσον ἰκμάδα Βάκχου,
ῥαῖνε· δροσιζέσθω συμβολικὴ πρόποσις·
σιγάσθω Ζήνων, ὁ σοφὸς κύκνος, ἥ τε Κλεάνθους
Μοῦσα, μέλοι δ᾽ ἡμῖν ὁ γλυκύπικρος Ἔρως.   1565

3 τίθευσο R. McKenzie : τιθεύσω P, τίθεσσο Pl, τίθεσο Syll.

VII   A. Plan. (Plᴬ) 188 Νικίου   3 ἀμάρακον O. Schneider : -ατον
Pl

VIII   A. Plan. (Plᴬ) 189 εἰς ἕτερον τοῦ αὐτοῦ [sc. Νικίου]   Panis
loquitur statua

POSIDIPPUS I   A.P. 5. 134 (caret Pl) Ποσιδίππου   2 ῥαῖνε apogr. :
βαῖνε P   3 ἤ Ap.L. : ἅ P   4 γλυκύ- C : γλυκό- P

II

μή με δόκει πιθανοῖς ἀπατᾶν δακρύοισι, Φιλαινί·　　1566
οἶδα· φιλεῖς γὰρ ὅλως οὐδένα μεῖζον ἐμοῦ
τοῦτον ὅσον παρ' ἐμοὶ κέκλισαι χρόνον· εἰ δ' ἕτερός σε
εἶχε, φιλεῖν ἂν ἔφης μεῖζον ἐκεῖνον ἐμοῦ.

III

δάκρυα καὶ κῶμοι, τί μ' ἐγείρετε πρὶν πόδας ἆραι　　1570
ἐκ πυρὸς εἰς ἑτέρην Κύπριδος ἀνθρακιήν;
λήγω δ' οὔποτ' ἔρωτος, ἀεὶ δέ μοι ἐξ Ἀφροδίτης
ἄλγος †ὁ μὴ κρίνων κοινὸν ἄγοντι† πόθος.

IV

Πυθιὰς εἰ μὲν ἔχει τιν', ἀπέρχομαι· εἰ δὲ καθεύδει
ὧδε μόνη, μικρὸν πρὸς Διὸς εἰσκαλέσαι.　　1575
εἰπὲ δὲ σημεῖον, μεθύων ὅτι καὶ διὰ κλωπῶν
ἦλθον, Ἔρωτι θρασεῖ χρώμενος ἡγεμόνι.

V

ναὶ ναὶ βάλλετ', Ἔρωτες· ἐγὼ σκοπὸς εἷς ἅμα πολλοῖς
κεῖμαι. μὴ φείσησθ', ἄφρονες· ἢν γὰρ ἐμέ
νικήσητ', ὀνομαστοὶ ἐν ἀθανάτοισιν ἔσεσθε　　1580
τοξόται ὡς μεγάλης δεσπόται ἰοδόκης.

II　A.P. 5. 186 (caret Pl) Ποσιδίππου, App.B.-V. 52 ἄδηλον　　1 πιθα-
νοῖς Reiske: -νῶς PApp.　　δακρύοισι Bothe: δάκρυσι PApp.　　2-3 ἐμοῦ·
τοῦτό γ' [sc. φῄς] Brunck　　4 ἐκεῖνον C: κεῖνον P, κεῖνον μεῖζον App.
III　A.P. 5. 211 Ποσιδίππου, Plᴬ τοῦ αὐτοῦ [sc. Ποσ.]　　1 καὶ Pl:
μὲν καὶ P　　ἆραι Cˢˢᶜʳ: αἴρηι C, αἴρη P, ἄρω Pl　　4 e.g. καινὸν
(Jacobs) ἄγει τι (Bosch)
IV　A.P. 5. 213 (caret Pl) Ποσιδίππου　　1 ἔχει . . . καθεύδει
Jacobs: ἔχεις . . . καθεύδεις P　　2 μικρὸν C: νίκων P　　εἰσκαλέσαι
Dilthey: ἐκκάλεσαι P　　4 ἦλθον Ap.B.: -θεν P
V　A.P. 12. 45 (caret Pl) Ποσιδίππου　　1 πολλοῖς Ap.B.:
βάλλοις P

VI

τὸν Μουσῶν τέττιγα Πόθος δήσας ἐπ᾽ ἀκάνθαις
κοιμίζειν ἐθέλει πῦρ ὑπὸ πλευρὰ βαλών·
ἡ δὲ πρὶν ἐν βύβλοις πεπονημένη ἀλλ᾽ ἀθερίζει
ψυχή, ἀνιηρῷ δαίμονι μεμφομένη.   1585

VII

εὐοπλῶ καὶ πρὸς σὲ μαχήσομαι, οὐδ᾽ ἀπερούμαι   1586
θνητὸς ἐών· σὺ δ᾽, Ἔρως, μηκέτι μοι πρόσαγε.
ἢν με λάβῃς μεθύοντ᾽, ἄπαγ᾽ ἔκδοτον, ἄχρι δὲ νήφω
τὸν παραταξάμενον πρὸς σὲ λογισμὸν ἔχω.

VIII

ἃ Κύπρον ἅ τε Κύθηρα καὶ ἃ Μίλητον ἐποιχνεῖς   1590
καὶ καλὸν Συρίης ἱπποκρότου δάπεδον,
ἔλθοις ἵλαος Καλλιστίῳ, ἣ τὸν ἐραστήν
οὐδέποτ᾽ οἰκείων ὦσεν ἀπὸ προθύρων.

IX

Ναννοῦς καὶ Λύδης ἐπίχει δύο καὶ φιλεράστου
Μιμνέρμου καὶ τοῦ σώφρονος Ἀντιμάχου·   1595
συγκέρασον τὸν πέμπτον ἐμοῦ, τὸν δ᾽ ἕκτον ἑκάστου,
Ἡλιόδωρ᾽, εἴπας ὅστις ἐρῶν ἔτυχεν.
[ἕβδομον Ἡσιόδου, τὸν δ᾽ ὄγδοον εἶπον Ὁμήρου,
τὸν δ᾽ ἔνατον Μουσῶν, Μνημοσύνης δέκατον.]
μεστὸν ὑπὲρ χείλους πίομαι, Κύπρι, †τἄλλα δ᾽ Ἔρωτες   1600
νήφοντ᾽ οἰνωθέντ᾽ οὐχὶ λίην ἄχαριν†.

VI   A.P. 12. 98 (caret Pl) Ποσιδίππου   1 τὸν Brunck: τῶν P
VII   A.P. 12. 120 (caret Pl) Ποσιδίππου
VIII   A.P. 12. 131 (caret Pl) Ποσιδίππου   2 fort. Συρίας
IX   A.P. 12. 168 (caret Pl) Ποσιδίππου   1 φιλεράστου Jacobs:
φερεκάστου P   3 ἐμοῦ Brunck: ἐμόν P   4 εἴπαις Jacobs
5–6 secl. Edmonds   7 post h.v. fortasse exciderunt vv. duo
8 ἄχαρι Jacobs

X

τέσσαρες οἱ πίνοντες· ἐρωμένη ἔρχεθ᾽ ἑκάστῳ.
  ὀκτὼ γινομένοις Χῖον ἓν οὐχ ἱκανόν.
παιδάριον, βαδίσας πρὸς Ἀρίστιον εἰπὲ τὸ πρῶτον
  ἡμιδεὲς πέμψαι, χοῦς γὰρ ἄπεισι δύο

5   ἀσφαλέως, οἶμαι δ᾽ ὅτι καὶ πλέον. ἀλλὰ τρόχαζε,   1605
  ὥρας γὰρ πέμπτης πάντες ἀθροιζόμεθα.

XI

Ἑλλήνων σωτῆρα, Φάρου σκοπόν, ὦ ἄνα Πρωτεῦ,
  Σώστρατος ἔστησεν Δεξιφάνου[ς] Κνίδιος·
οὐ γὰρ ἐν Αἰγύπτῳ σκοπαὶ οὔρεά θ᾽ οἷ᾽ ἐπὶ νήσων,   1610
  ἀλλὰ χαμαιζήλη ναύλοχος ἐκτέταται.

5   τοῦ χάριν εὐθεῖάν τε καὶ ὄρθιον αἰθέρα τέμνων
  πύργος ὅδ᾽ ἀπλάτων φαίνετ᾽ ἀπὸ σταδίων
ἤματι, παννύχιος δὲ θ[έ]ω[ν] σ[ὺ]ν κύματι ναύτης
  ὄψεται ἐκ κορυφῆς πῦρ μέγα καιόμενον,   1615
καί κεν ἐπ᾽ αὐτὸ δράμοι Ταύρου κέρας, οὐδ᾽ ἂν ἁμάρτοι

10   σωτῆρος, Πρωτεῦ, Ζηνὸς [ὁ] τῇδε πλέων.

XII

μέσσον ἐγὼ Φαρίης ἀκτῆς στόματός τε Κανώπου
  ἐν περιφαινομένῳ κύματι χῶρον ἔχω,
τήνδε πολυρρήνου Λιβύης ἀνεμώδεα χηλήν,   1620
  τὴν ἀνατεινομένην εἰς Ἰταλὸν ζέφυρον,

X A.P. 5. 183 (caret Pl) Ποσιδίππου; Sud. s.v. ἡμιδαής [4]   1 ἔρ-
χεθ᾽ C: -εσθ᾽ P   2 Χῖον ἓν Brunck: ἐν Χιον P   4 ἡμιδεὲς Ap.B.:
-δαὲς PSud. ἄπεισι Salmasius: ἔνεισι PSud.
    XI P. Firmin-Didot   menda quaedam orthographica non
notantur   titulus ... ειδειδοππου επειγραμματα   suppl. ed.
pr. nisi aliter notatur   3 οὔρεά θ᾽ οἷ᾽ Blass: ουρησοι pap.
5 τεμνειν pap.   6 οτ pap.   ἀπλήτων Gow   7 θεων συν:
θοωσεν pap.   10 τῆσδε pap.
    XII P. Firmin-Didot ἄλλο   vid. ad XI   3 τήνδε Reit-
zenstein: τῆσδε pap.

5 ἔνθα με Καλλικράτης ἱδρύσατο καὶ βασιλίσσης
ἱερὸν Ἀρσινόης Κύπριδος ὠνόμασεν.
ἀλλ' ἐπὶ τὴν Ζεφυρῖτιν ἀκουσομένην Ἀφροδίτην,
Ἑλλήνων ἀγναί, βαίνετε, θυγατέρες,   1625
οἵ θ' ἁλὸς ἐργάται ἄνδρες· ὁ γὰρ ναύαρχος ἔτευξεν
10 τοῦθ' ἱερὸν παντὸς κύματος εὐλίμενον.

XIII

τοῦτο καὶ ἐν πόντῳ καὶ ἐπὶ χθονὶ τῆς Φιλαδέλφου
Κύπριδος ἱλάσκεσθ' ἱερὸν Ἀρσινόης,
ἣν ἀνακοιρανέουσαν ἐπὶ Ζεφυρίτιδος ἀκτῆς   1630
πρῶτος ὁ ναύαρχος θήκατο Καλλικράτης·
5 ἡ δὲ καὶ εὐπλοίην δώσει καὶ χείματι μέσσῳ
τὸ πλατὺ λισσομένοις ἐκλιπανεῖ πέλαγος.

XIV

†καίπερ συνθεσίης† ἔφαγόν ποτε Μηόνιον βοῦν,
πάτρη γὰρ βρώμην οὐκ ἂν ἐπέσχε Θάσος
Θευγένει, ὅσσα φαγὼν ἔτ' ἐπήιτεον· οὕνεκεν οὕτω   1635
χάλκεος ἑστήκω χεῖρα προϊσχόμενος.

XV

ναυτίλοι, ἐγγὺς ἁλὸς τί με θάπτετε; πολλὸν ἄνευθε
χῶσαι ναυηγοῦ τλήμονα τύμβον ἔδει·
φρίσσω κύματος ἦχον, ἐμὸν μόρον. ἀλλὰ καὶ οὕτως   1640
χαίρετε, Νικήτην οἵτινες οἰκτίσατε.

6 ἱερὸν: ειγερον pap.
XIII Athen. 7. 318ᵈ Ποσείδιππος   1 πόντῳ Jacobs: ποταμῷ
Athen.   3 ἅλα vel ἁλὶ κοιρ- Kaibel   Ζεφυρίτιδος Valckenaer:
-ρηίδος Athen.   6 ἐκλιπανεῖ Casaubon: -λιμπάνει Athen.
XIV Athen. 10. 412ᵈ Ποσείδιππος; Eust. 1523. 8 [2]   3 ὅσσα
(= ὅτι τόσσα) Gow: ἄσσα Athen.   οὕνεκεν Casaubon: εἴν- Athen.
XV A.P. 7. 267, Plᴬ [CPl] Ποσειδίππου   3 ἐμὸν CPl: ἐμοὶ P
αὖτως P   4 χαίρετε CPl: χαίν- P   οἰκτίσατε Wilamowitz: οἰκτίρετε
P, οἰκτέρετε Pl

XVI

Φυρόμαχον, τὸν πάντα φαγεῖν βορόν, οἷα κορώνην
παννυχικήν, αὕτη ῥωγὰς ἔχει κάπετος
χλαίνης ἐν τρύχει Πελληνίδος. ἀλλὰ σὺ τούτου
καὶ χρῖε στήλην, Ἀττικέ, καὶ στεφάνου,   1645
5   εἴ ποτέ σοι προκύων συνεκώμασεν, ἦλθε δ' ὁ μαυρά
βλέψας ἐκ πελίων νωδὸς ἐπισκυνίων,
†ὁ τριχιδιφθείρας† μονολήκυθος· ἐκ γὰρ ἀγώνων
τῶν τότε ληναϊκὴν ἦλθ' ὑπὸ Καλλιόπην.

XVII

Δωρίχα, ὀστέα μὲν †σ' ἀπαλὰ κοιμήσατο δεσμῶν†   1650
χαίτης ἥ τε μύρων ἔκπνοος ἀμπεχόνη,
ᾗ ποτε τὸν χαρίεντα περιστέλλουσα Χάραξον
σύγχρους ὀρθρινῶν ἥψαο κισσυβίων·
5   Σαπφῶαι δὲ μένουσι φίλης ἔτι καὶ μενέουσιν
ᾠδῆς αἱ λευκαὶ φθεγγόμεναι σελίδες.   1655
οὔνομα σὸν μακαριστόν, ὃ Ναύκρατις ὧδε φυλάξει
ἔστ' ἂν ἴῃ Νείλου ναῦς ἐφ' ἁλὸς πελάγη.

XVIII

Λύσιππε, πλάστα Σικυώνιε, θαρσαλέη χείρ,
δάιε τεχνίτα, πῦρ τοι ὁ χαλκὸς ὁρῇ
ὃν κατ' Ἀλεξάνδρου μορφᾶς χέες. οὐκέτι μεμπτοί   1660
Πέρσαι· συγγνώμη βουσὶ λέοντα φυγεῖν.

XVI   Athen. 10. 414ᵈ Ποσίδιππος   4 χρῖε στήλην Salmasius:
χρεια ἐστηλην Athen.   5 εἴ ποτέ σοι Salmasius: εἰπόντες οι Athen.
δ' ἀμαυρά Gow   7 ἀτριχοδιφθερίας Madvig
XVII   Athen. 13. 596ᶜ Ποσίδιππος   1 μὲν σὰ πάλαι Casaubon,
tum κόνις ἠδ' ἀπόδεσμος Mackail   8 ἴῃ Dindorf: εἴη Athen.   πελάγη
Meineke: γεγανη Athen.
XVIII   A. Plan. (Plᴬ) 119 Ποσειδίππου; Pap. Freib. 4 (aliquot litt.
vv. 1–4); Himer. or. 48 (14). 14 [1]   1 δαιδαλέη Himer.   fort.
1 θαρσαλέα, 4 συγγνώμα

XIX

— τίς πόθεν ὁ πλάστης; — Σικυώνιος. — οὔνομα δὴ τίς;
— Λύσιππος. — σὺ δὲ τίς; — Καιρὸς ὁ πανδαμάτωρ.
— τίπτε δ' ἐπ' ἄκρα βέβηκας; — ἀεὶ τροχάω. — τί δὲ ταρσούς
   ποσσὶν ἔχεις διφυεῖς; — ἵπταμ' ὑπηνέμιος.   1665
5 — χειρὶ δὲ δεξιτερῇ τί φέρεις ξυρόν; — ἀνδράσι δεῖγμα
   ὡς ἀκμῆς πάσης ὀξύτερος τελέθω.
   ἡ δὲ κόμη τί κατ' ὄψιν; — ὑπαντιάσαντι λαβέσθαι
   νὴ Δία. — τἀξόπιθεν δ' εἰς τί φαλακρὰ πέλει;
   — τὸν γὰρ ἅπαξ πτηνοῖσι παραθρέξαντά με ποσσίν   1670
10 οὔτις ἔθ' ἱμείρων δράξεται ἐξόπιθεν.
   — τοὔνεχ' ὁ τεχνίτης σε διέπλασεν; — εἵνεκεν ὑμέων,
   ξεῖνε, καὶ ἐν προθύροις θῆκε διδασκαλίην.

XX

οὐ ποταμὸς κελάδων ἐπὶ χείλεσιν ἀλλὰ δράκοντος
   εἶχέ ποτ' εὐπώγων τόνδε λίθον κεφαλή   1675
λευκὰ φαληριόωντα· τὸ δὲ γλυφὲν ἅρμα κατ' αὐτοῦ
   τοῦθ' ὑπὸ Λυγκείου βλέμματος ἐγλύφετο·
5 ψεύδεϊ χειρὸς ὅμοιον· ἀποπλασθὲν δ' ἄρ' ὁρᾶται
   γλύμμα, κατὰ πλατέος δ' οὐκ ἂν ἴδοις προβόλου.
   ἦ καὶ θαῦμα πέλει μόχθου μέγα, πῶς ὁ λιθουργός   1680
   τὰς ἀτενιζούσας οὐκ ἐμόγησε κόρας.

XXI

τὸν τριετῆ παίζοντα περὶ φρέαρ Ἀρχιάνακτα
   εἴδωλον μορφᾶς κωφὸν ἐπεσπάσατο,

XIX A. Plan. (Pl^A) 275, Σπ [PlΣπ] Ποσειδίππου   8 δ' εἰς Σπ:
πρὸς Pl   11 τοὔνεχ' Σπ: τοῖον Pl   σε Dorville: με ΣπPl
XX Tzetz. Chil. 7. 660 Ποσειδίππου   5 δ' ἄρ' Page: γὰρ Tzetz.
falso opinor Posidippo adscriptum
XXI A.P. 7. 170^1 [C] Ποσιδίππου, denuoque[2] post 7. 481 [C] Καλλι-
μάχου, Pl^A Ποσειδίππου   1 παρὰ P^1 Ἀρχεάν- P^2   2 μορφῆς P^2

ἐκ δ' ὕδατος τὸν παῖδα διάβροχον ἅρπασε μάτηρ
σκεπτομένα ζωᾶς εἴ τινα μοῖραν ἔχει.   1685
5   Νύμφας δ' οὐκ ἐμίηνεν ὁ νήπιος, ἀλλ' ἐπὶ γούνοις
ματρὸς κοιμαθεὶς τὸν βαθὺν ὕπνον ἔχει.

XXII

ποίην τις βιότοιο τάμοι τρίβον; εἰν ἀγορῇ μέν
νείκεα καὶ χαλεπαὶ πρήξιες, ἐν δὲ δόμοις
φροντίδες, ἐν δ' ἀγροῖς καμάτων ἅλις, ἐν δὲ θαλάσσῃ   1690
τάρβος, ἐπὶ ξείνης δ' ἢν μὲν ἔχῃς τι, δέος,
5   ἢν δ' ἀπορῇς, ἀνιηρόν. ἔχεις γάμον; οὐκ ἀμέριμνος
ἔσσεαι· οὐ γαμέεις; ζήσει ἐρημότερος.
τέκνα πόνοι, πήρωσις ἄπαις βίος. αἱ νεότητες
ἄφρονες, αἱ πολιαὶ δ' ἔμπαλιν ἀδρανέες.   1695
ἢν ἄρα τοῖν δοιοῖν ἑνὸς αἵρεσις, ἢ τὸ γενέσθαι
10   μηδέποτ' ἢ τὸ θανεῖν αὐτίκα τικτόμενον.

XXIII [Asclep. XXXIV G.-P.]

αὐτοὶ τὴν ἁπαλὴν Εἰρήνιον εἶδον Ἔρωτες
Κύπριδος ἐκ χρυσέων ἐρχόμενοι θαλάμων,
ἐκ τριχὸς ἄχρι ποδῶν ἱερὸν θάλος οἷά τε λύγδου   1700
γλυπτήν, παρθενίων βριθομένην χαρίτων·
5   καὶ πολλοὺς τότε χερσὶν ἐπ' ἠιθέοισιν ὀιστούς
τόξου πορφυρέης ἧκαν ἀφ' ἁρπεδόνης.

3 ἅρπασε P¹ : ἦρ- P²Pl   4 σκεπτομένη ζωῆς P²   5 ἐμίηνεν
C¹·²Pl : μίηνεν? P¹, ἐμίκηνεν P² ; ἐμίανεν Blomfield   γούνων P²Pl|pc
6 κοιμανθεὶς τὸν μακρὸν P¹
    XXII A.P. 9. 359 [C] Ποσειδίππου, οἱ δὲ Πλάτωνος τοῦ κωμικοῦ, Pl^A
Ποσειδίππου, οἱ δὲ Κράτητος τοῦ κυνικοῦ; Stob. 4. 34. 57 Ποσιδίππου
4 ἔχεις P   6 ζήσῃ Stob.: ζῇς ἔτ' PPl   9 δυοῖν P   τῶν πάντων
τόδε λώιον ἠὲ γενέσθαι Stob.   10 μήποτε ἢ τὸ θανέειν P et omisso
τὸ Stob.
    XXIII A.P. 5. 194, Fl^A [PPl] Ποσειδίππου ἢ Ἀσκληπιάδου; Sud. s.vv.
λύγδινα [3–4], ἁρπεδόνες [5–6]   2 ἐρχομένην Jacobs   4 χαρίτων
PSud.: θαλάμων Pl   5 πολλοὺς CPlSud.: πολλαῖς ?P^ac

XXIV [Asclep. XXXV G.–P.]

πορφυρέην μάστιγα καὶ ἡνία σιγαλόεντα
Πλαγγὼν εὐίππων θῆκεν ἐπὶ προθύρων,   1705
νικήσασα κέλητι Φιλαινίδα τὴν πολύχαρμον
ἑσπερινῶν πώλων ἄρτι φρυασσομένων.
5 Κύπρι φίλη, σὺ δὲ τῇδε πόροις νημερτέα νίκης
δόξαν, ἀείμνηστον τήνδε τιθεῖσα χάριν.

XXV [Asclep. XXXVI G.–P.]

σήν, Παφίη Κυθέρεια, παρ' ἠιόν' εἶδε Κλέανδρος   1710
Νικοῦν ἐν χαροποῖς κύμασι νηχομένην,
καιόμενος δ' ὑπ' ἔρωτος ἐνὶ φρεσὶν ἄνθρακας ὡνήρ
ξηροὺς ἐκ νοτερῆς παιδὸς ἐπεσπάσατο.
5 χὠ μὲν ἐναυάγει γαίης ἔπι, τὴν δὲ θαλάσσης
ψαύουσαν πρηεῖς εἴχοσαν αἰγιαλοί.   1715
νῦν δ' ἴσος ἀμφοτέροις φιλίης πόθος, οὐκ ἀτελεῖς γάρ
εὐχαὶ τὰς κείνης εὔξατ' ἐπ' ἠιόνος.

XXVI [Asclep. XXXVII G.–P.]

οὔ μοι θῆλυς ἔρως ἐγκάρδιος, ἀλλά με πυρσοί
ἄρσενες ἀσβέστῳ θῆκαν ὑπ' ἀνθρακιῇ.
πλειότερον τόδε θάλπος· ὅσον δυνατώτερος ἄρσην   1720
θηλυτέρης, τόσσον χὠ πόθος ὀξύτερος.

XXIV A.P. 5. 202 (caret Pl) Ἀσκληπιάδου ἢ Ποσειδίππου
2 Πλαγγὼ C   6 τήνδε τιθεῖσα Emperius: τήνδ' ἐπιθ- P
XXV A.P. 5. 209 Ποσειδίππου ἢ Ἀσκληπιάδου, Plᴬ Ποσειδίππου
1 σὴν Jacobs: ἐν PPl   παρ' ἠιόν' εἶδε Jacobs: παρ' ἠιόνι δὲ P, παρήιον
εἶδε Pl   2 Νικοῦν Jacobs: -οῦς PPl   νηχομένης Pl   3 καιόμενος
Schneider: -νους PPl   ἀνὴρ Pl   6 ἔσχοσαν Gow   7 ἀτελεῖς
CPl: -λεὶ P   8 εὐναὶ τὰς Page
XXVI A.P. 12. 17 (caret Pl) ἄδηλον; App.B.-V. Ἀσκληπιάδου ἢ
Ποσειδίππου   2 ἄρσενες apogr.: -νος PApp.   3 δυνατώτερον
App.   4 τόσσον apogr.: τόσσωι PApp.   χὠ App.: χό P

XXVII [Asclep. XXXVIII G.–P.]

εἰ καθύπερθε λάβοις χρύσεα πτερά, καί σευ ἀπ' ὤμων
τείνοιτ' ἀργυρέων ἰοδόκος φαρέτρη,
καὶ σταίης παρ' Ἔρωτα φιλάγλαον, οὐ μὰ τὸν Ἑρμῆν
οὐδ' αὐτὴ Κύπρις γνώσεται ὃν τέτοκε.   1725

XXVIII [Asclep. XXXIX G.–P.]

Κύπριδος ἅδ' εἰκών· φέρ' ἰδώμεθα μὴ Βερενίκας·   1726
διστάζω ποτέρᾳ φῇ τις ὁμοιοτέραν.

XXIX [XXXIV G.–P.]

] Μοῦσαι φίλαι ἐστὶ τὸ γράμμα
τ]ῶν ἐπέων σοφίη
]ν ἄνδρα καί ἐστί [μ]οι ὥσπερ ἀδε[λ]φός   1730
]ν κάλ' ἐπισταμέν[ω]ν.

THEAETETUS

I

— ὄλβια τέκνα γένοισθε. τίνες γένος ἐστέ; τί δ' ὑμῖν
ὧδε καλοῖς χαρίεν κείμενόν ἐστ' ὄνομα;
Ν. Νικάνωρ ἐγώ εἰμι, πατὴρ δέ μοι Εὐπτοίητος,
μήτηρ δ' Ἡγησώ, κεῖμι γένος Μακεδών.   1735
5   Φ. καὶ μὲν ἐγὼ Φίλα εἰμὶ καὶ ἔστι μοι οὗτος ἀδελφός,
ἐκ δ' εὐχῆς τοκέων ἔσταμες ἀμφότεροι.

XXVII   A.P. 12. 77 (caret Pl), App.B.–V. [PApp.] Ἀσκληπιάδου ἢ
Ποσειδίππου; ΒΚΤ 5. 1. 75
XXVIII   A. Plan. (Plᴬ) 68 Ἀσκληπιάδου, οἱ δὲ Ποσειδίππου
2 ποτέρᾳ Brunck : -ραν Pl
XXIX   P. Tebt. 3 ?Ποσειδι]ππου

ΤΗΕΑΕΤΕΤUS I   A.P. 6. 357 (caret Pl) Θεαιτήτου   1 τίνες Gow:
τίνος P   3 δέ μοι Εὐπτοίητος Ap.B.: δὲ πτοίητος ἐμοὶ αἱ πιόρητος P
6 τοκέων apogr.: τεκ- P

II

ἥνδανεν ἀνθρώποις, ὁ δ' ἐπὶ πλέον ἥνδανε Μούσαις
Κράντωρ, καὶ γήρως ἤλυθεν οὔτι πρόσω.
Γῆ, σὺ δὲ τεθνειῶτα τὸν ἱερὸν ἄνδρ' ὑπεδέξω· 1740
ἦ ῥ' ὅγε καὶ κεῖθι ζώει ἐν εὐθενίῃ.

III

τὰν γνώμαν ἐδόκει Φιλέας οὐ δεύτερος ἄλλου
εἶμεν· ὁ δὲ φθονερὸς κλαιέτω ἔσκε θάνῃ.
ἀλλ' ἔμπας δόξας κενεὰ χάρις, εἰν Ἀΐδᾳ γάρ
Μίνω Θερσίτας οὐδὲν ἀτιμότερος. 1745

IV

ναυτίλοι ὦ πλώοντες, ὁ Κυρηναῖος Ἀρίστων 1746
πάντας ὑπὲρ ξενίου λίσσεται ὔμμε Διός
εἰπεῖν πατρὶ Μένωνι παρ' Ἰκαρίαις ὅτι πέτραις
κεῖται ἐν Αἰγαίῳ θυμὸν ἀφεὶς πελάγει.

V

χείματος οἰνωθέντα τὸν Ἀνταγόρεω μέγαν οἶκον 1750
ἐκ νυκτῶν ἔλαθεν πῦρ ὑπονειμάμενον,
ὀγδώκοντα δ' ἀριθμὸν ἐλεύθεροι ἄμμιγα δούλοις
τῆς ἐχθρῆς ταύτης πυρκαϊῆς ἔτυχον.
5   οὐδ' εἶχον διελεῖν προσκηδέες ὀστέα χωρίς,
ξυνὴ δ' ἦν κάλπις, ξυνὰ δὲ τὰ κτέρεα, 1755

II Diog. Laert. 4. 25 Θεαίτητος   3 ὑπεδέξω Casaubon : ὑποδέξῃ
Diog. codd. BP, προσδ- cod. F   4 κεῖθι ζώει Hermann : ζώει κεῖθι
codd. BF, ζὼν κεῖθι cod. P   εὐθενίῃ Cobet : -θυμίῃ codd.
III A.P. 7. 727 (caret Pl) [C] Θεαιτήτου; Sud. s.v. ἀτιμότερον [3
εἰν—4]   1 δεύτερος ἄλλου C : δεύτερον ἄλλον P   4 Θερσίτας P :
-της CSud.   ἀτιμότερος CSud. : -ον P
IV A.P. 7. 499, Pl^A [CPl] Θεαιτήτου   3 Μέωνι P
V A.P. 7. 444, Pl^A [CPl] Θεαιτήτου   3 ἄμιγγα P   5 οὐδ'
Pl : οὐκ P

THEAETETUS

εἷς καὶ τύμβος ἀνέστη· ἀτὰρ τὸν ἕκαστον ἐκείνων
οἶδε καὶ ἐν τέφρῃ ῥηιδίως Ἀίδης.

VI

Πυθαγόρην τινά, Πυθαγόρην, ὦ ξεῖνε, κομήτην
ᾀδόμενον πύκτην εἰ κατέχεις Σάμιον,
Πυθαγόρης ἐγώ εἰμι· τὰ δ' ἔργα μου εἴ τιν' ἔροιο   1760
Ἠλείων, φήσεις αὐτὸν ἄπιστα λέγειν.

THEOCRITUS

I (8*)

ἦλθε καὶ ἐς Μίλητον ὁ τοῦ Παιήονος υἱός
ἰητῆρι νόσων ἀνδρὶ συνοισόμενος
Νικίᾳ, ὅς μιν ἐπ' ἦμαρ ἀεὶ θυέεσσιν ἱκνεῖται
καὶ τόδ' ἀπ' εὐώδους γλύψατ' ἄγαλμα κέδρου,   1765
5   Ἠετίωνι χάριν γλαφυρᾶς χερὸς ἄκρον ὑποστάς
μισθόν· ὁ δ' εἰς ἔργον πᾶσαν ἐφῆκε τέχνην.

II (13)

ἁ Κύπρις οὐ πάνδαμος. ἱλάσκεο τὰν θεὸν εἰπών
οὐρανίαν, ἁγνᾶς ἄνθεμα Χρυσογόνας

* = ordo editionis Govianae

---

7 τιν' ἔκ. Gow
    VI Diog. Laert. 8. 48 Θεαίτητος

THEOCRITUS [Buc. = codd. bucolicorum KC*DIunt.Cal.] I A.P. 6.
337 (caret Pl) τοῦ αὐτοῦ [sc. Θεοκρ.]; Buc.   1 Μίλατον ὁ τῶι P
2 νόσων CBuc.: νοῦσον P   3 ὅς Buc.: ὅσα P   ἆμαρ P   6 τέχναν P
    II A.P. 6. 340 [1-2] τοῦ αὐτοῦ [sc. Θεοκρ.]+9. 433 (= XXI) cui
vv. 3-6 coniuncti sunt, Plᴬ Θεοκρίτου; Buc.   1 ἡ... πάνδημος
ἱλάσκετο τὴν Buc.   2 οὐρανίην Buc.   ἄνθεα K

οἴκῳ ἐν Ἀμφικλέους, ᾧ καὶ τέκνα καὶ βίον εἶχε   1770
ξυνόν· ἀεὶ δέ σφιν λώιον εἰς ἔτος ἦν
5   ἐκ σέθεν ἀρχομένοις, ὦ πότνια· κηδόμενοι γάρ
ἀθανάτων αὐτοὶ πλεῖον ἔχουσι βροτοί.

III (10)

ὑμῖν τοῦτο, θεαί, κεχαρισμένον ἐννέα πάσαις
τὥγαλμα Ξενοκλῆς θῆκε τὸ μαρμάρινον,   1775
μουσικός· οὐχ ἑτέρως τις ἐρεῖ. σοφίῃ δ' ἐπὶ τῇδε
αἶνον ἔχων Μουσέων οὐκ ἐπιλανθάνεται.

IV (12)

Δαμομένης ὁ χοραγός, ὁ τὸν τρίποδ', ὦ Διόνυσε,
καὶ σέ, τὸν ἅδιστον θεῶν μακάρων, ἀναθείς,
μέτριος ἦν ἐν πᾶσι, χορῷ δ' ἐκτάσατο νίκαν   1780
ἀνδρῶν, καὶ τὸ καλὸν καὶ τὸ προσῆκον ὁρῶν.

V (1)

τὰ ῥόδα τὰ δροσόεντα καὶ ἁ κατάπυκνος ἐκείνα
ἕρπυλλος κεῖται ταῖς Ἑλικωνιάσιν·
ταὶ δὲ μελάμφυλλοι δάφναι τίν, Πύθιε Παιάν,
Δελφὶς ἐπεὶ πέτρα τοῦτό τοι ἀγλάισε·   1785
5   βωμὸν δ' αἱμάξει κεραὸς τράγος οὗτος ὁ μαλός
τερμίνθου τρώγων ἔσχατον ἀκρεμόνα.

3 Ἀμφιλέους P   ἔσχε PPl
   III A.P. 6. 338 (caret Pl) [PC] τοῦ αὐτοῦ [C] Θεοκρίτου; Buc.
1 ἐννέα Buc.: ἄνθετο P   2 θῆκε Buc.: τοῦτο P   3 σοφίαι . . .
τᾶιδε P   4 Μουσάων Buc.
   IV A.P. 6. 339 (caret Pl) τοῦ αὐτοῦ [sc. Θεοκρ.]; Buc.   1 Δαμο-
μέλης Cal., -τέλης Iunt., -γένης C*, Δημομέλης D², -μέδων P in lemmate
χοραγός C: -ηγός PBuc.   2 ἅδιστον P: ἥδ- CBuc.   3 ἐκτάσατο
Gallavotti: ἐκτήσα- PBuc.   νίκην PIunt.Cal.
   V A.P. 6. 336 (caret Pl) Θεοκρίτου; Buc.   1 ἥ Buc.   2 κῆται
P   4 ἐπεὶ Iunt.Cal.: ἐπὶ rell.   πέτραι C, -ρωι ?P   οἱ K   5 ὁ
μανός KD   describitur pictura ut vid.

VI (2)

Δάφνις ὁ λευκόχρως, ὁ καλᾷ σύριγγι μελίσδων
βουκολικοὺς ὕμνους, ἄνθετο Πανὶ τάδε,
τοὺς τρητοὺς δόνακας, τὸ λαγωβόλον, ὀξὺν ἄκοντα,   1790
νεβρίδα, τὰν πήραν ᾇ ποκ᾽ ἐμαλοφόρει.

VII (15)

γνώσομαι εἴ τι νέμεις ἀγαθοῖς πλέον ἢ καὶ ὁ δειλός
ἐκ σέθεν ὡσαύτως ἴσον, ὁδοιπόρ᾽, ἔχει.
"χαιρέτω οὗτος ὁ τύμβος," ἐρεῖς, "ἐπεὶ Εὐρυμέδοντος
κεῖται τῆς ἱερῆς κοῦφος ὑπὲρ κεφαλῆς."   1795

VIII (7)

νήπιον υἱὸν ἔλειπες, ἐν ἁλικίᾳ δὲ καὶ αὐτός,   1796
Εὐρύμεδον, τύμβου τοῦδε θανὼν ἔτυχες.
σοὶ μὲν ἕδρα θείοισι μετ᾽ ἀνδράσι· τὸν δὲ πολῖται
τιμασεῦντι πατρὸς μνώμενοι ὡς ἀγαθοῦ.

IX (16)

ἡ παῖς ᾤχετ᾽ ἄωρος ἐν ἑβδόμῳ ἥδ᾽ ἐνιαυτῷ   1800
εἰς Ἀίδην πολλῆς ἡλικίης προτέρη,
δειλαίη, ποθέουσα τὸν εἰκοσάμηνον ἀδελφόν
νήπιον ἀστόργου γευσάμενον θανάτου.

VI A.P. 6. 177 (caret Pl) s.a.n.; Buc.; Sud. s.v. λευκόχρως [1]
1 καλῆι PSud.   4 τὴν Buc.   ποτ᾽ P
VII A.P. 7. 658 (caret Pl) [C] Θεοκρίτου, οἱ δὲ Λεωνίδα Ταραντίνου.
vv. 1-2 cum 7. 657 (= Leonidas XIX), 3-4 cum epigr. sequente
cohaerent; Buc.   1 νέμοις PKD¹   2 ἔχεις Buc.
VIII A.P. 7. 659, cum VII 3-4 cohaerens, (caret Pl) s.a.n.; Buc.
1 ἡλικίη P   2 Εὐρύμελον KD   3 ἕδρη ... παρ᾽ P   4 τιμησεῦντι P
ἀγαθός Pac
IX A.P. 7. 662, Plᴬ (vv. 5-6 tamquam alterum epigr.) [CPl] Λεω-
νίδου; Buc. (om. Iunt.Cal.)   2 πολιῆς Pl; πολλῷ γ᾽ Meineke
3 ποθέοισα Buc.

5   αἰαῖ ἐλεινὰ παθοῦσα Περιστερή, ὡς ἐν ἑτοίμῳ
        ἀνθρώποις δαίμων θῆκε τὰ λυγρότατα.   1805

X (11)

     Εὐσθένεος τὸ μνῆμα· φυσιγνώμων ὁ σοφιστής,
        δεινὸς ἀπ' ὀφθαλμοῦ καὶ τὸ νόημα μαθεῖν.
        εὖ μιν ἔθαψαν ἑταῖροι ἐπὶ ξείνης ξένον ὄντα
        χὐμνοθέτης αὐτοῖς δαιμονίως φίλος ἦν.
5   πάντων ὧν ἐπέοικε λάχεν τεθνεὼς ὁ σοφιστής·   1810
        καίπερ ἄκικυς ἐὼν εἶχ' ἄρα κηδεμόνας.

XI (20)

     ὁ μικκὸς τόδ' ἔτευξε τᾷ Θραΐσσᾳ
     Μήδειος τὸ μνᾶμ' ἐπὶ τᾷ ὁδῷ κἠπέγραψε Κλείτας.
     ἕξει τὰν χάριν ἁ γυνὰ ἀντὶ τήνων
     ὧν τὸν κῶρον ἔθρεψε· τί μάν; ἔτι χρησίμα καλεῖται.   1815

XII (9)

     ξεῖνε, Συρακόσιός τοι ἀνὴρ τόδ' ἐφίεται Ὄρθων·   1816
     χειμερίας μεθύων μηδαμὰ νυκτὸς ἴοις.
     καὶ γὰρ ἐγὼ τοιοῦτον ἔχω πότμον, ἀντὶ δὲ †πολλᾶς†
     πατρίδος ὀθνείαν κεῖμαι ἐφεσσάμενος.

5 ἐλεινὰ Ahrens : ἐλεεινὰ Buc., λυγρὰ PPl   παθοῖσα Buc.   6 δεινό-
τατα PPl

X   A.P. 7. 661 (caret Pl) [C] τοῦ αὐτοῦ Λεωνίδου ; Buc.   3 ἔγραψαν
KC*   4 χὐμνοθέτης Iunt.Cal. : -ταις P, χὠμνοθέτης rell.   αὐτῆς
KC*   δαιμονίως C*D² in ras. : -ίοις P, ἀλίμως ὡς K   ὧν P   5 ἐπ-
έοικε λάχεν Legrand : ἐπέοικεν ἔχει codd.   Theocrito abiudicandum

XI   A.P. 7. 663 (caret Pl) [C] τοῦ αὐτοῦ Λεωνίδου ; Buc.   2 Μή-
δειος Buc.   κἠπέγραψε Buc.   3 τὴν χάριν ἡ γυνὴ Buc.   ἀντεκείνων P
4 κοῦρον Buc.   μήν . . . χρησίμη Buc.   τελευτᾶι P

XII   A.P. 7. 660 (caret Pl) [C] Λεωνίδου Ταραντίνου ; Buc.   1 τοι
P : τις Buc.   2 χειμερίης Buc.   3 μόρον . . . πολλῆς P ; fort.
ἀντὶ δέ που γᾶς   4 ὀθνείην, -ων Buc.

THEOCRITUS

XIII (19)

ὁ μουσοποιὸς ἐνθάδ' Ἱππῶναξ κεῖται.   1820
εἰ μὲν πονηρός, μὴ προσέρχευ τῷ τύμβῳ·
εἰ δ' ἐσσὶ κρήγυός τε καὶ παρὰ χρηστῶν,
θαρσέων καθίζευ, κἢν θέλῃς ἀπόβριξον.

XIV (21)

Ἀρχίλοχον καὶ στᾶθι καὶ εἴσιδε τὸν πάλαι ποιητάν
τὸν τῶν ἰάμβων, οὗ τὸ μυρίον κλέος   1825
διῆλθε κἠπὶ νύκτα καὶ ποτ' ἀῶ.
ἦ ῥά νιν αἱ Μοῖσαι καὶ ὁ Δάλιος ἠγάπευν Ἀπόλλων,
5   ὡς ἐμμελής τ' ἐγένετο κἠπιδέξιος
ἔπεά τε ποιεῖν πρὸς λύραν τ' ἀείδειν.

XV (17)

θᾶσαι τὸν ἀνδριάντα τοῦτον, ὦ ξένε,   1830
σπουδᾷ, καὶ λέγ' ἐπὴν ἐς οἶκον ἔνθῃς·
"Ἀνακρέοντος εἰκόν' εἶδον ἐν Τέῳ
τῶν πρόσθ' εἴ τι περισσὸν ᾠδοποιῶν."
5   προσθεὶς δὲ χὤτι τοῖς νέοισιν ἄδετο
ἐρεῖς ἀτρεκέως ὅλον τὸν ἄνδρα.   1835

XVI (22)

τὸν τοῦ Ζανὸς ὅδ' ὑμὶν υἱὸν ὠνήρ
τὸν λεοντομάχαν, τὸν ὀξύχειρα,

XIII   A.P. 13. 3, Plᴮ [PPl] Θεοκρίτου; Buc. (om. Cal.)   2 μὴ
προσέρχευ Ahrens: -χου Buc., μήποτ' ἔρχευ PPl   3 χρηστῶ PPlC*
4 καθίζου ἦν Buc.
    XIV   A.P. 7. 664 (caret Pl) s.a.n.; Buc.   3 πρὸς Buc.   4 ῥά
νιν Ahrens: ῥάννιν P, ῥά μιν Buc.   Μοῦσαι PIunt.Cal.   λάλιος vel λάιος
Buc.   5 κἀπιδέξ- Buc.
    XV   A.P. 9. 599 (caret Pl) τοῦ αὐτοῦ [sc. Θεοκρ.]; Buc.   2 σπου-
δαῖε Buc.   ἐπὴν D²: ἐπὰν rell.   4 προσθέντι P   ᾠδοποίου P
5 χὤτι καὶ τοῖς . . . ἤδετο P
    XVI   A.P. 9. 598 (caret Pl) Θεοκρίτου; Buc.   1 τῶι Ζηνὸς P
ἡμῖν . . . ἀνήρ Buc.   2 λειοντ- Iunt.Cal.

130

πρᾶτος τῶν ἐπάνωθε μουσοποιῶν
Πείσανδρος συνέγραψεν οὐκ Καμίρου
χώσσους ἐξεπόνασεν εἶπ' ἀέθλους.   1840
τοῦτον δ' αὐτὸν ὁ δᾶμος, ὡς σάφ' εἰδῇς,
ἔστασ' ἐνθάδε χάλκεον ποήσας
πολλοῖς μησὶν ὄπισθε κἠνιαυτοῖς.

5

XVII (18)

ἅ τε φωνὰ Δώριος χὠνὴρ ὁ τὰν κωμῳδίαν
εὑρὼν Ἐπίχαρμος.   1845
ὦ Βάκχε, χάλκεόν νιν ἀντ' ἀλαθινοῦ
τὶν ὧδ' ἀνέθηκαν
τοὶ Συρακούσσαις ἐνίδρυνται, πελωρίστᾳ πόλει,
οἵ' ἄνδρα πολίταν.
σωρὸν γὰρ εἶχε ῥημάτων, †μεμναμένους   1850
τελεῖν ἐπίχειρα·
πολλὰ γὰρ ποττὰν ζόαν τοῖς παισὶν εἶπε χρήσιμα.
μεγάλα χάρις αὐτῷ.

5

10

XVIII (14)

ἀστοῖς καὶ ξείνοισιν ἴσον νέμει ἥδε τράπεζα·
θεὶς ἀνελεῦ ψήφου πρὸς λόγον ἑλκομένης.   1855
ἄλλος τις πρόφασιν λεγέτω· τὰ δ' ὀθνεῖα Κάικος
χρήματα καὶ νυκτὸς βουλομένοις ἀριθμεῖ.

3 τὰν ἔτ' ἄνωθεν P   4 οὐκ Ahrens: ὥκ vel ὤ codd.   5 χόσσους
P, χώσσους Buc.   7 ποιήσας Buc.   8 μασὶν CD¹Iunt.Cal.
    XVII A.P. 9. 600 (caret Pl) τοῦ αὐτοῦ [sc. Θεοκρ.] ; Buc.   5 οἱ P
πελωρὶς τῇ Buc.   6 οἵ' Buc.: ὅσσ' P ἄνδρα πολίταν Wordsworth:
ἀνδρὶ πολίται codd.   7 σωρὸν γὰρ εἶχε Buc.: σωρὸν εἶχε P ; σοφῶν
ἔοικε Kaibel χρημάτων Buc. μεμναμένοις edd. vett. fort. lacuna vv.
duorum inter ῥημ. et μεμν.   9 ζωὰν . . . πᾶσιν P   10 μεγάλη Buc.
    XVIII A.P. 9. 435 τοῦ αὐτοῦ [sc. Θεοκρ.], Plᴬ Λεωνίδου ; Buc. (om.
Iunt.Cal.)   1 ἅδε P   2 ἀνελοῦ Buc. ἑλκομένης K²C*D:
ἐρχο- PlK¹, ἀρχο- P   describitur tabella, aedibus praefixa, in qua
merita sua proclamat trapezita

XIX (3)

εὕδεις φυλλοστρῶτι πέδῳ, Δάφνι, σῶμα κεκμακός
ἀμπαύων, στάλικες δ' ἀρτιπαγεῖς ἀν' ὄρη·
ἀγρεύει δέ τυ Πὰν καὶ ὁ τὸν κροκόεντα Πρίηπος   1860
κισσὸν ἐφ' ἱμερτῷ κρατὶ καθαπτόμενος,
5   ἄντρον ἔσω στείχοντες ὁμόρροθοι. ἀλλὰ τὺ φεῦγε,
φεῦγε μεθεὶς ὕπνου κῶμα †καταγρόμενον.†

XX (4)

τήναν τὰν λαύραν, τόθι ταὶ δρύες, αἰπόλε, κάμψας,
σύκινον εὑρήσεις ἀρτιγλυφὲς ξόανον   1865
ἀσκελὲς αὐτόφλοιον ἀνούατον, ἀλλὰ φάλητι
παιδογόνῳ δυνατὸν Κύπριδος ἔργα τελεῖν.
5   σακὸς δ' εὐίερος περιδέδρομεν, ἀέναον δέ
ῥεῖθρον ἀπὸ σπιλάδων πάντοσε τηλεθάει
δάφναις καὶ μύρτοισι καὶ εὐώδει κυπαρίσσῳ,   1870
ἔνθα πέριξ κέχυται βοτρυόπαις ἕλικι
ἄμπελος, εἰαρινοὶ δὲ λιγυφθόγγοισιν ἀοιδαῖς
10 κόσσυφοι ἀχεῦσιν ποικιλότραυλα μέλη,
ξουθαὶ δ' ἀδονίδες μινυρίσμασιν ἀνταχεῦσι
μέλπουσαι στόμασιν τὰν μελίγαρυν ὄπα.   1875
ἕζεο δὴ τηνεῖ καὶ τῷ χαρίεντι Πριάπῳ
εὔχε' ἀποστέρξαι τοὺς Δάφνιδός με πόθους,

XIX   A.P. 9. 338 (caret Pl) [C] Θεοκρίτου Συρακοσίου; Buc.   1 κε-
κμακός Cal.: -ηκός Iunt., -ακώς rell.   2 ἀμπαύου C, -αύω P   ἀρτι-
παγὴς P   3 δέ τυ Buc.: δ' ὅ τε P   Πρίαπος D   5 ἄντρου PD
6 καταγρώμενον K, καταγόμενον P
XX   A.P. 9. 437 [1–6] (caret Pl) [J] τοῦ αὐτοῦ [sc. Θεοκρ.] et post
9. 432 [7–18] [J] τοῦ αὐτοῦ [sc. Θεοκρ.], Plᴮ [7–12] s.a.n.; Buc.   1 τόθι
ταὶ P: τᾶς (vel τῶς) αἱ Buc.; ὅθι Meineke   3 ἀσκελὲς Jahn: τρισκ-
codd.   5 σακὸς KDCal.: κᾶπος C*Iunt.Cal. v.l., ἔρκος P   δ' εὖθ'
ἱερὸν P, δὲ σκιερὸς Iunt.   11 δ' om. Buc.   ἀδονίδες Meineke: ἀηδ-
codd.   ἀνταχεῦσι Scaliger: ἀντιαχ- codd.   12 μέλπουσι P   -γηρυν
PIunt.Cal.   13 Πριήπῳ Iunt.Cal.   14 εὔχου ἀποστρέψαι P

THEOCRITUS

15 κεύθὺς ἐπιρρέξειν χίμαρον καλόν. ἦν δ' ἀνανεύσῃ,
τοῦδε τυχὼν ἐθέλω τρισσὰ θύη τελέσαι·
ῥέξω γὰρ δαμάλαν, λάσιον τράγον, ἄνα τὸν ἴσχω   1880
σακίταν. αἴοι δ' εὐμενέως ὁ θεός.

XXI (5)

λῇς ποτὶ τᾶν Νυμφᾶν διδύμοις αὐλοῖσιν ἀεῖσαι
ἁδύ τί μοι; κἠγὼ πακτίδ' ἀειράμενος
ἀρξεῦμαί τι κρέκειν, ὁ δὲ βουκόλος ἄμμιγα θέλξει
Δάφνις κηροδέτῳ πνεύματι μελπόμενος.   1885
5 ἐγγὺς δὲ στάντες λασίας δρυὸς ἄντρου ὄπισθεν
Πᾶνα τὸν αἰγιβάταν ὀρφανίσωμες ὕπνου.

XXII (6)

ἆ δείλαιε τὺ Θύρσι, τί τὸ πλέον εἰ καταταξεῖς
δάκρυσι διγλήνους ὦπας ὀδυρόμενος;
οἴχεται ἁ χίμαρος, τὸ καλὸν τέκος, οἴχετ' ἐς Ἅιδαν,   1890
τραχὺς γὰρ χαλαῖς ἀμφεπίαξε λύκος.
5 αἱ δὲ κύνες κλαγγεῦντι· τί τὸ πλέον, ἁνίκα τήνας
ὀστίον οὐδὲ τέφρα λείπεται οἰχομένας;

XXIII (23)

αὐδήσει τὸ γράμμα τί σᾶμά τε καὶ τίς ὑπ' αὐτῷ·
Γλαύκης εἰμὶ τάφος τῆς ὀνομαζομένης.   1895

15 ἀπορρέξαι ... καλάν P   ἀνανεύοι P   18 νεύοι P
XXI A.P. 9. 433 (caret Pl) [C] Θεοκρίτου; Buc.   1 Μοισᾶν P
2 κἠγὼν, κἀγὼ(ν) Buc.   ἀειρόμ- P   3 ταξεῦμαι P   βωκόλος Psscr
ἐγγύθεν ἀισεῖ P   5 λασιάυχενες (-νος J) ἐγγύθεν ἄντρου P
XXII A.P. 9. 432 (caret Pl) [C] Θεοκρίτου; Buc.   1 ὦ δειλὲ
D, δειλὲ post spatium K   τί τοι P   2 διγλήνως P   4 χαλᾶς
Buc.   ἀμφὶ πίαξε P   5 καλεῦντι τί τοι P   6 λείπετ' ἀποιχ- P
XXIII A.P. 7. 262 (carent Pl Buc.) [C] Θεοκρίτου βουκολικοῦ
1 αὐδήσει C: -σες P   σῆμά Hiller   αὐτῷ C: -τῶν P

133

EUPHORION

I [II ii 70D.]

πρώτας ὁππότ' ἔπεξε καλὰς Εὔδοξος ἐθείρας,   1896
  Φοίβῳ παιδείην ὤπασεν ἀγλαΐην·
ἀντὶ δέ οἱ πλοκαμῖδος, Ἐκηβόλε, κάλλος ἐπείη
  ὡχαρνῆθεν ἀεὶ κισσὸς ἀεξόμενος.

II [II ii 70D.]

οὐχ ὁ τρηχὺς ἔλαιος ἐπ' ὀστέα κεῖνα καλύπτει,   1900
  οὐδ' ἡ κυάνεον γράμμα λαχοῦσα πέτρη,
ἀλλὰ τὰ μὲν Δολίχης τε καὶ αἰπεινῆς Δρακάνοιο
  Ἰκάριον ῥήσσει κῦμα περὶ κροκάλαις·
5 ἀντὶ δ' ἐγὼ ξενίης Πολυμήδεος ἡ κενεὴ χθών
  ὡγκώθην Δρυόπων διψάσιν ἐν βοτάναις.   1905

HEGESIPPUS

I

ἀσπὶς ἀπὸ βροτέων ὤμων Τιμάνορος ἧμαι   1906
  ναῷ ὑπωροφία Παλλάδος ἀλκιμάχας,
πολλὰ σιδαρείου κεκονιμένα ἐκ πολέμοιο,
  τόν με φέροντ' αἰεὶ ῥυομένα θανάτου.

EUPHORION I   A.P. 6. 279 (caret Pl) Εὐφορίωνος; Sud. s.vv. ἔθειραι [1], πλοκαμίς [3]   1 ἔπλεξε P   3 οἱ P: τοι C, σοι Sud.   4 ἀεξ- C: δεξ- P

II   A.P. 7. 651 (caret Pl) [J] Εὐφορίωνος   1 ἔλαιος Meineke: σελι θαῖος P; οὐ Τρηχὶς σε λίθειος Graefe   2 λαχοῦσα Hecker: λαβοῦσα P
5 κενεὴ Reiske: κεινὴ P

HEGESIPPUS I   A.P. 6. 124, Pl^A [PPl] Ἡγησίππου; Sud. s.vv. Τιμάνορος [1], ἄημαι [1-2], ἀλκιμάχη [2], κεκονιμένος [3]   1 Τιμάνωρος PSud. ἧμαι Pl: ἄημαι PSud.   2 ὑπωροφία Brodaeus: -ίας Pl, ὑπορροφίας PSud.   3 ἀλλὰ σιδ. Sud.   κεκονημένα P   4 τὸν δὲ Brunck ῥυσαμένα Hecker

II

δέξαι μ', Ἡράκλεις, Ἀρχεστράτου ἱερὸν ὅπλον   1910
ὄφρα ποτὶ ξεστὰν παστάδα κεκλιμένα
γηραλέα τελέθοιμι χορῶν ἀίουσα καὶ ὕμνων.
ἀρκείτω στυγερὰ δῆρις Ἐνναλίου.

III

τάνδε παρὰ τριόδοις τὰν Ἄρτεμιν Ἀγελόχεια
ἔτ' ἐν πατρὸς μένουσα παρθένος δόμοις   1915
ἕσσατο Δαμαρέτου θυγάτηρ· ἐφάνη γάρ οἱ αὐτά
ἱστοῦ παρὰ κρόκαισιν ὡς αὐγὰ πυρός.

IV

Ἑρμιονεὺς ὁ ξεῖνος, ἐν ἀλλοδαπῶν δὲ τέθαπται
Ζωίλος Ἀργείαν γαῖαν ἐφεσσάμενος,
ἃν ἐπί οἱ βαθύκολπος ἀμάσατο δάκρυσι νύμφα   1920
λειβομένα παῖδές τ' εἰς χρόα κειράμενοι.

V

τὴν ἀπὸ πυρκαϊῆς ἐνδέξιά φασι κέλευθον
Ἑρμῆν τοὺς ἀγαθοὺς εἰς Ῥαδάμανθυν ἄγειν,
ᾗ καὶ Ἀριστόνοος, Χαιρεστράτου οὐκ ἀδάκρυτος
παῖς, ἡγησίλεω δῶμ' Ἄιδος κατέβη.   1925

II A.P. 6. 178 (caret Pl) Ἡγησίππου   3 τελέθωμι Gow
loquitur ἀσπίς ut vid.

III A.P. 6. 266 (caret Pl) Ἡγησίππου; Sud. s.vv. ἕσσατο [3], λύγα
[3-4]   3 εἴσατο Reiske   δέ οἱ Hermann   αὐτᾶ(ι) C   4 αὐγὰ
Ruhnken: λύγα PSud.

IV A.P. 7. 446 (caret Pl) [C] Ἡγησίππου   1 ὁ C: ὦ P   ἀλλο-
δαπῆι C   2 ἐφεσσάμενος Meineke: ἐπ' ἐσσ- C, ἐπιέσσ- P

V A.P. 7. 545, Plᴬ [CPl] Ἡγησίππου   1 ἀπὸ Casaubon: ἐπὶ
PPl

VI

ἐρρέτω ἦμαρ ἐκεῖνο καὶ οὐλομένη σκοτόμαινα
βρόμος τε δεινὸς ἠνεμωμένης ἁλός,
οἵ ποτε νῆ᾽ ἐκύλισαν ἐφ᾽ ἧς ὁ τὰ πολλὰ μελίφρων
Ἀβδηρίων ἄπρηκτα θεοῖσιν εὔχετο·
ῥαίσθη γὰρ διὰ πάντα, προσηνέχθη δὲ κλύδωνι   1930
τρηχεῖαν εἰς Σέριφον, αἰδοίων ὅθι
προξείνων ὑπὸ χερσὶ λαχὼν πυρὸς ἵκετο πάτρην
Ἄβδηρα κρωσσῷ χαλκέῳ περισταλείς.

5

VII

ἐξ ἁλὸς ἡμίβρωτον ἀνηνέγκαντο σαγηνεῖς
ἄνδρα, πολύκλαυτον ναυτιλίης σκύβαλον·   1935
κέρδεα δ᾽ οὐκ ἐδίωξαν ἃ μὴ θέμις, ἀλλὰ σὺν αὐτοῖς
ἰχθύσι τῇδ᾽ ὀλίγῃ θῆκαν ὑπὸ ψαμάθῳ.
ὦ χθών, τὸν ναυηγὸν ἔχεις ὅλον· ἀντὶ δὲ λοιπῆς
σαρκὸς τοὺς σαρκῶν γευσαμένους ἐπέχεις.

5

VIII

ὀξεῖαι πάντη περὶ τὸν τάφον εἰσὶν ἄκανθαι   1940
καὶ σκόλοπες· βλάψεις τοὺς πόδας ἢν προσίῃς.
Τίμων μισάνθρωπος ἐνοικέω· ἀλλὰ πάρελθε
οἰμώζειν εἴπας πολλά· πάρελθε μόνον.

VI A.P. 13. 12 (caret Pl) Ἡγησίππου   3 ὁ τὰ πάντα Gow
6 Σέριφον Brunck: ἔρ- P αἰδοίων Brunck: -οῖον P   7 προξείνων
Schneider: πρὸς ξένων P

VII A.P. 7. 276 (caret Pl) [C] Ἡγησίππου, et ad v. 5 tamquam epigr.
alterum [C] ἄδηλόν   1 σαγηνεῖς Ap.B.: σιγ- P   5 χθών Ap.B.:
χθόν P λοιπῆς Dorville: λοίμης P   6 τοὺς Ap.B.: τοῖς P Hegesippo
abiudicavit Knaack

VIII A.P. 7. 320, Plᴬ [CPl] Ἡγησίππου; Plut. vit. Ant. 70 τὸ περι-
φερόμενον Καλλιμάχειον [3–4]   3 ἐσοικέω PPlut.   4 εἰπὼν
οἰμώζειν μακρὰ Plut. codd. dett.

LEONIDAS TARENTINUS

A. ΛΕΩΝΙΔΟΥ ΤΑΡΑΝΤΙΝΟΥ

I

εὐθύσανον ζώνην τοι ὁμοῦ καὶ τόνδε κύπασσιν
Ἀτθὶς παρθενίων θῆκεν ὕπερθε θυρῶν,   1945
ἐκ τόκου, ὦ Λητωί, βαρυνομένης ὅτι νηδύν
ζωὸν ἀπ' ὠδίνων λύσαο τῆσδε βρέφος.

II

τὸν ἀργυροῦν Ἔρωτα καὶ περίσφυρον
πέζαν τὸ πορφυρεῦν τε Λεσβίδος κόμης
ἕλιγμα καὶ μηλοῦχον ὑαλόχροα,   1950
τὸ χάλκεόν τ' ἔσοπτρον ἠδὲ τὸν πλατύν
5   τριχῶν σαγηνευτῆρα, πύξινον κτένα,
ὧν ἤθελεν τυχοῦσα, γνησία Κύπρι,
ἐν σαῖς τίθησι Καλλίκλεια παστάσιν.

III

αὔλια καὶ Νυμφέων ἱερὸς πάγος, αἵ θ' ὑπὸ πέτρῃ   1955
πίδακες, ἥ θ' ὕδασιν γειτονέουσα πίτυς,
καὶ σύ, τετραγλώχιν μηλοσσόε Μαιάδος Ἑρμᾶ,
ὅς τε τὸν αἰγιβότην, Πάν, κατέχεις σκόπελον,
5   ἵλαοι τὰ ψαιστὰ τό τε σκύφος ἔμπλεον οἴνης
δέξασθ', Αἰακίδεω δῶρα Νεοπτολέμου.   1960

LEONIDAS I   A.P. 6. 202 (caret Pl) Λεωνίδου [C] Ταραντίνου; Sud. s.vv.
θυσάνοις, κύπασσις [1–2]   3 Λητωί Graefe: -τοῖ P
   II   A.P. 6. 211 (caret Pl) Λεωνίδου Ταραντίνου; Sud. s.v. κτένα [4
ἠδὲ—5]   2 πορφυροῦν Jacobs   3 μηλ- Toup: μελ- P
6 Κνωσία Κύπρι Reiske   7 Καλλίκλεια Toup: -κρια P
   III   A.P. 6. 334[1] Λεωνίδα, denuoque[2] post 9. 328 [C] Λεωνίδα Ταραν-
τίνου, Pl[A] Λεωνίδου; Sud. s.vv. πάγοι [1–2], Μαῖα [3], γλωχῖνας [3–4]
3 τετραγλώχιν Pl: πέτραι γλωχὶν P[1], πέτρα γλω*χὶν P[2]   4 -βόταν
Sud.   5 ὅ τε C[1]P[2], ὁ P[1]   ἔμπλεος C[1]

IV

ὁ Κρὴς Θηρίμαχος τὰ λαγωβόλα Πανὶ Λυκαίῳ
ταῦτα πρὸς Ἀρκαδικοῖς ἐκρέμασε σκοπέλοις.
ἀλλὰ σὺ Θηριμάχῳ δώρων χάριν, ἀγρότα δαῖμον,
χεῖρα κατιθύνοις τοξότιν ἐν πολέμῳ,
5 ἔν τε συναγκείαισι παρίστασο δεξιτερῆφι,   1965
πρῶτα διδοὺς ἄγρης, πρῶτα καὶ ἀντιπάλων.

V

πέτρης ἐκ δισσῆς ψυχρὸν καταπαλμένον ὕδωρ,
χαίροις, καὶ Νυμφέων ποιμενικὰ ξόανα,
πέτραι τε κρηνέων καὶ ἐν ὕδασι κόσμια ταῦτα
ὑμέων, ὦ κοῦραι, μυρία τεγγόμενα   1970
5 χαίρετ'· Ἀριστοκλέης ὅδ', ὁδοιπόρος ᾧπερ ἄπωσα
δίψαν βαψάμενος, τοῦτο δίδωμι γέρας.

VI

Νύμφαι ἐφυδριάδες, Δώρου γένος, ἀρδεύοιτε
τοῦτον Τιμοκλέους κᾶπον ἐπεσσύμεναι·
καὶ γὰρ Τιμοκλέης ὕμμιν, κόραι, αἰὲν ὁ καπεύς   1975
κάπων ἐκ τούτων ὥρια δωροφορεῖ.

IV A.P. 6. 183, Plᴬ [PPl] Λεωνίδα [P] Ταραντίνου   1 Θηρίμ-
CPl: Θηρόμ- P   3 δαῖμον CPl: -μων P   5 ἐν ταῖς ἀγκείαισι
P, ἐντεαν ἀγκαίηισι Cᵞᵖ   δεξιτερῆφι Jacobs: -ρῆισι PPl   6 ἄγρης
CPl: -ρας ?P   πρῶτα Jacobs: δῶρα PPl   καὶ Jacobs: κατ' PPl
    V A.P. 9. 326 (caret Pl) [C] Λεωνίδου Ταραντίνου   1 κατεπαλμ-
Dindorf   3 κρηνέων Ap.B.: -ναίων P   5 Ἀριστοκλέης ὅδ'
Meineke: -κλέη σὲ δ' P   6 τοῦτο Heringa: του τὶ P
    VI A.P. 9. 329 (caret Pl) [C] τοῦ αὐτοῦ [sc. Λ.Τ.]   2 ἐπεσ-
σύμεναι anon.: -όμεναι P   4 κάπων anon.: κάσπων P

VII

Θῆρις ὁ δαιδαλόχειρ τᾷ Παλλάδι πῆχυν ἀκαμπῆ
καὶ τετανὸν νώτῳ καμπτόμενον πρίονα
καὶ πέλεκυν ῥυκάναν τ' εὐαχέα καὶ περιαγές
τρύπανον ἐκ τέχνας ἄνθετο παυσάμενος.   1980

VIII

τέκτονος ἄρμενα ταῦτα Λεοντίχου· αἵ τε χαρακταί
ῥῖναι καὶ κάλων οἱ ταχινοὶ βορέες,
στάθμαι καὶ μιλτεῖα καὶ αἱ σχεδὸν ἀμφιπλῆγες
σφῦραι καὶ μίλτῳ φυρόμενοι κανόνες,
5   αἵ τ' ἀρίδες ξυστήρ τε καὶ ἐστελεωμένος οὗτος   1985
ἐμβριθής, τέχνας ὁ πρύτανις, πέλεκυς,
τρύπανά τ' εὐδίνητα καὶ ὠκήεντα τέρετρα
καὶ γόμφων οὗτοι τοὶ πίσυρες τορέες
ἀμφίξουν τε σκέπαρνον· ἃ δὴ χαριεργῷ Ἀθάνᾳ
10   ὡνὴρ ἐκ τέχνας θήκατο παυόμενος.   1990

IX

Τελλῆνος ὅδε τύμβος· ἔχω δ' ὑποβωλέα πρέσβυν
τῆνον τὸν πρᾶτον γνόντα γελοιομελεῖν.

VII   A.P. 6. 204, Pl^A [PPl] Λεωνίδου [C] Ταραντίνου; Sud. s.vv. δαι-
δαλόχειρ [1], πρίων [2], ῥυκάνα [3-4]   1 Δῆρις Sud.   3 εὐαχέα
Gow : -αγέα PPlSud.
VIII   A.P. 6. 205 (caret Pl) Λεωνίδου [C] Ταραντίνου; Sud. s.vv.
ῥίνη [1 αἱ—2 ῥῖναι], ἀρίδες [5 αἱ—τε], πέλεκυς [5-6], τρύπανα, εὐδίνητα [7],
ἀμφίξουν, χαριεργός [9-10]   2 βορέες Meineke : -ρέει P, -ρέηι C
8 τορέες C : τόρσες P   9 χαριεργᾷ Sud.; -εργὸς Gow   10 ὡνὴρ
Brunck : ἀνὴρ P
IX   A.P. 7. 719 (caret Pl) [C] Λεωνίδα Ταραντίνου   1 ὅδε : μὲν ὁ
Meineke   ὑποβωλέα Boissonade : ὑπὸ βώλεω P

X

ἐσθλὸς Ἀριστοκράτης ὅτ' ἀπέπλεεν εἰς Ἀχέροντα
εἶπ', ὀλιγοχρονίης ἁψάμενος κεφαλῆς,
"παίδων τις μνήσαιτο καὶ ἐδνώσαιτο γυναῖκα,   1995
εἰ καί μιν δάκνοι δυσβίοτος πενίη.

5   ζωὴν στυλώσαιτο· κακὸς δ' ἄστυλος ἰδέσθαι
οἶκος, ὁ δ' αὖ †λωιστός τ' †ἀνέρος ἐσχαρεών
εὐκίων φαίνοιτο καὶ ἐν πολυκαέι ὄγκῳ
†ἐνστῇ αὐγάζων† δαλὸν ἐπεσχάριον."   2000
ᾔδει Ἀριστοκράτης τὸ κρήγυον, ἀλλὰ γυναικῶν,

10   ὤνθρωπ', ἤχθαιρεν τὴν ἀλιτοφροσύνην.

XI

ἠρίον, οἷον νυκτὶ καταφθιμένοιο καλύπτεις
ὀστέον, οἵην, γαῖ', ἀμφέχανες κεφαλήν,
πολλὸν μὲν ξανθαῖσιν ἀρεσκομένου Χαρίτεσσι   2005
πολλὸν δὲ μνήμη πᾶσιν Ἀριστοκράτευς.

5   ᾔδει Ἀριστοκράτης καὶ μείλιχα δημολογῆσαι,
στρεβλὴν οὐκ ὀφρὺν ἐσθλὸς ἐφελκόμενος·
ᾔδει καὶ Βάκχοιο παρὰ κρητῆρος ἄδηριν
ἰθῦναι κοινὴν εὐκύλικα λαλιήν·   2010
ᾔδει καὶ ξείνοισι καὶ ἐνδήμοισι προσηνέα

10   ἔρδειν. γαῖ' ἐρατή, τοῖον ἔχεις φθίμενον.

X A.P. 7. 648, Pl^A [CPl] Λεωνίδα [C] Ταραντίνου   5 στυλήσατο P
ἰδέσθω P   10 ὤνθρωπ' Brunck: ἀν- PPl   ἀλισωφρ- P
XI A.P. 7. 440, Pl^B [CPl] Λεωνίδα [C] Ταραντίνου   2 οἴαν Pl
γαῖ' C: γᾶ P, γὰρ Pl   3 πολλὸν C: -ῶν P, -αῖς Pl   ἀρεσκομένου
Jacobs: -νον P, -νην Pl   4 πολλὸν PPl: -ῶν C; πολλοῦ δ' ἐν Scaliger
6–7 om. P; spurios censuit Salmasius   8 ἰθὺν ἐκείνην εὐκυλίκην
λασίην P (λασίην etiam Pl^ac)   9 κέν ξείνοις P   καὶ ἐνδ- CPl: κ' ἐνδ-
P   ἐνδάμοις P   10 γᾶ ἐρατά Pl   ἔχεις CPl^ac: ἔχει P, ἔχοις Pl^pc

XII

Πραταλίδα τὸ μνῆμα Λυκαστίω, ἄκρον ἐρώτων
εἰδότος, ἄκρα μάχας, ἄκρα λινοστασίας,
ἄκρα χοροιτυπίας. χθόνιοι ⟨   ⟩   2015
τοῦτον Κρηταιεῖς Κρῆτα παρῳκίσατε.

XIII

Πραταλίδᾳ παιδεῖον Ἔρως πόθον, Ἄρτεμις ἄγραν,
Μοῦσα χορούς, Ἄρης ἐγγυάλιξε μάχαν.
πῶς οὐκ εὐαίων ὁ Λυκάστιος, ὃς καὶ ἔρωτι
ἆρχε καὶ ἐν μολπᾷ καὶ δορὶ καὶ στάλικι;   2020

XIV

μήτε μακρῇ θαρσέων ναυτίλλεο μήτε βαθείῃ
νηί· κρατεῖ παντὸς δούρατος εἷς ἄνεμος.
ὤλεσε καὶ Πρόμαχον πνοιὴ μία, κῦμα δὲ ναύτας
ἀθρόον ἐς κοίλην ἐστυφέλιξεν ἅλα.
5   οὐ μὴν οἱ δαίμων πάντῃ κακός, ἀλλ᾽ ἐνὶ γαίῃ   2025
πατρίδι καὶ τύμβου καὶ κτερέων ἔλαχε
κηδεμόνων ἐν χερσίν, ἐπεὶ τρηχεῖα θάλασσα
νεκρὸν πεπταμένους θῆκεν ἐπ᾽ αἰγιαλούς.

XII   A.P. 7. 448 (caret Pl) [C] Λεωνίδα Ταραντίνου   1 μνᾶμα
Brunck   Λυκαστίω Salmasius: -τωι C, -τω P   2 -στασίας Brunck:
-ίης P   3 -τυπίας Meineke: -ίης P   e.g. ⟨Μινωίσιν ἕδραις⟩ Gow;
deficit P   4 Κρηταιεῖς C: -την εἰς P
XIII   A.P. 7. 449 (caret Pl), cum XII coniunctum   1 παιδεῖον
Brunck: Πραταλίδα παιδίον C^γρ in marg.; rasura post Πραταλίδα in
textu
XIV   A.P. 7. 665 (caret Pl) [C] τοῦ αὐτοῦ [sc. Ταραντ.] Λεωνίδου
1 ναυτίλεο P   βραχείῃ Reiske   3 μία Brunck: ἅμα P   δὲ ναύτας C:
δ᾽ ἐν αὐτὰ P   6 ἔλαχε App.B.R.G.: -χες P   7 ἐπεὶ apogr.:
ἐπὶ P

XV

ἠχήεσσα θάλασσα, τί τὸν Τιμάρεος οὕτως
πλώοντ' οὐ πολλῇ νηὶ Τελευταγόρην   2030
ἄγρια χειμήνασα καταπρηνώσαο πόντῳ
σὺν φόρτῳ, λάβρον κῦμ' ἐπιχευαμένη;
5   χὼ μέν που καύηξιν ἢ ἰχθυβόροις λαρίδεσσι
τεθρήνητ' ἄπνους εὑρεῖ ἐν αἰγιαλῷ,
Τιμάρης δὲ κενὸν τέκνου κεκλαυμένον ἀθρῶν   2035
τύμβον δακρύει παῖδα Τελευταγόρην.

XVI

αἰεὶ λῃσταὶ καὶ ἀλιφθόροι οὐδὲ δίκαιοι
Κρῆτες. τίς Κρήτων οἶδε δικαιοσύνην;
ὡς καὶ ἐμὲ πλώοντα σὺν οὐκ εὐπίονι φόρτῳ
Κρηταιεῖς ὦσαν Τιμόλυτον καθ' ἁλός   2040
5   δείλαιον. κἠγὼ μὲν ἁλιζώοις λαρίδεσσι
κέκλαυμαι, τύμβῳ δ' οὐχ ὕπο Τιμόλυτος.

XVII

ἀρκεῖ μοι γαίης μικρὴ κόνις, ἡ δὲ περισσή
ἄλλον ἐπιθλίβοι πλούσια κεκλιμένον
στήλη, τὸ σκληρὸν νεκρῶν βάρος. εἴ με θανόντα   2045
γνώσοντ', Ἀλκάνδρῳ τοῦτο τί Καλλιτέλευς;

XVIII

τὴν ὀλίγην βῶλον καὶ τοῦτ' ὀλιγήριον, ὦνερ,
σῆμα ποτίφθεγξαι τλάμονος Ἀλκιμένευς,

XV   A.P. 7. 652, Pl^B [CPl] Λεωνίδου [C] Ταραντίνου   1 ἠχήεσσα
Pl: καχ εεσσα P, supra lacunam αναχί scr. J   2 et 8 Τελεσταγόρην
Pl   5 ἢ om. P   ἰχθυφόροις P   7 κενεὸν P
   XVI   A.P. 7. 654, Pl^B [CPl] Λεωνίδα [C] Ταραντίνου   4 Κρηταίης
(ex -αίως) P   καθ' ἁλός Pl: καθ' Ἀΐδου C, καθά δ' οὐ ?P
   XVII   A.P. 7. 655 [C] τοῦ αὐτοῦ [sc. Λ.Τ.], Pl^B Λεωνίδου   3 εἰ
Hermann: οἱ P, οἳ Pl   4 τοῦτο τί Hecker: τοῦθ' ὅτι PPl
   XVIII   A.P. 7. 656 [C] τοῦ αὐτοῦ Λεωνίδου [sc. Λ.Τ.], Pl^A Λεωνίδου

εἰ καὶ πᾶν κέκρυπται ὑπ' ὀξείης παλιούρου
καὶ βάτου ἦν ποτ' ἐγὼ δήιον Ἀλκιμένης.　　　　　2050

XIX

ποιμένες οἳ ταύτην ὄρεος ῥάχιν οἰοπολεῖτε
αἶγας κευείρους ἐμβοτέοντες ὄις,
Κλειταγόρῃ, πρὸς Γῆς, ὀλίγην χάριν ἀλλὰ προσηνῆ
τίνοιτε χθονίης εἵνεκα Φερσεφόνης.
5　βληχήσαιντ' ὄιές μοι, ἐπ' ἀξέστοιο δὲ ποιμήν　　　2055
πέτρης συρίζοι πρηέα βοσκομέναις·
εἴαρι δὲ πρώτῳ λειμώνιον ἄνθος ἀμέρξας
χωρίτης στεφέτω τύμβον ἐμὸν στεφάνῳ·
καί τις ἀπ' εὐάρνοιο καταχραίνοιτο γάλακτι
10　οἰὸς ἀμολγαῖον μαστὸν ἀνασχόμενος,　　　　　2060
κρηπῖδ' ὑγραίνων ἐπιτύμβιον. εἰσὶ θανόντων,
εἰσὶν ἀμοιβαῖαι κἀν φθιμένοις χάριτες.

XX

Θῆριν τὸν τριγέροντα, τὸν εὐάγρων ἀπὸ κύρτων
ζῶντα, τὸν αἰθυίης πλείονα νηξάμενον,
ἰχθυσιληιστῆρα, σαγηνέα, χηραμοδύτην,　　　　　2065
οὐχὶ πολυσκάλμου πλώτορα ναυτιλίης,
5　ἔμπης οὔτ' Ἀρκτοῦρος ἀπώλεσεν οὔτε καταιγὶς
ἤλασε τὰς πολλὰς τῶν ἐτέων δεκάδας,
ἀλλ' ἔθαν' ἐν καλύβῃ σχοινίτιδι, λύχνος ὁποῖα
τῷ μακρῷ σβεσθεὶς ἐν χρόνῳ αὐτόματος·　　　　2070

3 καὶ πᾶν κέκρυπτ', omisso εἰ, P　　　4 δήιον Meineke: -ος PPl; ἠι . . .
δήιος Jacobs
　XIX　A.P. 7. 657 [C] τοῦ αὐτοῦ Λεωνίδου [sc. Λ.Τ.], Plᴬ Λεωνίδου
2 κευείρους Salmasius: κευήρους P, κευμάλους Pl　ἐμβοτ- Scaliger:
ἐμβατ- PPl　　4 τίνοιτε JPl: -νυτε P　　6 βοσκομένοις P　7 ἀμέρξας
Scaliger: ἀμέρσας PPl　　9 εὐάρνοις P　　γάλακτος Pl　　12 ἀμοιβαῖαι
CPl: -αῖοι P　χάριτες CPl: -τος P
　XX　A.P. 7. 295, Plᴬ [CPl] Λεωνίδα [C] Ταραντίνου

σῆμα δὲ τοῦτ' οὐ παῖδες ἐφήρμοσαν οὐδ' ὁμόλεκτρος,
10   ἀλλὰ συνεργατίνης ἰχθυβόλων θίασος.

XXI

εἰ καὶ μικρὸς ἰδεῖν καὶ ἐπ' οὔδεος, ὦ παροδῖτα,
    λᾶας ὁ τυμβίτης ἄμμιν ἐπικρέμαται,
αἰνοίης, ὤνθρωπε, Φιλαινίδα, τὴν γὰρ ἀοιδόν   2075
    ἀκρίδα, τὴν εὖσαν τὸ πρὶν ἀκανθοβάτιν,
5   διπλοῦς ἐς λυκάβαντας ἐφίλατο, τὴν καλαμῖτιν,
    καὶ θρέψ' ὑμνιδίῳ χηραμένη πατάγῳ,
καί μ' οὐδὲ φθιμένην ἀπανήνατο· τοῦτο δ' ἐφ' ἡμῖν
    τὠλίγον ὤρθωσεν σῆμα πολυστροφίης.   2080

XXII

τί στοχασώμεθά σου, Πεισίστρατε, χῖον ὁρῶντες
    γλυπτὸν ὑπὲρ τύμβου κείμενον ἀστράγαλον;
ἦ ῥα γενὴν ὅτι Χῖος, ἔοικε γάρ; ἤ ῥ' ὅτι παίκτας
    ἦσθά τις, οὐ λίην δ', ὠγαθέ, πλειστοβόλος;
5   ἢ τὰ μὲν οὐδὲ σύνεγγυς, ἐν ἀκρήτῳ δὲ κατέσβης   2085
    Χίῳ; ναί, δοκέω, τῷδε προσηγγίσαμεν.

9 τοῦτ' οὐ Jacobs: τούτου C, τῶι του P, τῶδ' οὐ Pl   παῖδες CPl: -δὸς P
XXI A.P. 7. 198, Pl^B [CPl] Λεωνίδου [C] Ταραντίνου; Sud. s.vv.
τυμβεία [1–2], ἐφίλατο, καλαμῖτις [5]   1 εἰ καὶ μικρὸς Pl: εἰ μικρός
τις C, εἰ μικρός ἐστιν C^{yp}, εἰ μικρόστις***ἰδεῖν P   4 ἀκανθοβάτιν
C^{pc}Pl: -την C^{ac}, -ταν P   5 δισσοὺς Sud. (καλ.)   τὴν καλαμῖτιν
CSud.: -μίτην P, καί με θανοῦσαν Pl   6 θρέψ' Jacobs: θέτ' ἐφ' P,
κάτθετ' ἐφυπνιδίων Pl   χηραμένη Brunck: -νην CPl, χρησαμένην P   λα-
λάγων Pl   8 τοὐλίγον Pl   σῆμα Pl: σᾶμα P   πολυτρ- Pl
XXII A.P. 7. 422, Pl^A [CPl] Λεωνίδα [C] Ταραντίνου   3 γενὴν
Headlam: γε μὴν PPl   παίκτας CPl: πύκ- P   4 λίην δ' CPl:
λείην, om. δ', P   5 ἢ CPl: εἰ ?P   κατέσβη P

XXIII

τὰν ἐκφυγοῦσαν ματρὸς ἐκ κόλπων, ἔτι
ἀφρῷ τε μορμύρουσαν, εὐλεχῆ Κύπριν
ἴδ' ὡς Ἀπελλῆς κάλλος ἱμερώτατον
οὐ γραπτὸν ἀλλ' ἔμψυχον ἐξεμάξατο.   2090
5   εὖ μὲν γὰρ ἄκραις χερσὶν ἐκθλίβει κόμαν,
εὖ δ' ὀμμάτων γαληνὸς ἐκλάμπει πόθος,
καὶ μαζός, ἀκμᾶς ἄγγελος, κυδωνιᾷ.
αὐτὰ δ' Ἀθάνα καὶ Διὸς συνευνέτις
φάσουσιν "ὦ Ζεῦ, λειπόμεσθα τᾷ κρίσει."   2095

XXIV

εἶπέ ποκ' Εὐρώτας πὸτ τὰν Κύπριν "ἢ λάβε τεύχη
ἢ 'ξιθι τᾶς Σπάρτας· ἁ πόλις ὁπλομανεῖ."
ἁ δ' ἁπαλὸν γελάσασα "καὶ ἔσσομαι αἰὲν ἀτευχής"
εἶπε "καὶ οἰκήσω τὰν Λακεδαιμονίαν."
5   χἀ μὲν Κύπρις ἄνοπλος· ἀναιδέες οἵδε λέγουσιν   2100
ἵστορες ὡς ἁμὶν χἀ θεὸς ὁπλοφορεῖ.

XXV

οὐκ ἐμὰ ταῦτα λάφυρα· τίς ὁ θριγκοῖσιν ἀνάψας
Ἄρηος ταύταν τὰν ἄχαριν χάριτα;
ἄκλαστοι μὲν κῶνοι ἀναίμακτοι δὲ γανῶσαι
ἀσπίδες, ἄκλαστοι δ' αἱ κλαδαραὶ κάμακες.   2105
5   αἰδοῖ πάντα πρόσωπ' ἐρυθαίνομαι, ἐκ δὲ μετώπου
ἱδρὼς πιδύων στῆθος ἐπισταλάει.

XXIII   A. Plan. (Pl^A) 182, Σπ [Pl Σπ] Λεωνίδου [Pl] Ταραντίνου, Syll.S
s.a.n.   2 μαρμαίρουσαν Meineke   3 ἴδ' ὡς Jacobs: εἰδὼς
Pl, Syll., ἰδὼν Σπ   5 κόμην Pl   7 ἀκμᾶς Page: -μῆς omnes
8 Ἀθηνὰ Σπ   9 τᾷ Page: τῇ omnes
    XXIV   A.P. 9. 320, Pl^A [PPl] Λεωνίδου [C] Ταραντίνου   1 ποκ'
P: ποτ' Pl   πὸτ τὰν Pl: ποτὶ τὰν C, πο τὰν P   6 χἀμὶν ἁ Hermann
    XXV   A.P. 9. 322, Pl^A [PPl] Λεωνίδου [C] Ταραντίνου   3 κλωνοὶ
P   4 κλαμαραὶ P   5 πᾶν τὸ πρόσωπον ἐρεύθομαι Cobet
6 ἔπι σταλάει P (επι)

παστάδα τις τοιοῖσδε καὶ ἀνδρειῶνα καὶ αὐλάν
κοσμείτω καὶ τὸν νυμφίδιον θάλαμον,
Ἄρευς δ' αἱματόεντα διωξίπποιο λάφυρα   2110
10   νηὸν κοσμοίη· τοῖς γὰρ ἀρεσκόμεθα.

XXVI

ὑλοφόρου τὦγαλμα, ὁδοιπόρε, Μικαλίωνος,
'Ερμῆς· ἀλλ' ἴδε τὸν κρήγυον ὑλοφόρον
ὡς ἐξ οἰζυρῆς ἠπίστατο δωροδοκῆσαι
ἐργασίης. αἰὲν δ' ὠγαθός ἐστ' ἀγαθός.   2115

XXVII

ὦ τάνδε στείχοντες ἀταρπιτόν, αἴτε ποτ' ἀγρούς
δαμόθεν αἴτ' ἀπ' ἀγρῶν νεῖσθε ποτ' ἀκρόπολιν,
ἄμμες ὅρων φύλακες δισσοὶ θεοί, ὧν ὁ μὲν 'Ερμᾶς
οἷον ὁρῆς μ', οὗτος δ' ἄτερος 'Ηρακλέης·
5   ἄμφω μὲν θνατοῖς εὐάκοοι, ἀλλὰ ποθ' αὑτούς   2120
    *   *   *   *   *   *   *
αἴτ' ὠμὰς παραθῆς ἀχράδας, ἐγκέκαφεν·
ναὶ μὰν ὡσαύτως τοὺς βότρυας, αἴτε πέλονται
ὥριμοι αἴτε χύδαν ὄμφακες, εὐτρέπικεν.
μισέω τὰν μετοχὰν οὐδ' ἥδομαι· ἀλλ' ὁ φέρων τι
10   ἀμφίς, μὴ κοινᾷ, τοῖς δυσὶ παρτιθέτω   2125
καὶ λεγέτω "τὶν τοῦθ', 'Ηράκλεες", ἄλλοτε "τοῦτο
'Ερμᾷ", καὶ λύοι τὰν ἔριν ἀμφοτέρων.

8 νυμφάδ- P
    XXVI   A.P. 9. 335, Pl^B [CPl] Λεωνίδου [C] Ταραντίνου   1 τώ
γαλμαθ' P   2 'Ερμῆς Jacobs: 'Ερμῆς δ' PPl   ἀ λίδετον P   3 ἠ-
πίσταο P
    XXVII   A.P. 9. 316, Pl^A [CPl] Λεωνίδου [C] Ταραντίνου   1 οἴτε
Pl   2 οἴ τ' Pl   5 post h.v. lacunam Casaubon   6 αἴτ'
ὠμὰς Salmasius: αἰ τῶ μαι P, αὐτῷ μοι Pl   παραθεὶς Pl   7 οἴτε Pl
8   οἴτε Pl   χύδαν Salmasius: χύλαν P, χύδην Pl   10 ἀμφίς Eldick:
-φω PPl   κοινῇ Pl   11 τὶν Meineke: τὴν P, τῇ Pl   11–12 "ἀλλὰ
τὺ τοῦτο, | 'Ερμᾶ" Casaubon

XXVIII

τοξοβόλον τὸν Ἔρωτα τίς ἔξεσεν ἐκ λιβανωτοῦ,
τόν ποτε μηδ᾽ αὐτοῦ Ζηνὸς ἀποσχόμενον;
ὀψέ ποθ᾽ Ἡφαίστῳ κεῖται σκοπός, ὃν καθορᾶσθαι   2130
ἔπρεπεν οὐκ ἄλλως ἢ πυρὶ τυφόμενον.

XXIX

εὐάγρει, λαγόθηρα, καὶ εἰ πετεεινὰ διώκων
ἰξευτὴς ἥκεις τοῦθ᾽ ὑπὸ δισσὸν ὄρος,
κἀμὲ τὸν ὑληωρὸν ἀπὸ κρημνοῖο βόασον
Πᾶνα· συναγρεύω καὶ κυσὶ καὶ καλάμοις.   2135

XXX

ἄστρα μὲν ἠμαύρωσε καὶ ἱερὰ κύκλα Σελήνης   2136
ἄξονα δινήσας ἔμπυρον Ἥλιος,
ὑμνοπόλους δ᾽ ἀγεληδὸν ἀπημάλδυνεν Ὅμηρος
λαμπρότατον Μουσέων φέγγος ἀνασχόμενος.

XXXI

πρέσβυν Ἀνακρείοντα χύδαν σεσαλαγμένον οἴνῳ   2140
θάεο δινωτοῦ στρεπτὸν ὕπερθε λίθου,
ὡς ὁ γέρων λίχνοισιν ἐπ᾽ ὄμμασιν ὑγρὰ δεδορκώς
ἄχρι καὶ ἀστραγάλων ἕλκεται ἀμπεχόναν,

XXVIII A.P. 9. 179, Pl^A [CPl] Λεωνίδα [C] Ταραντίνου
XXIX A.P. 9. 337 (caret Pl) [C] Λεωνίδου Ταραντίνου   1 λαγό-
θηρα Αp.Β. : -όγηρα P   3 ὑλειωρὸν P   4 συναγευύω P
XXX A.P. 9. 24, Pl^A [CPl] Λεωνίδα Ταραντίνου; Syll. E 18   2 ἔμ-
πυρον Meineke : -ος PPl, Syll.   4 Μουσέων Meineke : -σῶν PPl, Syll.
XXXI A. Plan. (Pl^A) 306 Λεωνίδου Ταραντίνου   2 non in-
tellegitur, nisi λίθος δινωτὸς = 'lapis ornatus' (sc. lapis in quo sculpta est
Anacreontis forma)

LEONIDAS TARENTINUS

δισσῶν δ' ἀρβυλίδων τὰν μὲν μίαν οἷα μεθυπλήξ
ὤλεσεν, ἐν δ' ἑτέρᾳ ῥικνὸν ἄραρε πόδα.
μέλπει δ' ἠὲ Βάθυλλον ἐφίμερον ἠὲ Μεγιστᾶν
αἰωρῶν παλάμᾳ τὰν δυσέρωτα χέλυν.
ἀλλά, πάτερ Διόνυσε, φύλασσέ μιν· οὐ γὰρ ἔοικεν
ἐκ Βάκχου πίπτειν Βακχιακὸν θέραπα.

2145

XXXII

ἴξαλος εὐπώγων αἰγὸς πόσις ἔν ποτ' ἀλωῇ
οἴνης τοὺς ἁπαλοὺς πάντας ἔδαψε κλάδους·
τῷ δ' ἔπος ἐκ γαίης τόσον ἄπνε· "κεῖρε, κάκιστε,
γναθμοῖς ἡμέτερον κλῆμα τὸ καρποφόρον·
ῥίζα γὰρ ἔμπεδος οὖσα πάλιν γλυκὺ νέκταρ ἀνήσει
ὅσσον ἐπισπεῖσαι σοί, τράγε, θυομένῳ."

2150

2155

XXXIII

μὴ φθείρευ, ὤνθρωπε, περιπλάνιον βίον ἕλκων,
ἄλλην ἐξ ἄλλης εἰς χθόν' ἀλινδόμενος.
μὴ φθείρευ· κενέη σε περιστέξαιτο καλιή,
ἥν θάλποι μικκὸν πῦρ ἀνακαιόμενον,
εἰ καί σοι λιτή γε καὶ οὐκ εὐάλφιτος εἴη
φυστὴ ἐνὶ γρώνῃ μασσομένη παλάμαις,
εἰ καί σοι γλήχων ἢ καὶ θύμον ἢ καὶ ὁ πικρός
†ἀδυμιγὴς† εἴη χόνδρος ἐποψίδιος.

2160

7 Μεγιστέα Brunck
XXXII A.P. 9. 99, Plᴬ [CPl] Λεωνίδου Ταραντίνου   1 ποθ'
αλωιῇ P   3 ἠ δ' Jacobs   fort. ἤπνε   τεῖρε Pl   5 γλυκὺ om. P
XXXIII A.P. 7. 736 (caret Pl) [C] Λεωνίδου Ταραντίνου; Sud. s.v.
φυστὴ μάζα [6]   3 φθείρευ· κενέη Ap.B.: φθεῖρ' ἐν κενέῃ P   -στέ-
ξαιτο Meineke: -στέψαιτο P   7 εἰ Toup: η P   7–8 πικροῖς |
ἀλσὶ μιγεὶς Meineke

148

B. *ΛΕΩΝΙΔΟΥ*

XXXIV

ὀκτώ τοι θυρεούς, ὀκτὼ κράνη, ὀκτὼ ὑφαντούς
θώρηκας, τόσσας θ' αἱμαλέας κοπίδας,   2165
ταῦτ' ἀπὸ Λευκανῶν Κορυφασίᾳ ἔντε' Ἀθάνᾳ
Ἄγνων Εὐάνθευς θῆχ' ὁ βιαιομάχος.

XXXV

αἴδ' ἀπὸ Λευκανῶν θυρεάσπιδες, οἴδε χαλινοί
στοιχηδὸν ξεσταί τ' ἀμφίβολοι κάμακες
δέδμηνται, ποθέουσαι ὁμῶς ἴππους τε καὶ ἄνδρας,   2170
Παλλάδι· τοὺς δ' ὁ μέλας ἀμφέχανεν θάνατος.

XXXVI

†λαθρίη, ἐκ πλάνης† ταύτην χάριν ἔκ τε πενέστεω
κἠξ ὀλιγησιπύου δέξο Λεωνίδεω,
ψαιστά τε πιήεντα καὶ εὐθήσαυρον ἐλαίην
καὶ τοῦτο χλωρὸν σῦκον ἀποκράδιον,   2175
5   κεὐοίνου σταφυλῆς ἔχ' ἀποσπάδα πεντάρρωγον,
πότνια, καὶ σπονδὴν τήνδ' ὑποπυθμίδιον.
ἦν δέ με χὼς ἐκ νούσου ἀνειρύσω, ὧδε καὶ ἐχθρῆς
ἐκ πενίης ῥύσῃ, δέξο χιμαιροθύτην.

XXXIV   A.P. 6. 129, Pl^A [PPl] *Λεωνίδου*; Sud. s.vv. θυρεός, αἰμαλέας
[1-2]   2 θ' Brunck: δ' PPlSud.   3 τόσσ' ἀπὸ C^yp   4 Εὐάν-
θευς CPl: -θες P
XXXV   A.P. 6. 131 *Λεωνίδα*, Pl^A τοῦ αὐτοῦ [sc. *Λεων*.]; Sud. s.vv.
δέδμηνται [1 οἴδε—4 Παλλ.], ἀμφέχανε [4]   1 αἴδ' Meineke: οἴδ'
PPl   2 ξεσταί Brunck: -τοί PPlSud.
XXXVI   A.P. 6. 300 (caret Pl) *Λεωνίδου*; Sud. s.vv. πιήεντα,
ψαιστά [3], ὑποπυθμίδιον [5], ἀνειρύσω [7-8]   1 Λαφρίη (sc. Artemis)
Reiske   ἐκ πλανίου vel ἔκ τε πλάνου Meineke   2 ὀλιγησιπύου Reiske:
ὀλίγης σιπύου P   3 ἔλαιον Sud.   4 -κράδιον Salmasius:
-κρίδιον P   5 -ρραγον Sud.   7 ἐχθρῆς Jacobs: -ρῶν P, -ρᾶς
Sud.   8 χιμαιρ- C: χαιμ- P

XXXVII

φεύγεθ᾽ ὑπὲκ καλύβης, σκότιοι μύες· οὔτι πενιχρή   2180
μῦς σιπύη βόσκειν οἶδε Λεωνίδεω.
αὐτάρκης ὁ πρέσβυς ἔχων ἅλα καὶ δύο κρίμνα·
ἐκ πατέρων ταύτην ἠνέσαμεν βιοτήν.
5   τῷ τί μεταλλεύεις τοῦτον μυχόν, ὦ φιλόλιχνε,
οὐδ᾽ ἀποδειπνιδίου γευόμενος σκυβάλου;   2185
σπεύδων εἰς ἄλλους οἴκους ἴθι — τἀμὰ δὲ λιτά —
ὧν ἄπο πλειοτέρην οἴσεαι ἁρμαλιήν.

XXXVIII

ἐκ τόκου, Εἰλείθυια, πικρὰν ὠδῖνα φυγοῦσα
Ἀμβροσίη κλεινῶν θήκατό σοι πρὸ ποδῶν
δεσμὰ κόμας καὶ πέπλον ἐν ᾧ δεκάτῳ ἐπὶ μηνί   2190
δισσὸν ἀπὸ ζώνης κῦμ᾽ ἐλόχευσε τέκνων.

XXXIX

ἁ μάτηρ ζωὸν τὸν Μίκυθον οἷα πενιχρά
Βάκχῳ δωρεῖται ῥωπικὰ γραψαμένα.
Βάκχε, σὺ δ᾽ ὑψώῃς τὸν Μίκυθον· αἱ δὲ τὸ δῶρον
ῥωπικόν, ἁ λιτὰ ταῦτα φέρει πενία.   2195

XL

τῆς πέζης τὰ μὲν ἄκρα τὰ δεξιὰ μέχρι παλαιστῆς
καὶ σπιθαμῆς οὔλης Βίττιον εἰργάσατο,

XXXVII A.P. 6. 302, Pl^B [PPl] Λεωνίδου; Sud. s.vv. σκότιος [1–2],
κρίμνον [3], ἠνέσαμεν [4], μεταλλεύει [5], σκυβαλίζεται [6–7], ἁρμαλιά [8]
2 μῦς σιπύη PlSud.: μοὶ σιπύη C, μυσιπίη P   3 ἔχων Sud.: ἔχειν
PPl   5 τῶν τι Sud.   φιλόλυχνε Pl   6 γευσόμενος Pl
XXXVIII A.P. 6. 200 (caret Pl) Λεωνίδου   1 Εἰλείθ- C:
Εἰλήθ- P   2 ἀμβροσίων Κλεινὴ Page   4 τέκνων C: -ναν P
XXXIX A.P. 6. 355 (caret Pl) Λεωνίδα; Sud. s.v. ῥωπικά [1–2]
XL A.P. 6. 286, Pl^A [PPl] Λεωνίδου; Sud. s.vv. Βιττίον, πέζαν [1–2
omissis μέχρι—οὔλ.]   1 μέχρι CPl: om. P   2 σπιθ- CPl:
σπαθ- P

θάτερα δ' Ἀντιάνειρα προσήρμοσε, τὸν δὲ μεταξύ
Μαίανδρον καὶ τὰς παρθενικὰς Βιτίη.
5 κουρᾶν καλλίστη Διὸς Ἄρτεμι, τοῦτο τὸ νῆμα   2200
πρὸς ψυχῆς θείης, τὴν τριπόνητον ἔριν.

XLI

αἱ Λυκομήδευς παῖδες Ἀθηνὼ καὶ Μελίτεια
καὶ Φιντὼ Γλῆνίς θ', αἱ φιλοεργόταται,
ἔργων ἐκ δεκάτας ποτιθύμια τόν τε πρόσεργον
ἄτρακτον καὶ τὰν ἄτρια κριναμέναν   2205
5 κερκίδα, τὰν ἱστῶν μολπάτιδα, καὶ τὰ τροχαῖα
πανία †κερταστὰς τούσδε ποτιρρόγεας†,
καὶ σπάθας εὐβριθεῖς †πολυάργυρα τὼς δὲ† πενιχραί
ἐξ ὀλίγων ὀλίγαν μοῖραν ἀπαρχόμεθα.
τῶν χέρας αἰέν, Ἀθάνα, ἐπιπλήσαιο μὲν ἴσως,   2210
10 θείης δ' εὐσιπύους ἐξ ὀλιγησιπύων.

XLII

Αὐτονόμα, Μελίτεια, Βοΐσκιον, αἱ Φιλολάδεω
καὶ Νικοῦς Κρῆσσαι τρεῖς, ξένε, θυγατέρες,
ἁ μὲν τὸν μιτοεργὸν ἀειδίνητον ἄτρακτον,
ἁ δὲ τὸν ὀρφνίταν εἰροκόμον τάλαρον,   2215
5 ἁ δ' ἅμα τὰν λεπτῶν εὐάτριον ἐργάτιν ἱστῶν
κερκίδα, τὰν λεχέων Πανελόπας φύλακα,

5 κούρη Pl; fort. κουρῶν
XLI A.P. 6. 288 (caret Pl) Λεωνίδου; Sud. s.vv. ἤτρια [3 τόν—5 μολπ.],
πηνίον [5 καὶ—7 πολ.], σιπύη [10]   1 Λυκομήδευς Meineke: Λυκα-
μήδης C, Λακαμ- P   6 τούσδε CSud.: τοῦ δὲ P   7 εὐβριθεῖς
CSud. (ἐμβρ- Sud. v.l.): -θὰς P   πενιχραί C: -ρά P   prob. lacuna post
εὐβριθεῖς (sententia: οὐχ ὡς πλούσιαι πολύχρυσα πολυάργυρά τε, ὡς δὲ
πενιχραί κτλ.)   8 ὀλίγαν Meineke: -γην P   9-10 om. P, add. C
9 τῶν χέρας αἰέν Meineke: ζῶν χέρας ἅισοι C
XLII A.P. 6. 289 (caret Pl) τοῦ αὐτοῦ [sc. Λεων.]   2 Νεικ- P
3 μισοεργὸν C   5 λεπτῶν Stadtmueller: πέπλων P

δῶρον Ἀθαναίᾳ Πανίτιδι τῷδ' ἐνὶ ναῷ
θῆκαν, Ἀθαναίας παυσάμεναι καμάτων.

XLIII

Μηλὼ καὶ Σατύρη τανυήλικες, Ἀντιγενείδεω   2220
παῖδες, ταὶ Μουσέων εὔκολοι ἐργάτιδες,
Μηλὼ μὲν Μούσαις Πιμπληίσι τοὺς ταχυχειλεῖς
αὐλοὺς καὶ ταύτην πύξινον αὐλοδόκην,
5   ἡ φίλερως Σατύρη δὲ τὸν ἕσπερον οἰνοποτήρων
σύγκωμον κηρῷ τευξαμένη δόνακα,   2225
ἡδὺν συριστῆρα, σὺν ᾧ πανεπόρφνιος ἠῶ
ηὔγασεν αὐλείοις ἐγκροτέουσα θύραις.

XLIV

Δίνδυμα καὶ Φρυγίης πυρικαέος ἀμφιπολεῦσα
πρῶνας, τὴν μικρήν, Μῆτερ, Ἀριστοδίκην,
κούρην Σειλήνης, παμπότνια, κεἰς ὑμέναιον   2230
κεἰς γάμον ἁβρύναις, πείρατα κουροσύνης·
5   ἀνθ' ὧν σοι κατὰ πολλὰ προνήια καὶ παρὰ βωμῷ
παρθενικὴν ἐτίναξ' ἔνθα καὶ ἔνθα κόμην.

XLV

εὔφυλλόν τοι σφαῖραν ἐυκρόταλόν τε Φιλοκλῆς
Ἑρμείῃ ταύτην πυξινέην πλαταγήν   2235

7 Ἀθαναίαι C: -αίωι P   Πανίτ- Meineke: πανάτ- P
XLIII A.P. 5. 206 (caret Pl) Λεωνίδου   1 τανυ- C: πανυ- P
2 ταὶ Reiske: θ' αἱ P   Μουσέων Brunck: -σῶν P   3 πίμπλησι P
6 τευξαμένη C: τε ξαμένη P   8 ἐγκροτέουσα θύραις Dorville: οὐ
κοτέουσα θύρας P
XLIV A.P. 6. 281 (caret Pl) Λεωνίδου   1 πυρικαέος P
2 Ἀριστοδίκην C: -δόκην P   4 ἁβρύναις Meineke   κουροσύνης
Stadtmueller: -νας P   5 κατὰ Passow: καὶ P
XLV A.P. 6. 309 [vv. 3-4 cum Asclep. XXVII coniungit P, 1-2 in
marg. inf. addit C; nusquam nomen auctoris], Pl^A Λεωνίδου   1 εὔ-
φυλλόν Gow: -φημόν PPl

LEONIDAS TARENTINUS

ἀστραγάλας θ' αἷς πόλλ' ἐπεμήνατο καὶ τὸν ἑλικτόν
ῥόμβον κουροσύνης παίγνι' ἀνεκρέμασεν.

XLVI

οἱ τρισσοί τοι ταῦτα τὰ δίκτυα θῆκαν ὅμαιμοι,
ἀγρότα Πάν, ἄλλης ἄλλος ἀπ' ἀγρεσίης,
ὧν ἀπὸ μὲν πτανῶν Πίγρης τάδε, ταῦτα δὲ Δᾶμις   2240
τετραπόδων, Κλείτωρ δ' ὁ τρίτος εἰναλίων.
5   ἀνθ' ὧν τῷ μὲν πέμπε δι' ἠέρος εὔστοχον ἄγρην,
τῷ δὲ διὰ δρυμῶν, τῷ δὲ δι' ἠιόνων.

XLVII

τοῦτο χιμαιροβάτᾳ Τελέσων αἰγώνυχι Πανί
τὸ σκῦλος ἀγρείας τεῖνε κατὰ πλατάνου,
καὶ τὰν ῥαιβόκρανον ἐυστόρθυγγα κορύναν,   2245
ᾇ πάρος αἱμωποὺς ἐστυφέλιξε λύκους,
5   γαυλούς τε γλαγοπῆγας ἀγωγαῖόν τε κυνάγχαν
καὶ τὰν εὐρίνων λαιμοπέδαν σκυλάκων.

XLVIII

τὸν μονίην καὶ ἔπαυλα βοῶν καὶ βώτορας ἄνδρας   2250
σινόμενον κλαγγάν τ' οὐχὶ τρέσαντα κυνῶν

3 ἀστραγάλας θ' αἷς Jacobs: στραγγάλας αἷς P, ἀστραγάλους θ' οἷς Pl
XLVI A.P. 6. 13, Plᴬ [PPl] Λεωνίδου; Kaibel ep. 1104; Sud. s.vv.
ὅμαιμος [1], ἀγρεσία [1-2]   1 τὰ CPlSud.: om. P   3 πτηνῶν
Pl   Πίγρης CPl: -ρις P   5 εὔστοχον CPl: -ος P
XLVII A.P. 6. 35, Plᴬ [PPl] Λεωνίδου; Sud. s.vv. ἀγρεία ἀοιδή [2],
ῥαιβός [3], αἱμωπούς [4], γαυλός [5 γ.τ.γλ.], ἀγωαῖος [5 ἀ.τ.κ.], λαιμο-
πέδη [6]   2 ἀγρείας Meineke: -είης PPlSud.   4 ᾇ: αἱ Sud.
v.l., ᾁ PPlSud. v.l.   5 γαυλούς CPlSud.: γλαυγούς P   ἀγωγαῖόν
Lascaris: ἀγωαῖ- PPlSud.   6 τὰν Sud.: τῶν PPl   λαιμοπέδαν
CPlSud.: -δων P
XLVIII A.P. 6. 262 (caret Pl) Λεωνίδα; Sud. s.v. βώτορες [om. v. 3]
1 μονίην (vel μονιὸν) Salmasius: νομίην PSud.   2 fort. κλαγγήν

153

Εὐάλκης ὁ Κρὴς ἐπινύκτια μῆλα νομεύων
πέφνε καὶ ἐκ ταύτης ἐκρέμασεν πίτυος.

XLIX

πυρσῶ τοῦτο λέοντος ἀπεφλοιώσατο δέρμα
Σῶσος ὁ βουπάμων δουρὶ φονευσάμενος   2255
ἄρτι καταβρύκοντα τὸν εὐθηλήμονα μόσχον,
οὐδ' ἵκετ' ἐκ μάνδρας αὖτις ἐπὶ ξύλοχον,
5   μοσχείω δ' ἀπέτισεν ὁ θὴρ ἀνθ' αἵματος αἷμα
βληθείς, ἀχθεινὰν δ' οἶδε βοοκτασίαν.

L

ἀστεμφῆ ποδάγρην καὶ δούνακας †ἀντυκτῆρας†   2260
καὶ λίνα καὶ γυρὸν τοῦτο λαγωοβόλον,
ἰοδόκην καὶ τοῦτον ἐπ' ὄρτυγι τετρανθέντα
αὐλόν, καὶ πλωτῶν εὐπλεκὲς ἀμφίβολον
5   Ἑρμείῃ Σώσιππος, ἐπεὶ παρενήξατο τὸ πλεῦν
ἥβης, ἐκ γήρως δ' ἀδρανίῃ δέδεται.   2265

LI

ἀκρωρίτᾳ Πανὶ καὶ ενπᾳ [.....] Νύμφαις
[Γ]λῆνις ὁ συνγείτων δῶρᾳ κ[υνηγεσί]ης

3 νομεύων C: -εύειν P   4 ταύτας Sud. v.l.
XLIX A.P. 6. 263 τοῦ αὐτοῦ [sc. Λεων.], Pl^A s.a.n. cum Antip. Sid.
LXIV coniunctum; Sud. s.vv. βρύκοντα [3], ξύλοχος [4], ἀπέτισεν [5],
ἀχθεινή [6]   1 πυρσῶ Meineke: -σῶι P, υρσοῦ (sic) Pl   ἀπωφλ-
P   2 βουπάμων Valckenaer: -παλίων PPl   3 -βρύχοντα PPl
εὐθ. μόσχ. om. Pl   4 μάνδρης PSud.   αὖθις PSud.   ξυλόχους Pl
5 μοσχείω Meineke: -χείωι P, -χείου Pl, -χίω Sud.   6 οἶδε Sud.
v.l.: εἶδε PPl
L A.P. 6. 296 (caret Pl) Λεωνίδου; Sud. s.vv. ἀστεμφέα [1], τετραν-
θέντα [3–4 αὐλ.], ἀδρανές [5 ἐπεὶ—6 ἀδρ.]   1 ἀντεκτῆρας Sud. v.l.;
ἀντιστῆρας Gow   4 αὐλόν CSud.: -λῶν P   5 τὸ CSud.: om. P
LI P. Oxy. 662 Λεωνίδου   suppl. Hunt nisi aliter notatur
1 e.g. ἐμπα[γαῖσι Gow   2 Γ]λημὶς pap.   sive σ[υαγρεσί]ης

ταύτην τε προτομὰν καὶ δ[........]ησ.[.]ι
βύρσαν καὶ ῥοθίους τούσ[δ' ἀνέθηκε] πόδας.
Πὰν ὦ καὶ Νύμφαι, τὸν ῥ[......ἀγ]ρευτῆρα   2270
Γλῆνιν ἀεξήσαιθ' αιεῥ[........]ς.

LII

†εὐκαμπὲς† ἄγκιστρον καὶ δούνακα δουλιχόεντα
χώρμιὴν καὶ τὰς ἰχθυδόκους σπυρίδας,
καὶ τοῦτον νηκτοῖσιν ἐπ' ἰχθύσι τεχνασθέντα
κύρτον, ἀλιπλάγκτων εὕρεμα δικτυβόλων,   2275
τρηχύν τε τριόδοντα, Ποσειδαώνιον ἔγχος,
καὶ τοὺς ἐξ ἀκάτων διχθαδίους ἐρέτας
ὁ γριπεὺς Διόφαντος ἀνάκτορι θήκατο τέχνας
ὡς θέμις, ἀρχαίας λείψανα τεχνοσύνας.

LIII

χειμερίην διὰ νύκτα χαλαζήεντά τε συρμόν   2280
καὶ νιφετὸν φεύγων καὶ κρυόεντα πάγον
μουνολέων, καὶ δὴ κεκακωμένος ἀθρόα γυῖα,
ἦλθε φιλοκρήμνων αὖλιν ἐς αἰγινόμων·
οἱ δ' οὐκ ἀμφ' αἰγῶν μεμελημένοι ἀλλὰ περὶ σφέων
εἵατο σωτῆρα Ζῆν' ἐπικεκλόμενοι.   2285
χεῖμα δὲ θὴρ μείνας διανύκτιος οὔτε τιν' ἀνδρῶν
οὔτε βοτῶν βλάψας οἴχετ' ἀπαυλόσυνος·

4 sive τούσ[δε καθῆψε   5 ὦ Πὰν Powell   νυμοαι pap.   δ[εξιὸν Beazley
6 υἱὸν ['Ονα⟨σι⟩φάνευ]ς Page   fort. etiam 2 -σίας, 3 ταύταν
    LII   A.P. 6. 4, Pl^A [PPl] Λεωνίδου; Syll. E 50   1 εὐκαπὲς Sal-
masius   δούνακα Knaack : δούρατα PPl, Syll.   3 τεχνηθέντα Pl, Syll.
4 κύρτον CPl, Syll. : -ων P   6 διχθαδίας ἐλάτας Hecker   8 ἀρχαίας
C, Syll. : -αίης Pl, -αῖα P   τεχνοσύνης Pl
    LIII   A.P. 6. 221 Λεωνίδου, Pl^B ἄδηλον; Sud. s.v. ἔπαυλις [7 οὔτε—8]
4 αἰγον- Pl   7 δὲ δὴ μείνας Pl   διανύκτιος Brunck : θὴρ νύκτιος PPl
8 βροτῶν PSud. v.l.   ᾤχετ' Pl   ἀπαυλ- Pl : ἔπαυλ- PSud. ; ὁ πουλύσινος
Lobeck, ἐπ' ἄλλο σίνος Maas

οἱ δὲ πάθης ἔργον τόδ᾽ ἐυγραφὲς ἀκρολοφίτᾳ
10   Ζανὶ παρ᾽ εὐπρέμνῳ τᾷδ᾽ ἀνέθεντο δρυΐ.

LIV

ὁ σκίπων καὶ ταῦτα τὰ βλαυτία, πότνια Κύπρι,   2290
ἄγκειται κυνικοῦ σκῦλ᾽ ἀπὸ Σωχάρεος,
ὄλπη τε ῥυπόεσσα πολυτρήτοιό τε πήρας
λείψανον, ἀρχαίης πληθόμενον σοφίης·
5   σοὶ δὲ Ῥόδων ὁ καλός, τὸν πάνσοφον ἡνίκα πρέσβυν
ἤγρευσεν, στεπτοῖς θῆκατ᾽ ἐπὶ προθύροις.   2295

LV

πήραν κἀδέψητον ἀπεσκληρυμμένον αἰγός
στέρφος καὶ βάκτρον τοῦτο τὸ λοιπόρινον
κώλπαν ἀστλέγγιστον ἀχάλκωτόν τε κυνοῦχον
καὶ πῖλον κεφαλᾶς οὐχ ὁσίας σκεπανόν,
5   ταῦτα καταφθιμένοιο μυρικίνεον περὶ θάμνον   2300
σκῦλ᾽ ἀπὸ Σωχάρεος Λιμὸς ἀνεκρέμασεν.

LVI

Λαβροσύνᾳ τάδε δῶρα φιλευλοίχῳ τε Λαφυγμῷ
θήκατο δείσοζος Δωριέος κεφαλά·

9 οἱ Jacobs: εὖ PPl   δὲ πάθης ἔργον P: δὲ παθόντες ἄγαλμα Pl; δ᾽ ἀπαθεῖς
ἔργον Stadtmueller   τόδε δ᾽ εὖ- C   ἀκρολοφίτᾳ I. G. Schneider: -φῖται
PPl   10 Ζηνὶ Stadtmueller   τῶιδ᾽ P
    LIV A.P. 6. 293 (caret Pl) Λεωνίδου; Sud. s.v. βλαύτη [1-2]
1 σκῆπ- CSud. v.l.   6 στεπτοῖς Salmasius: στρεπτ- P
    LV A.P. 6. 298 (caret Pl) Λεωνίδα; Sud. s.vv. στέρφος [1-2],
κυνοῦχος [3], σκέπανον [4]   1 πήραν Stadtmueller: -ρην PSud.
κἀδέψ- Sud.: καδδέψ- P   3 κώλπαν CSud. v.l.: κόλπαν PSud. v.l.
ἀστλέγγ- Sud.: ἀστέγγ- P
    LVI A.P. 6. 305 (caret Pl) Λεωνίδα; Sud. s.vv. κνῆστις [5-6],
ἐτνήρυσις [6], τορύνη [6 καὶ τ. ἑ. τορ.]   1 φιλευλοίχῳ Lobeck: φιλευ-
χείλωι P   2 δείσοζος Gow: -όζου P

τὼς Λαρισαίως κυτογάστορας ἐψητῆρας
καὶ χύτρως καὶ τὰν εὐρυχαδῆ κύλικα   2305
καὶ τὰν εὐχάλκωτον εὔγναμπτόν τε κρεάγραν
καὶ κνῆστιν καὶ τὰν ἐτνοδόνον τορύναν.
Λαβροσύνα, σὺ δὲ ταῦτα κακοῦ κακὰ δωρητῆρος
δεξαμένα νεύσαις μήποκα σωφροσύναν.

LVII

τὸν χαρίεντ᾿ Ἀλκμᾶνα, τὸν ὑμνητῆρ᾿ ὑμεναίων   2310
κύκνον, τὸν Μουσέων ἄξια μελψάμενον
τύμβος ἔχει, Σπάρτας μεγάλαν χάριν †εἴθ᾿ ὅ γε λύσθος†
ἄχθος ἀπορρίψας οἴχεται εἰς Ἀίδαν.

LVIII

ἀτρέμα τὸν τύμβον παραμείβετε, μὴ τὸν ἐν ὕπνῳ
πικρὸν ἐγείρητε σφῆκ᾿ ἀναπαυόμενον·   2315
ἄρτι γὰρ Ἱππώνακτος ὁ καὶ τοκεῶνε βαύξας,
ἄρτι κεκοίμηται θυμὸς ἐν ἡσυχίῃ.
ἀλλὰ προμηθήσασθε, τὰ γὰρ πεπυρωμένα κείνου
ῥήματα πημαίνειν οἶδε καὶ εἰν Ἀίδῃ.

3 κυτογάστορας Toup: κυάστορας P   4 κύλικα C: κύδικα P
5 κρεάγραν CSud.: πυράγραν P   6 κνῆστιν Sud.: -την P   7 κακὰ
C: -κῶι P
    LVII A.P. 7. 19, Plᴬ [PPl] Λεωνίδου; Sud. s.vv. ὑμεναίων [1-2],
κύκνος [2], λοῖσθος [3 εἴθ᾿—4]   2 Μουσέων Meineke: -σῶν PPlSud.
3 λύσθος C, λοῖσθος PSud., Λυδός Pl   post h.v. lacunam Geffcken
4 οἴχεαι P   Ἀίδην Pl
    LVIII A.P. 7. 408, Plᴬ [CPl] Λεωνίδα   3 τῇδε γὰρ Gow   τοκεῶνε
βαύξας Headlam: τοκέων εἶα P, βάυξας (sic) add. C, τοκέων ἔο βαύξας Pl

LIX

Ἀίδεω λυπηρὲ διήκονε, τοῦτ' Ἀχέροντος   2320
ὕδωρ ὃς πλώεις πορθμίδι κυανέῃ,
δέξαι μ', εἰ καί σοι μέγα βρίθεται ὀκρυόεσσα
βᾶρις ἀποφθιμένων, τὸν κύνα Διογένην.
5   ὄλπη μοι καὶ πήρη ἐφόλκια καὶ τὸ παλαιόν
ἔσθος χὠ φθιμένους ναυστολέων ὀβολός.   2325
πάνθ' ὅσα κὴν ζωοῖς ἐπεπάμεθα, ταῦτα παρ' Ἄιδαν
ἔρχομ' ἔχων, λείπω δ' οὐδὲν ὑπ' ἠελίῳ.

LX

εἴη ποντοπόρῳ πλόος οὔριος· ὃν δ' ἄρ' ἀήτης
ὡς ἐμὲ τοῖς Ἀίδεω προσπελάσῃ λιμέσιν,
μεμφέσθω μὴ λαῖτμα κακόξενον, ἀλλ' ἕο τόλμαν,   2330
ὅστις ἀφ' ἡμετέρου πείσματ' ἔλυσε τάφου.

LXI

ναυηγοῦ τάφος εἰμὶ Διοκλέος· οἱ δ' ἀνάγονται,   2332
φεῦ τόλμης, ἀπ' ἐμοῦ πείσματα λυσάμενοι.

LXII

Εὔρου με τρηχεῖα καὶ αἰπήεσσα καταιγίς
καὶ νὺξ καὶ δνοφερῆς κύματα πανδυσίης   2335

LIX A.P. 7. 67, Pl^B [PPl] Λεωνίδου; Sud. s.vv. πορθμίς [1 τοῦτ'—
πορθ.], βάρεις, ὀκρυόεις [3–4], ἀποφθίμενον [3–4 omissis εἰ—βᾶρις], ἐφόλκια
[5—ἐφ.], ἐπεπάμεθα [7–8]   1 τοῦδ' Sud. v.l.   2 πορθμίδι CSud. :
πυθίδι P   4 βᾶρις CSud. : κᾶρις P   -φθιμένων PlSud. v.l. : -νον
CSud. v.l., -νωι P   Διογένην PPlSud. v.l. : -νη CSud. v.l.   5 πλήρη
Sud.   6 φθιμένους Pl : -νοις C, -νος P   7 πάνθ' ὅσα PlSud. :
ταῦθ' ὅσα P   Ἄιδαν C : -δαι PSud. v.l., -δην PlSud. v.l.   8 λεῖπον Pl
LX A.P. 7. 264, Pl^A [CPl] Λεωνίδου   1 ὃν Hecker : ἦν PPl
LXI A.P. 7. 266, Pl^A [CPl] Λεωνίδου
LXII A.P. 7. 273, Pl^A [CPl] Λεωνίδου   1 αἰπή- CPl : ηἰπη- P
2 καὶ alterum om. P   πανδυσίης CPl : πανσυδίης P

ἔβλαψ' Ὠρίωνος, ἀπώλισθον δὲ βίοιο
Κάλλαισχρος, Λιβυκοῦ μέσσα θέων πελάγευς.
κἀγὼ μὲν πόντῳ δινεύμενος ἰχθύσι κύρμα
οἴχημαι, ψεύστης δ' οὗτος ἔπεστι λίθος.

5

LXIII

τετρηχυῖα θάλασσα, τί μ' οὐκ οἰζυρὰ παθόντα   2340
τηλόσ' ἀπὸ ψιλῆς ἔπτυσας ἠιόνος,
ὡς σεῦ μηδ' Ἀίδαο κακὴν ἐπιειμένος ἀχλύν
Φιλλεὺς Ἀμφιμένευς ἆσσον ἐγειτόνεον;

LXIV

— ἀκταίης ὦ θινὸς ἐπεστηλωμένον ἄχθος,
εἴποις ὄντιν' ἔχεις ἢ τίνος ἢ ποδαπόν.   2345
— Φίντων' Ἑρμιονῆα Βαθυκλέος, ὃν πολὺ κῦμα
ὤλεσεν Ἀρκτούρου λαίλαπι χρησάμενον.

LXV

κἠν γῇ κἠν πόντῳ κεκρύμμεθα· τοῦτο περισσόν
ἐκ Μοιρέων Θάρσυς Χαρμίδου ἠνυσάμην.
ἢ γὰρ ἐπ' ἀγκύρης ἔνοχον βάρος εἰς ἅλα δύνων,   2350
Ἰόνιόν θ' ὑγρὸν κῦμα κατερχόμενος,
5   τὴν μὲν ἔσωσ', αὐτὸς δὲ μετάτροπος ἐκ βυθοῦ ἔρρων
ἤδη καὶ ναύταις χεῖρας ὀρεγνύμενος

3 ἀπώλισθον CPl: -θεν P   4 θέων CPl: πλέων P   6 οἴχευμαι P
ἔπεστι CPl: ὕπ- P
    LXIII A.P. 7. 283 Λεωνίδου, Plᴮ τοῦ αὐτοῦ [sc. Λεων.]   1 τετρη-
χυῖα CPl: -αν P   2 ψηλῆς P   3 ὡς CPl: ὃς P
    LXIV A.P. 7. 503, Plᴬ [CPl] Λεωνίδα   1 ἀκταίης Jacobs:
ἀρχαίης C, -αίας P; Ἀργείης Meineke   2 ποδαπός P
    LXV A.P. 7. 506, Plᴮ [PPl] Λεωνίδα   1 καὶ πόντῳ P
2 Θρασὺς P   ἠνυσάμην Huet: -σατο PPl   4 Ἰόνιον Pl: ῥόνιον P,
ῥώνιον C

ἐβρώθην· τοῖόν μοι ἐπ' ἄγριον εὖ μέγα κῆτος
ἦλθεν, ἀπέβροξεν δ' ἄχρις ἐπ' ὀμφαλίου.   2355
χἤμισυ μὲν ναῦται ψυχρὸν βάρος ἐξ ἁλὸς ἡμῶν
ἤρανθ', ἥμισυ δὲ πρίστις ἀπεκλάσατο·
ἠόνι δ' ἐν ταύτῃ κακὰ λείψανα Θάρσυος, ὦνερ,
ἔκρυψαν, πάτρην δ' οὐ πάλιν ἱκόμεθα.

10

LXVI

Πάρμις ὁ Καλλιγνώτου ἐπακταῖος καλαμευτής   2360
ἄκρος καὶ κίχλης καὶ σκάρου ἰχθυβολεύς
καὶ λάβρου πέρκης δελεάρπαγος, ὅσσα τε κοίλας
σήραγγας πέτρας τ' ἐμβυθίους νέμεται,
ἄγρης ἐκ πρώτης ποτ' ἰουλίδα πετρήεσσαν   5
δακνάζων ὀλοὴν ἐξ ἁλὸς ἀράμενος   2365
ἔφθιτ'· ὀλισθηρὴ γὰρ ὑπὲκ χερὸς ἀίξασα
ᾤχετ' ἐπὶ στεινὸν παλλομένη φάρυγα.
χὼ μὲν μηρίνθων καὶ δούνακος ἀγκίστρων τε
ἐγγὺς ἀπὸ πνοιὴν ἧκε κυλινδόμενος,   10
νήματ' ἀναπλήσας ἐπιμοίρια· τοῦ δὲ θανόντος   2370
Γρίπων ὁ γριπεὺς τοῦτον ἔχωσε τάφον.

LXVII

μνήμην Εὐβούλοιο σαόφρονος, ὦ παριόντες,   2372
πίνωμεν· κοινὸς πᾶσι λιμὴν Ἀίδης.

7 εὖ Reiske: ἐς PPl   8 ἀπέβροξεν C: -βριξεν P, -βρυξεν Pl   ἄχρις
CPl: ἄχρι δ' P   11 Θράσυος P
    LXVI A.P. 7. 504, Pl^A [CPl] τοῦ αὐτοῦ [sc. Λεων.]   1 Πάρμις
CPl: -μος P   ἐπακταῖος Brunck: -τειος P, -τιος ὃς Pl   5 πλωτῆς
Stadtmueller   ποτ' Scaliger: ὅτ' PPl   6 ὀλοὰν P   8 παλ-
λομένα P   11 νήματ' CPl: μνή- P   ἐπιμοίριον P   τοῦ δὲ CPl: τῇδε P
12 Γρίπων ὁ Pl^sscr: -ωνος P, -ων Pl
    LXVII A.P. 7. 452 [C] Λεωνίδου, Pl^A τοῦ αὐτοῦ [sc. Λεων.]
1 μνήμην Reiske: -ης PPl; μνήμονες Casaubon   παρεόντες Kaibel

LXVIII

Μαρωνὶς ἡ φίλοινος, ἡ πίθων σποδός,
ἐνταῦθα κεῖται γρηΰς, ἧς ὑπὲρ τάφου   2375
γνωστὸν πρόκειται πᾶσιν Ἀττικὴ κύλιξ.
στένει δὲ καὶ γῆς νέρθεν οὐχ ὑπὲρ τέκνων
5   οὐδ' ἀνδρὸς οὓς ἔλειπεν ἐνδεεῖς βίου,
ἓν δ' ἀντὶ πάντων οὕνεχ' ἡ κύλιξ κενή.

LXIX

αὗτα Τιμόκλει', αὗτα Φιλώ, αὗτα Ἀριστώ,   2380
αὗτα Τιμαιθώ, παῖδες Ἀριστοδίκου,
πᾶσαι ὑπ' ὠδῖνος πεφονευμέναι· αἷς ἔπι τοῦτο
σᾶμα πατὴρ στάσας κάτθαν' Ἀριστόδικος.

LXX

— τίς τίνος εὖσα, γύναι, Παρίην ὑπὸ κίονα κεῖσαι;
— Πρηξὼ Καλλιτέλευς. — καὶ ποδαπή; — Σαμίη.   2385
— τίς δέ σε καὶ κτερέιξε; — Θεόκριτος, ᾧ με γονῆες
ἐξέδοσαν. — θνήσκεις δ' ἐκ τίνος; — ἐκ τοκετοῦ.
5   — εὖσα πόσων ἐτέων; — δύο κεἴκοσιν. — ἦ ῥά γ' ἄτεκνος;
— οὔκ, ἀλλὰ τριετῆ Καλλιτέλην ἔλιπον.
— ζώοι σοι κεῖνός γε καὶ ἐς βαθὺ γῆρας ἵκοιτο.   2390
— καὶ σοί, ξεῖνε, πόροι πάντα Τύχη τὰ καλά.

LXVIII   A.P. 7. 455[1], denuoque[2] C marg. ad Antip. Sid. XXVII,
Pl[A] [C[1]C[2]Pl] Λεωνίδου   3 γνωστὴ Pl   4 γῆς Pl: γᾶς P
ὑπέρ γε P[1]   5 οὐδ' P[1]: οὐκ P[2]Pl   λέλοιπεν Pl
   LXIX   A.P. 7. 463, Pl[A] [CPl] Λεωνίδα
   LXX   A.P. 7. 163, Pl[A] [CPl] Λεωνίδου; P. Oxy. 662 (versuum ter-
mini)   1 οὖσα CPl[ac]   2 Καλλιτέλευς CPl: -λους P   3 με
γεγωνες pap.   5 οὖσα P   7 ζώοι CPl: -οις P

LXXI

ἆ δείλ' Ἀντίκλεις, δειλὴ δ' ἐγὼ ἡ τὸν ἐν ἥβης
ἀκμῇ καὶ μοῦνον παῖδα πυρωσαμένη,
ὀκτωκαιδεκέτης ὃς ἀπώλεο, τέκνον· ἐγὼ δέ
ὀρφάνιον κλαίω γῆρας ὀδυρομένη.   2395
βαίην εἰς Ἄιδος σκιερὸν δόμον· οὔτε μοι ἠώς
ἡδεῖ' οὔτ' ἀκτὶς ὠκέος ἠελίου.
ἆ δείλ' Ἀντίκλεις μεμορημένε, πένθεος εἴης
ἰητήρ, ζωῆς ἔκ με κομισσάμενος.

LXXII

ἑσπέριον κήῶον ἀπώσατο πολλάκις ὕπνον   2400
ἡ γρηῢς πενίην Πλατθὶς ἀμυνομένη,
καί τι πρὸς ἠλακάτην καὶ τὸν συνέριθον ἄτρακτον
ἤεισεν, πολιοῦ γήραος ἀγχίθυρος,
καί τι παριστίδιος δινευμένη ἄχρις ἐπ' ἠούς
κεῖνον Ἀθηναίης σὺν Χάρισιν δόλιχον,   2405
ἢ ῥικνὴ ῥικνοῦ περὶ γούνατος ἄρκιον ἱστῷ
χειρὶ στρογγύλλουσ' ἡ μορόεσσα κρόκην·
ὀγδωκονταέτις δ' Ἀχερούσιον ηὔγασεν ὕδωρ
ἡ καλὰ καὶ καλῶς Πλατθὶς ὑφηναμένη.

LXXIII

τίς ποτ' ἄρ' εἶ; τίνος ἆρα παρὰ τρίβον ὀστέα ταῦτα   2410
τλῆμον' ἐν ἡμιφανεῖ λάρνακι γυμνὰ μένει;

LXXI   A.P. 7. 466, Pl^B [CPl] Λεωνίδα   1 τὸν CPl : τιν P   ἥβης
CPl^pc : -ηι PPl^ac   3 ἀπώλετο P   5 βαίνειν Pl   6 ἠελίου
CPl : -ίοιο P   8 ἔκ με κομισσάμενος Salmasius : μ' ἐκκεκομησάμενος
C (-σάμενος in ras. ; ἐκκεκομη. P), ζωὴν εὖ γε κομισσάμενος Pl
      LXXII   A.P. 7. 726 (caret Pl) [C] Λεωνίδα   1 κήῶον apogr. : μ'
ἠ- P   ἀπώσατο Ap.B. : ἀνώ- P   4 ἤειδεν Gow   ἀγχίθυρος Hecker :
-ον P   5 ἐπ' Ap.B. : ἀπ' P   ἠοῦν Hecker   6 σὺν Ap.B. : τὸν
P   8 στρογγυλάουσ' P   ἡ μορόεσσα ('aerumnosa') Meineke : ἡ μερ-
P ; ἰμερ- Ap.B.
      LXXIII   A.P. 7. 478, Pl^B [CPl] Λεωνίδου   1 τίς ποτ' CPl : τίσσ'
ὅτ' ?P   ἄρ' ἦ P   2 ἡμιφανεῖ Hecker : -φαεῖ PPl   μένει CPl : μένη P

μνῆμα δὲ καὶ τάφος αἰὲν ἀμαξεύοντος ὁδίτεω
ἄξονι καὶ τροχιῇ λιτὰ παραξέεται.
5   ἤδη σου καὶ πλευρὰ παρατρίψουσιν ἅμαξαι,
σχέτλιε· σοὶ δ᾽ οὐδεὶς οὐδ᾽ ἐπὶ δάκρυ βαλεῖ.   2415

LXXIV

ἤδη μευ τέτριπται ὑπεκκεκαλυμμένον ὀστεῦν
ἁρμονίῃ τ᾽, ὦνερ, πλὰξ ἐπικεκλιμένη·
ἤδη καὶ σκώληκες ὑπὲκ σοροῦ αὐγάζονται
ἡμετέρης· τί πλέον γῆν ἐπιεννύμεθα;
5   ἢ γὰρ τὴν οὔπω πρὶν ἰτὴν ὁδὸν ἐτμήξαντο   2420
ἄνθρωποι κατ᾽ ἐμῆς νισόμενοι κεφαλῆς.
ἀλλὰ πρὸς ἐγγαίων Ἀιδωνέος Ἑρμεία τε
καὶ Νυκτός, ταύτης ἐκτὸς ἴτ᾽ ἀτραπιτοῦ.

LXXV

αὗτα ἐπὶ Κρήθωνος ἐγὼ λίθος οὔνομα κείνου
δηλοῦσα, Κρήθων δ᾽ ἐγχθόνιος σποδιά,
ὁ πρὶν καὶ Γύγῃ παρισεύμενος ὄλβον, ὁ τὸ πρίν   2425
βουπάμων, ὁ πρὶν πλούσιος αἰπολίοις,
5   ὁ πρίν — τί πλείω μυθεῦμ᾽ ἔτι; πᾶσι μακαρτός,
φεῦ, γαίης ὄσσης ὄσσον ἔχει μόριον.

LXXVI

χειμέριον ζωὴν ὑπαλεύεο, νεῖο δ᾽ ἐς ὅρμον,   2430
ὡς κἠγὼ Φείδων ὁ Κρίτου εἰς Ἀίδην.

6 βαλεῖ CPl : βα λείβει ?P
   LXXIV A.P. 7. 480, Pl[B] [CPl] Λεωνίδα   2 ἁρμονίῃ τ᾽ Brunck :
-ίης PPl   πλάξ τ᾽ Pl   3 κωλῆνες Pl   4 ἐπιεννύμεθα CPl : -μενα
P   5 οὔ πω C : οὐ πρω ?P, οὕτω Pl   πρὶν ἰτὴν C : πρινὴ τὴν P,
πρηνῇ Pl   6 νεισσόμενοι Pl, νειόμ- C, νιόμ- P
   LXXV A.P. 7. 740, Pl[B] [CPl] Λεωνίδα   1 ἐπεὶ P   2 ἐγ-
χθόνιος Kaibel : ἐν χθονίοις Pl, ἐν χθονὶ οἷς P   σποδιάν P   4 -πάμμων
Pl   5 μυθεῦμ᾽ ἔτι Pl : μυθεῦμαι ὁ P   6 φεῦ οὗτος γαίης ὄσσον Pl
   LXXVI A.P. 7. 472[b] (inter LXXVII 6 et 7 insertum ; alienum esse
vidit C), Pl[B] (eodem loco s.a.n.) [C] Λεωνίδα   2 κἀγὼ Pl

LXXVII

μυρίος ἦν, ὤνθρωπε, χρόνος πρὸ τοῦ ἄχρι πρὸς ἠῶ
ἦλθες, χὠ λοιπὸς μυρίος εἰν Ἀίδῃ.
τίς μοῖρα ζωῆς ὑπολείπεται ἢ ὅσον ὅσσον
στιγμὴ καὶ στιγμῆς εἴ τι χαμηλότερον;   2435
5   μικρή σευ ζωὴ τεθλιμμένη, οὐδὲ γὰρ αὐτή
ἡδεῖ᾽, ἀλλ᾽ ἐχθροῦ στυγνοτέρη θανάτου.

*   *   *   *   *

ἐκ τοίης ὤνθρωποι ἀπηκριβωμένοι ὀστῶν
ἁρμονίης †ὕψος τ᾽† ἠέρα καὶ νεφέλας.
ὦνερ, ἴδ᾽ ὡς ἀχρεῖον, ἐπεὶ περὶ νήματος ἄκρον   2440
10   εὐλὴ ἀκέρκιστον λῶπος ἐφεζομένη
†οἷον τὸ ψαλάθριον ἀπεψιλωμένον οἷον†
πολλῷ ἀραχναίου στυγνότερον σκελετοῦ.
ἠοῦν ἐξ ἠοῦς ὅσσον σθένος, ὦνερ, ἐρευνῶν
εἴης ἐν λιτῇ κεκλιμένος βιοτῇ,   2445
15   αἰὲν τοῦτο νόῳ μεμνημένος ἄχρις ὁμιλῇς
ζωοῖς, ἐξ οἵης ἡρμόνισαι καλάμης.

LXXVIII

"ἄμπελος ὡς ἤδη κάμακι στηρίζομαι αὕτως
σκηπανίῳ· καλέει μ᾽ εἰς Ἀίδην Θάνατος.

LXXVII   A.P. 7. 472, Pl^B (vv. 1–6 tantum, cum LXXVI coniuncti,
s.a.n.) [C] Λεωνίδα   1 πρὸ τοῦ χρόνος Pl   2 χωλοποιὸς Pl
εἰν Ἀίδῃ Meineke : εἰς Ἀίδην PPl   4 εἴ Lascaris : ἤ PPl   6 post
h.v. aut lacuna aut incipit epigr. alterum (fort. capite truncum)
7 ὤνθρωποι Hermann : ὤνθρωπε P   8 ὕψος τ᾽ C : ὑψιστ᾽ P ; ὑψοῦσθ᾽
ἠέρι κεῖς νεφ. Meineke   9 ἄκρον C : ὅρκων ?P   11 e.g.
θοινᾶτ᾽ αἶψα λαθρηδὸν Stadtmueller, tum ἀπεψ. ὀστεῦν Hecker   12 πολλῷ
Meineke : -ῶν P   ἀραχναίου C : -αῖον P   13–16 cum praecedentibus
non optime cohaerent; v. 13 epigr. alterius initium potest esse, v. 12
epigr. terminus non potest esse   15 τοῦτο νόῳ Hermann : τούτων
σῶι C, τοῦτον σῶ P   16 ζωοῖς Meineke : ζωῆς P   ἡρμόνισαι
Meineke : -σας P
   LXXVIII   A.P. 7. 731 (caret Pl) [C] Λεωνίδα   1 κάμακι
Salmasius : καμάτωι P   αὕτως Geffcken : -τῶι P

δυσκώφει μή, Γόργε· τί τοι χαριέστερον, εἰ τρεῖς   2450
ἢ πίσυρας ποίας θάλψει ὑπ' ἠελίῳ;"
5   ὧδ' εἶπας οὐ κόμπῳ ἀπὸ ζωὴν ὁ παλαιός
ὤσατο, κῆς πλεόνων ἦλθε μετοικεσίην.

LXXIX

εὔθυμος ὢν ἔρεσσε τὴν ἐπ' Ἅιδος
ἀταρπὸν ἕρπων, οὐ γάρ ἐστι δύσβατος   2455
οὐδὲ σκαληνὸς οὐδ' ἐνίπλειος πλάνης,
ἰθεῖα δ' ᾗ μάλιστα καὶ κατακλινής
5   ἅπασα, κἠκ μεμυκότων ὁδεύεται.

LXXX

εὐμάραθον πρηῶνα καὶ εὐσκάνδικα λελογχώς,
'Ερμῆ, καὶ ταύταν, ἃ φίλος, αἰγίβοσιν,   2460
καὶ λαχανηλόγῳ ἔσσο καὶ αἰγινομῆι προσηνής·
ἕξεις καὶ λαχάνων καὶ γλάγεος μερίδα.

LXXXI

τᾶν αἰγῶν ὁ νομεὺς Μόριχος τὸν ἐπίσκοπον 'Ερμᾶν
ἕστασ' αἰπολίων εὐδόκιμον φύλακα·
ἀλλά μοι αἴ τ' ἀν' ὄρη χλωρᾶς κεκορεσμέναι ὕλας,   2465
τοῦ γ' ἁρπακτῆρος μή τι μέλεσθε λύκου.

LXXXII

ὠγινόμοι Σώτων καὶ Σίμαλος, οἱ πολύαιγοι,
οἷα βαθυσχίνων, ἃ ξένε, †παρολκίδαν†,

3 εἰ Salmasius : ἢ P   4 θάλψει Ap.B. : -ψαι P
LXXIX Stob. 4. 52. 28 Λεωνίδα   4 δ' ᾗ Jacobs : δὴ Stob.
LXXX A.P. 9. 318 (caret Pl) [C] Λεωνίδου   1 πρίωνα P
2 ἃ φίλος Salmasius : ἄφιλος P
LXXXI A. Plan. (Pl^A) 190 Λεωνίδα   3-4 ἀλλὰ μόλοιτ' ἀν'
ὄρη . . . | τοῦ δ' ἁρπ. Jacobs
LXXXII A.P. 9. 744 (caret Pl) Λεωνίδου

Ἑρμᾷ τυρευτῆρι καὶ εὔγλαγι τὸν χιμάραρχον
χάλκεον εὐπώγων' ὧδ' ἀνέθεντο τράγον.　　　　2470

LXXXIII

αὐτοῦ ἐφ' αἱμασιαῖσι τὸν ἀγρυπνοῦντα Πρίηπον　　　2471
ἔστησεν λαχάνων Δεινομένης φύλακα·
ἀλλ' ὡς ἐντέταμαι, φώρ, ἔμβλεπε. "τοῦτο" δ' ἐρωτᾷς
"τῶν ὀλίγων λαχάνων εἴνεκα;" τῶν ὀλίγων.

LXXXIV

ἀμφοτέραις παρ' ὁδοῖσι φύλαξ ἕστηκα Πρίηπος　　　2475
ἰθυτενὲς μηρῶν ὀρθιάσας ῥόπαλον,
εἷσατο γὰρ πιστόν με Θεόκριτος. ἀλλ' ἀποτηλοῦ,
φώρ, ἴθι, μὴ κλαύσῃς τὴν φλέβα δεξάμενος.

LXXXV

ὁ πλόος ὡραῖος, καὶ γὰρ λαλαγεῦσα χελιδών
ἤδη μέμβλωκεν χὼ χαρίεις Ζέφυρος,　　　　2480
λειμῶνες δ' ἀνθεῦσι, σεσίγηκεν δὲ θάλασσα
κύμασι καὶ τρηχεῖ πνεύματι βρασσομένη.
5　ἀγκύρας ἀνέλοιο καὶ ἐκλύσαιο γύαια,
ναυτίλε, καὶ πλώοις πᾶσαν ἐφεὶς ὀθόνην·
ταῦθ' ὁ Πρίηπος ἐγὼν ἐπιτέλλομαι, ὁ λιμενίτης,　　2485
ὤνθρωφ', ὡς πλώοις πᾶσαν ἐπ' ἐμπορίην.

LXXXVI

μὴ σύ γ' ἐπ' οἰονόμοιο περίπλεον ἰλύος ὧδε
τοῦτο χαραδραίης θερμόν, ὁδῖτα, πίῃς,

4 εὐπώγων' Jacobs : -γον P
LXXXIII　A. Plan. (Plᴬ) 236 Λεωνίδου, οἱ δὲ Περίτου
LXXXIV　A. Plan. (Plᴮ) 261 Λεωνίδου
LXXXV　A.P. 10. 1, Plᴬ [PPl] Λεωνίδου; Syll.S　　5 ἑλκύσσαιο
Pl　　7 λιμενίτας P　　8 ἄνθρωφ' Pl　fort. πλώῃς
LXXXVI　A. Plan. (Plᴬ) 230 Λεωνίδου; Syll.S

ἀλλὰ μολὼν μάλα τυτθὸν ὑπὲρ δαμαλήβοτον ἄκρην
κεῖσέ γε πὰρ κείνῃ ποιμενίᾳ πίτυι 2490
5 εὑρήσεις κελαρύζον ἐυκρήνου διὰ πέτρης
νᾶμα βορειαίης ψυχρότερον νιφάδος.

LXXXVII

τοῦτο ⟨ ⟩ Κλείτωνος ἐπαύλιον ἠδ' ὀλιγαῦλαξ
σπείρεσθαι, λιτός θ' ὁ σχεδὸν ἀμπελεών,
τοῦτό τε †ρω παίειν† ὀλιγόξυλον· ἀλλ' ἐπὶ τούτοις 2495
Κλείτων ὀγδώκοντ' ἐξεπέρησ' ἔτεα.

LXXXVIII

οὐκ ἔπλασέν με Μύρων· ἐψεύσατο, βοσκομέναν δέ 2497
ἐξ ἀγέλας ἐλάσας δῆσε βάσει λιθίνῳ.

LXXXIX

Θεσπιέες τὸν Ἔρωτα μόνον θεὸν ἐκ Κυθερείης
ἄζοντ', οὐχ ἑτέρου γραπτὸν ἀπ' ἀρχετύπου, 2500
ἀλλ' ὃν Πραξιτέλης ἔγνω θεόν, ὃν περὶ Φρύνῃ
δερκόμενος σφετέρων λύτρον ἔδωκε πόθων.

XC

ἴδ' ὡς ὁ πρέσβυς ἐκ μέθας Ἀνακρέων
ὑπεσκέλισται καὶ τὸ λῶπος ἕλκεται

4 κείνῃ Page: κείνᾳ Pl, Syll.
    LXXXVII A.P. 6. 226 (caret Pl) Λεωνίδα; Sud. s.vv. ὀλιγαῦλαξ
[1 ἠ—2 σπειρ.], ἀμπελεών, λιτός [2], ῥῶπες [3 τοῦτο—ὀλ.], ὀγδοήκοντα
[3 ἀλλ'—4]   1 e.g. τοῦτο βραχὺ vel (Hermann) τοῦτ' ἐλαχὺ   ἠδ'
Gow: ἤ τ' PSud.   ὀλιγαῦλαξ Sud.: ολιγόλαυξ P   2 θ' Sud.: δ' P
σχεδὸν Sud.: -δὼν P   3 τοῦτό τοι Sud.   ῥωπεύειν Sud.; ῥωπεῖον
Lobeck
    LXXXVIII A.P. 9. 719, Plᴬ [PPl] Λεωνίδου   2 λιθίνᾳ Pl
    LXXXIX A. Plan. (Plᴬ) 206 Λεωνίδου   1 ἐκ Lascaris: ἐν Pl
    XC A. Plan. (Plᴮ) 307 Λεωνίδου, Σπ τοῦ αὐτοῦ [sc. Λεων.]   1 μέθης
Plᵃᶜ

LEONIDAS TARENTINUS

ἐσάχρι γυίων, τῶν δὲ βλαυτίων τὸ μέν   2505
ὅμως φυλάσσει θάτερον δ' ἀπώλεσεν.
5   μελίσδεται δὲ τὰν χέλυν διακρέκων
ἤτοι Βάθυλλον ἢ καλὸν Μεγιστέα.
φύλασσε, Βάκχε, τὸν γέροντα, μὴ πέσῃ.

XCI

οὐ μόνον ὑψηλοῖς ἐπὶ δένδρεσιν οἶδα καθίζων   2510
ἀείδειν ζαθερεῖ καύματι θαλπόμενος,
προίκιος ἀνθρώποισι κελευθίτῃσιν ἀοιδός,
θηλείης ἔρσης ἰκμάδα γευόμενος,
5   ἀλλὰ καὶ εὐπήληκος Ἀθηναίης ἐπὶ δουρί
τὸν τέττιγ' ὄψει μ', ὦνερ, ἐφεζόμενον·   2515
ὅσσον γὰρ Μούσαις ἐστέργμεθα, τόσσον Ἀθήνη
ἐξ ἡμέων· ἡ γὰρ παρθένος αὐλοθετεῖ.

XCII

οὐκ ἀδικέω τὸν Ἔρωτα· γλυκύς, μαρτύρομαι αὐτήν
Κύπριν· βέβλημαι δ' ἐκ δολίου κέραος
καὶ πᾶς τεφροῦμαι, θερμὸν δ' ἐπὶ θερμῷ ἰάλλει   2520
ἄτρακτον, λωφᾷ δ' οὐδ' ὅσον ἰοβολῶν.
5   χὼ θνητὸς τὸν ἀλιτρὸν †ἐσώκει θνητὸς ὁ δαίμων
τίσομαι· ἐγκλήμων δ' ἔσσομ' ἀλεξόμενος.

XCI   A.P. 6. 120, Plᴬ [PPl] Λεωνίδα; Sud. s.vv. ζαθερεῖ [1 οἶδα—2],
προίκιος, κελευθήτῃσιν [3], ἔρση [4], εὐπήληκος [5–6], ὦνερ [6]   1 ὑπὸ
Pl   3 κελευθίτ- Meineke: κελευθήτ- PPlSud.   4 γενό-
CPlSud.: γενό- P   8 ἐξ ἡμείων Pl
XCII   A.P. 5. 188, Plᴬ [PPl] Λεωνίδου; Sud. s.v. ἄτρακτον [3 θερμ.—4
ἄτρ.]   1 ἀδικῶ Pl   3 θερμῷ δ' ἔπι θερμὸν Pl   5 e.g.
ἐλῶ (Powell), κεῖ πτηνὸς (Emperius) ὁ δαίμων·   6 ἔσομ' ἀλεξά-
μενος Pl

168

c. INCERTA

XCIII

πολλὸν ἀπ' Ἰταλίης κεῖμαι χθονὸς ἔκ τε Τάραντος
πάτρης, τοῦτο δέ μοι πικρότερον θανάτου.   2525
τοιοῦτος πλανίων ἄβιος βίος· ἀλλά με Μοῦσαι
ἔστερξαν, λυγρῶν δ' ἀντὶ μελιχρὸν ἔχω,
5 οὔνομα δ' οὐκ ἤμυσε Λεωνίδου· αὐτά με δῶρα
κηρύσσει Μουσέων πάντας ἐπ' ἠελίους.

XCIV

γλευκοπόταις Σατύροισι καὶ ἀμπελοφύτορι Βάκχῳ   2530
Ἡρῶναξ πρώτης δράγματα φυταλιῆς
τρισσῶν οἰνοπέδων τρισσοὺς ἱερώσατο τούσδε
ἐμπλήσας οἴνου πρωτοχύτοιο κάδους·
5 ὧν ἡμεῖς σπείσαντες ὅσον θέμις οἴνοπι Βάκχῳ
καὶ Σατύροις, Σατύρων πλείονα πιόμεθα.   2535

XCV

τοὺς θυρεοὺς ὁ Μολοσσὸς Ἰτωνίδι δῶρον Ἀθάνᾳ   2536
Πύρρος ἀπὸ θρασέων ἐκρέμασεν Γαλατᾶν,
πάντα τὸν Ἀντιγόνου καθελὼν στρατόν. οὐ μέγα θαῦμα·
αἰχματαὶ καὶ νῦν καὶ πάρος Αἰακίδαι.

XCIII A.P. 7. 715 [C] τοῦ αὐτοῦ [sc. Λ.Τ.], Pl^A s.a.n., Pl^B Λεωνίδου
4 λυγρὸν Pl^A, Pl^Bac μελιχρῶν C
XCIV A.P. 6. 44 ἄδηλον τίνος, οἱ δὲ Λεωνίδου Ταραντίνου, Pl^A Λεω-
νίδου; Sud. s.vv. δράγματα [2–3], κάδος [3–4], οἶνοψ [5–6 Σατ.]
1 γλαικο- Pl
XCV A.P. 6. 130 s.a.n., Pl^A τοῦ αὐτοῦ [sc. Λεων.]; Paus. 1. 13. 2;
Plut. vit. Pyrrh. 26; Diodor. 22. 11   1 Ἀθήνᾳ Diod.   4 αἰχμα-
ταὶ Diod.: -μηταὶ rell.   celebratur victoria regis Pyrrhi anno
273; de auctore non constat; vid. Gow–Page HE 2. 392

XCVI

τὰν ἔλαφον Κλεόλαος ὑπὸ κναμοῖσι λοχήσας
ἔκτανε Μαιάνδρου πὰρ τριέλικτον ὕδωρ
θηκτῷ σαυρωτῆρι, τὰ δ᾽ ὀκτάρριζα μετώπων
φράγμαθ᾽ ὑπὲρ κραναὰν ἅλος ἔπαξε πίτυν.

2540

XCVII

ἀγρονόμῳ τάδε Πανὶ καὶ εὐαστῆρι Λυαίῳ
πρέσβυς καὶ Νύμφαις Ἀρκὰς ἔθηκε Βίτων·
Πανὶ μὲν ἀρτίτοκον χίμαρον συμπαίστορα μητρός,
κισσοῦ δὲ Βρομίῳ κλῶνα πολυπλανέος,
Νύμφαις δὲ σκιερῆς εὐποίκιλον ἄνθος ὀπώρης
φύλλα τε πεπταμένων αἱματόεντα ῥόδων·
ἀνθ᾽ ὧν εὔυδρον, Νύμφαι, τόδε δῶμα γέροντος
αὔξετε, Πάν, γλαγερόν, Βάκχε, πολυστάφυλον.

2545

5

2550

XCVIII

παρθενικὴν νεάοιδον ἐν ὑμνοπόλοισι μέλισσαν
Ἤρινναν Μουσέων ἄνθεα δρεπτομένην
Ἅιδας εἰς ὑμέναιον ἀνάρπασεν· ἦ ῥα τόδ᾽ ἔμφρων
εἶπ᾽ ἐτύμως ἁ παῖς, "βάσκανος ἔσσ᾽, Ἀίδα."

2555

XCVI A.P. 6. 110, Pl^A [PPl] Λεωνίδα, οἱ δὲ Μνασάλκου, [C marg.] Μνασάλκου; Sud. s.vv. Μαίανδρος [2], σαυρωτῆρσι [2-3 ἔκτ. θ. σαυρ.], φράγματα [3 τὰ—4] 1 Κλεόλαος CPl : Κλεόβουλος P 4 ἄλλος P

XCVII A.P. 6. 154 Λεωνίδα Ταραντίνου, οἱ δὲ Γαιτουλικοῦ, Pl^A Λεωνίδου; Sud. s.vv. εὐαστήρ [1-2], συμπαίστορα [3], κισσύβιον [4] 3 ματρός PSud. 8 γλυκερὸν C^yp

XCVIII A.P. 7. 13 Λεωνίδου, οἱ δὲ Μελεάγρου, Pl^A Λεωνίδου 2 Μουσέων schol. : -σῶν PPl δρεπτομένην CPl : -ναν P 3 Ἅιδης Pl ἀνήρπασεν Pl 4 Ἀίδη Pl

XCIX

ἄρμενος ἦν ξείνοισιν ἀνὴρ ὅδε καὶ φίλος ἀστοῖς   2556
Πίνδαρος, εὐφώνων Πιερίδων πρόπολος.

C

τὴν ἐπ᾽ ἐμεῦ στήλην παραμείβεο μήτε με χαίρειν
εἰπὼν μήθ᾽ ὅστις, μὴ τίνος, ἐξετάσας,
ἢ μὴ τὴν ἀνύεις τελέσαις ὁδόν· ἢν δὲ παρέλθῃς   2560
σιγῇ, μηδ᾽ οὕτως ἢν ἀνύεις τελέσαις.

CI

γράμμα τόδ᾽ Ἀρήτοιο δαήμονος, ὅς ποτε λεπτῇ
φροντίδι δηναιοὺς ἀστέρας ἐφράσατο,
ἀπλανέας τ᾽ ἄμφω καὶ ἀλήμονας, οἷσί τ᾽ ἐναργής
ἰλλόμενος κύκλοις οὐρανὸς ἐνδέδεται·   2565
5 αἰνείσθω δὲ καμὼν ἔργον μέγα καὶ Διὸς εἶναι
δεύτερος, ὅστις ἔθηκ᾽ ἄστρα φαεινότερα.

CII

τὸν φιλοπωριστὴν Δημόκριτον ἤν που ἐφεύρῃς,
ὤνθρωπ᾽, ἄγγειλον τοῦτο τὸ κοῦφον ἔπος,
ὡς ἡ λευκόοπωρος ἐγὼ καὶ ἐφώριος ἤδη   2570
κείνῳ συκοφορῶ τὰς ἀπύρους ἀκόλους.
5 σπευσάτω—οὐκ ὀχυρὴν γὰρ ἔχω στάσιν—εἴπερ ὀπώρην
ἀβλήτου χρῄζει δρέψαι ἀπ᾽ ἀκρεμόνος.

XCIX A.P. 7. 35¹ Λεωνίδου, denuoque² post 7. 516 [C] Πλάτωνος,
Plᴬ Λεωνίδου; Plut. mor. 1030a s.a.n. [1]   1 ἄρμενος P²Plᵛᵖ, Plut.:
ἥπιος P¹Pl   Leonidae abiudicandum

C A.P. 7. 316 [C] Λεωνίδα ἢ Ἀντιπάτρου, Plᴬ Λεωνίδου; vita Platonis
2. 52W. [1–2]   1 τήνδε σὺ τὴν στήλην vita   2 μήθ᾽ CPl:
μηδ᾽ P   ἐξετάσας PPl: -σῃς C, εἰρόμενος vita

CI A.P. 9. 25 [C] τοῦ αὐτοῦ [sc. Λ.Τ.], Plᴬ Ἀντιπάτρου   3 οἷσί
τ᾽ Kaibel: οἷσιν PPl   4 ἰλλόμενος Scaliger: ὀλλ- P, εἰλ- ex ἀλλ- Pl

CII A.P. 9. 563 [C] Λεωνίδα, Plᴬ Φιλίππου   3 λευκοπρωος P
ἐφώδιος P   5 ἐχυρὴν Pl   6 ἀβλήτου Paton: ἀκρήτου PPl

CIII

Ἄρεος ἔντεα ταῦτα τίνος χάριν, ὦ Κυθέρεια,
ἐνδέδυσαι, κενεὸν τοῦτο φέρουσα βάρος;   2575
αὐτὸν Ἄρη γυμνὴ γὰρ ἀφώπλισας· εἰ δὲ λέλειπται
καὶ θεός, ἀνθρώποις ὅπλα μάτην ἐπάγεις.

MNASALCES

I

ἄμπελε, μήποτε φύλλα χαμαὶ σπεύδουσα βαλέσθαι
δείδιας ἑσπέριον Πλειάδα δυομέναν;
μεῖνον ἐπ᾿ Ἀντιλέοντι πεσεῖν ὑπὸ τὶν γλυκὺν ὕπνον,   2580
ἐς τότε τοῖς καλοῖς πάντα χαριζομένα.

II

τοῦτό τοι, Ἄρτεμι δῖα, Κλεώνυμος εἷσατ᾿ ἄγαλμα
†τοῦτο σὺ δ᾿ εὐθήρου τοῦδ᾿ ὑπέρισχε βίου†,
ἥ τε κατ᾿ εἰνοσίφυλλον ὄρος ποσί, πότνια, βαίνεις,
δεινὸν μαιμώσαις ἐγκονέουσα κυσίν.   2585

III

σοὶ μὲν καμπύλα τόξα καὶ ἰοχέαιρα φαρέτρα,   2586
δῶρα παρὰ Προμάχου, Φοῖβε, τάδε κρέμαται·

CIII   A. Plan. (Pl^A) 171 Λεωνίδου
MNASALCES I   A.P. 12. 138 (caret Pl) Μνασάλκου   3 τὶν Meineke:
τὸν P; τοι Gow   4 χαριζομένα Gow
II   A.P. 6. 268 (caret Pl) Μνασάλκου; Sud. s.vv. εἷσατο [1], ὑπέρισχε
[2], εἰνοσίφυλλον [3], ἐγκονέουσα, μαιμώωσα [4]   1 σοι C   2 τοῦδ᾿
Sud.: τοῦθ᾿ P, ταῦθ᾿ C   e.g. τῇδε, (Schneidewin) σὺ δ᾿ εὐθήρου χεῖρ᾿
(Brunck) ὑπέρισχε ῥίου (Jacobs)   3 ἥ τε Sud.: εἴτε C, ητε ?P
βαίνει Sud.
III   A.P. 6. 9, Pl^A; Syll.E[PPl, Syll.] Μνασάλκου (Μνησάρχου Pl); Sud.
s.v. ἰοχέαιρα [1–2]   1 φαρέτρη C, Syll.   2 τάδ᾿ ἐκκρέμαται
Syll.

ἰοὺς δὲ πτερόεντας ἀνὰ κλόνον ἄνδρες ἔχουσιν
ἐν κραδίαις, ὀλοὰ ξείνια, δυσμενέες.

IV

ἤδη τᾷδε μένω πολέμου δίχα, καλὸν ἄνακτος   2590
στέρνον ἐμῷ νώτῳ πολλάκι ῥυσαμένα.
καίπερ τηλεβόλους ἰοὺς καὶ χερμάδι᾽ αἰνά
μυρία καὶ δολιχὰς δεξαμένα κάμακας,
5   οὐδέποτε Κλείτοιο λιπεῖν περιμάκεα πᾶχυν
φαμὶ κατὰ βλοσυροῦ φλοῖσβον Ἐνυαλίου.   2595

V

ἧσο κατ᾽ ἠγάθεον τόδ᾽ ἀνάκτορον, ἀσπὶ φαεννά,   2596
ἄνθεμα Λατῴα δήιον Ἀρτέμιδι·
πολλάκι γὰρ κατὰ δῆριν Ἀλεξάνδρου μετὰ χερσίν
μαρναμένα χρυσέαν οὐ κεκόνισαι ἴτυν.

VI

ἀσπὶς Ἀλεξάνδρου τοῦ Φυλέος ἱερὸν ἅδε   2600
δῶρον Ἀπόλλωνι χρυσοκόμᾳ δέδομαι,
γηραλέα μὲν ἴτυν πολέμων ὕπο, γηραλέα δέ
ὀμφαλόν· ἀλλ᾽ ἀρετᾷ λάμπομαι ἃς ἔκιχον
5   ἀνδρὶ κορυσσαμένα σὺν ἀριστεῖ ὅς μ᾽ ἀνέθηκε.
ἐμμὶ δ᾽ ἀήσσατος πάμπαν ἀφ᾽ οὗ γενόμαν.   2605

4 δυσμενέες Salmasius: -έων PPl, Syll.
    IV A.P. 6. 125 Μνασάλκου, Pl^A s.a.n.; Sud. s.v. κάμαξ [4]   1 τᾷδε
Meineke: τῇδε PPl   4 δεξαμένη PSud.   5 πῆχυν Pl
6 φημὶ Pl   βλοσυροῦ Meineke: -ρὸν PPl
    V A.P. 6. 128 (caret Pl) Μνασάλκου; Sud. s.v. ἧσο [1]   4 μαρ-
ναμένα Salmasius: -νου P   οὐ Salmasius, κεκ. ἴτυν Hecker: οὐκ ἐκόνισσε
γέννυ P
    VI A.P. 6. 264 (caret Pl) Μνασάλκου; Sud. s.vv. ἴτυς [3–4], ἀήσσατος
[6]   1 Φυλλέος Küster   2 χρυσοκόμᾳ Hecker: -μωι P
3 ῥωγαλέα bis Maehly   4 ἀρετᾷ C: ἀρεᾶι P   ἃς Sud. v.l.: αἷς
PSud. v.l.

VII

οἵδε πάτραν πολύδακρυν ἐπ' αὐχένι δεσμὸν ἔχουσαν   2606
ῥυόμενοι δνοφερὰν ἀμφεβάλοντο κόνιν·
ἄρνυνται δ' ἀρετᾶς αἶνον μέγαν. ἀλλά τις ἀστῶν
τοῦσδ' ἐσιδὼν θνᾳσκειν τλάτω ὑπὲρ πατρίδος.

VIII

ἀμπαύσει καὶ τᾶδε θοὸν πτερὸν ἱερὸς ὄρνις   2610
τᾶσδ' ὑπὲρ ἀδείας ἑζόμενος πλατάνου·
ὤλετο γὰρ Ποίμανδρος ὁ Μάλιος, οὐδ' ἔτι νεῖται
ἰξὸν ἐπ' ἀγρευταῖς χευάμενος καλάμοις.

IX

αἰαῖ Ἀριστοκράτεια, σὺ μὲν βαθὺν εἰς Ἀχέροντα
οἴχεαι ὡραίου κεκλιμένα πρὸ γάμου
ματρὶ δὲ δάκρυα σᾷ καταλείπεται, ἅ σ' ἐπὶ τύμβῳ   2615
πολλάκι κεκλομένα κωκύει ἐκ κεφαλᾶς.

X

αἰαῖ παρθενίας ὀλοόφρονος, ὡς ἀπὸ φαιδρὰν
ἔκλασας ἁλικίαν, ἱμερόεσσα Κλεοῖ·
κὰδ δέ σ' ἀμυξάμεναι περὶ δάκρυσιν αἶδ' ἐπὶ τύμβῳ   2620
λᾶες Σειρήνων ἔσταμες εἰδάλιμοι.

VII   A.P. 7. 242, Pl^A [CPl] Μνασάλκου   3 ἀστῶν CPl: αὐτῶν P
VIII   A.P. 7. 171, Pl^B [CPl] Μνασάλκου [C] Σικυωνίου; Sud. s.v.
νεῖται [3 οὐδ'—4]   1 τᾷδε Jacobs: τῇδε PPl   4 ἀγρευτῇ . . .
καλάμῳ Pl
IX   A.P. 7. 488 [C] Μνασάλκου, Pl^B s.a.n.   3 ἅ σ' C: ἇς Pl, ὡς
?P   4 κεκλομένα Hermann: κεκλιμένα P, κεκλιμένας Pl   λείπει
notat C
X   A.P. 7. 491, Pl^B [CPl] Μνασάλκου   1 ὡς Page: ἇς PPl
2 ἁλικίην P^sscr Pl   3 ἀμυξάμεναι CPl: -να P

XI

Αἰθυίας, ξένε, τόνδε ποδηνέμου ἔννεπε τύμβον,
    τᾶς ποτ' ἐλαφρότατον χέρσος ἔθρεψε γόνυ·
πολλάκι γὰρ νάεσσιν ἰσόδρομον ἄνυσε μᾶκος,
    ὄρνις ὅπως δολιχὰν ἐκπονέουσα τρίβον.   2625

XII

οὐκέτι δὴ πτερύγεσσι λιγυφθόγγοισιν ἀείσει,   2626
    ἀκρί, κατ' εὐκάρπους αὔλακας ἑζομένα,
οὐδέ με κεκλιμένον σκιερὰν ὑπὸ φυλλάδα τέρψεις
    ξουθᾶν ἐκ πτερύγων ἁδὺ κρέκουσα μέλος.

XIII

ἀκρίδα Δημοκρίτου μελεσίπτερον ἅδε θανοῦσαν   2630
    ἄργιλος δολιχὰν ἀμφὶ κέλευθον ἔχει,
ἇς καὶ ὅτ' ἰθύσειε πανέσπερον ὕμνον ἀείδειν
    πᾶν μέλαθρον μολπᾶς ἴαχ' ὑπ' εὐκελάδου.

XIV

τραῦλα μινυρομένα, Πανδιονὶ παρθένε, φωνᾷ,
    Τηρέος οὐ θεμιτῶν ἁψαμένα λεχέων,   2635
τίπτε παναμέριος γοάεις ἀνὰ δῶμα, χελιδοῖ;
    παῦε', ἐπεί σε μένει καὶ κατόπιν δάκρυα.

XI A.P. 7. 212, Pl[B] [CPl] Μνασάλκου; Sud. s.v. ποδήνεμος [1]
1 αἰθυίης PlSud.; est equae nomen   ποδανέμου Gow   3 πολλάκι
Paton: πολλαῖς PPl   ἤνυσε P
    XII A.P. 7. 192, Pl[A] [CPl] Μνασάλκου; Sud. s.vv. λιγυφθόγγοις
[1-2], ξουθή [3-4]   1 ἀείσει Page: -σεις PPlSud.   3 σκιερὴν
PSud.   4 ξουθῶν CSud.   ἀδὺ Brunck: ἡδὺ PPlSud.
    XIII A.P. 7. 194 (caret Pl) [C] Μνασάλκου; Sud. s.v. ἀργιλλώδης
[1-2]   1 Δαμο- Meineke   2 Ἄργιλος Brunck
    XIV A.P. 9. 70 [C] Μνασάλκου, Pl[B] s.a.n.   1 μινυρομένη P
παρθένε P: κάμμορε Pl   3 πανημ- Pl   χελιδοῖ P: -δὸν C, -δὼν Pl
4 παῦσαι Pl   μένει δάκρυα τὰ κατόπιν Pl

XV

στῶμεν ἁλιρράντοιο παρὰ χθαμαλὰν χθόνα Πόντου
δερκόμενοι τέμενος Κύπριδος εἰναλίας
κράναν τ᾽ αἰγείροισι κατάσκιον, ᾶς ἄπο νᾶμα   2640
ξουθαὶ ἀφύσσονται χείλεσιν ἀλκυόνες.

XVI

ἁ σῦριγξ, τί τοι ὧδε παρ᾽ Ἀφρογένειαν ὄρουσας;
τίπτ᾽ ἀπὸ ποιμενίου χείλεος ὧδε πάρει;
οὔ τοι πρῶνες ἔθ᾽ ὧδ᾽ οὔτ᾽ ἄγκεα, πάντα δ᾽ Ἔρωτες
καὶ Πόθος· ἁ δ᾽ ἀγρία Μοῦσ᾽ ἐν ὄρει μενέτω.   2645

XVII

ᾶδ᾽ ἐγὼ ἁ τλάμων Ἀρετὰ παρὰ τᾷδε κάθημαι   2646
Ἀδονᾷ αἰσχίστως κειραμένα πλοκάμους,
θυμὸν ἄχει μεγάλῳ βεβολημένα, εἴπερ ἅπασιν
ἁ κακόφρων Τέρψις κρεῖσσον ἐμοῦ κέκριται.

XVIII

Ἄσκρη μὲν πατρὶς πολυλήιος, ἀλλὰ θανόντος   2650
ὀστέα πληξίππων γῆ Μινυῶν κατέχει
Ἡσιόδου, τοῦ πλεῖστον ἐν ἀνθρώποις κλέος ἐστίν
ἀνδρῶν κρινομένων ἐν βασάνῳ σοφίης.

XV A.P. 9. 333, Pl^A [CPl] Μνασάλκου, Pl^B s.a.n.; Syll.S   1 χθα-
μαλὸν P Πόντου Gow: πόντου vulgo   3 αἰγείροισι Pl^A, ᴮ: -οιο
P, Syll. ᾶς Pl^B: ῆς PPl^A, Syll.
XVI A.P. 9. 324, Pl^A [CPl] Μνασάλκου   2 πάρη P   3 οὐδ᾽
Pl   4 μενέτω Brunck: -ται P, νέμεται Pl
XVII Athen. 4. 163^a Μνασάλκης ὁ Σικυώνιος; Eust. Il. 285. 21
1 τῇδε codd.   2 ἡδονῇ codd. κειραμένη codd.   3 βεβολη-
μένη Eust.
XVIII A.P. 7. 54 [C] Μνασάλκου, Pl^A s.a.n.; Paus. 9. 38. 4; Cert.
Hom. et Hes. 14; Tzetz. vit. Hes. p. 51Wil.; Pepl. Aristot. 19 [2]
3 ἐν Ἑλλάδι κῦδος ὀρεῖται Paus.   Mnasalcae abiudicandum

PHILOXENUS

I

Τληπόλεμός ⟨μ᾽⟩ ὁ Μυρεὺς Ἑρμᾶν ἀφετήριον ἕρμα
ἱροδρόμοις θῆκεν παῖς ὁ Πολυκρίτεω
δὶς δέκ᾽ ἀπὸ σταδίων ἐναγώνιον· ἀλλὰ πονεῖτε
μαλθακὸν ἐκ γονάτων ὄκνον ἀπωσάμενοι.

2655

CRATES

I

Χοιρίλος Ἀντιμάχου πολὺ λείπεται· ἀλλ᾽ ἐπὶ πᾶσιν
Χοιρίλον Εὐφορίων εἶχε διὰ στόματος,
καὶ κατάγλωσσ᾽ ἐπόει τὰ ποήματα, καὶ τὰ Φιλητᾶ
ἀτρεκέως ᾖδει· καὶ γὰρ Ὁμηρικὸς ἦν.

2660

DAMAGETUS

I

Ἄρτεμι, τόξα λαχοῦσα καὶ ἀλκήεντας ὀιστούς,
σοὶ πλόκον οἰκείας τόνδε λέλοιπε κόμης
Ἀρσινόη θυόεν παρ᾽ ἀνάκτορον ἡ Πτολεμαίου
παρθένος ἱμερτοῦ κειραμένη πλοκάμου.

2665

Philoxenus I   A.P. 9. 319 (caret Pl) Φιλοξένου   1 μ᾽ suppl.
Bergk   3 σταδίων = τῶν ἐν σταδίῳ νικῶν
Crates I   A.P. 11. 218 (caret Pl) Κράτητος   3 Φιλητᾶ Dobree:
φίλιτρα P
Damagetus I   A.P. 6. 277 (caret Pl) Δαμαγήτου; Sud. s.vv. ἀλκήεντας
[1], πλόκον [2, 4]   2 τόνδ᾽ ἀνέθηκε Sud.

II

Ὀρφέα Θρηικίηισι παρὰ προμολῆσιν Ὀλύμπου
τύμβος ἔχει, Μούσης υἱέα Καλλιόπης,
ᾧ δρύες οὐκ ἀπίθησαν, ὅτῳ συνάμ' ἕσπετο πέτρη
ἄψυχος θηρῶν θ' ὑλονόμων ἀγέλη,
5   ὅς ποτε καὶ τελετὰς μυστηρίδας εὕρετο Βάκχου   2670
καὶ στίχον ἡρῴῳ ζευκτὸν ἔτευξε ποδί,
ὃς καὶ ἀμειλίκτοιο βαρὺ Κλυμένοιο νόημα
καὶ τὸν ἀκήλητον θυμὸν ἔθελξε λύρῃ.

III

ὦ Λακεδαιμόνιοι, τὸν ἀρήιον ὕμμιν ὁ τύμβος
Γύλλιν ὑπὲρ Θυρέας οὗτος ἔχει φθίμενον,   2675
ἄνδρας ὃς Ἀργείων τρεῖς ἔκτανε καὶ τόδε γ' εἶπεν,
"τεθναίην Σπάρτας ἄξια μησάμενος."

IV

ὧδ' ὑπὲρ Ἀμβρακίας ὁ βοαδρόμος ἀσπίδ' ἀείρας
τεθνάμεν ἢ φεύγειν εἵλετ' Ἀρηιμένης
υἱὸς ὁ Θευπόμπου. μὴ θαῦμ' ἔχε· Δωρικὸς ἀνήρ   2680
πατρίδος οὐχ ἧβας ὀλλυμένας ἀλέγει.

II A.P. 7. 9 Δαμαγήτου, Pl^A s.a.n.; Sud. s.vv. προμολῆσιν [1–2],
ἀπειθεῖν, ἀπίθανον [3–4], ἀκήλητον, Κλύμενος [7–8]; Zonar. s.v. ἀκήλητον
[8]   1 Ὀρφέα Πιερικοῖο C^yp   2 Καλλ- CPlSud.: καὶ Καλλ-
P   4 ὕλαν- P   ἀγέλαν P^ac   5 ὅππποτε P   6 ἡρῴῳ CPl:
-ώων P   8 ἀμείλικτον Pl^acSud.   λύραι C, -αις P
III A.P. 7. 432, Pl^A [CPl] Δαμαγήτου   3 ἄνδρας Reiske: ἄνδρα δ'
P, ἄνδρα Pl   τόδ' ἔειπεν Scaliger
IV A.P. 7. 231[1], Pl^A [CPl] Δαμαγήτου, denuoque[2] post 7. 438 [C] τοῦ
αὐτοῦ [sc. Δαμ.]; Sud. s.v. βοαδρόμος [1–2]   1 Ἀμβρακίης C[1]   2 τὸ
φυγεῖν P[2]   εἷλετ' PPl: ἤθελεν Sud.   Ἀρηιμένης P[2]: Ἀριστογόρας P[1],
Ἀρισταγόρας Pl (voc. om. Sud.)   3 υἱόστ' Εὐπ- P[1], υἱὸς Θευπ- Pl
4 οὐχ ἧβας P[2]: οὐ ζωᾶς P[1]Pl

DAMAGETUS

V

ὤλεο δὴ πατέρων περὶ ληίδα καὶ σύ, Μαχάτα,
δριμὺν ἐπ' Αἰτωλοῖς ἀντιφέρων πόλεμον
πρωθήβας· χαλεπὸν γὰρ Ἀχαιικὸν ἄνδρα νοῆσαι
ἄλκιμον, εἰς πολιὰν ὅστις ἔμεινε τρίχα.   2685

VI

ἔστης ἐν προμάχοις, Χαιρωνίδη, ὧδ' ἀγορεύσας,
"ἢ μόρον ἢ νίκαν, Ζεῦ, πολέμοιο δίδου",
ἡνίκα τοι περὶ Τάφρον Ἀχαιίδα τῇ τότε νυκτί
δυσμενέες θρασέος δῆριν ἔθεντο πόνου.
5   ναὶ μὴν ἀμφ' ἀρετῇ σε διακριδὸν Ἆλις ἀείδει   2690
θερμὸν ἀνὰ ξείνην αἷμα χέαντα κόνιν.

VII

πρός σε Διὸς ξενίου γουνούμεθα, πατρὶ Χαρίνῳ
ἄγγειλον Θήβην, ὦνερ, ἐπ' Αἰολίδα
Μῆνιν καὶ Πολύνικον ὀλωλότε· καὶ τόδε φαίης,
ὡς οὐ τὸν δόλιον κλαίομεν ἄμμι μόρον   2695
5   καίπερ ὑπὸ Θρῃκῶν φθίμενοι χερός, ἀλλὰ τὸ κείνου
γῆρας ἐν ἀργαλέῃ κείμενον ὀρφανίῃ.

VIII

τὴν ἱλαρὰν φωνὴν καὶ τίμιον, ὦ παριόντες,
τῷ χρηστῷ "χαίρειν" εἴπατε Πραξιτέλει·

V A.P. 7. 438, Pl^A [CPl] Δαμαγήτου   1 Πατρέων Scaliger
παρὰ Pl   Μαχήτα Pl
VI A.P. 7. 541, Pl^A [CPl] τοῦ αὐτοῦ [sc. Δαμ.]   3 τάφον P
5 ἀμφ' ἀρετῇ Meineke: ἀλλ' ἀρετὴ PPl; ἀντ' ἀρετῆς Schneidewin   ἀείδη
P   6 χέαντο P
VII A.P. 7. 540, Pl^{A,B} [CPl^{A,B}] Δαμαγήτου   1 σε Διὸς Canter:
Διὸς PPl^A, Ζηνὸς Pl^B   3 Μήνην Pl^B   4 τόνδ' ὀλοὸν Stadt-
mueller   ἀμφὶ Reiske   5 θνητῶν Pl^A
VIII A.P. 7. 355 [C] Δαμαγήτου, Pl^B s.a.n.

ἦν δ' ὡνὴρ Μουσῶν ἱκανὴ μερὶς ἠδὲ παρ' οἴνῳ   2700
κρήγυος. ὦ χαίροις, Ἄνδριε Πραξίτελες.

IX

καί ποτε Θυμώδης τὰ παρ' ἐλπίδα κήδεα κλαίων
παιδὶ Λύκῳ κενεὸν τοῦτον ἔχευε τάφον·
οὐδὲ γὰρ ὀθνείην ἔλαχεν κόνιν, ἀλλά τις ἀκτή
†νηιὰς† ἢ νήσων Ποντιάδων τις ἔχει,   2705
5   ἔνθ' ὅ γέ που πάντων κτερέων ἄτερ ὀστέα φαίνει
γυμνὸς ἐπ' ἀξείνου κείμενος αἰγιαλοῦ.

X

ὑστάτιον, Φώκαια κλυτὴ πόλι, τοῦτο Θεανώ
εἶπεν ἐς ἀτρύγετον νύκτα κατερχομένη·
"οἴμοι ἐγὼ δύστηνος· Ἀπέλλιχε, ποῖον, ὄμευνε,   2710
ποῖον ἐπ' ὠκείῃ νηὶ περᾷς πέλαγος;
5   αὐτὰρ ἐμεῦ σχεδόθεν μόρος ἵσταται. ὡς ὄφελόν γε
χειρὶ φίλῃ τὴν σὴν χεῖρα λαβοῦσα θανεῖν."

XI

οὔτ' ἀπὸ Μεσσάνας οὔτ' Ἀργόθεν εἰμὶ παλαιστάς·
Σπάρτα μοι, Σπάρτα κυδιάνειρα, πατρίς.
κεῖνοι τεχνάεντες· ἐγώ γε μέν, ὡς ἐπέοικε   2715
τοῖς Λακεδαιμονίων παισί, βίᾳ κρατέω.

IX A.P. 7. 497 (caret Pl) [C] Δαμαγήτου   2 κενεὸν C: -εὴν P
4 Θυνιὰς Unger
X A.P. 7. 735, Plᴬ [CPl] Δαμαγήτου   1 ὕστατον P   2 εἶπες P
4 οἰκείῃ P   περᾷς Jacobs: -ρεῖς P, -ρῆς Pl   5 μόνος P   6 φίλη
Reiske: -λην PPl   βαλοῦσα Pl
XI A. Plan. (Plᴮ)   1 Δαμαγήτου

DAMAGETUS

XII

ἐκ Νεμέας ὁ λέων, ἀτὰρ ὁ ξένος Ἀργόθεν αἷμα,
πολλὸν ὁ μὲν θηρῶν μεῖζον, ὁ δ᾽ ἡμιθέων·
ἔρχονται δ᾽ ἐς ἀγῶνα καταντίον ὄμμα βαλόντες   2720
λοξὸν ὑπὲρ †ζωᾶς καὶ βιοτᾶς† σφετέρας.
5   Ζεῦ πάτερ, ἀλλ᾽ εἴη τὸν ἀπ᾽ Ἄργεος ἀνέρα νικᾶν,
ἐμβατὸς ὡς ἄν τοι καὶ Νεμέα τελέθοι.

DIOSCORIDES

I

ἐκμαίνει χείλη με ῥοδόχροα, ποικιλόμυθα,
ψυχοτακῆ στόματος νεκταρέου πρόθυρα,   2725
καὶ γλῆναι λασίαισιν ὑπ᾽ ὀφρύσιν ἀστράπτουσαι,
σπλάγχνων ἡμετέρων δίκτυα καὶ παγίδες,
5   καὶ μαζοὶ γλαγόεντες ἐΰζυγες ἱμερόεντες
εὐφυέες, πάσης τερπνότεροι κάλυκος.
ἀλλὰ τί μηνύω κυσὶν ὀστέα; μάρτυρές εἰσι   2730
τῆς ἀθυροστομίης οἱ Μίδεω κάλαμοι.

II

Ἵππον Ἀθήνιον ᾖσεν ἐμοὶ κακόν· ἐν πυρὶ πᾶσα
Ἴλιος ἦν, κἀγὼ κείνῃ ἅμ᾽ ἐφλεγόμαν
†οὐδείσας† Δαναῶν δεκέτη πόνον· ἐν δ᾽ ἑνὶ φέγγει
τῷ τότε καὶ Τρῶες κἀγὼ ἀπωλόμεθα.   2735

XII   A. Plan. (Plᴬ) 95 Δαμαγήτου   4 e.g. ὑπὲρ βιοτᾶς ⟨ἀντί-
παλοι⟩ σφετ. Gow   6 τελέθῃ Brunck   Damageto abiudicavit Gow

Dioscorides I   A.P. 5. 56 τοῦ αὐτοῦ [sc. Διοσκ.], Plᴬ s.a.n.   3 λασίη-
σιν Plᴾᶜ   5 γαλόεντες Pl in ras.   6 ἐκφυέες C   8 Μίδεω
Brunck: -δεοι PPl

II   A.P. 5. 138 (caret Pl) Διοσκορίδου   2 Ἴλιος C: ἥλιος P   fort.
aut κείνᾳ aut ἐφλεγόμην scribendum   3 συστείλας Gow

III

ἡ πιθανή μ' ἔτρωσεν Ἀριστονόη, φίλ' Ἄδωνι,　　　　2736
κοψαμένη τῇ σῇ στήθεα πὰρ καλύβῃ.
εἰ δώσει ταύτην καὶ ἐμοὶ χάριν, ἢν ἀποπνεύσω,
μὴ προφάσεις, σύμπλουν σύμ με λαβὼν ἀπάγου.

IV

ἡ τρυφερή μ' ἤγρευσε Κλεὼ τὰ γαλάκτιν', Ἄδωνι,　　2740
τῇ σῇ κοψαμένη στήθεα παννυχίδι.
εἰ δώσει κἀμοὶ ταύτην χάριν, ἢν ἀποπνεύσω,
μὴ προφάσεις, σύμπλουν σύν με λαβὼν †ἀγέτω.

V

Δωρίδα τὴν ῥοδόπυγον ὑπὲρ λεχέων διατείνας
ἄνθεσιν ἐν χλοεροῖς ἀθάνατος γέγονα.　　　　　2745
ἡ γὰρ ὑπερφυέεσσι μέσον διαβᾶσά με ποσσίν
ἤνυσεν ἀκλινέως τὸν Κύπριδος δόλιχον,
5　ὄμμασι νωθρὰ βλέπουσα· τὰ δ' ἠύτε πνεύματι φύλλα
ἀμφισαλευομένης ἔτρεμε πορφύρεα,
μέχρις ἀπεσπείσθη λευκὸν μένος ἀμφοτέροισιν,　　2750
καὶ Δωρὶς παρέτοις ἐξεχύθη μέλεσι.

VI

ὅρκος κοινὸν ἔρωτ' ἀνέθηκ' ἔμεν, ὅρκος ὁ πιστήν
Ἀρσινόης θέμενος Σωσιπάτρῳ φιλίην.

III A.P. 5. 53 (caret Pl) τοῦ αὐτοῦ [sc. Διοσκ.]　　4 προφάσεις
Desrousseaux: -σις P　　ἀπάγου Reiske: -γον P
IV A.P. 5. 193 (caret Pl) Διοσκορίδου　　1 τὰ Reiske: ἀ P
4 ἄπαγε Salmasius, ἀπάγου Gow
V A.P. 5. 55 (caret Pl) τοῦ αὐτοῦ [sc. Διοσκ.]　　4 ἤνυεν Pᵃᶜ
7 ἀπεσπείσθη P
VI A.P. 5. 52 (caret Pl) Διοσκορίδου　　1 ὅρκος ... ἀνέθηκ'
ἔμεν Page: ὅρκον ... ἀνεθήκαμεν P　　2 φιλίην C: -ίης P

ἀλλ' ἡ μὲν ψευδής, κενὰ δ' ὅρκια· τῷ δ' ἐφυλάχθη
ἵμερος· ἡ δὲ θεῶν οὐ φανερὴ δύναμις.　　　2755
5　θρήνους, ὦ Ὑμέναιε, παρὰ κληῖσιν ἀκούσαις
Ἀρσινόης παστῷ μεμψαμένους προδότῃ.

VII

μήποτε γαστροβαρῆ πρὸς σὸν λέχος ἀντιπρόσωπον
παιδογόνῳ κλίνῃς Κύπριδι τερπόμενος·
μεσσόθι γὰρ μέγα κῦμα, καὶ οὐκ ὀλίγος πόνος ἔσται　　　2760
τῆς μὲν ἐρεσσομένης σοῦ δὲ σαλευομένου.
5　ἀλλὰ πάλιν στρέψας ῥοδοειδέι τέρπεο πυγῇ,
τὴν ἄλοχον νομίσας ἀρσενόπαιδα Κύπριν.

VIII

ἐξέφυγον, Θεόδωρε, τὸ σὸν βάρος, ἀλλ' ὅσον εἶπα
"ἐξέφυγον τὸν ἐμὸν δαίμονα πικρότατον",
πικρότερός με κατέσχεν, Ἀριστοκράτει δὲ λατρεύων　　　2765
μυρία δεσπόσυνον καὶ τρίτον ἐκδέχομαι.

IX

Δημόφιλος τοιοῖσδε φιλήμασιν εἰ πρὸς ἐραστάς
χρήσεται ἀκμαίην, Κύπρι, καθ' ἡλικίην
ὡς ἐμὲ νῦν ἐφίλησεν ὁ νήπιος, οὐκέτι νύκτωρ　　　2770
ἥσυχα τῇ κείνου μητρὶ μενεῖ πρόθυρα.

5 παρὰ κλισίῃσιν vel φλιῇσιν Jacobs　　6 μεμψαμένους Reiske: -νος P
　VII　A.P. 5. 54 (caret Pl) τοῦ αὐτοῦ [sc. Διοσκ.]　　1 προσιὼν
Jacobs　　3 ὀλίγος Salmasius: ὀλιγο*ος P　　5 πάλιν Ap.B.:
πρὶν P　　6 ἀλόχου Desrousseaux
　VIII　A.P. 12. 169 (caret Pl) Διοσκορίδου　　1 εἶπας Meineke
　IX　A.P. 12. 14 (caret Pl) Διοσκορίδου　　2 Κύπρι Brunck: -ριν P

X

πυγὴν Σωσάρχοιο διέπλασεν Ἀμφιπολίτεω
μυελίνην παίζων ὁ βροτολοιγὸς Ἔρως,
Ζῆνα θέλων ἐρεθίξαι ὁθούνεκα τῶν Γανυμήδους
μηρῶν οἱ τούτου πουλὺ μελιχρότεροι.　　　2775

XI

τὸν καλὸν ὡς ἔλαβες κομίσαις πάλι πρός με θεωρόν　2776
Εὐφραγόρην, ἀνέμων πρηύτατε Ζέφυρε,
εἰς ὀλίγον στείλας μηνῶν μέτρον, ὡς καὶ ὁ μικρός
μυριέτης κέκριται τῷ φιλέοντι χρόνος.

XII

σπονδὴ καὶ λιβανωτὲ καὶ οἱ κρητῆρι μιγέντες　　　2780
δαίμονες, οἳ φιλίης τέρματ᾿ ἐμῆς ἔχετε,
ὑμέας, ὦ σεμνοί, μαρτύρομαι, οὓς ὁ μελίχρως
κοῦρος Ἀθήναιος πάντας ἐπωμόσατο

*　　*　　*　　*　　*　　*　　*　　*

XIII

βλέψον ἐς Ἑρμογένην πλήρει χερί, καὶ τάχα πρήξεις
παιδοκόραξ ὧν σοι θυμὸς ὀνειροπολεῖ,　　　2785
καὶ στυγνὴν ὀφρύων λύσεις τάσιν· ἢν δ᾿ ἁλιεύῃ
ὀρφανὸν ἀγκίστρου κύματι δοὺς κάλαμον,
5　ἕλξεις ἐκ λιμένος πολλὴν δρόσον, οὐδὲ γὰρ αἰδώς
οὐδ᾿ ἔλεος δαπάνῳ κόλλοπι συντρέφεται.

X A.P. 12. 37 (caret Pl) Διοσκορίδου　　　1 -πολίτεω Brunck:
-πονείτεω P　　　3 Γανυμήδου P
XI A.P. 12. 171 (caret Pl) τοῦ αὐτοῦ [sc. Διοσκ.]　　　3 στείλας
Gow: τίνας P
XII A.P. 12. 170 (caret Pl) τοῦ αὐτοῦ [sc. Διοσκ.]　　　1 οἱ Brunck:
ο P　　　4 Ἀθήναιος P　post h.v. lacunam statuit Jacobs
XIII A.P. 12. 42 (caret Pl) Διοσκορίδου　　　1 πλήρει Toup: -ρη P
3 ἁλιεύῃ Meineke: ἁλιθύηι P　　　5 λίμνης Brunck

XIV

ῥιπίδα τὴν μαλακοῖσιν ἀεὶ πρηεῖαν ἀήταις   2790
  Παρμενὶς ἡδίστη θῆκε παρ' Οὐρανίῃ,
ἐξ εὐνῆς δεκάτευμα· τὸ δ' ἡελίου βαρὺ θάλπος
  †ῇ ταιρ† μαλακοῖς ἐκτρέπεται Ζεφύροις.

XV

σᾶμα τόδ' οὐχὶ μάταιον ἐπ' ἀσπίδι παῖς ὁ Πολύττου
  Ὕλλος ἀπὸ Κρήτας θοῦρος ἀνὴρ ἔθετο,   2795
Γοργόνα τὰν λιθοεργὸν ὁμοῦ καὶ τριπλόα γοῦνα
  γραψάμενος· δήοις τοῦτο δ' ἔοικε λέγειν·
5   "ἀσπίδος ὦ κατ' ἐμᾶς πάλλων δόρυ, μὴ κατίδῃς με,
  καὶ φεῦγε τρισσοῖς τὸν ταχὺν ἄνδρα ποσίν."

XVI

Σάρδις Πεσσινόεντος ἀπὸ Φρυγὸς ἤθελ' ἱκέσθαι,   2800
  ἔκφρων μαινομένην δοὺς ἀνέμοισι τρίχα,
ἁγνὸς Ἄτυς Κυβέλης θαλαμηπόλος, ἄγρια δ' αὐτοῦ
  ἐψύχθη χαλεπῆς πνεύματα θευφορίης
5   ἑσπέριον στείχοντος ἀνὰ κνέφας, εἰς δὲ κάταντες
  ἄντρον ἔδυ νεύσας βαιὸν ἄπωθεν ὁδοῦ·   2805
τοῦ δὲ λέων ὦρουσε κατὰ στίβον, ἀνδράσι δεῖμα
  θαρσαλέοις, Γάλλῳ δ' οὐδ' ὀνομαστὸν ἄχος·
ὃς τότ' ἄναυδος ἔμεινε δέους ὕπο, καί τινος αὔρῃ
10   δαίμονος ἐς τὸν ἑὸν τύμπανον ἧκε χέρας,

XIV A.P. 6. 290 (caret Pl) Διοσκορίδου; Sud. s.v. ῥιπῆς [1] 2 θῆθε
P 3 τοῦ δ' Ppc 4 ἠδ' αἰεὶ Jacobs ἐκτρέπ- Salmasius:
ἐκπρέπ- P

XV A.P. 6. 126 (caret Pl) Διοσκορίδου; Sud. s.vv. θοῦρον [2], δήεις
[4 γρ. δ.] 1 τόδ' App. G.R.: τοι P 2 Ὕλλος Heyne: ἄλλος
PSud. 4 δήοις Tyrwhitt: δήεις PSud.; fort. δάοις 6 καὶ
Hecker: ἢ P

XVI A.P. 6. 220 (caret Pl) Διοσκορίδου; Sud. s.vv. ἐψύχθη, θεοφορία
[3–4], ὀνομαστός [7–8], τύμπανος [9–10], μυκήσαντος [11–12], θαλάμῃ,
λαλάγημα [15–16] 1 Πισσι- P 3 Ἄτυς C: Ἄτις P 5 στείχον-
τος C: -τας P 9 ἔμεινε C: ἔμει P

οὗ βαρὺ μυκήσαντος ὁ θαρσαλεώτερος ἄλλων   2810
τετραπόδων ἐλάφων ἔδραμεν ὀξύτερον,
τὸν βαρὺν οὐ μείνας ἀκοῇ ψόφον. ἐκ δ' ἐβόησεν
"Μῆτερ, Σαγγαρίου χείλεσι πὰρ ποταμοῦ
15 ἱρὴν σοὶ θαλάμην ζωάγρια καὶ λαλάγημα
τοῦτο τὸ θηρὶ φυγῆς αἴτιον ἀντίθεμαι."   2815

XVII

οὐ μὰ τόδε φθιμένων σέβας ὅρκιον αἵδε Λυκάμβεω,
εἰ λάχομεν στυγερὴν κληδόνα, θυγατέρες
οὔτε τι παρθενίην ᾐσχύναμεν οὔτε τοκῆας
οὔτε Πάρον, νήσων αἰπυτάτην ἱερῶν·
5 ἀλλὰ καθ' ἡμετέρης γενεῆς ῥιγηλὸν ὄνειδος   2820
φήμην τε στυγερὴν ἔφλυσεν Ἀρχίλοχος.
Ἀρχίλοχον, μὰ θεοὺς καὶ δαίμονας, οὔτ' ἐν ἀγυιαῖς
εἴδομεν οὔθ' Ἥρης ἐν μεγάλῳ τεμένει.
εἰ δ' ἦμεν μάχλοι καὶ ἀτάσθαλοι, οὐκ ἂν ἐκεῖνος
10 ἤθελεν ἐξ ἡμέων γνήσια τέκνα τεκεῖν.   2825

XVIII

ἥδιστον φιλέουσι νέοις προσανάκλιμ' ἐρώτων,
Σαπφώ, σὺν Μούσαις ἦ ῥά σε Πιερίη
ἢ Ἑλικὼν εὔκισσος ἴσα πνείουσαν ἐκείναις
κοσμεῖ τὴν Ἐρέσῳ Μοῦσαν ἐν Αἰολίδι,
5 ἢ καὶ Ὑμὴν Ὑμέναιος ἔχων εὐφεγγέα πεύκην   2830
σὺν σοὶ νυμφιδίων ἵσταθ' ὑπὲρ θαλάμων,

12 ἐλάφων C: δ' ἐλ- P   13 ἀκοῇ Salmasius: -ῆς P; -αῖς Jacobs
δ' ἐβόησεν Jacobs: δὲ βο∗νῆς P   14 Μῆτερ Salmasius: μητέρα P
16 θηρὶ φυγῆς Sud. (θαλ.) v.l.: θηροφυγῆς P
  XVII A.P. 7. 351, Pl^ [CPl] Διοσκορίδου (ad v. 7, tamquam epigr.
nov., ἀδέσποτον Pl)   2 εἰ λάχομεν Reiske: ἐλλάχομεν P, αἰ (in ras.)
λάχομεν Pl   4 ἱεράν C   6 ἤφλυσεν P
  XVIII A.P. 7. 407 (caret Pl) [C] Διοσκορίδου   1 προσανάκλιμ'
Salmasius: -κλιν' P   4 ἐν C: om. P   5 Ὑμὴν Reiske: ὑμῖν P

ἢ Κινύρεω νέον ἔρνος ὀδυρομένη Ἀφροδίτη
σύνθρηνος μακάρων ἱερὸν ἄλσος ὁρῇς.
πάντη, πότνια, χαῖρε θεοῖς ἴσα· σὰς γὰρ ἀοιδάς

10   ἀθανάτας ἔχομεν νῦν ἔτι θυγατέρας.   2835

XIX

Σμερδίη ὦ ἐπὶ Θρηκὶ τακεὶς καὶ ἐπ' ἔσχατον ὀστεῦν,
  κώμου καὶ πάσης κοίρανε παννυχίδος,
τερπνότατ' ὦ Μούσησιν Ἀνάκρεον, ὦ 'πὶ Βαθύλλῳ
  χλωρὸν ὑπὲρ κυλίκων πολλάκι δάκρυ χέας,

5   αὐτόματαί τοι κρῆναι ἀναβλύζοιεν ἀκρήτου   2840
  κὴκ μακάρων προχοαὶ νέκταρος ἀμβροσίου,
αὐτόματοι δὲ φέροιεν ἴον τὸ φιλέσπερον ἄνθος
  κῆποι, καὶ μαλακῇ μύρτα τρέφοιτο δρόσῳ,
ὄφρα καὶ ἐν Δηοῦς οἰνωμένος ἁβρὰ χορεύσῃς

10   βεβληκὼς χρυσέην χεῖρας ἐπ' Εὐρυπύλην.   2845

XX

Θέσπις ὅδε, τραγικὴν ὃς ἀνέπλασα πρῶτος ἀοιδήν
  κωμήταις νεαρὰς καινοτομῶν χάριτας,
Βάκχος ὅτε † τριθῦν κατάγοι χορὸν ᾧ τράγος ἆθλων†
  χὥττικὸς ἦν σύκων ἄρριχος ἆθλον ἔτι·

5   οἱ δὲ μεταπλάσσουσι νέοι τάδε· μυρίος αἰών   2850
  πολλὰ προσευρήσει χἄτερα, τἀμὰ δ' ἐμά.

9 ἴσα, σὰς γὰρ Reiske: ἴσας γὰρ C, γὰρ ἴσας P
  XIX   A.P. 7. 31 (caret Pl) Διοσκορίδου   1 Σμερδίη ὦ: Σμερ-
διηίωι C, -δηίωι P   2 παννυχίδος C^yp: πανδοχίης P   3 ὦ prius
suppl. Jacobs (-ότατε P)   5 tamquam epigr. alterius initium cum
lemmate Μελεάγρου P   τοι C: σοι P   ἀκρήτου Jacobs: -τον P   8 τρέ-
φοιτο Jacobs: -τε P   9 οἰνωμένος Salmasius: οἰνόμενος ναίων P
  XX   A.P. 7. 410 (caret Pl) [C] Διοσκορίδου   1 ἀνέπλασα Sal-
masius: -σε P   4 κάττικὸς Gow   ἆθλον Heinsius: -ος P   6 προσ-
ευρήσει Reiske: πρὸ σεῦ φήσει P   τἀμὰ Meineke: τ' ἄλλα C, τἄλλα P

DIOSCORIDES

XXI

Θέσπιδος εὕρεμα τοῦτο· τὰ δ' ἀγροιῶτιν ἀν' ὕλαν
παίγνια καὶ κώμους τούσδε τελειοτέρους
Αἰσχύλος ἐξύψωσεν, ὁ μὴ σμιλευτὰ χαράξας
γράμματα, χειμάρρῳ δ' οἷα καταρδόμενα,   2855
5 καὶ τὰ κατὰ σκηνὴν μετεκαίνισεν. ὦ στόμα πάντων
ἄξιον, ἀρχαίων ἦσθά τις ἡμιθέων.

XXII

— τύμβος ὅδ' ἔστ', ὤνθρωπε, Σοφοκλέος, ὃν παρὰ Μουσῶν
ἱρὴν παρθεσίην ἱερὸς ὢν ἔλαχον,
ὅς με τὸν ἐκ Φλιοῦντος ἔτι τρίβολον πατέοντα   2860
πρίνινον ἐς χρύσεον σχῆμα μεθηρμόσατο
5 καὶ λεπτὴν ἐνέδυσεν ἀλουργίδα. τοῦ δὲ θανόντος
εὔθετον ὀρχηστὴν τῇδ' ἀνέπαυσα πόδα.
— ὄλβιος ὡς ἀγαθὴν ἔλαχες στάσιν. ἡ δ' ἐνὶ χερσί
κούριμος, ἐκ ποίης ἦδε διδασκαλίης;   2865
— εἴτε σοι Ἀντιγόνην εἰπεῖν φίλον οὐκ ἂν ἁμάρτοις,
10 εἴτε καὶ Ἠλέκτραν· ἀμφότεραι γὰρ ἄκρον.

XXIII

κἠγὼ Σωσιθέου κομέω νέκυν, ὅσσον ἐν ἄστει
ἄλλος ἀπ' αὐθαίμων ἡμετέρων Σοφοκλῆν,
Σκιρτὸς ὁ πυρρογένειος· ἐκισσοφόρησε γὰρ ὡνήρ 2870
ἄξια Φλιασίων, ναὶ μὰ χορούς, Σατύρων,

XXI A.P. 7. 411 (caret Pl) [C] τοῦ αὐτοῦ [sc. Διοσκ.] 1 τὰ Reiske :
τὸ P fort. ὕλην 2 τοὺς ἀτελ- Salmasius 3 σμιλευτὰ Sal-
masius: σμιαευτα P 5 πάντως Dilthey 6 ἄξιον Dilthey:
δεξιὸν P
 XXII A.P. 7. 37, Pl^A [PPl] Διοσκορίδου 1 ὅδ' CPl: δ' ὅδ' P
ἔστ' ὤν- CPl: ἔστιν ἄν- P 2 παρθεσίην Brunck: -θενίην PPl ἔλαχεν
Pl 4 σχῆμα Brunck: σᾶμα P, σῆμα Pl 6 τῶιδε P 7 ἔλαχες
Salmasius: -χε PPl ἡ Lascaris: εἰ PPl 9 σοι Salmasius: σὸν PPl
 XXIII A.P. 7. 707 (caret Pl) [C] Διοσκορίδου 1 ἄστει J: -τη P
2 ἄλλος . . . Σοφοκλῆν Brunck: ἄλλον . . . Σοφοκλῆς P 3 πυρριγ- P

5 κἠμὲ τὸν ἐν καινοῖς τεθραμμένον ἤθεσιν ἤδη
   ἤγαγεν εἰς μνήμην πατρίδ' ἀναρχαΐσας·
   καὶ πάλιν εἰσώρμησα τὸν ἄρσενα Δωρίδι Μούσῃ
   ῥυθμόν, πρός τ' αὐδὴν ἑλκόμενος μεγάλην   2875
   †ἑπτά δέ μοι ἐρσων τύπος οὐχερὶ† καινοτομηθεὶς
10 τῇ φιλοκινδύνῳ φροντίδι Σωσιθέου.

XXIV

   τῷ κωμῳδογράφῳ, κούφη κόνι, τὸν φιλάγωνα
   κισσὸν ὑπὲρ τύμβου ζῶντα Μάχωνι φέροις·
   οὐ γὰρ ἔχεις κύφωνα παλίμπλυτον, ἀλλά τι τέχνης   2880
   ἄξιον ἀρχαίης λείψανον ἠμφίεσας.
5 τοῦτο δ' ὁ πρέσβυς ἐρεῖ· "Κέκροπος πόλι, καὶ παρὰ Νείλῳ
   ἔστιν ὅτ' ἐν Μούσαις δριμὺ πέφυκε θύμον."

XXV

   βάλλεθ' ὑπὲρ τύμβου πολιὰ κρίνα, καὶ τὰ συνήθη
   τύμπαν' ἐπὶ στήλῃ ῥήσσετ' Ἀλεξιμένους,   2885
   καὶ περιδινήσασθε μακρῆς ἀνελίγματα χαίτης
   Στρυμονίην, ἄφετοι Θυιάδες, ἀμφὶ πόλιν,
5 ἢ γλυκερὰ πνεύσαντος ἐφ' ὑμετέροισιν † ἀδάπταις†
   πολλάκι πρὸς μαλακοὺς τοῦδ' ἐχόρευε νόμους.

6 ἀναρχαΐσας C: -χαίας P; πατρίδος ἀρχαΐσας Gow   7 πάλιν
Reiske: πόλιν P   9 εὐαδέ μοι θύρσων κτύπος Salmasius
   XXIV A.P. 7. 708 (caret Pl) [C] Διοσκορίδου; Athen. 6. 241ᶠ s.a.n.
2 ζῶντι Athen.   Μάχωνα P   3 ἔχεις κύφωνα Gow: ἔχεις κηφῆνα
Athen., ἔχει σφῆναγε P   ἀλλά τι P: ἀλλ' ἄρα Athen.   τέχναι P   4 ἀμ-
φίεσαι Athen.   5 τοῦ τόδε πρέσβυς P   πόλει Athen.   6 θύμον
Ap.B.: θυμός P, φυτόν Athen.
   XXV A.P. 7. 485 [C] τοῦ αὐτοῦ [sc. Διοσκ.], Plᴮ Διοσκουρίδου
2 ῥήσσετ' CPl: ῥήσε P   Ἀλεξιμένευς (ex Ἀναξιμ-) Pl, Ἀλεξαμένους P
5 πνεύσαντος Lascaris: -τες PPl   ὑμετ- Plan. edd. vett.: ἡμετ- PPl
ἀ δάπταις (ex ὢ δ.?) C, ἀήταις Cʸᵖ, αδαπταις nullo accentu Pl; -ραις ποτὲ
δαίταις Jacobs   6 τοῦδ' Lascaris: τοῦσδ' PPl   ἐχόρευσε Pl

XXVI

τῆς Σαμίης τὸ μνῆμα Φιλαινίδος· ἀλλὰ προσειπεῖν   2890
τλῆθί με, καὶ στήλης πλησίον, ὦνερ, ἴθι.
οὐκ εἴμ᾽ ἡ τὰ γυναιξὶν ἀναγράψασα προσάντη
ἔργα καὶ Αἰσχύνην οὐ νομίσασα θεόν,
5 ἀλλὰ φιλαιδήμων, ναὶ ἐμὸν τάφον. εἰ δέ τις ἡμέας
αἰσχύνων λαμυρὴν ἔπλασεν ἱστορίην,   2895
τοῦ μὲν ἀναπτύξαι χρόνος οὔνομα, τἀμὰ δὲ λυγρήν
ὀστέα τερφθείη κληδόν᾽ ἀπωσαμένης.

XXVII

πέντε κόρας καὶ πέντε Βιὼ Διδύμωνι τεκοῦσα
ἄρσενας οὐδὲ μιᾶς οὐδ᾽ ἑνὸς ὠνάσατο·
ἡ †μὲν ἀρίστη οὖσα† καὶ εὔτεκνος, οὐχ ὑπὸ παίδων,   2900
ὀθνείαις δ᾽ ἐτάφη χερσὶ θανοῦσα Βιώ.

XXVIII

Εὐφράτην μὴ καῖε, Φιλώνυμε, μηδὲ μιήνῃς
πῦρ ἐπ᾽ ἐμοί. Πέρσης εἰμὶ καὶ ἐκ πατέρων,
Πέρσης αὐθιγενής, ναὶ δέσποτα, πῦρ δὲ μιῆναι
ἡμῖν τοῦ χαλεποῦ πικρότερον θανάτου·   2905
5 ἀλλὰ περιστείλας με δίδου χθονί, μηδ᾽ ἐπὶ νεκρῷ
λουτρὰ χέῃς· σέβομαι, δέσποτα, καὶ ποταμούς.

XXVI A.P. 7. 450[1] (caret Pl), denuoque[2] in marg. iuxta 7. 345
scr. C utroque loco [C] Διοσκορίδου   1 μνᾶμα C[2]   3 προσ-
άντη C[1,2]: -τα P   6 λαμυρὴν C[1,2]: -ρὰν P   7 λυγρήν
Meincke: -ρὰ PC   cf. Aeschrion I
XXVII A.P. 7. 484 (caret Pl) [C] Διοσκορίδου   1 et 4 βιωι
P   2 ὠνάσατο Ap.B.: ὠνόσ- P   3 e.g. μέγ᾽ ἀρίστη (Reiske)
ἐοῦσα (Jacobs)
XXVIII A.P. 7. 162, Pl[A] [CPl] Διοσκορίδου; Sud. s.v. αὐθιγενής
[2-4]   2 καὶ CPlSud.: om. P

DIOSCORIDES

XXIX

τὴν τίτθην Ἱέρων Σιληνίδα, τὴν ὅτε πίνοι
ζωρὸν ὑπ' οὐδεμιῆς θλιβομένην κύλικος,
ἀγρῶν ἐντὸς ἔθηκεν, ἵν' ἡ φιλάκρητος ἐκείνη
καὶ φθιμένη ληνῶν γείτονα τύμβον ἔχοι.   2910

XXX

τᾷ Πιτάνᾳ Θρασύβουλος ἐπ' ἀσπίδος ἦλυθεν ἄπνους,
ἑπτὰ πρὸς Ἀργείων τραύματα δεξάμενος,
δεικνὺς πρόσθια πάντα· τὸν αἱματόεντα δ' ὁ πρέσβυς
παῖδ' ἐπὶ πυρκαϊὴν Τύννιχος εἶπε τιθείς   2915
5   "δειλοὶ κλαιέσθωσαν· ἐγὼ δὲ σέ, τέκνον, ἄδακρυς
θάψω, τὸν καὶ ἐμὸν καὶ Λακεδαιμόνιον."

XXXI

— τίς τὰ νεοσκύλευτα ποτὶ δρυῒ τᾷδε καθᾶψεν
ἔντεα; τῶ πέλτα Δωρὶς ἀναγράφεται;
πλάθει γὰρ Θυρεᾶτις ὑφ' αἵματος ἅδε λοχιτᾶν,   2920
χάμες ἀπ' Ἀργείων τοὶ δύο λειπόμεθα.
5   — πάντα νέκυν μάστευε δεδουπότα, μή τις ἔτ' ἔμπνους
λειπόμενος Σπάρτᾳ κῦδος ἔλαμψε νόθον.
— ἴσχε βάσιν, νίκα γὰρ ἐπ' ἀσπίδος ὧδε Λακώνων
φωνεῖται θρόμβοις αἵματος Ὀθρυάδα.   2925
— χὢ τόδε μοχθήσας σπαίρει πέλας. ἆ πρόπατορ Ζεῦ,
10   στύξον ἀνικάτου σύμβολα φυλόπιδος.

XXIX A.P. 7. 456, Plᴬ [CPl] Διοσκορίδου   1 Σειλ- PPl
4 φθιμένη C: -ην Pl et ut vid. P   ληνὸν . . . ἔχει P
XXX A.P. 7. 229¹, denuoque² post 7. 721, Plᴬ [C¹·² Pl] Διοσκορίδου;
Plut. mor. 234f s.a.n.   1 τᾶι Πιτάναι P¹Pl : τὰν Πιτάναν Plut., οὐκ
ἐπὶ τήνας C² (τάνας P²)   3 πρόσθια πάντα P¹ : ἀντία πάντα C² Plut.,
ἀντί' ἅπαντα P²   4 θεὶς ἐπὶ πυρκ. T. εἶπε τάδε Plut.   πυρκαιῆς Pl;
fort. πυρκαϊὰν εἶπε φέρων P²
XXXI A.P. 7. 430 (caret Pl) [C] Διοσκορίδου   1 τᾷδε Brunck :
τῇδε P   καθῆψεν C   2 τῶ Reiske   3 λοχιτῶν C   7 ὧδε Brunck :
ἅδε P   9 πρόπατορ Meineke : -τερ P   10 ἀνικάτω Jacobs

191

XXXII

εἰς δηίων πέμψασα λόχους Δημαινέτη ὀκτώ
παῖδας, ὑπὸ στήλῃ πάντας ἔθαπτε μιᾷ·
δάκρυα δ' οὐκ ἔρρηξ' ἐπὶ πένθεσιν, ἀλλὰ τόδ' εἶπεν   2930
μοῦνον· "ἰὼ Σπάρτα, σοὶ τέκνα ταῦτ' ἔτεκον."

XXXIII

ἐμπορίης λήξαντα Φιλόκριτον, ἄρτι δ' ἀρότρου
γευόμενον, ξείνῳ Μέμφις ἔκρυψε τάφῳ,
ἔνθα δραμὼν Νείλοιο πολὺς ρόος ὕδατι λάβρῳ
τἀνδρὸς τὴν ὀλίγην βῶλον ἀπημφίασε·   2935
5   καὶ ζωὸς μὲν ἔφευγε πικρὴν ἅλα, νῦν δὲ καλυφθεὶς
κύμασι ναυηγὸν σχέτλιος ἔσχε τάφον.

XXXIV

αὖλιν Ἀρισταγόρεω καὶ κτήματα μυρίος ἀρθείς,
Νεῖλε, μετ' εἰκαίης ἐξεφόρησας ὁδοῦ·
αὐτὸς δ' οἰκείης ὁ γέρων ἐπενήξατο βώλου   2940
ναυηγός, πάσης ἐλπίδος ὀλλυμένης,
5   γείτονος ἡμίθραυστον ἐπ' αὔλιον, "ὦ πολύς", εἶπας,
"μόχθος ἐμὸς πολιῆς τ' ἔργα περισσὰ χερός,
ὕδωρ πᾶν ἐγένεσθε· τὸ δὲ γλυκὺ τοῦτο γεωργοῖς
κῦμ' ἐπ' Ἀρισταγόρην ἔδραμε πικρότατον."   2945

XXXV

αὖλοι τοῦ Φρυγὸς ἔργον Ὑάγνιδος, ἡνίκα Μήτηρ
ἱερὰ τὰν Κυβέλοις πρῶτ' ἀνέδειξε θεῶν,

XXXII   A.P. 7. 434 [C] Διοσκόρου, Pl^A Διοσκορίδου   4 ἰὼ
schol. Bern.: ὦ PPl
XXXIII   A.P. 7. 76, Pl ^{A.B} [PPl^{A.B}] Διοσκορίδου   2 ξείνη Pl^B
3 Νείλου ὁ P   λαύρῳ Pl^A   6 κύμασι CPl: ἠμ- P   τάφον CPl: -ος P
XXXIV   A.P. 9. 568, Pl^A [PPl] Διοσκορίδου   7 γεωγος P
XXXV   A.P. 9. 340 (caret Pl) [C] Διοσκορίδου

καὶ πρὸς ἑὸν φώνημα καλὴν ἀνελύσατο χαίτην
ἔκφρων Ἰδαίης ἀμφίπολος θαλάμης·
5 εἰ δὲ Κελαινίτης ποιμὴν πάρος †οὔ*περ† ἀείσας   2950
ἐγνώσθη, Φοίβου κεῖνον ἔδειρεν ἔρις.

XXXVI

Γάλλον Ἀρισταγόρης ὠρχήσατο, τοὺς δὲ φιλόπλους
Τημενίδας ὁ καμὼν πολλὰ διῆλθον ἐγώ·
χὠ μὲν τιμηθεὶς ἀπεπέμπετο, τὴν δὲ τάλαιναν
Ὑρνηθὼ κροτάλων εἰς ψόφος ἐξέβαλεν.   2955
5 εἰς πῦρ ἡρώων ἴτε πρήξιες, ἐν γὰρ ἀμούσοις
καὶ κόρυδος κύκνου φθέγξετ᾽ ἀοιδότερον.

XXXVII

οὐκέτ᾽ Ἀλεξανδρεῦσι τὰ τίμια, χὠ Πτολεμαίου
Μόσχος ἐν ἠιθέοις λαμπάδι κῦδος ἔχει,
ὁ Πτολεμαίου Μόσχος, ἰὼ πόλι· ποῦ δὲ τὰ μητρός·   2960
αἴσχεα πανδήμου τ᾽ ἐργασίαι τέγεος;
5 ποῦ δὲ [   ] συφόρβια; τίκτετε, πόρναι,
τίκτετε, τῷ Μόσχου πειθόμεναι στεφάνῳ.

XXXVIII

Λυδὸς ἐγώ, ναὶ Λυδός, ἐλευθερίῳ δέ με τύμβῳ,
δέσποτα, Τιμάνθη τὸν σὸν ἔθευ τροφέα.
εὐαίων ἀσινῆ τείνοις βίον· ἢν δ᾽ ὑπὸ γήρως   2965
πρός με μόλῃς, σὸς ἐγώ, δέσποτα, κἤν Ἀίδῃ.

3 ἑὸν Bothe: ἐμὸν P   ἀνελύσατο Reiske: ἀνεδύσ- C, ἐνεδύσ- P   χαίτην
Hecker: -ταν P   6 ἐγνώσθη Reiske: -ώθη P   ἔδειρεν Paton: ἔδειξεν P
XXXVI A.P. 11. 195¹, denuoque² post 11. 361, Plᴬ [P¹·²Pl] Διοσκο-
ρίδου   2 Τιμεν- P¹Pl   3 τιμήεις P²   4 κροτάλω P¹   εἰς
φόβος P²   5 ἡρώων ὁ πολὺς πόνος P²   6 φθέγξατ᾽ Pl, φθέγγετ᾽ P²
XXXVII A.P. 11. 363 (caret Pl) Διοσκορίδου   4 πανδήμου
Jacobs: -μοί P   5 e.g. ⟨πατρὸς ῥυπόωντα⟩ suppl. Gow
XXXVIII A.P. 7. 178, Plᴬ [CPl] Διοσκορίδου [C]Νικοπολίτου
1 δοῦλος supra Λυδὸς utroque loco PPl   3 εὐαίων Brunck: -ων᾽
PPl   4 κεὶν C

DIOSCORIDES

XXXIX

τὴν γοεραῖς πνεύσασαν ἐν ὠδίνεσσι Λαμίσκην
ὕστατα, Νικαρέτης παῖδα καὶ Εὐπόλιδος,
σὺν βρέφεσιν διδύμοις, Σαμίην γένος, αἱ παρὰ Νείλῳ   2970
κρύπτουσιν Λιβύης ἠόνες εἰκοσέτιν.
5   ἀλλά, κόραι, τῇ παιδὶ λεχώια δῶρα φέρουσαι
θερμὰ κατὰ ψυχροῦ δάκρυα χεῖτε τάφου.

XL

Ἀρχέλεώ με δάμαρτα Πολυξείνην, Θεοδέκτου
παῖδα καὶ αἰνοπαθοῦς, ἔννεπε, Δημαρέτης,
ὅσσον ἐπ᾽ ὠδῖσιν καὶ μητέρα· παῖδα δὲ δαίμων   2975
ἔφθασεν οὐδ᾽ αὐτῶν εἴκοσιν ἠελίων·
5   ὀκτωκαιδεκέτις δ᾽ αὐτὴ θάνον, ἄρτι τεκοῦσα,
ἄρτι δὲ καὶ νύμφη, πάντ᾽ ὀλιγοχρόνιος.

NICAENETUS

I

ἡρῷσσαι Λιβύων, ὄρος ἄκριτον αἵτε νέμεσθε,   2980
αἰγίδι καὶ στρεπτοῖς ζωσάμεναι θυσάνοις,
τέκνα θεῶν, δέξασθε Φιλήτιδος ἱερὰ ταῦτα
δράγματα καὶ χλωροὺς ἐκ καλάμης στεφάνους,
ἅσσ᾽ ἀπὸ λικμητοῦ δεκατεύεται· ἀλλὰ καὶ οὕτως,
5   ἡρῷσσαι Λιβύων, χαίρετε δεσπότιδες.
     2985

XXXIX A.P. 7. 166, Plᴬ [CPl] Διοσκορίδου, οἱ δὲ Νικάρχου; Sud.
s.v. λεχώια [5–6]   3 βρέφ- CPl: φρέφ- P   παρὰ Pl: πρὰ P
XL A.P. 7. 167, Plᴬ [CPlᴬ] τοῦ αὐτοῦ [sc. Διοσκ.], οἱ δὲ Ἑκαταίου
Θασίου; Sud. s.v. παντολιγοχρόνιος [6]   1 Ἀρχ- CPl: Αἰχ- P
-δεύκτου P   3 δὲ Brunck: τε PPl   4 οὐδ᾽ ἀντῶντ᾽ Stadtmueller
5 -δεκέτης Plˢˢᶜʳ

NICAENETUS I A.P. 6. 225 (caret Pl) Νικαινέτου   5 ἅσσ᾽ C: ὡς P

II

ἠρίον εἰμὶ Βίτωνος, ὁδοιπόρε· εἰ δὲ Τορώνην   2986
λείπων εἰς αὐτὴν ἔρχεαι Ἀμφίπολιν,
εἰπεῖν Νικαγόρᾳ παίδων ὅτι τὸν μόνον αὐτῷ
Στρυμονίης Ἐρίφων ὤλεσε πανδυσίῃ.

III

αὐτόθεν ὀστράκινόν με καὶ ἐν ποσὶ γήινον Ἑρμῆν   2990
ἔπλασεν ἀψῖδος κύκλος ἑλισσόμενος.
πηλὸς ἐφυράθην, οὐ ψεύσομαι· ἀλλ' ἐφίλησα,
ὦ ξεῖν', ὀστρακέων δύσμορον ἐργασίην.

IV

οὐκ ἐθέλω, Φιλόθηρε, κατὰ πτόλιν ἀλλὰ παρ' Ἥρῃ
δαίνυσθαι Ζεφύρου πνεύμασι τερπόμενος.   2995
ἀρκεῖ μοι λιτὴ μὲν ὑπὸ πλευροῖσι χάμευνα,
ἐγγύθι γὰρ προμάλου δέμνιον ἐνδαπίης
5   καὶ λύγος, ἀρχαῖον Καρῶν στέφος. ἀλλὰ φερέσθω
οἶνος καὶ Μουσέων ἡ χαρίεσσα λύρη,
θυμῆρες πίνοντες ὅπως Διὸς εὐκλέα νύμφην   3000
μέλπωμεν, νήσου δεσπότιν ἡμετέρης.

II A.P. 7. 502, Pl^A [CPl] Νικαινέτου   4 πανδυσίῃ CPl: παν-
συδίῃ P
III A. Plan. (Pl^A) 191 Νικαινέτου   3 ἐφυρήθην Gow   4 ξεῖν'
Brunck: ξένε Pl
IV Athen. 15. 673^b Νικαίνετος   3 λιτὴ Dindorf: αιτη Athen.
4 ἐγγύθι Dindorf: -ύοι Athen.   6 Μουσέων Page: -σῶν Athen.

V

οἶνός τοι χαρίεντι πέλει ταχὺς ἵππος ἀοιδῷ,
ὕδωρ δὲ πίνων οὐδὲν ἂν τέκοις σοφόν.
τοῦτ' ἔλεγεν, Διόνυσε, καὶ ἔπνεεν οὐχ ἑνὸς ἀσκοῦ
Κρατῖνος, ἀλλὰ παντὸς ὠδώδει πίθου.   3005
5   τοιγὰρ ὑπὸ στεφάνοις μέγας ἔβρυεν, εἶχε δὲ κισσῷ
μέτωπον ὥσπερ καὶ σὺ κεκροκωμένον.

PHAEDIMUS

I

Ἄρτεμι, σοὶ τὰ πέδιλα Κιχησίου εἴσατο υἱός
καὶ πέπλων ὀλίγον πτύγμα Θεμιστοδίκη,
οὕνεκά οἱ πρηεῖα λεχοῖ δισσὰς ὑπερέσχες   3010
χεῖρας ἄτερ τόξου, πότνια, νισομένη.
5   Ἄρτεμι, νηπίαχον δὲ καὶ εἰσέτι παῖδα Λέοντος
νεῦσον ἰδεῖν κοῦρον γυῖ' ἐπαεξόμενον.

II

Καλλίστρατός σοι, Ζηνὸς ὦ διάκτορε,
ἔθηκε μορφῆς ξυνὸν ἥλικος τύπον.   3015
Κηφισιεὺς ὁ κοῦρος· ᾧ χαρείς, ἄναξ,
Ἀπολλοδώρου παῖδα καὶ πάτραν σάω.

V   A.P. 13. 29 Νικαινέτου, Pl[B] Νικηράτου; Athen. (E) 2. 39[c] s.a.n.;
Zenob. 6. 22 [1-2] τοῦτο Δημητρίου τοῦ Ἁλικαρνασέως φασὶν εἶναι; Phot.,
Sud., Apostol., Arsen. s.v. ὕδωρ, οἱ μὲν Ἀσκληπιάδου οἱ δὲ Θεαιτήτου
φασίν [2]   1 μέγας πέλει ἵππος Pl, πέλει μέγας ἵππος Athen.
2 οὐδὲν ἂν τέκοι σοφόν P, χρηστὸν οὐδὲν ἂν τέκοις Athen. Zen. Phot. Sud.
Ap. Ars., καλὸν οὐ τέκοις ἔπος Pl   3 ταῦτ' Pl, Athen.   ἔπινεν P
4 ὠδωδὼς Pl   5-6 corrupti in Athen. (τοιγαροῦν στεφάνων δόμος . . .
κιττῷ παρὰ μέτ.)   6 οἷα καὶ Athen.

PHAEDIMUS I   A.P. 6. 271 (caret Pl) Φαιδίμου; Sud. s.vv. πτύγμα [2],
λεχώ [3-4]   2 Θεμιστοδίκη CSud.: -δόκη P   6 γυῖ' ἐπαεξό-
μενον Meineke: υἱέ' ἀεξ- P
II   A.P. 13. 2 (caret Pl) Φαιδίμου   3 χαρείς Bentley: χάρις P

III

τόξον μὲν ᾧ γίγαντος ὤλεσας σθένος
ἴσχε βίης, Ἑκάεργ᾽ †ἀνάσσων.
οὔ σοι φαρέτρη λύεται λυκοκτόνος,   3020
τόνδε δ᾽ ἐπ᾽ ἠιθέοις ὀιστόν
5   στρέφειν Ἔρωτος, τόφρ᾽ ἀλέξωνται πάτρῃ
θαρσαλέοι φιλότητι κούρων
†πυρὸς γὰρ ἀλκή†, καὶ θεῶν ὑπέρτατος
αἰὲν ὅδε προμάχους ἀέξειν.   3025
Μελιστίωνος δ᾽, ὦ πατρώιον σέβας
10   Σχοινιέων, ἐπίηρα δέχθαι.

IV

αἰάζω Πολύανθον, ὃν εὐνέτις, ὦ παραμείβων,
νυμφίον ἐν τύμβῳ θῆκεν Ἀρισταγόρη,
δεξαμένη σποδιήν τε καὶ ὀστέα· τὸν δὲ δυσαὲς   3030
ὤλεσεν Αἰγαίου κῦμα περὶ Σκίαθον,
5   δύσμορον, ὀρθρινοί μιν ἐπεὶ νέκυν ἰχθυβολῆες,
ξεῖνε, Τορωναίων εἵλκυσαν ἐς λιμένα.

RHIANUS

I [2D.]

Ὧραί σοι Χάριτές τε κατὰ γλυκὺ χεῦαν ἔλαιον,
ὦ πυγά, κνώσσειν δ᾽ οὐδὲ γέροντας ἐᾷς.   3035
λέξον μοι, τίνος ἐσσί, μάκαιρα τύ, καὶ τίνα παίδων
κοσμεῖς; ἁ πυγὰ δ᾽ εἶπε "Μενεκράτεος".

III   A.P. 13. 22 (caret Pl) Φαιδίμου   2 βιοῦ Maehly   3 οὔ σοι
Brunck: οὔ οἱ P   4 τοῖσδε Hecker   ὀιστόν Jacobs: -τρον P
5 πάτρῃ Salmasius: -ρης P   6 φιλότητι Gow: -τατι P   7 πυροῖ
γὰρ ἀλκήν Paton   10 Σχοινιέων Salmasius: -νέων P
IV   A.P. 7. 739 (caret Pl) [C] Φαιδίμου   2 Ἀρισταγόρη
Heringa: -ην P   5 μιν Reiske: μὲν P
RHIANUS I   A.P. 12. 38 (caret Pl) Ῥιανοῦ

II [3D.]

ἡ Τροιζὴν ἀγαθὴ κουροτρόφος· οὐκ ἂν ἁμάρτοις
αἰνήσας παίδων οὐδὲ τὸν ὑστάτιον.
τόσσον δ' Ἐμπεδοκλῆς φανερώτερος, ὅσσον ἐν ἄλλοις   3040
ἄνθεσιν εἰαρινοῖς καλὸν ἔλαμψε ῥόδον.

III [4D.]

οἱ παῖδες λαβύρινθος ἀνέξοδος· ἢ γὰρ ἂν ὄμμα
ῥίψῃς, ὡς ἰξῷ τοῦτο προσαμπέχεται·
τῇ μὲν γὰρ Θεόδωρος ἄγει ποτὶ πίονα σαρκός
ἀκμὴν καὶ γυίων ἄνθος ἀκηράσιον,   3045
5   τῇ δὲ Φιλοκλῆος χρύσεον ῥέθος, ὅς τε καθ' ὕψος
οὐ μέγας, οὐρανίη δ' ἀμφιτέθηλε χάρις.
ἢν δ' ἐπὶ Λεπτίνεω στρέψῃς δέμας, οὐκέτι γυῖα
κινήσεις, ἀλύτῳ δ' ὡς ἀδάμαντι μενεῖς
ἴχνια κολληθείς, τοῖον σέλας ὄμμασιν αὔθει   3050
10 κούρου κὰς νεάτους ἐκ κορυφῆς ὄνυχας.
χαίρετε, καλοὶ παῖδες, ἐς ἀκμαίην δὲ μόλοιτε
ἥβην καὶ λευκὴν ἀμφιέσαισθε κόμην.

IV [5D.]

ἦ ῥά νύ τοι, Κλεόνικε, δι' ἀτραπιτοῖο κιόντι
στεινῆς ἤντησαν ταὶ λιπαραὶ Χάριτες,   3055
καί σε ποτὶ ῥοδόεσσιν ἐπηχύναντο χέρεσσιν,
κοῦρε, πεποίησαι δ' ἡλίκος ἐσσὶ χάριν.

II A.P. 12. 58 (caret Pl) ʽΡιανοῦ, Syll.S   1 ἡ Τροιζ. Preisen-
danz   2 αἰνήσας Salmasius: αἰτήσας Syll., δονήσας P
III A.P. 12. 93 (caret Pl) ʽΡιανοῦ   2 ῥίψῃς ὡς Reiske: ρίψως
P   5 χρύσειον P   τε Brunck: τὸ P   6 οὐρανίη Brunck: -ίης P
7 Λεπτήνεω P   10 κούρου Page: κούρος P   κὰς Brunck: καὶ P
11 μόλοιτε Elmsley: -λεῖτε P   12 ἀμφιέσαισθε Elmsley: -σεσθε P
IV A.P. 12. 121 (caret Pl) ʽΡιανοῦ   1 ἦ ῥά νύ τοι Jacobs: ηραν
υπο P   4 χάριν Brunck: -ρις P

5 τηλόθι μοι μάλα χαῖρε, πυρὸς δ' οὐκ ἀσφαλὲς ἆσσον
ἕρπειν αὐηρήν, ἆ φίλος, ἀνθερίκην.

V [7D.]

ἀγρεύσας τὸν νεβρὸν ἀπώλεσα· χὡ μὲν ἀνατλάς   3060
μυρία καὶ στήσας δίκτυα καὶ στάλικας
σὺν κενεαῖς χείρεσσιν ἀπέρχομαι, οἱ δ' ἀμογητί
τἀμὰ φέρουσιν, Ἔρως· οἷς σὺ γένοιο βαρύς.

VI [8D.]

τὸ ῥόπαλον τῷ Πανὶ καὶ ἰοβόλον Πολύαινος
τόξον καὶ κάπρου τοῦσδε καθᾶψε πόδας,   3065
καὶ ταύταν γωρυτὸν ἐπαυχένιόν τε κυνάγχαν
θῆκεν, ὀρειάρχᾳ δῶρα συαγρεσίας.
5 ἀλλ', ὦ Πὰν σκοπιῆτα, καὶ εἰσοπίσω Πολύαινον
εὔαγρον πέμποις υἱέα Σημύλεω.

VII [9D.]

Ἀρχυλὶς ἡ Φρυγίη θαλαμηπόλος, ἡ περὶ πεύκας   3070
πολλάκι τοὺς ἱεροὺς χευαμένη πλοκάμους,
γαλλαίῳ Κυβέλης ὀλολύγματι πολλάκι δοῦσα
τὸν βαρὺν εἰς ἀκοὰς ἦχον ἀπὸ στομάτων,
5 τάσδε θεῇ χαίτας περὶ δικλίδι θῆκεν ὀρείῃ,
θερμὸν ἐπεὶ λύσσης ὧδ' ἀνέπαυσε πόδα.   3075

6 ἀνθερίκην Gow (-καν Brunck): ἀθερίκαν P
  V A.P. 12. 146 (caret Pl) Ῥιανοῦ   3 ἀμόγητοι P
  VI A.P. 6. 34 (caret Pl) [PC] Ῥιανοῦ   3 ἐπαυχ- C: ὑπαυχ- ?P
κυνάγχαν Alberti: κυνακτὰν C, καὶ νακτὰν P   4 συαγρεσίας Gow:
-ίης P   5–6 om. P, add. C marg.   6 Σημύλεο C
  VII A.P. 6. 173 (caret Pl) Ῥιανοῦ; Sud. s.vv. θαλαμηπόλος [1–2],
Γαλλαίῳ [3–6], Κυβελίοις [3 Γ. Κ. ὁ.], ὀρεία [5]   1 Ἀρχυλὶς Ap.L.:
Ἀχρυλὶς PSud.   5 ὀρείη Powell: -είαι PSud.

VIII [10D.]

παῖς Ἀσκληπιάδεω καλῷ καλὸν εἴσατο Φοίβῳ   3076
  Γόργος ἀφ' ἱμερτᾶς τοῦτο γέρας κεφαλᾶς·
Φοῖβε, σὺ δ' ἵλαος, Δελφίνιε, κοῦρον ἀέξοις
  εὔμοιρον λευκὴν ἄχρις ἐφ' ἡλικίην.

IX [1D.]

ἥμισυ μὲν πίσσης κωνίτιδος, ἥμισυ δ' οἴνου,   3080
  Ἀρχῖν', ἀτρεκέως ἥδε λάγυνος ἔχει,
λεπτοτέρης δ' οὐκ οἶδ' ἐρίφου κρέα· πλὴν ὅ γε πέμψας
  αἰνεῖσθαι πάντων ἄξιος Ἱπποκράτης.

X [6D.]

ἰξῷ Δεξιόνικος ὑπὸ χλωρῇ πλατανίστῳ
  κόσσυφον ἀγρεύσας εἷλε κατὰ πτερύγων·   3085
χὠ μὲν ἀναστενάχων ἀπεκώκυεν ἱερὸς ὄρνις,
  ἀλλ' ἐγώ, ὦ φίλ' Ἔρως καὶ θαλεραὶ Χάριτες,
εἴην καὶ κίχλη καὶ κόσσυφος, ὡς ἂν ἐκείνου
  ἐν χερὶ καὶ φθογγὴν καὶ γλυκὺ δάκρυ βάλω.

5

THEODORIDAS

I

ἅλικες αἵ τε κόμαι καὶ ὁ Κρωβύλος, ἃς ἀπὸ Φοίβῳ   3090
  πέξατο μολπαστᾷ κῶρος ὁ τετραέτης,

VIII   A.P. 6. 278 (caret Pl) Ῥιανοῦ   3 ἀέξοις C: -ξεις P
IX   Athen. 11. 499ᵈ Ῥιανός   1 κωνίτιδος Toup: κωπί- Athen.
3 κρέα Meineke: κρέας Athen.
X   A.P. 12. 142 (caret Pl) ὡς Ῥιανοῦ   4 ὦ Brunck: ὁ P

THEODORIDAS I   A.P. 6. 155, Plᴬ Θεοδωρίδα; Sud. s.vv. κρωβύλος [1-2],
πλακόεις [3-4 καὶ τὸν πλακ. πίον τυρ.], τυροφόρον [3-4], ὕπερθεν [6]
2 παίξατο P, πλέξ- P marg., Sud. v.l.   μολπαστᾷ CPl, Sud. v.l.: -τὰ
P, Sud. v.l.   κῶρος Scaliger: κῶμος PPlSud.

αἰχμητὰν δ' ἐπέθυσεν ἀλέκτορα καὶ πλακόεντα
παῖς Ἡγησιδίκου πίονα τυροφόρον.
5 ὤπολλον, θείης τὸν Κρωβύλον εἰς τέλος ἄνδρα
οἴκου καὶ κτεάνων χεῖρας ὕπερθεν ἔχειν.   3095

II

καλῷ σὺν τέττιγι Χαρισθένιος τρίχα τήνδε   3096
κουρόσυνον κούραις θῆκ' Ἀμαρυνθιάσι
σὺν βοῖ χερνιφθέντι· παῖς δ' ἴσον ἀστέρι λάμπει,
πωλικὸν ὡς ἵππος χνοῦν ἀποσεισάμενος.

III

Ἄρτεμις, ἡ Γόργοιο φύλαξ κτεάνων τε καὶ ἀγροῦ,   3100
τόξῳ μὲν κλῶπας βάλλε, σάου δὲ φίλους,
καί σοι ἐπιρρέξει Γόργος χιμάροιο νομαίης
αἷμα καὶ ὡραίους ἄρνας ἐπὶ προθύροις.

IV

μυριόπουν σκολόπενδραν ὑπ' Ὠρίωνι κυκηθείς
πόντος Ἰαπύγων ἔβρασ' ἐπὶ σκοπέλους,   3105
καὶ τόδ' ἀπὸ βλοσυροῦ σελάχευς μέγα πλευρὸν ἀνῆψαν
δαίμοσι βουφόρτων κοίρανοι εἰκοσόρων.

---

3 αἰχματ- Brunck   6 ἔχων I. G. Schneider
II A.P. 6. 156, Plᴬ [PPl] τοῦ αὐτοῦ [sc. Θεοδ.]; Sud. s.vv. κουρόσυννον
[1–2 κουρ.], χερνιφθέντα [3 σ. β. χ.], πωλικῆς [3 πάις—4]   1 Χαρισθένιος
Gow : -σθένεος PPl   3 χερνιφθέντι Brodaeus : -τα PPlSud.
III A.P. 6. 157 τοῦ αὐτοῦ [sc. Θεοδ.], Plᴮ s.a.n.; Sud. s.vv. κλώψ,
σάου [2], ἐπιρρέξει, νομαία [3–4 αἷμα]   2 σάω Plᴾᶜ   3 νομαίης
CPlSud. : -είης P
IV A.P. 6. 222 (caret Pl) Θεωρίδα; Sud. s.vv. ἔβρασεν, κυκᾷ [1–2],
βουφόρτων [3 μέγα—4]   3 σελάχευς apogr. : σελάγ- P   πλευρὸν CSud. :
-ρὰν P

THEODORIDAS

V

— εἰνάλι' ὦ λαβύρινθε, τύ μοι λέγε, τίς σ' ἀνέθηκεν
  ἀγρέμιον πολιᾶς ἐξ ἁλὸς εὑρόμενος;
— παίγνιον Ἀντριάσιν Διονύσιος ἄνθετο Νύμφαις,   3110
  δῶρον δ' ἐξ ἱερᾶς εἰμι Πελωριάδος,
5 υἱὸς Πρωτάρχου· σκολιὸς δ' ἐξέπτυσε πορθμός,
  ὄφρ' εἴην λιπαρῶν παίγνιον Ἀντριάδων.

VI

ἐκ δολίχου †τορα σφυρήλατον ὃς† τάχει κρατήσας
παῖς Ὡριστομάχειος ἀνείλετο χάλκεον λέβητα.   3115

VII

οὕτω δὴ Πύλιον τὸν Ἀγήνορος, ἄκριτε Μοῖρα,   3116
πρώιον ἐξ ἥβης ἔθρισας Αἰολέων,
Κῆρας ἐπισσεύασα βίου κύνας; ὦ πόποι, ἀνήρ
οἷος ἀμειδήτῳ κεῖται ἕλωρ Ἀίδῃ.

VIII

Θεύδοτε, κηδεμόνων μέγα δάκρυον, οἵ σε θανόντα   3120
κώκυσαν μέλεον πυρσὸν ἀναψάμενοι,
αἰνόλινε, τρισάωρε, σὺ δ' ἀντὶ γάμου τε καὶ ἥβης
κάλλιπες ἡδίστῃ μητρὶ γόους καὶ ἄχη.

V A.P. 6. 224 (caret Pl) Θεοδωρίδα; Sud. s.vv. λαβύρινθος [1-2],
ἀγρέμιος [2], πελώριος [4], Ἀντριάσι [6]   1 εἰνάλι' ὦ App. B.G.R.:
εἰν ἁλὶ PSud.
VI A.P. 13. 8 (caret Pl) Θεοδωρίδα   2 Παῖς Wilamowitz
Ὡρ- Jacobs: Ἀρ- P   ἀνείλετο χάλκεον Jacobs: ἀνεῖλε τὸν χάλκεον P
VII A.P. 7. 439, Pl^B [CPl] Θεοδωρίδα   2 ἥβας P   3 ἐπισ-
σεύσασα P
VIII A.P. 7. 527, Pl^B [CPl] Θεοδωρίδα   1 κηδεμόνες Pl   οἵ σε
Salmasius: ἐσσὲ P, εἰς σὲ Pl   θανόντων P   3 αἰνόλινε Salmasius:
αἰλινόλινε P, δηνόλινε Pl   4 μητρὶ Plan. edd. vett.: ματ- PPl

IX

εὐρύσορον περὶ σῆμα τὸ Φαιναρέτης ποτὲ κοῦραι
κέρσαντο ξανθοὺς Θεσσαλίδες πλοκάμους,   3125
πρωτοτόκον καὶ ἄποτμον ἀτυζόμεναι περὶ νύμφην·
Λάρισαν δὲ φίλην ἤκαχε καὶ τοκέας.

X

τόλμα καὶ εἰς Ἀίδαν καὶ ἐς οὐρανὸν ἄνδρα κομίζει,
ἃ καὶ Σωσάνδρου παῖδ' ἐπέβασε πυρᾶς
Δωρόθεον· Φθίᾳ γὰρ ἐλεύθερον ἦμαρ ἰάλλων   3130
ἐρραίσθη Σηκῶν μεσσόθι καὶ Χιμέρας.

XI

δηρίφατον κλαίω Τιμοσθένη υἷα Μολοσσοῦ,   3132
ξεῖνον ἐπὶ ξείνῃ Κεκροπίᾳ φθίμενον.

XII

ᾤχευ ἔτ' ἀσκίπων, Κινησία †ἑρμοῦ ἄγριε†
ἐκτίσων Ἀίδῃ χρεῖος ὀφειλόμενον,   3135
γήρᾳ ἔτ' ἄρτια πάντα φέρων· χρήστην δὲ δίκαιον
εὑρών σε στέργει παντοβίης Ἀχέρων.

XIII

Κληῖδες πόντου σε καὶ ἐσχατιαὶ Σαλαμῖνος,
Τίμαρχ', ὑβριστής τ' ὤλεσε Λὶψ ἄνεμος

IX A.P. 7. 528 [C] τοῦ αὐτοῦ [sc. Θεοδ.], Plᴮ Θεοδωρίδα   1 τὸ
CPl: τὰ P   4 Λάρισσαν PPl   τοκῆας Pl
X A.P. 7. 529 [C] τοῦ αὐτοῦ [sc. Θεοδ.], Plᴮ Θεοδωρίδα   2 ἐπί-
βασε πυρῆς P   4 Χιμάρας Pl
XI A.P. 7. 722 (caret Pl) [C] Θεοδωρίδα   1 δηρίφατον Sal-
masius: -φάγον P
XII A.P. 7. 732 (caret Pl) [C] Θεοδωρίδα   1 Ἑρμόλα υἱέ
Dittenberger   4 στέρξει Ruhnken   Ἀχέρων Ap.B.: ἀχέων P
XIII A.P. 7. 738, Plᴮ (v. 1 tantum) [PPl] Θεοδωρίδα   1 Κύπρου
σε Hecker

νηί τε σὺν φόρτῳ τε, κόνιν δέ σου ἀμφιμέλαιναν   3140
δέξαντ᾽ οἰζυροί, σχέτλιε, κηδεμόνες.

XIV

Εὐφορίων ὁ περισσὸν ἐπιστάμενός τι ποῆσαι
Πειραϊκοῖς κεῖται τοῖσδε παρὰ σκέλεσιν.
ἀλλὰ σὺ τῷ μύστῃ ῥοιὴν ἢ μῆλον ἄπαρξαι
ἢ μύρτον, καὶ γὰρ ζωὸς ἐὼν ἐφίλει.   3145

XV

  Μνασάλκεος τὸ σᾶμα τῷ Πλαταΐδα
    τῷ ᾽λεγηοποιῷ·
  ἁ Μῶσα δ᾽ αὐτῷ τᾶς Σιμωνίδα πλάθας
    ἧς ἀποσπάραγμα,
5   †καινα τε καὶ γὰν† κἀπιλακυθίστρια   3150
    †διθυραμβοχανα.†
  τέθνακε· μὴ βάλωμες. εἰ δέ κ᾽ ἔζοεν
    τύμπανόν κ᾽ ἐφύση.

XVI

πέτρος ἐγὼ τὸ πάλαι γυρὴ καὶ ἄτριπτος ἐπιβλής,
  τὴν Ἡρακλείτου δ᾽ ἔνδον ἔχω κεφαλήν.
αἰών μ᾽ ἔτριψεν κροκάλαις ἴσον· ἐν γὰρ ἁμάξῃ   3155
  παμφόρῳ αἰζηῶν εἰνοδίη τέταμαι·

---

3 δέ σου man. rec. in P: δέου P; δ᾽ οὐδ᾽ Brunck
   XIV A.P. 7. 406 (caret Pl) [C] Θεοδωρίδα   3 σὺ Reiske: σοὶ P
   XV A.P. 13. 21 (caret Pl) Θεοδωρίδα; Strab. 9. 412 [1]   1 μνᾶμα
τῷ Πλαταιάδα Strab.   3 πλάθας non intellegitur; πλάτας Salmasius
5 κενά τε κλαγγὰν Toup, Jacobs   κἀπιλ- Brunck: καὶ πιλ- P   6 δι-
θυραβ- P   -οχαύνα Meineke   7 δέ γ᾽ Schaefer; δὲ κἄζοεν Gow
8 κ᾽ Jacobs: γε P   v. omnino non intellegitur; desideratur sententia
ἀπετυμπανίσθη ἄν
   XVI A.P. 7. 479, Pl^B [CPl] Θεοδωρίδα   2 τὴν CPl: τὸν P
δ᾽ C: om. PPl   ἔχον Pl   3 κάλαῖς P

5   ἀγγέλλω δὲ βροτοῖσι καὶ ἄστηλός περ ἐοῦσα
θεῖον ὑλακτητὴν δήμου ἔχουσα κύνα.

XVII

Θεσσαλαὶ αἱ βόες αἵδε, παρὰ προθύροισι δ' Ἀθάνας   3160
ἑστᾶσιν, καλὸν δῶρον, Ἰτωνιάδος,
πᾶσαι χάλκειαι δυοκαίδεκα, Φράδμονος ἔργον,
καὶ πᾶσαι γυμνῶν σκῦλον ἀπ' Ἰλλυριῶν.

XVIII

στᾶθι πέλας, δάκρυσον ἰδών, ξένε, μυρία πένθη
τᾶς ἀθυρογλώσσου Τανταλίδος Νιόβας,   3165
ἇς ἐπὶ γᾶς ἔστρωσε δυωδεκάπαιδα λοχείαν
ἄρτι, τὰ μὲν Φοίβου τόξα, τὰ δ' Ἀρτέμιδος.
5   ἁ δὲ λίθῳ καὶ σαρκὶ μεμιγμένον εἶδος ἔχουσα
πετροῦται, στενάχει δ' ὑψιπαγὴς Σίπυλος.
θνατοῖς ἐν γλώσσᾳ δολία νόσος, ἇς ἀχάλινος   3170
ἀφροσύνα τίκτει πολλάκι δυστυχίαν.

XIX

ναυηγοῦ τάφος εἰμί, σὺ δὲ πλέε· καὶ γὰρ ὅθ' ἡμεῖς   3172
ὠλλύμεθ', αἱ λοιπαὶ νῆες ἐποντοπόρουν.

6 δήμου CPl: -ον P
    XVII A.P. 9. 743 (caret Pl) Θεοδωρίδα; Pap. Freib. 4 (initia ver-
suum)   1 προθύροις P   2 init. αϕκε[pap., unde ἄγκεινται
Diels   4 σκῦλον Huschke: -λων P
    XVIII A. Plan. (Pl^A) 132 Θεοδωρίδα, Syll.S   3 λοχείαν
Beckby: -είην Pl   7 ἇς Brunck: ἁ Pl
    XIX A.P. 7. 282 [C] Θεοδωρίδου, Pl^B Ἀντιπάτρου   2 ὠλλόμεθ'
C (dub. P)   νῆες CPl: νήεσι? P   ἐποντοπόρουν CPl: ποντοπόροις P

ALCAEUS

I

μακύνου τείχη, Ζεῦ Ὀλύμπιε· πάντα Φιλίππῳ
ἀμβατά· χαλκείας κλεῖε πύλας μακάρων.   3175
χθὼν μὲν δὴ καὶ πόντος ὑπὸ σκήπτροισι Φιλίππου
δέδμηται, λοιπὰ δ' ἀ πρὸς "Ολυμπον ὁδός.

II

πίομαι, ὦ Λήναιε, πολὺ πλέον ἢ πίε Κύκλωψ
νηδὺν ἀνδρομέων πλησάμενος κρεάων.
πίομαι· ὡς ὄφελόν γε καὶ ἔγκαρον ἐχθροῦ ἀράξας   3180
βρέγμα Φιλιππείης ἐξέπιον κεφαλῆς,
5   ὅσπερ ἑταιρείοιο παρὰ κρητῆρι φόνοιο
γεύσατ', ἐν ἀκρήτῳ φάρμακα χευάμενος.

III

οἶνος καὶ Κένταυρον, Ἐπίκρατες, οὐχὶ σὲ μοῦνον
ὤλεσεν, ἠδ' ἐρατὴν Καλλίου ἡλικίην.   3185
ὄντως οἰνοχάρων ὁ μονόμματος, ᾧ σὺ τάχιστα
τὴν αὐτὴν πέμψαις ἐξ Ἀίδεω πρόποσιν.

IV

ἄκλαυστοι καὶ ἄθαπτοι, ὁδοιπόρε, τῷδ' ἐπὶ τύμβῳ
Θεσσαλίης τρισσαὶ κείμεθα μυριάδες,

ALCAEUS I A.P. 9. 518¹, Plᴬ [PPl] Ἀλκαίου Μεσσηνίου, denuoque P²
post 9. 520 s.a.n. mutato distichorum ordine   1 τείχη Ζεῦ Pl:
τειχίζευ P   πάντα Φιλίππῳ P: ῥέξε Φίλιππος Pl   3 καὶ γὰρ χθὼν
Pl   σκάπ- Pl   4 δέδμανται Pl   vid. Walbank, CQ 36. 134
    II A.P. 9. 519¹ s.a.n., vv. 5–6 omissis, denuoque² post 11. 12 τοῦ
αὐτοῦ [sc. Ἀλκ.], Plᴬ Ἀλκαίου   1 ὦ Λήναιε P²Pl: Ἕλληνες P¹
    III A.P. 11. 12, Plᴮ [PPl] Ἀλκαίου   3 ὠμοχάρων Pl   3 in
Philippum Macedoniae regem V
    IV A.P. 7. 247, Plᴬ [CPl] Ἀλκαίου; Plut. vit. Flam. 9 (Alcaei)
1 ἄκλαυτοι Pl   τύμβῳ PPl: νώτῳ Plut.   2 Θεσσαλίας P, Ἡμαθίας Pl

⟨Αἰτωλῶν δμηθέντες ὑπ' ἄρεος ἠδὲ Λατίνων,   3190
   οὓς Τίτος εὐρείης ἤγαγ' ἀπ' Ἰταλίης⟩,
5   Ἠμαθίῃ μέγα πῆμα. τὸ δὲ θρασὺ κεῖνο Φιλίππου
   πνεῦμα θοῶν ἐλάφων ᾤχετ' ἐλαφρότερον.

V

ἄγαγε καὶ Ξέρξης Περσᾶν στρατὸν Ἑλλάδος ἐς γᾶν,
   καὶ Τίτος εὐρείας ἄγαγ' ἀπ' Ἰταλίας·
ἀλλ' ὁ μὲν Εὐρώπᾳ δοῦλον ζυγὸν αὐχένι θήσων   3195
   ἦλθεν, ὁ δ' ἀμπαύσων Ἑλλάδα δουλοσύνας.

VI

ἐχθαίρω τὸν Ἔρωτα· τί γὰρ βαρὺς οὐκ ἐπὶ θῆρας
   ὄρνυται, ἀλλ' ἐπ' ἐμὴν ἰοβολεῖ κραδίην;
τί πλέον εἰ θεὸς ἄνδρα καταφλέγει, ἢ τί τὸ σεμνόν   3200
   δῃώσας ἀπ' ἐμῆς ἆθλον ἔχει κεφαλῆς;

VII

Πρώταρχος καλός ἐστι καὶ οὐ θέλει· ἀλλὰ θελήσει   3202
   ὕστερον, ἡ δ' ὥρη λαμπάδ' ἔχουσα τρέχει.

VIII

ἡ κνήμη, Νίκανδρε, δασύνεται· ἀλλὰ φύλαξαι
   μή σε καὶ ἡ πυγὴ ταὐτὸ παθοῦσα λάθῃ   3205
καὶ γνώσῃ φιλέοντος ὅση σπάνις. ἀλλ' ἔτι καὶ νῦν
   τῆς ἀμετακλήτου φρόντισον ἡλικίης.

3-4 om. PPl   6 θοὰν ... ὤλετ' P   de pugna ad Cynoscephalas
anno 197; vid. Walbank CQ 37. 1
   V A. Plan. (Pl^B) 5 Ἀλκαίου   1 Πέρσαν Pl   2 sc. T.
Quinctius Flamininus; epigr. prob. 196 a.C.
   VI A.P. 5. 10, Pl^A [PPl] Ἀλκαίου   2 ἰοβολεῖ CPl: -εῖν P
   VII A.P. 12. 29 (caret Pl) Ἀλκαίου; Syll.S (cum 11. 53 coniunctum)
   VIII A.P. 12. 30 (caret Pl) τοῦ αὐτοῦ [sc. Ἀλκ.]   4 -κλήτου
Buherius: -βλήτου Pl

IX

Ζεῦ Πίσης μεδέων Πειθήνορα, δεύτερον υἶα
Κύπριδος, αἰπεινῷ στέψον ὑπὸ Κρονίῳ,
μηδέ μοι οἰνοχόον κυλίκων σέθεν αἰετὸς ἀρθείς   3210
μάρψαις ἀντὶ καλοῦ, κοίρανε, Δαρδανίδου.
5 εἰ δέ τι Μουσάων τοι ἐγὼ φίλον ὤπασα δῶρόν,
νεύσαις μοι θείου παιδὸς ὁμοφροσύνην.

X

σύμφωνον μαλακοῖσι κερασσάμενος θρόον αὐλοῖς
Δωρόθεος γοερούς ἔπνεε Δαρδανίδας   3215
καὶ Σεμέλας ὠδῖνα κεραύνιον, ἔπνεε δ' Ἵππου
ἔργματ' ἀειζώων ἀψάμενος Χαρίτων·
5 μοῦνος δ' εἰν ἱεροῖσι Διωνύσοιο προφήταις
Μώμου λαιψηρὰς ἐξέφυγε πτέρυγας,
Θηβαῖος γενεὴν Σωσικλέος· ἐν δὲ Λυαίου   3220
νηῷ φορβειὰν θήκατο καὶ καλάμους.

XI

ἡρώων τὸν ἀοιδὸν Ἴῳ ἔνι παῖδες Ὅμηρον
ἤκαχον ἐκ Μουσέων γρῖφον ὑφηνάμενοι,
νέκταρι δ' εἰνάλιαι Νηρηίδες ἐχρίσαντο
καὶ νέκυν ἀκταίῃ θῆκαν ὑπὸ σπιλάδι,   3225
5 ὅττι Θέτιν κύδηνε καὶ υἱέα καὶ μόθον ἄλλων
ἡρώων, Ἰθακοῦ δ' ἔργματα Λαρτιάδεω.
ὀλβίστη νήσων πόντῳ Ἴος, ὅττι κέκευθε
βαιὴ Μουσάων ἀστέρα καὶ Χαρίτων.

IX A.P. 12. 64 (caret Pl) Ἀλκαίου   2 αἰπεινῷ... Κρονίῳ
Salmasius: -νῆι... Κρόνια P   3 οἰνοχόον Brunck: -χόων P   ἀετὸς P
X A. Plan. (Pl[B]) 7 Ἀλκαίου   1 κερασσά- apogr.: κερασά- Pl
3 fort. Σεμέλης   8 φορβειὰν Boissonade: φόρμιγγα Pl
XI A.P. 7. 1, Pl[A] [JPl] Ἀλκαίου Μεσσηνίου; Sud. s.vv. γρῖφος, ἤκαχεν
[1–2], χρῖσις [3–4]   2 Μοιρέων Reiske   5 ἄλλων CPl: -ον P
6 Ἰθακοῦ J: Ἰακοῦ PPl   τ' Pl   Λαρτιάδεω CPl: -τίδεω P   7 νῆσος
Pl   8 fort. γαίῃ   τὸν Μουσέων Hecker

XII

Λοκρίδος ἐν νέμεϊ σκιερῷ νέκυν Ἡσιόδοιο   3230
Νύμφαι κρηνίδων λοῦσαν ἀπὸ σφετέρων
καὶ τάφον ὑψώσαντο, γάλακτι δὲ ποιμένες αἰγῶν
ἔρραναν ξανθῷ μιξάμενοι μέλιτι·
5 τοίην γὰρ καὶ γῆρυν ἀπέπνεεν, ἐννέα Μουσέων
ὁ πρέσβυς καθαρῶν γευσάμενος λιβάδων.   3235

XIII

οὐδὲ θανὼν ὁ πρέσβυς ἑῷ ἐπιτέτροφε τύμβῳ
βότρυν ἀπ' οἰνάνθης ἥμερον, ἀλλὰ βάτον
καὶ πνιγόεσσαν ἄχερδον, ἀποστύφουσαν ὁδιτῶν
χείλεα καὶ δίψει καρφαλέον φάρυγα.
5 ἀλλά τις Ἱππώνακτος ἐπὴν παρὰ σῆμα νέηται   3240
εὐχέσθω κνώσσειν εὐμενέοντα νέκυν.

XIV

πᾶσά τοι οἰχομένῳ, Πυλάδη, κωκύεται Ἑλλάς
ἄπλεκτον χαίταν ἐν χροῒ κειραμένα,
αὐτὸς δ' ἀτμήτοιο κόμας ἀπεθήκατο δάφνας
Φοῖβος, ἑὸν τιμῶν ᾗ θέμις ὑμνοπόλον,   3245
5 Μοῦσαι δ' ἐκλαύσαντο, ῥόον δ' ἔστησεν ἀκούων
Ἀσωπὸς γοερῶν ἦχον ἀπὸ στομάτων,
ἔλληξεν δὲ μέλαθρα Διωνύσοιο χορείης,
εὖτε σιδηρείην οἶμον ἔβης Ἀίδεω.

XII A.P. 7. 55, Plᴬ [PPl] Ἀλκαίου [J] ποιητοῦ Μιτυληναίου [C] ἢ Μεσσηνίου   2 κρηνίδων Wakefield: -νιάδων PPl   4 μιξάμενοι CPl: -ναι P   5 Μουσῶν Pl

XIII A.P. 7. 536, Plᴬ [CPl] Ἀλκαίου [C] Μιτυληναίου   1 ἐνιτέτροφε Pl   2 οἰνάνθας Pᵖᶜ   3 ὁδιτῶν CPl: -ταν P; ὁδόντων Cʸᵖ

XIV A.P. 7. 412, Plᴮ [CPl] Ἀλκαίου [C] Μεσσηνίου   1 τοι C: σοι PPl   2 ἐν om. P   4 ὑμνοπόλων Pᵃᶜ   6 γοερὸν P   de Pylade citharoedo vid. Paus. 8. 50. 3, Plut. vit. Philop. 11

XV

στυγνὸς ἐπ' Ἀρκτούρῳ ναύταις πλόος, ἐκ δὲ βορείης   3250
λαίλαπος Ἀσπασίῳ πικρὸν ἔτευξε μόρον,
οὗ στείχεις παρὰ τύμβον, ὁδοιπόρε· σῶμα δὲ πόντος
ἔκρυψ' Αἰγαίῳ ῥαινόμενον πελάγει.
5   ἠιθέων δακρυτὸς ἅπας μόρος, ἐν δὲ θαλάσσῃ
πλεῖστα πολυκλαύτου κήδεα ναυτιλίης.   3255

XVI

δίζημαι κατὰ θυμὸν ὅτου χάριν ἁ παροδῖτις
δισσάκι φεῖ μοῦνον γράμμα λέλογχε λίθος
λαοτύποις σμίλαις κεκολαμμένον. ἦ ῥα γυναικί
τᾷ χθονὶ κευθομένᾳ Χιλιὰς ἦν ὄνομα;
5   τοῦτο γὰρ ἀγγέλλει κορυφούμενος εἰς ἓν ἀριθμός.   3260
ἦ τὸ μὲν εἰς ὀρθὰν ἀτραπὸν οὐκ ἔμολεν,
ἁ δ' οἰκτρὸν ναίουσα τόδ' ἠρίον ἔπλετο Φειδίς;
νῦν Σφιγγὸς γρίφους Οἰδίπος ἐφρασάμαν.
αἰνετὸς οὐκ δισσοῖο καμὼν αἴνιγμα τύποιο,
10   φέγγος μὲν ξυνετοῖς ἀξυνέτοις δ' ἔρεβος.   3265

XVII

οἷον ὁρῇς, ὦ ξεῖνε, τὸ χάλκεον εἰκόνι λῆμα,
Κλειτομάχου τοίαν Ἑλλὰς ἐσεῖδε βίαν,
ἄρτι γὰρ αἱματόεντα χερῶν ἀπελύσατο πυγμᾶς
ἔντεα καὶ γοργῷ μάρνατο παγκρατίῳ·

XV A.P. 7. 495, Pl^B [CPl] Ἀλκαίου [C] Μεσσηνίου   1 ναῦται Pl
βαρείης Pl   2 Ἀσπασίῳ Pl: -ιος C, -ι' ὡς P   ἔτευξα P   3 πόν-
τος CPl: τύμβος P   4 ῥαινόμενον Pl: -νος P; ῥαιόμενον Brunck
5–6 alterum epigr. in P, corr. C
XVI A.P. 7. 429, Pl^A [CPl] Ἀλκαίου [C] Μιτυληναίου   1 ἁ
CPl: ὁ P; ὦ Hermann   παροδῖτις Pl: -τας P, -της C; -τα Hermann
2 φῖ PPl   λίθος CPl: πέτρος P   3 ἄρα P   7 ἤ δ' Pl   Φιδίς
PPl   8 ἐφρασάμαν C: -μην PPl
XVII A.P. 9. 588, Pl^A [PPl] Ἀλκαίου; P. Tebt. 3 (termini versuum)
1 τὸν P   ⟨ε⟩ἰκόνα pap.   3 γὰρ Brunck: παρ' PPl   ἀπελύσατο
Hecker: -λύετο PPl, pap.

το τρίτον οὐκ ἐκόνισεν ἐπωμίδας, ἀλλὰ παλαίσας   3270
ἀπτὼς τοὺς τρισσοὺς Ἰσθμόθεν εἷλε πόνους.
μοῦνος δ᾽ Ἑλλάνων τόδ᾽ ἔχει γέρας· ἑπτάπυλοι δέ
Θῆβαι καὶ γενέτωρ ἐστέφεθ᾽ Ἑρμοκράτης.

XVIII

οὐκέτ᾽ ἀνὰ Φρυγίαν πιτυοτρόφον ὧς ποτε μέλψεις
κροῦμα διὰ τρητῶν φθεγγόμενος δονάκων,   3275
οὐδ᾽ ἐνὶ σαῖς παλάμαις Τριτωνίδος ἔργον Ἀθάνας
ὡς πρὶν ἐπανθήσει, νυμφογενὲς Σάτυρε·
δὴ γὰρ ἀλυκτοπέδαις σφίγγῃ χέρας, οὕνεκα Φοίβῳ   5
θνατὸς ἐὼν θείαν εἰς ἔριν ἠντίασας.
λωτοὶ δ᾽ οἱ κλάζοντες ἴσον φόρμιγγι μελιχρόν   3280
ὤπασαν ἐξ ἀέθλων οὐ στέφος ἀλλ᾽ Ἀΐδαν.

XIX

τίς σε τὸν οὐχ ὁσίως ἠγρευμένον ὧδε πεδήσας
θήκατο; τίς πλέγδην σὰς ἐνέδησε χέρας,
καὶ πιναρὰν ὄψιν τεκτήνατο; ποῦ θοὰ τόξα,
νήπιε; ποῦ πικρὴ πυρφόρος ἰοδόκη;   3285
ἦ ῥα μάτην ἐπόνησε λιθοξόος, ὅς σε, τὸν οἴστρῳ   5
κυμήναντα θεούς, τῇδ᾽ ἐνέδησε πάγῃ.

XX

ἔμπνει, Πάν, λαροῖσιν, ὀρειβάτα, χείλεσι μοῦσαν,
ἔμπνει ποιμενίῳ τερπόμενος δόνακι,

5 ἐκόνισσεν PPl   ]σε βραχειονασ pap.   παλεύσας P   8 -κράτας
pap.   de Clitomacho pancratiasta vid. Paus. 6. 15. 3, Polyb. 27. 9. 7
  XVIII A. Plan. (Pl^A) 8 Ἀλκαίου, denuoque Pl^B τοῦ αὐτοῦ [sc. Ἀλκ.]
1 Φρυγίαν Page: -ίην Pl   2 δι᾽ ἐντρήτων Pl^B; δι᾽ εὐτρ- Brunck
3 Ἀθήνης Pl^A   6 θνητὸς . . . θείην Pl^A   8 Ἀΐδην Pl^A   de
Marsya Satyro; Apollod. 1. 4. 2
  XIX A. Plan. (Pl^A) 196 Ἀλκαίου   de statua Cupidinis vincti
  XX A. Plan. (Pl^A) 226 Ἀλκαίου

εὐκελάδῳ σύριγγι χέων μέλος, ἐκ δὲ συνῳδοῦ   3290
κλάζε κατιθύνων ῥήματος ἁρμονίην·
5 ἀμφὶ δὲ σοὶ ῥυθμοῖο κατὰ κρότον ἔνθεον ἴχνος
ῥησσέσθω Νύμφαις ταῖσδε μεθυδριάσιν.

XXI

κειράμενος γονίμην τις ἄπο φλέβα Μητρὸς ἀγύρτης
Ἴδης εὐδένδρου πρῶνας ἐβουνοβάτει·   3295
τῷ δὲ λέων ἤντησε πελώριος, ὡς ἐπὶ θοίναν
χάσμα φέρων χαλεπὸν πειναλέου φάρυγος.
5 δείσας δ' ὠμηστέω θηρὸς μόρον †ὡς αὖ δάξαι†
τύμπανον ἐξ ἱερᾶς ἐπλατάγησε νάπης·
χὠ μὲν ἐνέκλεισεν φονίαν γένυν, ἐκ δὲ τενόντων   3300
ἔνθους ῥομβητὴν ἐστροφάλιξε φόβην·
κεῖνος δ' ἐκπροφυγὼν ὀλοὸν μόρον εἴσατο Ῥείῃ
10 θῆρα τὸν ὀρχησμῶν αὐτομαθῆ Κυβέλης.

XXII

οὐδ' εἴ με χρύσειον ἀπὸ ῥαιστῆρος Ὅμηρον
στήσητε φλογέαις ἐν Διὸς ἀστεροπαῖς   3305
οὐκ εἴμ' οὐδ' ἔσομαι Σαλαμίνιος, οὐδ' ὁ Μέλητος
Δμησαγόρου. μὴ ταῦτ' ὄμμασιν Ἑλλὰς ἴδοι.
5 ἄλλον ποιητὴν βασανίζετε· τἀμὰ δέ, Μοῦσαι
καὶ Χίος, Ἑλλήνων παισὶν ἀείσετ' ἔπη.

XXI A.P. 6. 218, Plᴮ [PPl] Ἀλκαίου [C] Μιτυληναίου; Sud. s.vv.
ἀγύρτης [1], πρῶνες [2], θοίνη, πελώριος [3–4], ὠμησταί [5–6], γένυσι,
τένοντας [7–8]   2 Ἴδης εὐδένδρου πρ. I. G. Schneider: ὕλης εὐδέν-
δρου πρ. C (ὕλης in ras.; incertum quid fuerit in P), βησσήεντας ἀνὰ πρ. Pl
ἐβουνοπάτει Pl   3 ὡς δὲ Sud.   5 αὖδαξε Pl, ἂν δόξαι et δόξας
Sud.   8 ἐστροφάλιξε C, Sud. (τέν.) : -ιζε PPl, Sud. (γέν.)   9 δὲ
προφυγὼν Pl   εἴσατο Ῥείῃ Pl : -ατ' ὀρείην P, -ατο Ῥείην C   10 ὀρ-
χησμῶν C: -ησμὸν P, -ηθμῶν Pl
    XXII A.P. 7. 5 ἄδηλον [J] οἱ δέ φασιν Ἀλκαίου Μιτυληναίου, Plᴬ s.a.n.;
Sud. s.v. ῥαιστήρ [1–2]   2 στήσοιτε Plᵃᶜ   3 Σαλαμήν- P
4 Δμησαγόρου Allatius coll. Eust. 1713. 17 (dixit Alexander Paphius
Homerum esse υἱὸν Αἰγυπτίων Δμασαγόρου καὶ Αἴθρας): Δημαγόρου PPl
5 βασάνιζε P   6 παισὶν Lascaris: πᾶσιν PPl

HERODICUS

I

φεύγετ’, Ἀριστάρχειοι, ἐπ’ εὐρέα νῶτα θαλάσσης   3310
Ἑλλάδα, τῆς ξουθῆς δειλότεροι κεμάδος,
γωνιοβόμβυκες μονοσύλλαβοι, οἷσι μέμηλε
τὸ σφὶν καὶ σφῶιν καὶ τὸ μὶν ἠδὲ τὸ νίν.
5   τοῦθ’ ὑμῖν εἴη, δυσπέμφελοι· Ἡροδίκῳ δέ
Ἑλλὰς ἀεὶ μίμνοι καὶ θεόπαις Βαβυλών.   3315

PHILIPPUS

I

ἄφλοιος καὶ ἄφυλλος, ὁδοιπόρε, τῷδ’ ἐπὶ νώτῳ   3316
Ἀλκαίῳ σταυρὸς πήγνυται ἠλίβατος.

SAMIUS

I

σοὶ γέρας, Ἀλκείδα Μινναμάχε, τοῦτο Φίλιππος
δέρμα ταναιμύκου λευρὸν ἔθηκε βοός
αὐτοῖς σὺν κεράεσσι, τὸν ὕβρεϊ κυδιόωντα   3320
ἔσβεσεν Ὀρβηλοῦ τρηχὺν ὑπὸ πρόποδα.
5   ὁ φθόνος αὐαίνοιτο, τεὸν δ’ ἔτι κῦδος ἀέξοι
ῥίζα Βεροιαίου κράντορος Ἠμαθίας.

HERODICUS I   Athen. 5. 222ᵃ Ἡροδίκου Βαβυλωνίου   vid. *RE* 8. 973

PHILIPPUS I   Plut. vit. Flam. 9. 3 (Philippi Macedoniae regis V)   vid.
Gow–Page *HE* 2. 11–12

SAMIUS I   A.P. 6. 116 Σάμου, Plᴬ Σιμμίου; Sud. s.vv. Μινύαι [1–2],
αὐαίνεται [5]   3 τὸν ὕβρεϊ Salmasius: τό νυ βρεχμῷ P, τό νυ βρεγμῷ
C, τὸν βρεχμῷ Pl   κυδιόωντα Pl: κυδιαῶντα P, κυδι*ῶντα C   5 αὐαί-
νοιτο PlSud.: -νυτο P   ἀέξοι CPlSud.: -ξει P

II

δέρμα καὶ ὀργυιαῖα κέρα βοὸς ἐκ βασιλῆος
Ἀμφιτρυωνιάδᾳ κείμεθ᾽ ἀνὰ πρόπυλον   3325
τεσσαρακαιδεκάδωρα, τὸν αὐχήεντα Φιλίππῳ
ἀντόμενον κατὰ γᾶς ἤλασε δεινὸς ἄκων
5   βούβοτον Ὀρβηλοῖο παρὰ σφυρόν. ἃ πολύολβος
Ἠμαθὶς ἇ τοίῳ κραίνεται ἀγεμόνι.

ANTIPATER SIDONIUS

A. ΑΝΤΙΠΑΤΡΟΥ ΣΙΔΩΝΙΟΥ

I

Πανὶ τάδ᾽ αὔθαιμοι τρισσοὶ θέσαν ἄρμενα τέχνας·   3330
Δᾶμις μὲν θηρῶν ἄρκυν ὀρειονόμων,
Κλείτωρ δὲ πλωτῶν τάδε δίκτυα, τῶν δὲ πετηνῶν
ἄρρηκτον Πίγρης τάνδε δεραιοπέδην.
5   τὸν μὲν γὰρ ξυλόχων, τὸν δ᾽ ἠέρος, ὃν δ᾽ ἀπὸ λίμνης
οὔποτε σὺν κενεοῖς οἶκος ἔδεκτο λίνοις.   3335

II

τὰν πρὶν Ἐνναλίοιο καὶ Εἰράνας ὑποφᾶτιν   3336
μέλπουσαν κλαγγὰν βάρβαρον ἐκ στομάτων,
χαλκοπαγῆ σάλπιγγα γέρας Φερένικος Ἀθάνᾳ,
λήξας καὶ πολέμου καὶ θυμέλας, ἔθετο.

II A.P. 6. 114 τοῦ αὐτοῦ [sc. Σιμίου γραμματικοῦ] [C] τοῦ Ἀμύντου
Φιλίππου Θεσσαλονικέως, Pl^A Σιμμίου; Sud. s.v. βούβοτον [5]   6 Ἠμαθὶς
ἇ Meineke: Ἠμαθία CPl, -ίωι P   τοίῳ CPl: τοιαύτωι P

ANTIPATER I   A.P. 6. 14, Pl^A [PPl] Ἀντιπάτρου Σιδωνίου; Sud. s.vv.
ἄρμενα, αὔθαιμοι [1], ὀρεινόμων [1—2], δεραιοπέδη [3—4]   1 τέχνης
Pl, Sud. (αὔθ.)   3 τῶν Pl: τὰν P (utrumque Sud.)   πεταν- C,
πετειν- Pl   5 λίμναις C
II A.P. 6. 46, Pl^A [PPl] Ἀντιπάτρου Σιδωνίου; Sud. s.v. θυμέλη [3—4]
1 τὰν CPl: τὸν P   ὑποφᾶτιν CPl: -την P   4 πτολέμου Pl

214

III

ἁ πάρος αἱματόεν πολέμου μέλος ἐν δαῒ σάλπιγξ   3340
καὶ γλυκὺν εἰράνας ἐκπροχέουσα νόμον
ἄγκειμαι, Φερένικε, τεὸν Τριτωνίδι κούρᾳ
δῶρον, ἐριβρύχων παυσαμένα κελάδων.

IV

κερκίδα τὰν ὀρθρινὰ χελιδονίδων ἅμα φωνᾷ
μελπομέναν, ἱστῶν Παλλάδος ἀλκυόνα,
τόν τε καρηβαρέοντα πολυρροίβδητον ἄτρακτον,   3345
κλωστῆρα στρεπτᾶς εὔδρομον ἁρπεδόνας,
5   καὶ πήνας καὶ τόνδε φιληλάκατον καλαθίσκον
στάμονος ἀσκητοῦ καὶ τολύπας φύλακα,
παῖς ἀγαθοῦ Τελέσιλλα Διοκλέος ἁ φιλοεργός   3350
εἰροκόμων Κούρᾳ θήκατο δεσπότιδι.

V

Παλλάδι ταὶ τρισσαὶ θέσαν ἅλικες ἶσον ἀράχνᾳ
τεῦξαι λεπταλέον στάμον' ἐπιστάμεναι,
Δημὼ μὲν ταλαρίσκον εὔπλοκον, Ἀρσινόα δέ
ἐργάτιν εὐκλώστου νήματος ἡλακάταν,   3355
5   κερκίδα δ' εὐποίητον, ἀηδόνα τὰν ἐν ἐρίθοις,
Βακχυλίς, εὐκρέκτους ᾇ διέκρινε μίτους.
ζώειν γὰρ δίχα παντὸς ὀνείδεος εἵλεθ' ἑκάστα,
ξεῖνε, τὸν ἐκ χειρῶν ἀρνυμένα βίοτον.

III A.P. 6. 159 (caret Pl) Ἀντιπάτρου Σιδωνίου; Sud. s.vv. δαῒ [1–2],
κελαδοῦσιν [3–4], ἐριβρύχων [4]
IV A.P. 6. 160 τοῦ αὐτοῦ [sc. Ἀντ. Σιδ.], Plᴬ Ἀντιπάτρου Σιδωνίου;
Sud. s.v. ἄτρακτος [3–4]   1 χελιδόνων Pl   2 ἱστῶν CPl: -τὸν P
3 -οίβδητον Sud.: -οίβητον PPl   5 πηνίας P   7 φιλάεργος P
V A.P. 6. 174 Ἀντιπάτρου, Plᴬ τοῦ αὐτοῦ [sc. Ἀντ. Σιδ.]; Sud. s.vv.
ἀράχνη [1–2], τάλαρος [3], ἡλακάτη [4], κερκίδες [5], μίτος [5–6], ἀρνυ-
μένη, ὄνειδος [7–8]   2 στήμον' Pl, μίτον Sud.   3 εὔπλοκον
PlSud.: -κος C, -πλόκαμος P   5 τ' Sud. (μίτος)   6 ᾇ Pl:
εὖ PSud.   7 εἵλεθ' PPl: ἤθελ' CSud.   ἑκάστη Pl

VI

σάνδαλα μὲν τὰ ποδῶν θαλπτήρια ταῦτα Βίτιννα,   3360
εὐτέχνων ἐρατὸν σκυτοτόμων κάματον,
τὸν δὲ φιλοπλάγκτοιο κόμας σφιγκτῆρα Φιλαινίς,
βαπτὸν ἁλὸς πολιᾶς ἄνθεσι κεκρύφαλον,
5   ῥιπίδα δ' Ἀντίκλεια, καλύπτειραν δὲ προσώπου,
ἔργον ἀραχναίοις νήμασιν ἰσόμορον,   3365
ἁ καλὰ Ἡράκλεια, τὸν εὐσπειρῆ δὲ δράκοντα,
χρύσειον ῥαδινῶν κόσμον ἐπισφυρίων,
πατρὸς Ἀριστοτέλους συνομώνυμος· αἱ συνομήθεις
10   ἅλικες Οὐρανίῃ δῶρα Κυθηριάδι.

VII

σῆμα παρ' Αἰάντειον ἐπὶ Ῥοιτηίσιν ἀκταῖς   3370
θυμοβαρὴς Ἀρετὰ μύρομαι ἑζομένα,
ἀπλόκαμος, πινόεσσα, διὰ κρίσιν ὅττι Πελασγῶν
οὐκ ἀρετὰ νικᾶν ἔλλαχεν ἀλλὰ δόλος.
5   τεύχεα δ' ἂν λέξειεν Ἀχιλλέος "ἄρσενος ἀλκᾶς,
οὐ σκολιῶν μύθων, ἄμμες ἐφιέμεθα."   3375

VIII

τὰν μερόπων Πειθώ, τὸ μέγα στόμα, τὰν ἴσα Μούσαις
φθεγξαμέναν κεφαλάν, ὦ ξένε, Μαιονίδεω,

VI A.P. 6. 206 Ἀντιπάτρου Σιδωνίου, Pl^A τοῦ αὐτοῦ [sc. Ἀντ. Σιδ.];
Sud. s.vv. θαλπτήρια [1], Βίτιννα [1-2], κεκρύφαλον [3-4], ἀρπεδόσι [5-6],
εὐσπειρῆ [7-8]   2 ἐρατὸν PPl : -τῶν CSud.   καμάτων PSud.
3 -πλάγκτοιο Hecker : -πλέκτοιο codd.   4 πολιᾶς Page : -ῆς codd.
5 τ' P   6 ἰσόμιτον Herwerden   8 ῥαδινῶν CPl : -νὸν P,
utrumque Sud.

VII A.P. 7. 146, Pl^A [PPl] Ἀντιπάτρου Σιδωνίου; Sud. s.vv. θυμο-
βαρής [1-2], πινόεσσα [2-4]   1 fort. σᾶμα ἐπιρροιτ- PSud.   3 ἀπλό-
καμος CPl : ἁ πλοκάμους P   5 ἀλκᾶς Page : ἀκμᾶς PPl

VIII A.P. 7. 2, Pl^A [PPl] Ἀντιπάτρου Σιδωνίου; Sud. s.vv. Μαιονίδας
[1-2], Φαρσαλίσι [7-8]   2 φθεγξαμένην P

ANTIPATER SIDONIUS

ἅδ' ἔλαχον νασῖτις Ἴου σπιλάς· οὐ γὰρ ἐν ἄλλᾳ
ἱερὸν ἀλλ' ἐν ἐμοὶ πνεῦμα θανὼν ἔλιπεν,
ᾧ νεῦμα Κρονίδαο τὸ παγκρατές, ᾧ καὶ Ὄλυμπον   3380
καὶ τὰν Αἴαντος ναυμάχον εἶπε βίαν
καὶ τὸν Ἀχιλλείοις Φαρσαλίσιν Ἕκτορα πώλοις
ὀστέα Δαρδανικῷ δρυπτόμενον πεδίῳ.
εἰ δ' ὀλίγα κρύπτω τὸν ταλίκον, ἴσθ' ὅτι κεύθει
καὶ Θέτιδος γαμέταν ἁ βραχύβωλος Ἴκος.   3385

IX

ἡρώων κάρυκ' ἀρετᾶς, μακάρων δὲ προφήταν,   3386
Ἑλλάνων βιοτᾷ δεύτερον ἀέλιον,
Μουσῶν φέγγος, Ὅμηρον, ἀγήραντον στόμα κόσμου
παντός, ἁλιρροθία, ξεῖνε, κέκευθε κόνις.

X

οὐκέτι θελγομένας, Ὀρφεῦ, δρύας, οὐκέτι πέτρας   3390
ἄξεις, οὐ θηρῶν αὐτονόμους ἀγέλας·
οὐκέτι κοιμάσεις ἀνέμων βρόμον, οὐχὶ χάλαζαν,
οὐ νιφετῶν συρμούς, οὐ παταγεῦσαν ἅλα.
ὤλεο γάρ· σὲ δὲ πολλὰ κατωδύραντο θύγατρες
Μναμοσύνας, μάτηρ δ' ἔξοχα Καλλιόπα.   3395
τί φθιμένοις στοναχεῦμεν ἐφ' υἱάσιν, ἁνίκ' ἀλαλκεῖν
τῶν παίδων Ἀίδαν οὐδὲ θεοῖς δύναμις;

3 νασίτης P   8 δρυπτόμενον CPlSud.: -να P
IX   A.P. 7. 6, Plᴬ [PPl] Ἀντιπάτρου [J] Σιδωνίου; Sud. s.vv. βιοτή
[2], ἁλιρρόθιον [3–4]; I.G. XIV. 1188ᵃ   1 τε inscr.   προφήτην Pᵃᶜ;
-φάταν Gow   2 Ἑλλήν- Sud.   βιοτᾷ anon.: -τῇ PPlSud., δόξης
inscr. ἠέλ- Sud.   3 Μουσέων inscr. ἀγήραντον Salmasius: ἀγή-
ρατον P, ἀκήρατον PlSud. (excepto cod. A ἀγήραστον)   4 παντὸς
ὁρᾷς τοῦτον δαίδαλον ἀρχέτυπον inscr.
X   A.P. 7. 8, Plᴬ [PPl] Ἀντιπάτρου [J] Σιδωνίου; Sud. s.vv. δρῦς [1–2],
βρόμος [3], συρμός [3–4], ἀλαλκεῖν [7–8]   4 παγεῦσαν P   7 ἡνίκ' Sud.
8 Ἀίδαν Stadtmueller: -δην codd.

217

XI

Σαπφώ τοι κεύθεις, χθὼν Αἰολί, τὰν μετὰ Μούσαις
ἀθανάταις θνατὰν Μοῦσαν ἀειδομέναν,
ἂν Κύπρις καὶ Ἔρως συνάμ᾽ ἔτραφον, ἇς μέτα Πειθώ   3400
ἔπλεκ᾽ ἀείζωον Πιερίδων στέφανον,
5   Ἑλλάδι μὲν τέρψιν, σοὶ δὲ κλέος. ὦ τριέλικτον
Μοῖραι δινεῦσαι νῆμα κατ᾽ ἠλακάτας,
πῶς οὐκ ἐκλώσασθε πανάφθιτον ἦμαρ ἀοιδῷ
ἄφθιτα μησαμένᾳ δῶρ᾽ Ἑλικωνιάδων;   3405

XII

Μναμοσύναν ἕλε θάμβος ὅτ᾽ ἔκλυε τᾶς μελιφώνου   3406
Σαπφοῦς, μὴ δεκάταν Μοῦσαν ἔχουσι βροτοί.

XIII

θάλλοι τετρακόρυμβος, Ἀνάκρεον, ἀμφὶ σὲ κισσός
ἁβρά τε λειμώνων πορφυρέων πέταλα,
πηγαὶ δ᾽ ἀργινόεντος ἀναθλίβοιντο γάλακτος,   3410
εὐῶδες δ᾽ ἀπὸ γῆς ἡδὺ χέοιτο μέθυ,
5   ὄφρα κέ τοι σποδιή τε καὶ ὀστέα τέρψιν ἄρηται,
εἰ δή τις φθιμένοις χρίμπτεται εὐφροσύνη.

XIV

ξεῖνε, τάφον πάρα λιτὸν Ἀνακρείοντος ἀμείβων,
εἴ τί τοι ἐκ βίβλων ἦλθεν ἐμῶν ὄφελος,   3415

XI   A.P. 7. 14 (caret Pl) Ἀντιπάτρου Σιδωνίου   1 τὰν Ap.B. :
τὴν P   Μούσας C   2 ἀθανάτας C   ἀειδ- Ap.B. : ἀοιδ- P   3 ἇς
Brunck : ἧς P   4 ἔπλεκ᾽ C : ἔπλετ᾽ P   Πιερίδων C : -δον P   8 μνησ-
Pᵖᶜ ; νησ- Ap.B.
XII   A.P. 9. 66, Plᴬ [PPl] Ἀντιπάτρου [CPl] Σιδωνίου   1 Μνημ- Pl
XIII   A.P. 7. 23, Plᴬ [PPl] Ἀντιπάτρου Σιδωνίου ; Sud. s.vv. τετρα-
κόρυμβος [1], ἀργινόεις [3], μέθυ [4–5], χρίμπτεται [5–6]   4 ἀπὸ
πηγῆς Pl   6 εὐφροσύνη PlSud. : -να P
XIV   A.P. 7. 26, Plᴬ [PPl] Ἀντιπάτρου [J] Σιδωνίου

σπεῖσον ἐμῇ σποδιῇ, σπεῖσον γάνος, ὄφρα κεν οἴνῳ
ὀστέα γηθήσῃ τἀμὰ νοτιζόμενα,
5   ὡς ὁ Διωνύσου μεμελημένος εὐάσι κώμοις,
ὡς ὁ φιλακρήτου σύντροφος Ἀρμονίης,
μηδὲ καταφθίμενος Βάκχου δίχα τοῦτον ὑποίσω   3420
τὸν γενεῇ μερόπων χῶρον ὀφειλόμενον.

XV

εἴης ἐν μακάρεσσιν, Ἀνάκρεον, εὖχος Ἰώνων,
μήτ᾽ ἐρατῶν κώμων ἄνδιχα μήτε λύρης·
ὑγρὰ δὲ δερκομένοισιν ἐν ὄμμασιν οὖλον ἀείδοις
αἰθύσσων λιπαρῆς ἄνθος ὕπερθε κόμης,   3425
5   ἠὲ πρὸς Εὐρυπύλην τετραμμένος ἠὲ Μεγιστῆν
ἢ Κίκονα Θρηκὸς Σμερδίεω πλόκαμον,
ἡδὺ μέθυ βλύζων, ἀμφίβροχος εἵματα Βάκχῳ,
ἄκρητον θλίβων νέκταρ ἀπὸ στολίδων·
τρισσοῖς γάρ, Μούσαισι Διωνύσῳ καὶ Ἔρωτι,   3430
10   πρέσβυ, κατεσπείσθη πᾶς ὁ τεὸς βίοτος.

XVI

εὕδεις ἐν φθιμένοισιν, Ἀνάκρεον, ἐσθλὰ πονήσας,
εὕδει δ᾽ ἡ γλυκερὴ νυκτιλάλος κιθάρη,
εὕδει καὶ Σμέρδις, τὸ Πόθων ἔαρ, ᾧ σὺ μελίσδων
†βάρβιτ᾽ ἀνεκρούου† νέκταρ ἐναρμόνιον·   3435

5 εὐάσι Graefe: οὔασι PPl   κώμοις Huschke: -μος PPl
XV   A.P. 7. 27, Pl^A [PPl] τοῦ αὐτοῦ [sc. Ἀντ. Σιδ.]; Sud. s.vv. Ἴωνες
[1], ἄνδιχα [1–2], αἰθύσσων [4], ἀμφίβροχος [7], στόλιον [8]; Zonar. s.vv.
ἄνδιχα [2], ἀμφίβροχος [7]; An. Par. Cramer 4. 102 [4]   2 μήτ᾽
ἐρατῶν Pl: μητέρα τῶν P, μήτε ἄτερ C, μήτ᾽ ἄρα τῶν Sud., Zonar.
3 δὲ om. P   5 Μεγιστῆ Brunck   6 Σμερδίεω CPl: -δίεα P
8 στολίδων Sud.: σταλίδων P (in ras.), σταλίκων Pl   9 τρισσοῖς CPl:
-σσῆις P
XVI   A.P. 7. 29, Pl^A [PPl] Ἀντιπάτρου Σιδωνίου   2 δ᾽ ἡ
C^pcPl: ἡ P, σὴ C^ac   κιθάρα Pl   4 ἀνεκρ- CPl: ἀνακρ- P; βαρβίτῳ
ἀγκρούου Graefe

5 ἠιθέων γὰρ Ἔρωτος ἔφυ σκοπός, εἰς δὲ σὲ μοῦνον
τόξα τε καὶ σκολιὰς εἶχεν ἐκηβολίας.

XVII

τύμβος Ἀνακρείοντος· ὁ Τήιος ἐνθάδε κύκνος
εὕδει χἠ παίδων ζωροτάτη μανίη.
ἀκμὴν οἶν᾽ ἐρόεντι μελίζεται ἀμφὶ Βαθύλλῳ   3440
ἤμερα καὶ κισσοῦ λευκὸς ὄδωδε λίθος·
5 οὐδ᾽ Ἀίδης σοι ἔρωτας ἀπέσβεσεν, ἐν δ᾽ Ἀχέροντος
ὢν ὅλος ὠδίνεις Κύπριδι θερμοτέρῃ.

XVIII

Πιερικὰν σάλπιγγα, τὸν εὐαγέων βαρὺν ὕμνων
χαλκευτάν, κατέχει Πίνδαρον ἅδε κόνις,
οὗ μέλος εἰσαΐων φθέγξαιό κεν ὡς ἀπὸ Μουσῶν   3445
ἐν Κάδμου θαλάμοις σμῆνος ἀπεπλάσατο.

XIX

Ἴβυκε, λῃσταί σε κατέκτανον ἔκ ποτε νηός
βάντ᾽ ἐς ἐρημαίην ἄστιβον ἠιόνα,
ἀλλ᾽ ἐπιβωσάμενον γεράνων νέφος αἵ τοι ἵκοντο   3450
μάρτυρες ἀλγιστον ὀλλυμένῳ θάνατον·
5 οὐδὲ μάτην ἰάχησας, ἐπεὶ ποινῆτις Ἐρινύς
τῶνδε διὰ κλαγγὴν τίσατο σεῖο φόνον

5 ἔφυ Grotius: ἔφυς PPl   εἰς CPl: εἰ P   σὲ δὲ Pl   6 -βολίδας P
XVII A.P. 7. 30, Plᴬ [PPl] τοῦ αὐτοῦ [sc. Ἀντ. Σιδ.]   3 οἶν᾽
Gow, ἐρόεντι Stadtmueller: οἱ λυρόεν PPl (οἱ λυρόθεν Pᵃᶜ)   4 ἤμερα
Gow: ἵμερα PPl   5 Ἀχέροντι Plᵃᶜ
XVIII A.P. 7. 34, Plᴬ [PPl] Ἀντιπάτρου [C] Σιδωνίου; Sud. s.vv.
εὐαγής, χαλκευτής [1–2]   1 ὕμνων C: ὕπνων P; βαρυΰμνων Pl
3 ὡς—4 obscurum; ὥς ποτε . . . ἀνεπλάσατο Hecker
XIX A.P. 7. 745, Plᴬ [PPl] Ἀντιπάτρου [P] Σιδωνίου   1 νηός
Jacobs: νήσου PPl   3 ἀλλ᾽ P: πόλλ᾽ Pl -βωσάμενον JPl: -νων P
4 ἀλγίστων . . . θανάτων Salmasius

Σισυφίην κατὰ γαῖαν. ἰὼ φιλοκερδέα φῦλα
  ληιστέων, τί θεῶν οὐ πεφόβησθε χόλον;   3455
οὐδὲ γὰρ ὁ προπάροιθε κανὼν Αἴγισθος ἀοιδόν
10 ὄμμα μελαμπέπλων ἔκφυγεν Εὐμενίδων.

XX

— ὄρνι Διὸς Κρονίδαο διάκτορε, τεῦ χάριν ἔστας
  γοργὸς ὑπὲρ μεγάλου τύμβον Ἀριστομένους;
— ἀγγέλλων μερόπεσσιν ὁθούνεκεν ὅσσον ἄριστος   3460
  οἰωνῶν γενόμαν, τόσσον ὅδ᾽ ἰιθέων.
5 δειλαί τοι δειλοῖσιν ἐφεδρήσσουσι πέλειαι,
  ἄμμες δ᾽ ἀτρέστοις ἀνδράσι τερπόμεθα.

XXI

— φράζε, γύναι, γενεὴν ὄνομα χθόνα. — Καλλιτέλης μέν
  ὁ σπείρας, Πρηξὼ δ᾽ οὔνομα, γῆ δὲ Σάμος.   3465
— σᾶμα δὲ τίς τόδ᾽ ἔχωσε; — Θεόκριτος, ὁ πρὶν ἄθικτα
  ἀμετέρας λύσας ἄμματα παρθενίης.
5 — πῶς δὲ θάνες; — λοχίοισιν ἐν ἄλγεσιν. — εἰπὲ δὲ ποίην
  ἦλθες ἐς ἡλικίην. — δισσάκις ἑνδεκέτις.
— ἦ καὶ ἄπαις; — οὔ, ξεῖνε· λέλοιπα γὰρ ἐν νεότητι   3470
  Καλλιτέλη, τριετῆ παῖδ᾽ ἔτι νηπίαχον.
— ἔλθοι ἐς ὀλβίστην πολιὴν τρίχα. — καὶ σόν, ὁδῖτα,
10 οὔριον ἰθύνοι πάντα Τύχη βίοτον.

9 ἀοιδῶν P
   XX A.P. 7. 161, Pl^A [CPl] Ἀντιπάτρου [C] Σιδωνίου; Sud. s.v.
πελειάδες [5–6]   5 -δρήσουσι P, -δρεύουσι Sud.
   XXI A.P. 7. 164 (caret Pl) [C] Ἀντιπάτρου Σιδωνίου (eraso Ἀρχίου);
P. Oxy. 662 (versuum termini)   3 ἔχωσε C in ras.; ἔδειμε C^yp
4 παρθ]ενιαν pap.   5 λοχίοισιν apogr.: -οις P ποίαν pap.
7 νεοτᾶτι pap.   8 ἔτι P: τιε pap.   9 δ᾽ ἐς C πολιὴν C^yp:
ἱερὴν P   fort. etiam 3 σῆμα, 4 ἡμετέρας (Jacobs), vel sicut P. Oxy.
omnia Dorice

XXII

ὁ πρὶν ἐγὼ καὶ ψῆρα καὶ ἁρπάκτειραν ἐρύκων
σπέρματος ὑψιπετῆ Βιστονίαν γέρανον,   3475
ῥινοῦ χερμαστῆρος ἐύστροφα κῶλα τιταίνων,
Ἀλκιμένης πτανῶν εἶργον ἄπωθε νέφος,
5   καί μέ τις οὐτήτειρα παρὰ σφυρὰ διψὰς ἔχιδνα
σαρκὶ τὸν ἐκ γενύων πικρὸν ἐνεῖσα χόλον
ἠελίου χήρωσεν· ἴδ᾽ ὡς τὰ κατ᾽ αἰθέρα λεύσσων   3480
τοὔμ ποσὶν οὐκ ἐδάην πῆμα κυλινδόμενον.

XXIII

τὴν καὶ ἅμα χρυσῷ καὶ ἁλουργίδι καὶ σὺν ἔρωτι
θρυπτομένην, ἀπαλῆς Κύπριδος ἁβροτέρην,
Λαΐδ᾽ ἔχω, πολιῆτιν ἁλιζώνοιο Κορίνθου,
Πειρήνης λευκῶν φαιδροτέρην λιβάδων,   3485
5   τὴν θνητὴν Κυθέρειαν, ἐφ᾽ ᾗ μνηστῆρες ἄγερθεν
πλείονες ἢ νύμφης εἵνεκα Τυνδαρίδος
δρεπτόμενοι χάριτάς τε καὶ ὠνητὴν ἀφροδίτην,
ἧς καὶ ὑπ᾽ εὐώδει τύμβος ὄδωδε κρόκῳ,
ἧς ἔτι κηώεντι μύρῳ τὸ διάβροχον ὀστεῦν   3490
10   καὶ λιπαραὶ θυόεν ἄσθμα πνέουσι κόμαι,
ἧς ἔπι καλὸν ἄμυξε κάτα ῥέθος Ἀφρογένεια
καὶ γοερὸν λύζων ἐστονάχησεν Ἔρως.

XXII   A.P. 7. 172, Pl^ [CPl] Ἀντιπάτρου Σιδωνίου; Sud. s.vv. Βιστονία,
ψῆρας [1-2], χερμαστήρ [3], ἄποθεν, κῶλα, ῥινόν [3-4], οὐτήτειρα [5-7],
ἐνεῖσα [6]; Zonar. s.v. ἐνεῖσα [6]   1 ψῆρα CPl: -ας P   2 γέρα-
νον CPl: -νων P   4 εἴργου CPl: ἔργον P   8 τοὐν Pl
XXIII   A.P. 7. 218, Pl^ [CPl] Ἀντιπάτρου Σιδωνίου; Sud. s.vv.
θρύπτεται [1-3], ἁλιζώνου, πολιήτης [3], Πειρήνη [3-4], Κυθέρεια [5-6],
δρέπτεται [5-7], ὄδωδεν [8], κηώδης [9-10], θυόεν [10], ἀμύξεις, κατὰ ῥέθος
[11], λύζει [12]   2 ἁβροτέρην Sud.: -ραν PPl   3 ἐυζών- Sud.
3-4 bis scr. P, λευκοτέρην λιβάδος P¹   5 ἧς Sud.   ἄγερθεν Gow:
ἀγανοί codd.   7 δρεψό- Gow   8 ὑπ᾽ CPlSud.: ἐπ᾽ P   9 ἧς ἔτι
PPl: αἰεὶ Sud.   10 θυόειν Hermann   11 ἧς CPl: ἧς καὶ P; ᾗ
Brunck (ἢ v.l. in Sud.)

εἰ δ' οὐ πάγκοινον δούλην θέτο κέρδεος εὐνήν,
Ἑλλὰς ἂν ὡς Ἑλένης τῆσδ' ὕπερ ἔσχε πόνον.　　3495

XXIV

Ἰσσοῦ ἐπὶ προμολῇσιν ἁλὸς παρὰ κῦμα Κιλίσσης　　3496
ἄγριον αἱ Περσῶν κείμεθα μυριάδες,
ἔργον Ἀλεξάνδροιο Μακηδόνος, οἵ ποτ' ἄνακτι
Δαρείῳ πυμάτην οἶμον ἐφεσπόμεθα.

XXV

μυρία τοι, Πτολεμαῖε, πατὴρ ἔπι, μυρία μάτηρ　　3500
τειρομένα θαλεροὺς ᾐκίσατο πλοκάμους·
πολλὰ τιθηνητὴρ ὀλοφύρατο χερσὶν ἀμήσας
ἀνδρομάχοις δνοφερὰν κρατὸς ὕπερθε κόνιν·
5　ἁ μεγάλα δ' Αἴγυπτος ἑὰν ὠλόψατο χαίταν,
καὶ πλατὺς Εὐρώπας ἐστονάχησε δόμος,　　3505
καὶ δ' αὐτὰ διὰ πένθος ἀμαυρωθεῖσα Σελάνα
ἄστρα καὶ οὐρανίας ἀτραπιτοὺς ἔλιπεν.
ὤλεο γὰρ διὰ λοιμὸν ὅλας θοινήτορα χέρσου
10　πρὶν πατέρων νεαρᾷ σκᾶπτρον ἑλεῖν παλάμα·
οὐδέ σε νὺξ ἐκ νυκτὸς ἐδέξατο, δὴ γὰρ ἄνακτας　　3510
τοίους οὐκ Ἀίδας, Ζεὺς δ' ἐς Ὄλυμπον ἄγει.

XXIV　A.P. 7. 246, Plᴬ [CPl] Ἀντιπάτρου [C] Σιδωνίου; Sud. s.v.
οἶμος [3–4]　1 προβολῇσιν Pl　　3 -δροιο CPl: -δρου P
XXV　A.P. 7. 241, Plᴬ [PPl] Ἀντιπάτρου Σιδωνίου; Sud. s.vv. τείρει
[1–2], ἀμησάμενοι, δνοφερόν, τιθηνάς [3–4], ἑανῷ, δάψατο [5], θοινήτωρ
[9–10]　1 μήτηρ PlSud.　　2 τειρομένη Sud.　　4 ἀνδρο-
φόνοις Sud. (δνοφ.); Ἀνδρόμαχος Reiske　　5 ἑὰν ὠλόψατο Scaliger:
ἑανῶι δάψατο PPlSud.　χαίταν CPl: -την PSud.　　10 σκᾶπτρον
CPl: σκῆπ- PSud.　　11 δὴ CPl: δεῖ P　　prob. de morte
Eupatoris, Ptolemaei Philometoris filii, c. 150 a.C.

223

XXVI

τὸν μικρὸν Κλεόδημον ἔτι ζώοντα γάλακτι
ἴχνος ὑπὲρ τοίχων νηὸς ἐρεισάμενον
ὁ Θρῆιξ ἐτύμως Βορέης βάλεν εἰς ἁλὸς οἶδμα,
κῦμα δ' ἀπὸ ψυχὴν ἔσβεσε νηπιάχου.   3515
5   Ἰνοῖ, ἀνοικτίρμων τις ἔφυς θεός, ἢ Μελικέρτεω
ἥλικος οὐκ Ἀίδην πικρὸν ἀπηλάσαο.

XXVII

τῆς πολιῆς τόδε σῆμα Μαρωνίδος, ἧς ἐπὶ τύμβῳ
γλυπτὴν ἐκ πέτρης αὐτὸς ὁρῇς κύλικα.
ἡ δὲ φιλάκρητος καὶ ἀείλαλος οὐκ ἐπὶ τέκνοις   3520
μύρεται, οὐ τεκέων ἀκτεάνῳ πατέρι,
5   ἓν δὲ τόδ' αἰάζει καὶ ὑπ' ἠρίον, ὅττι τὸ Βάκχου
ἄρμενον οὐ Βάκχου πλῆρες ἔπεστι τάφῳ.

XXVIII

τὰν μὲν ἀεὶ πολύμυθον, ἀεὶ λάλον, ὦ ξένε, κίσσα
φάσει, τὰν δὲ μέθας σύντροφον ἅδε κύλιξ,   3525
τὰν Κρῆσσαν δὲ τὰ τόξα, τὰ δ' εἴρια τὰν φιλοεργόν,
ἄνδεμα δ' αὖ μίτρας τὰν πολιοκρόταφον.
5   τοιάνδε σταλοῦχος ὅδ' ἔκρυφε Βιττίδα τύμβος
†τι μελάχραντον† νυμφιδίαν ἄλοχον·
ἀλλ', ὦνερ, καὶ χαῖρε καὶ οἰχομένοισιν ἐς Ἀίδαν   3530
τὰν αὐτὰν μύθων αὖθις ὄπαζε χάριν.

XXVI   A.P. 7. 303, Pl^B [CPl] Ἀντιπάτρου [C] Σιδωνίου   2 ἐρει-
σάμενον C: -νος P   6 ἀπηλάσαο CPl: -ατο P
XXVII   A.P. 7. 353, Pl^A [CPl] Ἀντιπάτρου Σιδωνίου   5 Βάκχῳ
Pl^pc
XXVIII   A.P. 7. 423, Pl^A [CPl] Ἀντιπάτρου [C] Σιδωνίου   1 λάλος
Pl   κίσσα CPl: -αν P   2 φράσει P   3 τὴν Pl   -εργόν CPl:
-έργαν P   5 σταλοῦχος Jacobs: -ουργὸς PPl   6 τῇ μελ αχραν-
τον P^ac, τιμελάχραντον Pl; Τιμέλα ἄχραντον Preuner

XXIX

— μαστεύω, τί σευ Ἆγις ἐπὶ σταλίτιδι πέτρᾳ
Λυσιδίκα, γλυπτὸν τόνδ᾽ ἐχάραξε νόον;
ἀνία γὰρ καὶ κημὸς ὅ τ᾽ εὐόρνιθι Ταναγρᾳ
οἰωνὸς βλαστῶν θοῦρος ἐγερσιμάχας   3535
5   οὐχ ᾅδεν οὐδ᾽ ἐπέοικεν ὑπωροφίαισι γυναιξίν,
ἀλλὰ τά τ᾽ ἠλακάτας ἔργα τά θ᾽ ἱστοπόδων.

— τὰν μὲν ἀνεγρομέναν με ποτ᾽ εἴρια νύκτερος ὄρνις,
ἀνία δ᾽ αὐδάσει δώματος ἡνίοχον,
ἱππαστὴρ δ᾽ ὅδε κημὸς ἀείσεται οὐ πολύμυθον,   3540
10   οὐ λάλον, ἀλλὰ καλᾶς ἔμπλεον ἡσυχίας.

XXX

μὴ θάμβει μάστιγα Μυροῦς ἐπὶ σήματι λεύσσων,
γλαῦκα, βιόν, χαροπὰν χᾶνα, θοὰν σκύλακα.
τόξα μὲν αὐδάσει με πανεύτονον ἀγέτιν οἴκου,
ἁ δὲ κύων τέκνων γνήσια καδομέναν,   3545
5   μάστιξ δ᾽ οὐκ ὀλοάν, ξένε, δεσπότιν οὐδ᾽ ἀγέρωχον
δμωσί, κολάστειραν δ᾽ ἔνδικον ἀμπλακίας,
χὰν δὲ δόμων φυλακᾶς μελεδήμονα, τὰν δ᾽ ἅ . . .
γλαῦξ ᾅδε γλαυκᾶς Παλλάδος ἀμφίπολον.
τοιοῖσδ᾽ ἀμφ᾽ ἔργοισιν ἐγάθεον, ἔνθεν ὄμευνος   3550
10   τοιάδ᾽ ἐμᾷ στάλᾳ σύμβολα τεῦξε Βίτων.

XXIX   A.P. 7. 424 (caret Pl) [C] τοῦ αὐτοῦ Ἀντιπάτρου [sc. Σιδ.]
1 Ἆγις Bosch: αγὴς P   σταλίτ- Lobeck: σταλήτ- P   πέτρᾳ Reiske:
-ρῃ P   9 ἱππαστ- C: ἱππάτ- P   10 ἡσυχίας Ap. B.: -ίης P
XXX   A.P. 7. 425 (caret Pl) [C] τοῦ αὐτοῦ Ἀντιπάτρου [sc. Σιδ.]
2 χαροπὸν Pᵃᶜ   τὰν δὲ θοὰν σκύλακα Cʸʳ   3 με πανεύτονον Salma-
sius: μετ᾽ ἂν εὔτ. P, με τὸν εὔτ. C   5 οὐδ᾽ Reiske: ἀλλ᾽ P   6 ἀμ-
πλακίας Brunck: -ίης P   7 χὰν P: τὰν C   φυλακᾶς Salmasius: -κα P
ἀ⟨κάμαντα⟩ Jacobs   8 ἀμφίπολον C: -λοι P   10 Βίτων C:
βίοτον P

ANTIPATER SIDONIUS

XXXI

— εἰπέ, λέον, φθιμένοιο τίνος τάφον ἀμφιβέβηκας;
βουφάγε, τίς τᾶς σᾶς ἄξιος ἦν ἀρετᾶς;
— υἱὸς Θευδώροιο Τελευτία, ὃς μέγα πάντων
φέρτατος ἦν θηρῶν ὅσσον ἐγὼ κέκριμαι.   3555
5 οὐχὶ μάταν ἔστακα, φέρω δέ τι σύμβολον ἀλκᾶς
ἀνέρος· ἦν γὰρ δὴ δυσμενέεσσι λέων.

XXXII

ἁ στάλα φέρ' ἴδω τίν' ἐρεῖ νέκυν. ἀλλὰ δέδορκα
γράμμα μὲν οὐδέν που τμαθὲν ὕπερθε λίθου,
ἐννέα δ' ἀστραγάλους πεπτηότας, ὦν πίσυρες μέν   3560
πρᾶτοι Ἀλεξάνδρου μαρτυρέουσι βόλον,
5 οἱ δὲ τὸ τᾶς νεότατος ἐφάλικος ἄνθος ἔφηβον,
εἷς δ' ὅγε μανύει Χῖος ἀφαυρότερον.
ἦ ῥα τόδ' ἀγγέλλοντι, "καὶ ὁ σκάπτροισι μεγαυχὴς
χὠ θάλλων ἥβᾳ τέρμα τὸ μηδὲν ἔχει";   3565
ἦ τὸ μὲν οὔ, δοκέω δὲ ποτὶ σκοπὸν ἰθὺν ἐλάσσειν
10 ἰὸν Κρηταιεὺς ὥς τις ὀιστοβόλος·
ἧς ὁ θανὼν Χῖος μέν, Ἀλεξάνδρου δὲ λελογχώς
οὔνομ', ἐφηβείᾳ δ' ὤλετ' ἐν ἁλικίᾳ.
ὡς εὖ τὸν φθίμενον νέον ἄκριτα καὶ τὸ κυβευθέν   3570
πνεῦμα δι' ἀφθέγκτων εἰπέ τις ἀστραγάλων.

XXXI A.P. 7. 426 (caret Pl) [C] τοῦ αὐτοῦ Ἀντιπάτρου [sc. Σιδ.]
1 τίνος Jacobs: πρὸς P, τι∗∗ Csscr   3 υἱος Stadtmueller: υἱὸς P
Τελευτίαι P   4 φέρτατος Gow: φέρτερος P   5 σύμβολον Salmasius: -λων (in ras.) P
XXXII A.P. 7. 427 (caret Pl) [C] τοῦ αὐτοῦ Ἀντιπάτρου [sc. Σιδ.]
1 ἐρεῖ Herwerden: ἔχει P   2 που C: πω P τμαθὲν Salmasius: δμα- P
ὕπερθε C: ὑπὲρ P   5 νεοτατος C: νεοτατας P   8 χὠ C: θὠ P
10 ἰὸν P: ἴων C ὥς τις Reiske: ὧτος C in ras.   12 ἐφηβείᾳ
Dorville: -είηι P δ' Reiske: θ' P

226

XXXIII

τίς τόδε μουνόγληνος ἄπαν δωμήσατο Κύκλωψ
λάινον Ἀσσυρίης χῶμα Σεμιράμιος,
ἢ ποῖοι χθονὸς υἷες ἀνυψώσαντο γίγαντες
κείμενον ἑπταπόρων ἀγχόθι Πληιάδων   3575
ἀκλινές, ἀστυφέλικτον, Ἀθωέος ἶσον ἐρίπνᾳ
φυρηθὲν γαίης εὐρυπέδοιο βάρος;
δᾶμος ἀεὶ μακαριστὸς ὃς †ἄστεσιν† Ἡρακλείης
†οὐρανίων νεφέων τεῦξεν ἐπ' εὐρυάλων.†

XXXIV

ἑπτὰ σοφῶν, Κλεόβουλε, σὲ μὲν τεκνώσατο Λίνδος,   3580
φατὶ δὲ Σισυφία χθὼν Περίανδρον ἔχειν,
Πιττακὸν ἁ Μιτυλᾶνα, Βίαντα δὲ δῖα Πριήνη,
Μίλητος δὲ Θαλῆν, ἄκρον ἔρεισμα δίκας,
ἁ Σπάρτα Χίλωνα, Σόλωνα δὲ Κεκροπὶς αἶα,
πάντας ἀριζάλου σωφροσύνας φύλακας.   3585

XXXV

τῆνος ὅδε Ζήνων Κιτίῳ φίλος, ὅς ποτ' Ὄλυμπον   3586
ἔδραμεν, οὐκ Ὄσσῃ Πήλιον ἀνθέμενος·
οὐδὲ τά γ' Ἡρακλῆος ἀέθλεε, τὴν δὲ ποτ' ἄστρα
ἀτραπιτὸν μούνας εὗρε σαοφροσύνας.

XXXIII   A.P. 7. 748, Plᴮ [PPl] Ἀντιπάτρου[J] Σιδωνίου   3 υἷες
Lascaris: υἱέες PPl   6 πυργωθὲν Jacobs   7 Ἡρακλῆος J
8 οὐρανίων, om. ceteris, Pl; νεφέων τεῦξεν ἐπ' in P suppl. J   omnino
non intellegitur
   XXXIV   A.P. 7. 81, Plᴬ [PPl] Ἀντιπάτρου[J] Σιδωνίου   2 φατὶ
P: ἀμφὶ Pl   ἔχειν C: -ει PPl   3 Μιτυλήνα Pl
   XXXV   Diog. Laert. 7. 29 Ἀντίπατρος ὁ Σιδώνιος   3 ἀέθλεε
Toup: -λια codd.   4 ἀτραπιτὸν Stephanus: ἀτραπὸν codd.   μούνας
Meibom: μοῦνος codd.

XXXVI

εἰ μή μου ποτὶ τᾷδε Μύρων πόδας ἥρμοσε πέτρᾳ,　3590
ἄλλαις ἂν νεμόμαν βουσὶν ὁμοῦ δάμαλις.

XXXVII

μόσχε, τί μοι λαγόνεσσι προσέρχεαι; ἐς τί δὲ μυκᾷ;　3592
ἁ τέχνα μαζοῖς οὐκ ἐνέθηκε γάλα.

XXXVIII

τὰν δάμαλιν, βουφορβέ, παρέρχεο μηδ᾽ ἀπάνευθε
συρίξῃς· μαστῷ πόρτιν ἀπεκδέχεται.　3595

XXXIX

ἁ μόλιβος κατέχει με καὶ ἁ λίθος· εἵνεκα δ᾽ ἂν σεῦ,　3596
πλάστα Μύρων, λωτὸν καὶ θρύον ἐδρεπόμαν.

XL

ἁ δάμαλις, δοκέω, μυκήσεται· ἦ ῥ᾽ ὁ Προμηθεύς　3598
οὐχὶ μόνος, πλάττεις ἔμπνοα καὶ σύ, Μύρων.

XLI

ἀκμαῖος ῥοθίῃ νηὶ δρόμος, οὐδὲ θάλασσα　3600
πορφύρει τρομερῇ φρικὶ χαρασσομένη·

XXXVI   A.P. 9. 720, Plᴬ [PPl] Ἀντιπάτρου Σιδωνίου
XXXVII   A.P. 9. 721, Plᴬ [PPl] τοῦ αὐτοῦ [sc. Ἀντ. Σιδ.]; Syll.S
1 ἐς τί Jacobs: τίπτε PPlSyll.
XXXVIII   A.P. 9. 722 τοῦ αὐτοῦ [sc. Ἀντ. Σιδ.] Plᴬ ἄλλο   2 συρί-
ξῃς Boissonade: -ίσδῃις PPl   ὑπεκδέχεται Pl
XXXIX   A.P. 9. 723 τοῦ αὐτοῦ [sc. Ἀντ. Σιδ.], Plᴬ ἄλλο   2 θρίον Pl
XL   A.P. 9. 724 τοῦ αὐτοῦ [sc. Ἀντ. Σιδ.], Plᴬ ἄλλο   1 ῥα
Προμ. Benndorf
XLI   A.P. 10. 2, Plᴬ [PPl] Ἀντιπάτρου Σιδωνίου

ἤδη δὲ πλάσσει μὲν ὑπώροφα γυρὰ χελιδών
οἰκία, λειμώνων δ' ἁβρὰ γελᾷ πέταλα.
5 τοὔνεκα μηρύσασθε διάβροχα πείσματα, ναῦται,
ἕλκετε δ' ἀγκύρας φωλάδας ἐκ λιμένων,   3605
λαίφεα δ' εὐυφέα προτονίζετε. ταῦθ' ὁ Πρίηπος
ὕμμιν ἐνορμίτας παῖς ἐνέπω Βρομίου.

XLII

πέντε τάδ' ἀμφ[ιβόατα] Φι[λό]στρατε θήκ[αο δῶρα,
ἀστὲ Παλαιστίνα[ς θε]οῖσι φυλασσομένας·
Ζανὶ μὲν εὐρυμέδο[ντι] θυηδόκον ἁγνὸν ἄγαλμα   3610
μαρμαῖρον σμύρνα[ι] πίονι καὶ λιβάνωι,
5 παιδὶ δὲ τᾶι Λατοῦς Σκύλλαν βορόν, ἅρπαγα φωτ[ῶν]
καὶ σκαφέων, ἄμφω ταῦτα παναργύρεα,
Φοίβωι δ' εὐπλοκάμωι χρύσεα ῥυτὰ νεκταρέοιο
ἄξια τᾶς μακάρων οὐρανίου σταγόνος,   3615
Δάλου δὲ προμάχοισι δορισκάπτροι⟨ς⟩ ἀνέθηκας
10 κίοσιν εὖ δισσὰν παστάδ' ἐρειδομέναν.
εἴης παμμακάριστος ὅτι πλούτοιο γ[ε]ραίρεις
ἀγλαΐαι θνατῶν φῦλα καὶ ἀθανάτων.

XLIII

κερκίδα τὴν φιλάοιδον Ἀθηναίη θέτο Βιττώ   3620
ἄνθεμα λιμηρῆς ἄρμενον ἐργασίης,
εἶπε δὲ "χαῖρε, θεά, καὶ τήνδ' ἔχε· χήρη ἐγὼ γάρ
τέσσαρας εἰς ἐτέων ἐρχομένη δεκάδας
5 ἀρνεῦμαι τὰ σὰ δῶρα, τὰ δ' ἔμπαλι Κύπριδος ἔργων
ἅπτομαι· ὥρης γὰρ κρεῖσσον ὁρῶ τὸ θέλειν."   3625

6 φωλάδος P   8 ἐνορμίτας Scaliger: -μήτας P, -μίταις Pl
  XLII Inscr. de Délos 2549 Ἀντιπάτρου Σιδωνίου   9 ἀνέθηκας:
ᾳνεφηνας inscr. ut vid.   11 παμμακ-: πασμακ- inscr.
  XLIII A.P. 6. 47, Pl^A [PPl] Ἀντιπάτρου Σιδωνίου; Sud. s.v. λιμηρῆς
[2 ἄνθ.— 3 ἔχε]

ANTIPATER SIDONIUS

XLIV

φάσεις τὰν μὲν Κύπριν ἀνὰ κραναὰν Κνίδον ἀθρῶν,
ἅδε που ὡς φλέξει καὶ λίθος εὖσα λίθον·
τὸν δ' ἐνὶ Θεσπιάδαις γλυκὺν Ἵμερον οὐχ ὅτι πέτρον
ἀλλ' ὅτι κὴν ψυχρῷ πῦρ ἀδάμαντι βαλεῖ.
τοίους Πραξιτέλης κάμε δαίμονας ἄλλον ἐπ' ἄλλας   3630
γᾶς, ἵνα μὴ δισσῷ πάντα θέροιτο πυρί.

XLV

τὰν ἀναδυομέναν ἀπὸ ματέρος ἄρτι θαλάσσας
Κύπριν, Ἀπελλείου μόχθον ὅρα γραφίδος,
ὡς χερὶ συμμάρψασα διάβροχον ὕδατι χαίταν
ἐκθλίβει νοτερῶν ἀφρὸν ἀπὸ πλοκάμων.
αὐταὶ νῦν ἐρέουσιν Ἀθηναίη τε καὶ Ἥρη   3635
"οὐκέτι σοι μορφᾶς εἰς ἔριν ἐρχόμεθα."

β. ΑΝΤΙΠΑΤΡΟΥ

XLVI

τὰν ἔλαφον Λάδωνα καὶ ἀμφ' Ἐρυμάνθιον ὕδωρ
νῶτά τε θηρονόμου φερβομέναν Φολόας
παῖς ὁ Θεαρίδεω Λασιώνιος εἷλε Λυκόρτας,   3640
πλήξας ῥομβωτῷ δούρατος οὐριάχῳ·
δέρμα δὲ καὶ δικέραιον ἀπὸ στόρθυγγα μετώπων
σπασσάμενος κούρᾳ θῆκε παρ' ἀγρότιδι.

XLIV   A. Plan. (Plᴬ) 167 Ἀντιπάτρου Σιδ(ωνίου)   2 λίθος Jacobs:
θεὸς Pl   3 πέτρῳ Kaibel
   XLV   A. Plan. (Plᴬ) 178 τοῦ αὐτοῦ [sc. Ἀντ. Σιδ.]   5 fort.
Ἀθηναία τε καὶ Ἥρα
   XLVI   A.P. 6. 111, Plᴬ [PPl] Ἀντιπάτρου; Sud. s.vv. οὐρίαχος, ῥομ-
βεῖν [4], δικέραιον [5–6]   2 φερβομέναν CPl: -ων P   3 Λυκόρ-
τας Gow: -όρμας PPl   4 ῥομβητῷ Jacobs   6 σπασά- PPl
ἀγρότιδι CPl: ἀκρότιδα P

XLVII

τὸν πάρος Ὀρβηλοῖο μεμυκότα δειράσι ταῦρον,
τὸν πρὶν ἐρημωτὰν θῆρα Μακηδονίας,   3645
Δαρδανέων ὀλετῆρ', ὁ κεραύνιος εἷλε Φίλιππος
πλήξας αἰγανέᾳ βρέγμα κυναγέτιδι·
5   καὶ τάδε σοι βριαρᾶς, Ἡράκλεες, οὐ δίχα βύρσας
θῆκεν ἀμαιμακέτου κρατὸς ἔρεισμα κέρα.
σᾶς τοι ὅδ' ἐκ ῥίζας ἀναδέδρομεν· οὔ τοι ἀεικές   3650
πατρῴου ζαλοῦν ἔργα βοοκτασίας.

XLVIII

Σιληνῶν ἀλόχοις ἀντρηίσιν ἠδὲ κεράστᾳ
ταῦτ' ἀκρωρίτᾳ Πανὶ καθηγεμόνι,
καὶ προτομὰν ἀκμῆτα καὶ †αὐτὸ νέον† τόδε κάπρου
δέρμα, τὸ μηδ' αὐτῷ ῥηγνύμενον χάλυβι,   3655
5   Γλῆνις ἀνήέρτησε, καλᾶς χαριτήσ[ιο]ν ἄγρας
δεικνύς, ἰφθίμου κοῦρος Ὀνα⟨σι⟩φάνε[υ]ς.

XLIX

ἁ φόρμιγξ τά τε τόξα καὶ ἀγκύλα δίκτυα Φοίβῳ
Σώσιδος ἔκ τε Φίλας ἔκ τε Πολυκράτεος.
χὠ μὲν ὀιστευτὴρ κεραὸν βιόν, ἁ δὲ λυρῳδός   3660
τὰν χέλυν, ὠγρευτὴς ὤπασε πλεκτὰ λίνα.
5   ἀλλ' ὁ μὲν ὠκυβόλων ἰῶν κράτος, ἁ δὲ φέροιτο
ἄκρα λύρας, ὁ δ' ἔχοι πρῶτα κυναγεσίας.

XLVII   A.P. 6. 115, Pl^A [PPl] Ἀντιπάτρου; Sud. s.vv. δειρά, μεμυ-
κότα, Ὀρβηλοῖο [1], ἐρημωτής [2], βρέγμα [4], ἀμαιμακέτου [5–6], ἀεικές
[7]   2 ἐρημωτὰν CPlSud.: -ται P   3 ὀλετῆρ Salmasius
4 βρέχμα C   7 οὗτοι P: οὔτι P^PcPlSud.   8 πατρῴας Pl
XLVIII   P. Oxy. 662 Ἀντιπάτρου   1 Σιληνῶν Hunt: σιλαιν-
pap.   2 ταῦτ' Hunt: τασδ' pap.; τᾷδ' Gow   καθηγ- Wilamowitz:
και ηγ- pap.   4 χάλυβι Hunt: -λυοι pap.   6 suppl. Hunt
XLIX   A.P. 6. 118, Pl^A [CPl] Ἀντιπάτρου; Sud. s.v. φόρμιγξ [1]
4 ὠγρευτὴρ Pl; fort. -τὰς   5 ἰῶν κράτος CPl: κρ. ἰῶν P   6 πρῶτα
CPl: πρᾶτα P

L

λείψανον ἀμφίκλαστον ἁλιπλανέος σκολοπένδρης
τοῦτο κατ' εὐψαμάθου κείμενον ἠιόνος,   3665
δισσάκι τετρόργυιον, ὑπαὶ πεφορυγμένον ἀφρῷ,
πολλὰ θαλασσαίῃ ξανθὲν ὑπὸ σπιλάδι,
5   Ἑρμῶναξ ἐκίχανεν, ὅτε γριπηίδι τέχνῃ
εἷλκε τὸν ἐκ πελάγευς ἰχθυόεντα βόλον·
εὑρὼν δ' ἤέρτησε Παλαίμονι παιδὶ καὶ Ἰνοῖ,   3670
δαίμοσιν εἰναλίοις δοὺς τέρας εἰνάλιον.

LI

ἡ πολύθριξ οὔλας ἀνεδήσατο παρθένος Ἵππη
χαίτας, εὐώδη σμηχομένα κρόταφον·
ἤδη γάρ τοι ἐπῆλθε γάμου τέλος· αἱ δ' ἐπὶ κούρῃ
μίτραι παρθενίας αἰτέομεν χάριτας·   3675
5   Ἄρτεμι, σῇ δ' ἰότητι γάμος θ' ἅμα καὶ γένος εἴη
τῇ Λυκομηδείᾳ παιδὶ φιλαστραγάλῃ.

LII

Ἄρτεμι, σοὶ ταύταν, εὐπάρθενε, πότνα γυναικῶν,
τὰν μίαν αἱ τρισσαὶ πέζαν ὑφηνάμεθα·
καὶ Βιτίη μὲν τάσδε χοροιθαλέας κάμε κούρας   3680
λοξά τε Μαιάνδρου ῥεῖθρα πολυπλανέος,
5   ξανθὰ δ' Ἀντιάνειρα τὸν ἀγχόθι μήσατο κόσμον
πρὸς λαιᾷ ποταμοῦ κεκλιμένον λαγόνι,

L   A.P. 6. 223 (caret Pl) Ἀντιπάτρου; Sud. s.vv. ἀμφίκλαστον [1],
ὀργυιά [2-3], πεφορυγμένον [3], ξαίνειν [4], γριπεύς, Ἑρμώναξ [5-6]; Zonar.
s.v. ἀμφίκλαστον [1]   3 ὑπαὶ: ἅπαν Salmasius   πεφορυγμ- CSud.:
πεφρυγμ- P   5 ἐκίχ- Salmasius: δ' ἐκίχ- PSud.   6 εἷλε Sud. (Ἑρμ.)
    LI   A.P. 6. 276 (caret Pl) Ἀντιπάτρου; Sud. s.vv. ἰότητι [5-6], Λυκομή-
δειος [6]   2 εὐώδη Salmasius: -δει P   3 αἱ—4 obscura
3 τοι: οἱ Reiske   4 μίτραι C: -ρα P   6 -μηδείᾳ Gow:
-μηδείου PSud.; -μηδείδου Meineke   φίλοστρ- C
    LII   A.P. 6. 287, Plᴬ [PPl] Ἀντιπάτρου; Sud. s.v. πέζα [1-2]   1 ταύ-
ταν CPl: τὰν ταῦ P   2 ὑφηνάμεθα CPl: -νόμενα P   4 παλιμ-
πλανέος Cᵞʳ   6 λαγόνι CPl: -να P

τὸν δέ νυ δεξιτερῶν νασμῶν πέλας ἰσοπάλαιστον
τοῦτον ἐπὶ σπιθαμᾷ Βίττιον ἠνύσατο.   3685

LIII

ἦ πού σε χθονίας, Ἀρετημιάς, ἐξ ἀκάτοιο
Κωκυτοῦ θεμέναν ἴχνος ἐπ' αἰόνι,
οἰχόμενον βρέφος ἄρτι νέον φορέουσαν ἀγοστῷ,
ᾤκτειραν θαλεραὶ Δωρίδες εἰν Ἀίδᾳ
5   πευθόμεναι τέο κῆρα· σὺ δὲ ξαίνουσα παρειάς   3690
δάκρυσιν ἄγγειλας κεῖν' ἀνιαρὸν ἔπος·
"διπλόον ὠδίνασα, φίλαι, τέκος, ἄλλο μὲν ἀνδρί
Εὔφρονι καλλιπόμαν, ἄλλο δ' ἄγω φθιμένοις."

LIV

τοῦτό τοι, Ἀρτεμίδωρε, τεῷ ἐπὶ σάματι μάτηρ
ἴαχε δωδεκέτη σὸν γοόωσα μόρον·   3695
" ὦλετ' ἐμᾶς ὠδῖνος ὁ πᾶς πόνος †εἰς πόνον πῦρ†,
ὦλεθ' ὁ πᾶς μέλεος γειναμένου κάματος,
5   ὦλετο δ' ἁ ποθινὰ τέρψις σέθεν· ἐς γὰρ ἄκαμπτον,
ἐς τὸν ἀνόστητον χῶρον ἔβας ἐνέρων,
οὐδ' ἐς ἐφηβείαν ἦλθες, τέκος, ἀντὶ δὲ σεῖο   3700
στάλα καὶ κωφὰ λείπεται ἄμμι κόνις."

7 νῦν P   ἰσοπάλαστον C, ἰσόπλαστα P   8 σπιθαμᾷ Page : -μὴν P,
-μῇ Pl
    LIII A.P. 7. 464, Plᴮ [CPl] Ἀντιπάτρου   1 Ἀρετιμιάς P   ἑκάτοιο P
2 θεμέναν CPl : -νην P   ἠιόνι Pl   3 νέον Pᴾᶜ : νέωι PᵃᶜPl   5 τέο CPl :
τὴν? P   ξαίνουσα παρ- CPl : ξένος σαπαρ- P   6 ἄγγειλας κεῖν' P :
ἐξεῖπες φεῦ Pl   7 ὠδίνουσα P   φίλον Pl
    LIV A.P. 7. 467, Plᴮ [CPl] Ἀντιπάτρου   1 σήματι μήτηρ Pl
2 δωδεκέτην C   γοόωσα C : γοίωσα P, γοάουσα Pl   3 εἰς πόνον εἰς
πῦρ Pl   4 ὦλετο πᾶς Pl   πᾶς μέλεος Sternbach : παμμέλεος P in ras.,
παμμένεος Pl   γεινομ- P   5 ὦλετο δ' ἁ ποθινὰ Kaibel : ὦλετο
ἀπο⸎θ⸎ινὰ C, ὦλετ' ἀπευθής μοι Pl, incertum quid fuerit in P   6 ἔβας
Sternbach : ἔβης PPl   7 ἐφηβείαν Brunck : -είην PPl   ἦλθες C
in ras. : ἐλθών Pl

LV

Δᾶμις ὁ Νυσαεὺς ἐλαχὺ σκάφος ἔκ ποτε πόντου
Ἰονίου ποτὶ γᾶν ναυστολέων Πέλοπος,
φορτίδα μὲν καὶ πάντα νεὼς ἐπιβήτορα λαόν
κύματι καὶ συρμῷ πλαζομένους ἀνέμων
ἀσκηθεῖς ἐσάωσε, καθιεμένης δ' ἐπὶ πέτραις
ἀγκύρης ψυχρῶν κάτθανεν ἐκ νιφάδων
ἠμύσας ὁ πρέσβυς. ἴδ' ὡς λιμένα γλυκὺν ἄλλοις
δούς, ξένε, τὸν Λήθης αὐτὸς ἔδυ λιμένα.

LVI

ἤδη μὲν κροκόεις Πιτανάτιδι πίτνατο νύμφᾳ
Κλειναρέτᾳ χρυσέων παστὸς ἔσω θαλάμων,
καδεμόνες δ' ἤλποντο διωλένιον φλόγα πεύκας
ἅψειν ἀμφοτέραις ἀνσχόμενοι παλάμαις
Δημὼ καὶ Νίκιππος· ἀφαρπάξασα δὲ νοῦσος
παρθενικὰν Λάθας ἄγαγεν ἐς πέλαγος·
ἀλγειναὶ δ' ἐκάμοντο συνάλικες οὐχὶ θυρέτρων
ἀλλὰ τὸν Ἀίδεω στερνοτυπῆ πάταγον.

LVII

αὐτοῦ σοι παρ' ἅλωνι, δυηπαθὲς ἐργάτα μύρμηξ,
ἠρίον ἐκ βώλου διψάδος ἐκτισάμην,
ὄφρα σε καὶ φθίμενον Δηοῦς σταχυητρόφος αὖλαξ
θέλγῃ ἀροτραίῃ κείμενον ἐν θαλάμῃ.

LV A.P. 7. 498, Pl^B [CPl] Ἀντιπάτρου 1 Νυσαεὺς Jacobs: νησαεὺς P, νησαιεὺς Pl 2 fort. γῆν 3 λαόν CPl: -ῶν P 5 ἀσκηθεὶς CPl: -θὴς? P πέτραις CPl: -ρας P 6 ψυχρῶν CPl: ψυχῶν P 7 ἠμύσας Pl: ἡ μέας P 8 ἔδυς P

LVI A.P. 7. 711 (caret Pl) [C] Ἀντιπάτρου 1 κροκ- C: κρικ- P 3 καδεμόνες C: καὶ δόμον ἐς P πεύκας Reiske: -κης P 5 ἀφαρπ- Reiske: ἐφαρπ- P 7 ἐκάμαντο P 8 πάταγον Salmasius: θάλαμον P

LVII A.P. 7. 209 [C] Ἀντιπάτρου, Pl^B s.a.n.; Sud. s.vv. ἀλωάς, δυηπαθής [1–2], ἠρία [2–4] 2 ἐκτισάμην Pl: -μαν P; utrumque Sud. 3 σταχυηφόρος Pl 4 ἀρουραίῃ Schneider (ἀρουγαίη Sud.^γρ)

LVIII

παυροεπὴς Ἤριννα καὶ οὐ πολύμυθος ἀοιδαῖς,
ἀλλ' ἔλαχεν Μούσης τοῦτο τὸ βαιὸν ἔπος.
τοιγάρτοι μνήμης οὐκ ἤμβροτεν, οὐδὲ μελαίνης
νυκτὸς ὑπὸ σκιερῇ κωλύεται πτέρυγι·
5 αἱ δ' ἀναρίθμητοι νεαρῶν σωρηδὸν ἀοιδῶν   3725
μυριάδες λήθῃ, ξεῖνε, μαραινόμεθα.
λωίτερος κύκνου μικρὸς θρόος ἠὲ κολοιῶν
κρωγμὸς ἐν εἰαριναῖς κιδνάμενος νεφέλαις.

LIX

ποῦ τὸ περίβλεπτον κάλλος σέο, Δωρὶ Κόρινθε; 3730
ποῦ στεφάναι πύργων; ποῦ τὰ πάλαι κτέανα;
ποῦ νηοὶ μακάρων; ποῦ δώματα; ποῦ δὲ δάμαρτες
Σισύφιαι λαῶν θ' αἵ ποτε μυριάδες;
5 οὐδὲ γὰρ οὐδ' ἴχνος, πολυκάμμορε, σεῖο λέλειπται,
πάντα δὲ συμμάρψας ἐξέφαγεν πόλεμος.   3735
μοῦναι ἀπόρθητοι Νηρηίδες Ὠκεανοῖο
κοῦραι σῶν ἀχέων μίμνομεν ἀλκυόνες.

LX

τίς θέτο μαρμαίροντα βοάγρια, τίς δ' ἀφόρυκτα
δούρατα καὶ ταύτας ἀρραγέας κόρυθας,
ἀγκρεμάσας Ἄρηι μιάστορι κόσμον ἄκοσμον; 3740
οὐκ ἀπ' ἐμῶν ῥίψει ταῦτά τις ὅπλα δόμων;
5 ἀπτολέμων τάδ' ἔοικεν ἐν οἰνοπλῆξι τεράμνοις
πλάθειν, οὐ θριγκῶν ἐντὸς Ἐνυαλίου·
σκῦλά μοι ἀμφίδρυπτα καὶ ὀλλυμένων ἅδε λύθρος
ἀνδρῶν, εἴπερ ἔφυν ὁ βροτολοιγὸς Ἄρης.   3745

LVIII A.P. 7. 713, Pl^A [CPl] Ἀντιπάτρου; Sud. s.v. λώιον [7-8]
2 Μούσης Page: -σας PPl   5 ἀναρίθματοι C   7 ἠ δὲ P
  LIX A.P. 9. 151, Pl^A [CPl] Ἀντιπάτρου   6 -γε πτόλεμος Pl
de Corintho a L. Mummio anno 146 a.C. diruta
  LX A.P. 9. 323, Pl^A [PPl] Ἀντιπάτρου   6 πλάθειν οὐ Pl in
marg. (spat. vac. in textu relicto): πλαθινου P   7 ἅδε Pl: ο δε P

LXI

ἤ καὶ ἔτ᾽ ἐκ βρέφεος κοιμωμένη Ἀντιοδημίς
πορφυρέων, Παφίης νοσσίς, ἐπὶ κροκύδων,
ἤ τακεραῖς λεύσσουσα κόραις μαλακώτερον ὕπνου,
Λύσιδος ἀλκυονίς, τερπνὸν ἄθυρμα Μέθης,
5 ὑδατίνους φορέουσα βραχίονας, ἦ μόνη ὀστοῦν   3750
οὐ λάχεν, ἦν γὰρ ὅλη τοὐν ταλάροισι γάλα,
Ἰταλίην ἤμειψεν, ἵνα πτολέμοιο καὶ αἰχμῆς
ἀμπαύσῃ Ῥώμην μαλθακίνῃ χάριτι.

LXII

πέντε Διωνύσοιο θεραπνίδες αἴδε Σαώτεω
ἐντύνουσι θοὰς ἔργα χοροστασίας,   3755
ἁ μὲν ἀερτάζουσα δέμας βλοσυροῖο λέοντος,
ἁ δὲ Λυκαόνιον καλλίκερων ἔλαφον,
5 ἁ τριτάτα δ᾽ οἰωνὸν εὔπτερον, ἁ δὲ τετάρτα
τύμπανον, ἁ πέμπτα χαλκοβαρὲς κρόταλον,
πᾶσαι φοιταλέαι τε παρηόριόν τε νόημα   3760
ἐκπλαγέες λύσσᾳ δαίμονος εὐιάδι.

LXIII

ἄρτι νεηγενέων σε, χελιδόνι, μητέρα τέκνων,
ἄρτι σε θάλπουσαν παῖδας ὑπὸ πτέρυγι,
αἴξας ἔντοσθε νεοσσοκόμοιο καλιᾶς
νόσφισεν ὠδίνων τετραέλικτος ὄφις,   3765

LXI A.P. 9. 567, Pl^A [PPl] Ἀντιπάτρου   2 κροκίδων Pl
4 ἀλκυονίς Bothe: ἀλκυών PPl
LXII A.P. 9. 603 (caret Pl) Ἀντιπάτρου   1 Διον- P   2 ἐντύν-
Schneider: ἐντύν- P   θοὰς Jacobs: θεᾶς P   χοροστασίας Jacobs: -ίης P
3 ἀερτά- Brunck: ἀεργά- P   6 ἁ Jacobs: ἁ δὲ P   7 τε
νόημα Brunck: δὲ ὄνομα P   8 ἐκπλαγέες Brunck: -έως P
LXIII A.P. 7. 210 [C] τοῦ αὐτοῦ [sc. Ἀντ.], Pl^B s.a.n.; Sud. s.vv.
ἀίξας [3-4], τετραέλικτος [4], κινυρομένη [5-6], ἐσχαρίου πυρός, ἤριπεν
[6], ἠλιτοεργός [7]   1 ἀρτιγενῶν σε χελιδὼν οὖσαν μητέρα τέκνων Pl
χελιδόνι C: -δον P   3 καλιᾶς Page: -ιῆς codd.   4 νοσφίσας
v.l. in Sud. (ἀίξ.)

ANTIPATER SIDONIUS

καὶ σὲ κινυρομέναν ὁπότ᾽ ἀθρόος ἦλθε δαΐξων
ἤριπεν ἐσχαρίου λάβρον ἐπ᾽ ἄσθμα πυρός.
ὣς θάνεν ἠλιτοεργός· ἴδ᾽ ὡς Ἥφαιστος ἀμύντωρ
τὰν ἀπ᾽ Ἐριχθονίου παιδὸς ἔσωσε γονάν.

LXIV

ἔκ ποτέ τις φρικτοῖο θεᾶς σεσοβημένος οἴστρῳ,   3770
ῥομβητοὺς δονέων λυσσομανεῖς πλοκάμους,
θηλυχίτων, ἀσκητὸς ἐυσπείροισι κορύμβοις
ἁβρῷ τε στρεπτῶν ἄμματι κεκρυφάλων,
ἴθρις ἀνὴρ κοιλῶπιν ὀρειάδα δύσατο πέτραν
Ζανὸς ἐλαστρηθεὶς γυιοπαγεῖ νιφάδι.   3775
τὸν δὲ μέτα ῥιγητὸς ἐπείσθορε ταυροφόνος θήρ
εἰς τὸν ἑὸν προμολὼν φωλεὸν ἑσπέριος·
ἀθρήσας δ᾽ εἰς φῶτα καὶ εὐτρήτοισιν αὐτμάν
μυκτῆρσιν βροτέας σαρκὸς ἐρυσσάμενος
ἔστα μὲν βριαροῖσιν ἐπ᾽ ἴχνεσιν, ὄμμα δ᾽ ἑλίξας   3780
βρυχᾶτο σφεδανῶν ὄβριμον ἐκ γενύων·
ἀμφὶ δέ οἱ σμαράγει μὲν ἐναυλιστήριον ἄντρον,
ἄχει δ᾽ ὑλάεις ἀγχινεφὴς σκόπελος.
αὐτὰρ ὁ θαμβήσας φθόγγον βαρὺν ἐκ μὲν ἅπαντα
ἐν στέρνοις ἐάγη θυμὸν ὀρινόμενον·   3785
ἀλλ᾽ ἔμπας ἐρίμυκον ἀπὸ στομάτων ὀλολυγάν
ἧκεν, ἐδίνησεν δ᾽ εὐστροφάλιγγα κόμαν,
χειρὶ δ᾽ ἀνασχόμενος μέγα τύμπανον ἐπλατάγησε
δινωτὸν Ῥείας ὅπλον Ὀλυμπιάδος,

5 ἀθρόος CPl: -όως P   δαΐξων Brunck: -ίζων PPlSud.
    LXIV A.P. 6. 219, Pl^A [PPl] Ἀντιπάτρου; Sud. s.vv. σηκασθέντας [1],
λυσσομανεῖς [2], ἀσκητός [3], ἄμματα [4], κοιλῶπις [5], ἐλαστρηθείς [6],
σφεδανῶν [11 ὄμμα—12], ἀνάγκη [23 ἴδ᾽—24]   1 θεῆς Pl   4 ἁβρῷ
Brunck: -ῶν PPlSud.   5 ἴθρις Huschke: ἴδρις PPlSud.   πέτραν C:
-ρην PPl   6 Ζανὸς CSud.: Ζην- PPl   7 τῷ Pl   μέτα ῥιγητὸς
Page: μετ᾽ ἀρρίγ- PPl (ἀρρήγ- P)   ἐπένθορε Pl   9 εὐγρή- P
12 σφεδανὸν C   15 ἐκ Jacobs: ἐν PPl

237

τὸν ζωᾶς ἐπαρωγόν· ἀήθεα γὰρ τότε βύρσας   3790
ταυρείου κενεὸν δοῦπον ἔδεισε λέων,
ἐκ δὲ φυγὼν ὤρουσεν. ἴδ' ὡς ἐδίδαξεν ἀνάγκα
πάνσοφος ἐξευρεῖν ἔκλυσιν Ἀίδεω.

LXV

Εὐπάλαμος ξανθὸν μὲν ἐρεύθεται ἶσον Ἔρωτι
μέσφα ποτὶ Κρητῶν ποιμένα Μηριόνην,   3795
ἐκ δέ νυ Μηριόνεω Ποδαλείριος οὐκέτ' ἐς Ἠώ
νεῖται· ἴδ' ὡς φθονερὰ παγγενέτειρα φύσις.
5   εἰ γὰρ τῷ τά τ' ἔνερθε τά θ' ὑψόθεν ἶσα πέλοιτο,
ἦν ἂν Ἀχιλλῆος φέρτερος Αἰακίδεω.

c. ANTIPATRO THESSALONICENSI
PERPERAM ADSCRIPTA

LXVI

ὄβριμον ἀκαμάτου στίχον αἴνεσον Ἀντιμάχοιο,   3800
ἄξιον ἀρχαίων ὀφρύος ἡμιθέων,
Πιερίδων χαλκευτὸν ἐπ' ἄκμοσιν, εἰ τορὸν οὖας
ἔλλαχες, εἰ ζαλοῖς τὰν ἀγέλαστον ὄπα,
5   εἰ τὰν ἄτριπτον καὶ ἀνέμβατον ἀτραπὸν ἄλλοις
μαίεαι. εἰ δ' ὕμνων σκᾶπτρον Ὅμηρος ἔχει,   3805
καὶ Ζεύς τοι κρέσσων Ἐνοσίχθονος· ἀλλ' Ἐνοσίχθων
τοῦ μὲν ἔφυ μείων, ἀθανάτων δ' ὕπατος·
καὶ ναετὴρ Κολοφῶνος ὑπέζευκται μὲν Ὁμήρῳ,
10   ἀγεῖται δ' ἄλλων πλάθεος ὑμνοπόλων.

---

21 τὸν P: τὸ Pl   βύρσας Brunck: βύρσης CPl, -σην P
   LXV A.P. 12. 97 (caret Pl) Ἀντιπάτρου   2 μέσφα ποτὶ Hecker:
μέσφ' ἀπὸ P   3 Ποδαλείριος Toup: -ιον P   5 θ' Brunck: δ'
P   6 Αἰακίδεω Jacobs: -δαο P
   LXVI A.P. 7. 409 (caret Pl) [C] Ἀντιπάτρου Θεσσαλονικέως   5 ἄτρι-
πτον Salmasius: ἄτρεπ- P   9 ὑπέζ- C: ὑπόζ- P

LXVII

οὐχὶ βαθυστόλμων Ἱππαρχία ἔργα γυναικῶν,   3810
  τῶν δὲ Κυνῶν ἐλόμαν ῥωμαλέον βίοτον,
οὐδέ μοι ἀμπεχόναι περονατρίδες, οὐ βαθύπελμος
  εὔμαρις, οὐ λιπόων εὔαδε κεκρύφαλος,
5 οὐλὰς δὲ σκίπωνι συνέμπορος ἅ τε συνῳδός
  δίπλαξ καὶ κοίτας βλῆμα χαμαιλεχέος·   3815
φαμὶ δὲ Μαιναλίας κάρρων εἴμειν Ἀταλάντας
  τόσσον ὅσον σοφία κρέσσον ὀρειδρομίας.

LXVIII

οὐ νούσῳ Ῥοδόπα τε καὶ ἁ γενέτειρα Βοΐσκα,
  οὐδ' ὑπὸ δυσμενέων δούρατι κεκλίμεθα,
ἀλλ' αὐταί, πάτρας ὁπότ' ἔφλεγεν ἄστυ Κορίνθου   3820
  γοργὸς Ἄρης, Ἀίδαν ἄλκιμον εἱλόμεθα·
5 ἔκτανε γὰρ μάτηρ με διασφακτῆρι σιδάρῳ,
  οὐδ' ἰδίου φειδὼ δύσμορος ἔσχε βίου,
ἆψε δ' ἐναυχενίῳ δειρὰν βρόχῳ· ἧς γὰρ ἀμείνων
  δουλοσύνας ἀμῖν πότμος ἐλευθέριος.   3825

LXVII A.P. 7. 413, Pl^B [CPl] Ἀντιπάτρου [C] Θεσσαλονικέως
1 -στόλμων Jacobs: -στόλων P, -ζώνων Pl   2 ἐλόμην C
3 περονατρίδες Gow: -νητίδες PPl   οὐ Pl: οὐ δὲ P   -πελμος Salmasius:
-πεπλος PPlSud. (s.v. εὐμάρεια)   4 ευμᾶρις inauditum; fort. εὔμαρις
λιπόων τ'   5 οὐλὰς Hecker: οὔδας PPl   σκήπωνι C   7 φαμὶ
... κάρρων εἴμειν Korsch: ἆμι ... κάρρων ἆμιν P, ἄμμι ... κρέσσων
αμιν Pl   8 σοφίη P   -δρομίης P
LXVIII A.P. 7. 493, Pl^B [CPl] Ἀντιπάτρου [C] Θεσσαλονικέως
1 Ῥοδόπη ... Βοΐσκη C   7 ἐναυχενίῳ Jacobs: -ιον PPl   δειρᾷ
βρόχον Pl   βρόχωι C: -χα P   ἦν Pl   ἀμείνω P   8 ἄμμιν Pl

ANTIPATER SIDONIUS

d. QUAE OLIM THESSALONICENSI, NUNC SIDONIO ADSCRIBIMUS

LXIX [Ant. Thess. LIV G.–P.]

γηραλέον νεφέλας τρῦχος τόδε καὶ τριέλικτον
ἰχνοπέδαν καὶ τὰς νευροτενεῖς παγίδας
κλωβούς τ' ἀμφιρρῶγας ἀνασπαστούς τε δεράγχας
καὶ πυρὶ θηγαλέους ὀξυπαγεῖς στάλικας
5 καὶ τὰν εὔκολλον δρυὸς ἰκμάδα τόν τε πετηνῶν   3830
ἀγρευτὰν ἰξῷ μυδαλέον δόνακα
καὶ κρυφίου τρίκλωστον ἐπισπαστῆρα βόλοιο
ἄρκυν τε κλαγερῶν λαιμοπέδαν γεράνων
σοί, Πὰν ὦ σκοπιῆτα, γέρας θέτο παῖς Νεολάδα
10 Κραῦγις ὁ θηρευτὰς Ἀρκὰς ἀπ' Ὀρχομενοῦ.   3835

LXX [Ant. Thess. LXXXVI G.–P.]

Τανταλὶς †ἅδε ποχ' ἅδε δὶς ἑπτὰ τέκνα† τεκοῦσα
γαστρὶ μιᾷ Φοίβῳ θῦμα καὶ Ἀρτέμιδι·
κούρα γὰρ προύπεμψε κόραις φόνον, ἄρσεσι δ' ἄρσην,
δισσοὶ γὰρ δισσὰς ἔκτανον ἑβδομάδας.
5 ἁ δὲ τόσας ἀγέλας μάτηρ πάρος, ἁ πάρος εὔπαις,   3840
οὐδ' ἐφ' ἑνὶ τλάμων λείπετο γηροκόμῳ·
μάτηρ δ' οὐχ ὑπὸ παισίν, ὅπερ θέμις, ἀλλ' ὑπὸ ματρός
παῖδες ἐς ἀλγεινοὺς πάντες ἄγοντο τάφους.
Τάνταλε, καὶ δὲ σὲ γλῶσσα διώλεσε καὶ σέο κούραν·
10 χἀ μὲν ἐπετρώθη, σοὶ δ' ἔπι δεῖμα λίθος.   3845

LXIX A.P. 6. 109, Pl^A [PPl] Ἀντιπάτρου; Sud. s.v. γλάγος [8]
2 ἰσχνοπέδαν Pl   3 δέ τε ῥαγχας Pl   5 εὔκολλον CPl: εὖ
κῶλον P   τόν Pl: τῶν P   πετηνῶν P^pc: πετειν- P^acPl   7 κρυφίου
Lascaris: τρυφ- PPl   8 κλαγερῶν C: γλαγ- PPlSud.   10 Κραῦ-
γις Brunck: Κραῦβις P, Κράμβις Pl   θηρευτὴς Pl
    LXX A. Plan. (Pl^A) 131 Ἀντιπάτρου   1 ποχ' ἁ δίσσ' Benndorf,
ἑπτάκι Scaliger   2 μιᾷ Page: μιῇ Pl

240

ANTIPATER SIDONIUS

LXXI [Ant. Thess. LXXXVII G.-P.]

τίπτε, γύναι, πρὸς "Ολυμπον ἀναιδέα χεῖρ' ἀνένεικας,
ἔνθεον ἐξ ἀθέου κρατὸς ἀφεῖσα κόμαν;
Λατοῦς παπταίνουσα πολὺν χόλον, ὦ πολύτεκνε,
νῦν στένε τὰν πικρὰν καὶ φιλάβουλον ἔριν.
5 ἁ μὲν γὰρ παίδων σπαίρει πέλας, ἁ δὲ λιπόπνους   3850
κέκλιται, ἃ δὲ βαρὺς πότμος ἐπικρέμαται·
καὶ μόχθων οὔπω τόδε σοι τέλος, ἀλλὰ καὶ ἄρσην
ἔστρωται τέκνων ἐσμὸς ἀποφθιμένων.
ὦ βαρὺ δακρύσασα γενέθλιον, ἄπνοος αὐτά
10 πέτρος ἔσῃ, Νιόβα, κάδεϊ τειρομένα.   3855

DIONYSIUS

I

πρηΰτερον γῆράς σε καὶ οὐ κατὰ νοῦσος ἀμαυρή
ἔσβεσεν, εὐνήθης δ' ὕπνον ὀφειλόμενον,
ἄκρα μεριμνήσας 'Ερατόσθενες· οὐδὲ Κυρήνη
μαῖά σε πατρώων ἐντὸς ἔδεκτο τάφων,
5 Ἀγλαοῦ υἱέ· φίλος δὲ καὶ ἐν ξείνῃ κεκάλυψαι   3860
πὰρ τόδε Πρωτῆος κράσπεδον αἰγιαλοῦ.

II

πρώιος ἀλλὰ ποθεινὸς ὅσοι πόλιν 'Ιαλύσοιο
ναίομεν εἰς Λήθης πικρὸν ἔδυς πέλαγος,

LXXI A. Plan. (Pl^A) 133 Ἀντιπάτρου   1 χεῖρ' ἀνένεικας
Huschke: χεῖρα νένευκας Pl   10 κάδεϊ Jacobs (κήδ- Huschke):
κάιδι Pl

DIONYSIUS I A.P. 7. 78, Pl^A [PPl] Διονυσίου Κυζικηνοῦ   4 μαῖα
Eldick, σε πατρώων Brunck: μαινὰς ἐπ' ἀτρύτων CPl (ἐπαιτρ- P)   ἐντὸς
Scaliger: ἐκτὸς PPl   6 πὰρ CPl: πᾶν P
II A.P. 7. 716, Pl^B [CPl] Διονυσίου [C] 'Ροδίου   1 ἠλυσίοιο P

DIONYSIUS

δρεψάμενος σοφίην ὀλίγον χρόνον· ἀμφὶ δὲ τύμβῳ
σεῖο καὶ ἄκλαυτοι γλαῦκες ἔθεντο γόον,
Φαινόκριτ'. οὐδὲν ὅμοιον ἐπεσσομένοισιν ἀοιδός
φθέγξεται, ἀνθρώπους ἄχρι φέρωσι πόδες. 3865

5

III

εἰ μὲν ἐμὲ στέρξεις εἴης ἰσόμοιρος, Ἄκρατε,
Χίῳ, καὶ Χίου πουλὺ μελιχρότερος·
εἰ δ' ἕτερον κρίναις ἐμέθεν πλέον, ἀμφί σε βαίη
κώνωψ ὀξηρῷ φυόμενος κεράμῳ. 3870

IV

ἀγχιτόκον Σατύραν Ἀίδας λάχε, Σιδονία δέ
κρύψε κόνις, πάτρα δ' ἐστονάχησε Τύρος. 3872

V

Ἡράκλεες, Τρηχῖνα πολύλλιθον ὅς τε καὶ Οἴτην
καὶ βαθὺν εὐδένδρου πρῶνα πατεῖς Φολόης,
τοῦτό σοι ἀγροτέρης Διονύσιος αὐτὸς ἐλαίης 3875
χλωρὸν ἀπὸ δρεπάνῳ θῆκε ταμὼν ῥόπαλον.

VI

ἡ τὰ ῥόδα, ῥοδόεσσαν ἔχεις χάριν· ἀλλὰ τί πωλεῖς; 3878
σαυτήν, ἢ τὰ ῥόδα; ἠὲ συναμφότερα;

5 ἀοιδοῖς P
III A.P. 12. 108 (caret Pl) Διονυσίου   1 Ἄκρατε Brunck:
ἄκραιτε P   4 φυόμενος Toup: τυφόμ- P
IV A.P. 7. 462[1], denuoque[2] post 7. 728, utroque loco [C] Διονυσίου,
Pl[A] ἀδέσποτον   1 Σατύραν (bis) C: -ρων (bis) P, -ρον Pl   2 κρύφε
P[1], ἔκρυφε C[1]   ἔστεν- P[1]
V A.P. 6. 3 (caret Pl) Διονυσίου; Sud. s.vv. πρῶνες [1–2], ἀγροτέρας
[3]
VI A.P. 5. 81, Pl[A] [PPl] Διονυσίου σοφιστοῦ

242

MOSCHUS

I

λαμπάδα θεὶς καὶ τόξα βοηλάτιν εἵλετο ῥάβδον   3880
οὖλος Ἔρως, πήρην δ᾽ εἶχε κατωμαδίην,
καὶ ζεύξας ταλαεργὸν ὑπὸ ζυγὸν αὐχένα ταύρων
ἔσπειρεν Δηοῦς αὔλακα πυροφόρον·
5 εἶπε δ᾽ ἄνω βλέψας αὐτῷ Διὶ "πλῆσον ἀρούρας,
μή σε τὸν Εὐρώπης βοῦν ὑπ᾽ ἄροτρα βάλω".   3885

PHANIAS

I

ναὶ Θέμιν, ἀκρήτου καὶ τὸ σκύφος ᾧ σεσάλευμαι,
Πάμφιλε, βαιὸς ἔχει τὸν σὸν ἔρωτα χρόνος·
ἤδη γὰρ καὶ μηρὸς ὑπὸ τριχὶ καὶ γένυς ἡβᾷ,
καὶ πόθος εἰς ἑτέρην λοιπὸν ἄγει μανίην.
5 ἀλλ᾽ ὅτε ⟨σοι⟩ σπινθῆρος ἔτ᾽ ἴχνια βαιὰ λέλειπται,   3890
φειδωλὴν ἀπόθου. καιρὸς Ἔρωτι φίλος.

II

σκίπωνα προποδαγὸν ἱμάντα τε καὶ †παρακειται†
νάρθηκα, κροτάφων πλάκτορα νηπιάχων,
κέρκον τ᾽ †εὐόλπαν† φιλοκαμπέα καὶ μονόπελμον
συγχίδα καὶ στεγάναν κρατὸς ἐρημοκόμου   3895

Moschus I   A. Plan. (Pl^A) 200 Μόσχου; Syll. S

Phanias I   A.P. 12. 31 (caret Pl) Φαινίου   3 τριχὶ Gow: τρίχα P
5 σοι suppl. Schaefer

II   A.P. 6. 294 (caret Pl) Φανίου; Sud. s.vv. νάρθηξ [1 καὶ—2], κίρκον
[3], συγχίδα [3 καὶ—4], παίδειος [5 σύμβ.—6]   1 σκήπ- C   πρόποδα
(-δας C) γονιμάντατε P   παρακειται P: -κεῖται C, πανακείταν Sud. v.l.;
παρακοίταν, πυροκοίταν apogrr.   3 κέρκον Stadtmueller: κίρκον P
ἐξ ὅλπας Gow   4 στεγάναν Sud.: στεναγὰν P

5   Κάλλων Έρμείᾳ θέτ' ἀνάκτορι, σύμβολ' ἀγωγᾶς
παιδείου, πολιῷ γυῖα δεθεὶς καμάτῳ.

III

σμίλαν Ἀκεστώνδας δονακογλύφον, ὅν τ' ἐπὶ μισθῷ
σπόγγον ἔχεν καλάμων ψαίστορ' ἀπὸ† Κνιδίων,
καὶ σελίδων κανόνισμα φιλόρθιον, ἔργμα τε λείας   3900
σαμοθέτω, καὶ τὰν εὐμέλανον βροχίδα,
5   καρκίνα τε σπειροῦχα, λεάντειράν τε κίσηριν,
καὶ τὰν ἀδυφαῆ πλινθίδα καλλαΐναν,
μάζας ἀνίκ' ἔκυρσε τελωνιάδος φιλολίχνω,
Πιερίσιν πενίας ἄρμεν' ἀνεκρέμασεν.   3905

IV

Ἄλκιμος ἀγρεῖφναν κενοδοντίδα, καὶ φιλοδούπου
φάρσος ἅμας στελεοῦ χῆρον ἐλαϊνέου,
†ἀρθροπέδαν στῆμόν τε† καὶ ὠλεσίβωλον ἀρούρας
σφῦραν, καὶ δαπέδων μουνορυχὰν ὄρυγα,
5   καὶ κτένας ἑλκητῆρας ἀνὰ προπύλαιον Ἀθάνας   3910
θήκατο, καὶ ῥαπτὰς γειοφόρους σκαφίδας,
θησαυρῶν ὅτ' ἔκυρσεν, ἐπεὶ τάχ' ἂν ἁ πολυκαμπής
ἰξὺς κεῖς Ἀίδαν ᾤχετο κυφαλέα.

III A.P. 6. 295 (caret Pl) τοῦ αὐτοῦ [sc. Φαν.]; Sud. s.vv. σπόγγος,
ψαίστορα [2], σελίς [3—φιλ.], λεάντειραν [5]   1 τ' ἐπὶ C: ποτ' ἐπὶ ?P
2 σπόγγον C: -ων P   ψαίστορα τῶν Κν. Brunck   3 ἔργμα C: ἔργα P
4 εὐμέλανον Salmasius: ἐν μελα*νο C, -λαίνω P   5 τε σπειροῦχα
CSud.: τ' εὐπειραν χα(λεάν) P   6 καλλαΐναν C: -νον P   7 φιλο-
λίχνω Hecker: -νον P
IV A.P. 6. 297 (caret Pl) Φανίου; Sud. s.vv. ἀγρεῖφνα [1–2], φάρσος
[1 καὶ—2], ἀρθροπέδαν [3–4 σφῦρ.], κυφαλέα [7 ἐπεὶ—8]   1 ἀγρεῖφναν
PSud.: -φαν C   φιλοδούπου Sud.: -δάπου P   2 ἅμας Toup: ἅμα
PSud.   3 στεῖμον, στεῖραν Sud. vv.ll.   ἀρούρας Page: -ρης PSud.
post h.v. inseruit P v. 2 epigr. sequentis (= Leonid. LV)   8 ἰξὺς
C: ἴξος P

V

φάρσος σοὶ γεραροῦ τόδε βότρυος, εἰνόδι' Ἑρμᾶ,
  καὶ τρύφος ἰπνεύτα πιαλέου φθόϊος
πάρκειται, σῦκόν τε μελαντραγές, ἅ τ' †ἐφιουλκίς
  δρύππα, καὶ τυροῦ δρύψια κυκλιάδων,
5 ἀκτά τε Κρηταιὶς ἐυτριβέος τε †ῥόειπα
  θωμός, καὶ Βάκχου πῶμ' ἐπιδορπίδιον.
τοῖσιν ἅδοι καὶ Κύπρις, ἐμὰ θεός, ὕμμι δὲ ῥέξειν
  φαμὶ παρὰ κροκάλαις ἀργιπόδαν χίμαρον.

3915

3920

VI

ἀκτῖτ' ὦ καλαμευτά, ποτὶ ξερὸν ἔλθ' ἀπὸ πέτρας
  καί με λάβ' εὐάρχαν πρώιον ἐμπολέα·
αἴτε σύ γ' ἐν κύρτῳ μελανουρίδας, αἴτε τιν' ἀγρεῖς
  μορμύρον ἢ κίχλαν ἢ σπάρον ἢ σμαρίδα,
5 †ταυτον† αὐδάσεις με, τὸν οὐ κρέας ἀλλὰ θάλασσαν
  τιμῶντα ψαφαροῦ κλάσματος εἰς ἀπάταν·
χαλκίδας ἢν δὲ φέρῃς φιλακανθίδας ἤ τινα θρίσσαν,
  εὐάγρει. λιθίναν οὐ γὰρ ἔχω φάρυγα.

3925

VII

Εὐγάθης Λαπιθανὸς ἐσοπτρίδα καὶ φιλέθειρον
  σινδόνα καὶ πετάσου φάρσος ὑποξύριον

3930

V A.P. 6. 299 (caret Pl) Φαινίου; Sud. s.vv. ἴπνος [2 ἰπν.—φθ.], σῦκον
[3 σ. τ. μ.], δρύππα [3 ἅ—4], θωμούς [5–6 θωμ.]; Zonar. s.v. δρύπτα [3 ἅ—4]
2 ἰπνευτὰ C: -νεστα PSud.   3 ἐφιουλκὶς CSud.: -κυς P
4 δρύπτα Zonar.   τυρῶν Jacobs   κυκλιάδος Ap.B.   5 Κρηταιὶς
CSud.: -αιὴς P   τεροεια Sud.; τ' ἐρεβίνθου Toup   6 θωμοῦ Sud.
8 φαμὶ Page: φημὶ P   ἀργιπόδαν C: αἰγι- P
    VI A.P. 6. 304, Pl[B] [PPl] Φανίου   1 ἀκτῖτ' ὦ Passow: ἀκτίτα
PPl   πέτρης C   4 κίχλαν Page: -λην PPl   5 *** αυτον C
(incertum P), αὐτόν τ' Pl   αὐγάσσεις Pl   6 ἀπάτην Pl   7 φιλοκ-
P   θρίσσαν C: -ον PPl   8 λιθίναν CPl: -νον P
    VII A.P. 6. 307 (caret Pl) Φανίου; Sud. s.vv. ἄκιτιν, ψήκτρα [3],
συλόνυχας, φάσγανον [3–4]   2 φάρσος Toup: φᾶρος P

καὶ ψήκτραν δονακῖτιν ἀπέπτυσε καὶ λιποκόπτους
φασγανίδας καὶ τοὺς συλόνυχας στόνυχας,
5 ἔπτυσε δὲ ψαλίδας, ξυρὰ καὶ θρόνον, εἰς δ' 'Επικούρου,
κουρεῖον προλιπών, ἅλατο κηπολόγους·   3935
ἔνθα λύρας ἤκουεν ὅπως ὄνος, ὤλετο δ' ἄν που
λιμώσσων εἰ μὴ στέρξε παλινδρομίαν.

VIII

ἠρίον οὐκ ἐπὶ πατρί, πολυκλαύτου δ' ἐπὶ παιδός,
Λῦσις ἄχει κενεὴν τήνδ' ἀνέχωσε κόνιν,
οὔνομα ταρχύσας, ἐπεὶ οὐχ ὑπὸ χεῖρα τοκήων   3940
ἤλυθε δυστήνου λείψανα Μαντιθέου.

POLYSTRATUS

I

δισσὸς "Ερως αἴθει ψυχὴν μίαν. ὦ τὰ περισσά
ὀφθαλμοὶ πάντη πάντα κατοσσόμενοι,
εἴδετε τὸν χρυσέαισι περίσκεπτον χαρίτεσσιν
Ἀντίοχον λιπαρῶν ἄνθεμον ἠιθέων.
5 ἀρκείτω· τί τὸν ἡδὺν ἐπηυγάσσασθε καὶ ἁβρόν   3945
Στασικράτη, Παφίης ἔρνος ἰοστεφάνου;
καίεσθε, τρύχεσθε, καταφλέχθητέ ποτ' ἤδη·
οἱ δύο γὰρ ψυχὴν οὐκ ἂν ἕλοιτε μίαν.

3 δονακῆτιν C   λιποκόπρους Sud. (φάσγ.) ; λιποκώπους Toup   4 συλό-
CSud. : συνό- P   στόνυχας Salmasius : ὄνυχας PSud.   5 δὲ ψαλίδας
Jacobs : δ' ἰταλίας P   6 κηπολόγους C : -γος P
   VIII   A.P. 7. 537 [C] Φανίου γραμματικοῦ, Plᴮ Θεοφάνους   2 ἄχει
PPl : ἔχων Plᴾᶜ

POLYSTRATUS I   A.P. 12. 91 (caret Pl) Πολυστράτου   5 -γάσασθε
P   8 ἕλοιτε apogr. : ἕλητε P

II

τὸν μέγαν Ἀκροκόρινθον Ἀχαιικόν, Ἑλλάδος ἄστρον,   3950
καὶ διπλῆν Ἰσθμοῦ σύνδρομον ἠιόνα
Λεύκιος ἐστυφέλιξε, δοριπτοίητα δὲ νεκρῶν
ὀστέα σωρευθεὶς εἰς ἐπέχει σκόπελος·
5   τοὺς δὲ δόμον Πριάμοιο πυρὶ πρήσαντας Ἀχαιούς
ἀκλαύστους κτερέων νόσφισαν Αἰνεάδαι.   3955

ZENODOTUS

I

ἔκτισας αὐτάρκειαν ἀφεὶς κενεαυχέα πλοῦτον,
Ζήνων, σὺν πολιῷ σεμνὸς ἐπισκυνίῳ,
ἄρσενα γὰρ λόγον εὗρες, ἐνηθλήσω δὲ προνοίᾳ,
αἵρεσιν ἀτρέστου ματέρ᾽ ἐλευθερίας.
5   εἰ δὲ πάτρα Φοίνισσα, τίς ὁ φθόνος; ἦν καὶ ὁ Κάδμος   3960
κεῖνος, ἀφ᾽ οὗ γραπτὰν Ἑλλὰς ἔχει σελίδα.

II

τίς γλύψας τὸν Ἔρωτα παρὰ κρήνῃσιν ἔθηκεν,   3962
οἰόμενος παύσειν τοῦτο τὸ πῦρ ὕδατι;

II A.P. 7. 297, Pl[B] [CPl[B]] Πολυστράτου, Pl[A] s.a.n.   2 σύν-
τροφον Pl[B]   3 ἐστυφέλιξε C[ac]: -ξα PCPl   6 fort. ἀκλαύτους
Αἰνεάδαι CPl: Αἰακίδαι P   Λεύκιος = L. Mummius, qui Corin-
thum anno 146 a.C. diruit

ZENODOTUS I   A.P. 7. 117 (caret Pl) s.a.n.; Diog. Laert. 7. 30 Ζηνό-
δοτος; Sud. s.vv. ἄτρεστος [3 ἐνη.—4], Κάδμος [5–6]   1 ἔκτισας
C, Diog.: -σω P   4 μητέρ᾽ ἐλευθερίης PSud.   5 ἦν P: ὃν
Diog. (ἦς cod. P[sscr]) Sud.   6 γραπτὰν C, Diog., Sud.: -τῶν P
II A. Plan. (Pl[B]) 14 Ζηνοδότου

III

τρηχεῖαν κατ' ἐμεῦ, ψαφαρὴ κόνι, ῥάμνον ἐλίσσοις
πάντοθεν ἢ σκολιῆς ἄγρια κῶλα βάτου,　　　　　　　3965
ὡς ἐπ' ἐμοὶ μηδ' ὄρνις ἐν εἴαρι κοῦφον ἐρείδοι
ἴχνος, ἐρημάζω δ' ἤσυχα κεκλιμένος·
5　ἦ γὰρ ὁ μισάνθρωπος, ὁ μηδ' ἀστοῖσι φιληθείς
Τίμων, οὐδ' Ἀίδῃ γνήσιός εἰμι νέκυς.

MELEAGER

I

Μοῦσα φίλα, τίνι τάνδε φέρεις πάγκαρπον ἀοιδάν,　　　3970
ἢ τίς ὁ καὶ τεύξας ὑμνοθετᾶν στέφανον;
ἄνυσε μὲν Μελέαγρος, ἀριζάλῳ δὲ Διοκλεῖ
μναμόσυνον ταύταν ἐξεπόνησε χάριν,
5　πολλὰ μὲν ἐμπλέξας Ἀνύτης κρίνα, πολλὰ δὲ Μοιροῦς
λείρια, καὶ Σαπφοῦς βαιὰ μὲν ἀλλὰ ῥόδα,　　　　　3975
νάρκισσόν τε τορῶν Μελανιππίδου ἔγκυον ὕμνων,
καὶ νέον οἰνάνθης κλῆμα Σιμωνίδεω,
σὺν δ' ἀναμὶξ πλέξας μυρόπνουν εὐάνθεμον ἶριν
10　Νοσσίδος, ἧς δέλτοις κηρὸν ἔτηξεν Ἔρως·
τῇ δ' ἅμα καὶ σάμψυχον ἀφ' ἡδυπνόοιο Ῥιανοῦ,　　3980
καὶ γλυκὺν Ἠρίννης παρθενόχρωτα κρόκον,
Ἀλκαίου τε λάληθρον ἐν ὑμνοπόλοις ὑάκινθον,
καὶ Σαμίου δάφνης κλῶνα μελαμπέταλον.
15　ἐν δὲ Λεωνίδεω θαλεροὺς κισσοῖο κορύμβους,
Μνασάλκου τε κόμας ὀξυτόρου πίτυος,　　　　　　3985

III A.P. 7. 315 [C] Ζηνοδότου, οἱ δὲ Ῥιανοῦ, Pl^B s.a.n.　1 τρηχεῖαν
Schneidewin: -είην PPl　ψαφαρὴ κόνι CPl: -ρὴν κόνιν P　3 ἐρείδῃ
Meineke　4 ἐρημ- CPl: θρημ- P　6 οὐδ' CPl: οὐκ P

MELEAGER I A.P. 4. 1 (caret Pl) Μελεάγρου στέφανος　7 τορῶν
Reiske: χορῶν P　10 δέλτοις Ap.L.: -τος P

βλαισήν τε †πλατάνιστον† ἀπέθρισε Παμφίλου οἴνης,
    σύμπλεκτον καρύης ἔρνεσι Παγκράτεος,
Τύμνεω τ' εὐπέταλον λεύκην, χλοερόν τε σίσυμβρον
20 Νικίου, Εὐφήμου τ' ἀμμότροφον πάραλον·
    ἐν δ' ἄρα Δαμάγητον, ἴον μέλαν, ἡδύ τε μύρτον   3990
    Καλλιμάχου στυφελοῦ μεστὸν ἀεὶ μέλιτος,
    λυχνίδα τ' Εὐφορίωνος, ἰδ' †ἐν Μούσησιν ἄμεινον†,
    ὃς Διὸς ἐκ κούρων ἔσχεν ἐπωνυμίην.
25 τῆσι δ' ἅμ' Ἡγήσιππον ἐνέπλεκε, μαινάδα βότρυν,
    Πέρσου τ' εὐώδη σχοῖνον ἀμησάμενος,   3995
    σὺν δ' ἅμα καὶ γλυκύμηλον ἀπ' ἀκρεμόνων Διοτίμου,
    καὶ ῥοιῆς ἄνθη πρῶτα Μενεκράτεος,
    μυρραίους τε κλάδους Νικαινέτου, ἠδὲ Φαέννου
30 τέρμινθον, βλωθρήν τ' ἀχράδα Σιμίεω·
    ἐν δὲ καὶ ἐκ λειμῶνος ἀμωμήτοιο σέλινα   4000
    βαιὰ διακνίζων ἄνθεα Παρθενίδος,
    λείψανά τ' εὐκαρπεῦντα μελιστάκτων ἀπὸ Μουσέων
    ξανθοὺς ἐκ καλάμης Βακχυλίδεω στάχυας,
35 ἐν δ' ἄρ' Ἀνακρείοντα, τὸ μὲν γλυκὺ κεῖνο μέλισμα
    νέκταρος, εἰς δ' ἐλέγους ἄσπορον ἀνθέμιον,   4005
    ἐν δὲ καὶ ἐκ φορβῆς σκολιότριχος ἄνθος ἀκάνθης
    Ἀρχιλόχου, μικρὰς στράγγας ἀπ' ὠκεανοῦ,
    τοῖς δ' ἅμ' Ἀλεξάνδροιο νέους ὄρπηκας ἐλαίης,
40 ἠδὲ Πολυκλείτου πορφυρέην κύαμον.
    ἐν δ' ἄρ' ἀμάρακον ἧκε, Πολυστράτου ἄνθος ἀοιδῶν,   4010
    Φοίνισσάν τε νέην κύπρον ἀπ' Ἀντιπάτρου.
    καὶ μὴν καὶ Συρίαν σταχυότριχα θήκατο νάρδον,
    ὑμνοθέταν Ἑρμοῦ δῶρον ἀειδόμενον,

19 χλοερόν Ap.L. : χρο- P   23 εὔμουσον κυκλάμινον Waltz, Boissonade
25 τοῖσι Hecker   27 γλυκύμηλον Stadtmueller : γλυκὺ μῆλον C,
γλυκὺ μέλος P   29 μυρραίους Gow : μυρρηναίους P   30 βλωθρήν
Hecker : βρωτήν P   Σιμμ- J   33 εὐκαρπεῦντα P   Μουσέων
Jacobs : -σῶν P   37 ἐν δὲ Ap.L. : ἐκ δὲ P   39 τοῖς δ' Hecker :
τοὺς δ' P   ὄρπηκας ἐλαίης Ap.L. : -πικας ἐλίης P   40 πορφύρεον
Sternbach   κύαμον Bothe : κύανον C, κναμον P   41 Πολυστράτου
Waltz : -τον P

45   ἐν δὲ Ποσείδιππόν τε καὶ Ἡδύλον, ἄγρι' ἀρούρης,

   Σικελίδεώ τ' ἀνέμοις ἄνθεα φυόμενα.   4015

  ναὶ μὴν καὶ χρύσειον ἀεὶ θείοιο Πλάτωνος

   κλῶνα, τὸν ἐξ ἀρετῆς πάντοθι λαμπόμενον,

  ἄστρων τ' ἴδριν Ἄρατον ὁμοῦ βάλεν, οὐρανομάκευς

50   φοίνικος κείρας πρωτογόνους ἕλικας,

  λωτόν τ' εὐχαίτην Χαιρήμονος, ἐν φλογὶ μίξας   4020

   Φαιδίμου, Ἀνταγόρου τ' εὔστροφον ὄμμα βοός,

  τάν τε φιλάκρητον Θεοδωρίδεω νεοθαλῆ

   ἕρπυλλον, κυάνων τ' ἄνθεα Φανίεω,

55   ἄλλων τ' ἔρνεα πολλὰ νεόγραφα, τοῖς δ' ἅμα Μούσης

   καὶ σφετέρης ἔτι που πρώιμα λευκόια.   4025

  ἀλλὰ φίλοις μὲν ἐμοῖσι φέρω χάριν· ἔστι δὲ μύσταις

   κοινὸς ὁ τῶν Μουσέων ἡδυεπὴς στέφανος.

II

  νᾶσος ἐμὰ θρέπτειρα Τύρος, πάτρα δέ με τεκνοῖ

   Ἀτθὶς ἐν Ἀσσυρίοις ναιομένα Γάδαρα·

  Εὐκράτεω δ' ἔβλαστον ὁ σὺν Μούσαις Μελέαγρος,   4030

   πρῶτα Μενιππείοις συντροχάσας Χάρισιν.

5   εἰ δὲ Σύρος, τί τὸ θαῦμα; μίαν, ξένε, πατρίδα κόσμον

   ναίομεν, ἓν θνατοὺς πάντας ἔτικτε Χάος.

  πουλυετὴς δ' ἐχάραξα τάδ' ἐν δέλτοισι πρὸ τύμβου·

   γήρως γὰρ γείτων ἐγγύθεν Ἀίδεω.   4035

  ἀλλά με τὸν λαλιὸν καὶ πρεσβύτην πάρος εἰπών

10   χαίρειν, εἰς γῆρας καὐτὸς ἵκοιο λάλον.

45 Ποσίδ- P   47 χρύσιον P   49 -μήκευς Graefe   53 τήν
apogr.   φιλάκρητον Reiske: φαλ- P   54 ἕρπυλον P
  II   A.P. 7. 417, Plᴬ [CPl] Μελεάγρου   2 Γάδαρα Hecker: -ροις
PPl   4 πρῶτα CPl: πρὸς τὰ P   Μενιππείαις Pl   8 γῆρας
γὰρ γείτον Pl   9 πρεσβύταν Graefe   πάρος εἰπών Peerlkamp:
προσειπὼν P, σὺ προσειπὼν Pl

III

πρῶτα μοι Γαδάρων κλεινὰ πόλις ἔπλετο πάτρα,
ἤνδρωσεν δ' ἱερὰ δεξαμένα με Τύρος·
εἰς γῆρας δ' ὅτ' ἔβην, ⟨ἁ⟩ καὶ Δία θρεψαμένα Κῶς   4040
κἀμὲ θετὸν Μερόπων ἀστὸν ἐγηροτρόφει·
5   Μοῦσαι δ' εἰν ὀλίγοις με τὸν Εὐκράτεω Μελέαγρον
παῖδα Μενιππείοις ἠγλάισαν Χάρισιν.

IV

ἀτρέμας, ὦ ξένε, βαῖνε· παρ' εὐσεβέσιν γὰρ ὁ πρέσβυς
εὕδει κοιμηθεὶς ὕπνον ὀφειλόμενον   4045
Εὐκράτεω Μελέαγρος, ὁ τὸν γλυκύδακρυν Ἔρωτα
καὶ Μούσας ἱλαραῖς συστολίσας χάρισιν·
5   ὃν θεόπαις ἤνδρωσε Τύρος Γαδάρων θ' ἱερὰ χθών,
Κῶς δ' ἐρατὴ Μερόπων πρέσβυν ἐγηροτρόφει.
ἀλλ' εἰ μὲν Σύρος ἐσσί, σαλάμ· εἰ δ' οὖν σύ γε Φοῖνιξ,   4050
ναίδιος· εἰ δ' Ἕλλην, χαῖρε· τὸ δ' αὐτὸ φράσεις.

V

πτανέ, τί σοὶ σιβύνας, τί δὲ καὶ συὸς εὔαδε δέρμα,
καὶ τίς ἐὼν στάλας σύμβολόν ἐσσι τίνος;
οὐ γὰρ Ἔρωτ' ἐνέπω σε· τί γάρ, νεκύεσσι πάροικος
Ἵμερος; αἰάζειν ὁ θρασὺς οὐκ ἔμαθεν·   4055
5   οὐδὲ μὲν οὐδ' αὐτὸν ταχύπουν Χρόνον· ἔμπαλι γὰρ δή
κεῖνος μὲν τριγέρων, σοὶ δὲ τέθηλε μέλη.

III A.P. 7. 418 (caret Pl) [C] Μελεάγρου   2 δεξαμένα C: -νη P
3 fort. ἔβαν   ἁ suppl. Hecker (ἡ Reiske)   θρεψαμένα C: -νη P
6 Μενιππείοις Holsten: μελητείοις P

IV A.P. 7. 419, Plᴬ [CPl] Μελεάγρου   1 παρ' CPl: παν P
4 Μούσαις P   5 δ' ἱερὴ Pl   6 δ' CPl: om. P   8 τὸ
CPl: τὶ ?P   φράσεις Herwerden: -σον PPl

V A.P. 7. 421 [C] Μελεάγρου, Plᴬ s.a.n.   1 σιβύνας Graefe:
-νης P, -νη Pl   2 ἐσσὶ δὲ τίνος C   6 τέθηλε CPl: τεθέλη P

ἀλλ' ἄρα, ναί, δοκέω γάρ, ὁ γᾶς ὑπένερθε σοφιστάς
ἐστί, σὺ δ' ὁ πτερόεις τοὔνομα τοῦδε λόγος.
Λατῴας δ' ἄμφηκες ἔχεις γέρας ἔς τε γέλωτα   4060
10   καὶ σπουδὰν καί που μέτρον ἐρωτογράφον.
ναὶ μὲν δὴ Μελέαγρον ὁμώνυμον Οἰνέος υἱῷ
σύμβολα σημαίνει ταῦτα συοκτασίας.
χαῖρε καὶ ἐν φθιμένοισιν, ἐπεὶ καὶ Μοῦσαν Ἔρωτος
καὶ Χάριτας σοφίαν εἰς μίαν ἡρμόσαο.   4065

VI

δεινὸς Ἔρως, δεινός· τί δὲ τὸ πλέον, ἢν πάλιν εἴπω
καὶ πάλιν οἰμώζων πολλάκι "δεινὸς Ἔρως";
ἦ γὰρ ὁ παῖς τούτοισι γελᾷ καὶ πυκνὰ κακισθεὶς
ἥδεται· ἢν δ' εἴπω λοίδορα, καὶ τρέφεται.
5   θαῦμα δέ μοι πῶς ἄρα διὰ γλαυκοῖο φανεῖσα   4070
κύματος ἐξ ὑγροῦ, Κύπρι, σὺ πῦρ τέτοκας.

VII

ναὶ τὰν Κύπριν, Ἔρως, φλέξω τὰ σὰ πάντα πυρώσας
τόξα τε καὶ Σκυθικὴν ἰοδόκον φαρέτρην.
φλέξω ναί· τί μάταια γελᾷς καὶ σιμὰ σεσηρὼς
μυχθίζεις; τάχα που Σαρδάνιον γελάσεις.   4075
5   ἦ γάρ σευ τὰ ποδηγὰ Πόθων ὠκύπτερα κόψας
χαλκόδετον σφίγξω σοῖς περὶ ποσσὶ πέδην.
καίτοι Καδμεῖον κράτος οἴσομεν, εἴ σε πάροικον
ψυχῇ συζεύξω, λύγκα παρ' αἰπολίοις.

---

7 γᾶς Brunck: γῆς PPl   ὑπένερθε Opsopoeus: ὕπερθε PPl   8 ἐστί
Brunck: ἐσσί PPl   9 Λατῴας Graefe: ἀλίωι ἁ P, ἁλιωαι Pl
12 συοκτασίας Graefe: -ίης PPl   13 Ἔρωτος Page: -τι PPl
    VI A.P. 5. 176, Pl^A [PPl] τοῦ αὐτοῦ [sc. Μελ.]   6 Κύπρις
ὑπερ P
    VII A.P. 5. 179, Pl^A [PPl] τοῦ αὐτοῦ [sc. Μελ.]; Sud. s.vv. μυχθίζεις
[3 καὶ—4 μυχθ.], σιμά [3 καὶ σ. σ.]   1 τὴν Graefe   φλέξω CPl:
-ξον P   3 γελᾶι P   5 εἰ γάρ Pl   τάδ' ὁπηδὰ Stadtmueller
6 πέδην CPl: πόδ- P   8 λύγκα Jacobs: λυγρὰ PPl

ἀλλ᾽ ἴθι, δυσνίκητε, λαβὼν δ᾽ ἔπι κοῦφα πέδιλα
ἐκπέτασον ταχινὰς εἰς ἑτέρους πτέρυγας.   4080

10

VIII

τί ξένον, εἰ βροτολοιγὸς Ἔρως τὰ πυρίπνοα τόξα
βάλλει καὶ λαμυροῖς ὄμμασι πικρὰ γελᾷ;
οὐ μάτηρ στέργει μὲν Ἄρη, γαμέτις δὲ τέτυκται
Ἀφαίστου, κοινὰ καὶ πυρὶ καὶ ξίφεσι;   4085

5   ματρὸς δ᾽ οὐ μάτηρ ἀνέμων μάστιγι Θάλασσα
τραχὺ βοᾷ, γενέτας δ᾽ οὔτε τις οὔτε τινός;
τοὔνεκεν Ἀφαίστου μὲν ἔχει φλόγα, κύμασι δ᾽ ὀργάν
στέρξεν ἴσαν, Ἄρεως δ᾽ αἱματόφυρτα βέλη.

IX

οὔ μοι παιδομανὴς κραδία· τί δὲ τερπνόν, Ἔρωτες,   4090
ἀνδροβατεῖν, εἰ μὴ δούς τι λαβεῖν ἐθέλοι;
ἁ χεὶρ γὰρ τὰν χεῖρα· †καλα μεν ειν παρακοιτις
ειν† πᾶς ἄρσην ἀρσενικαῖς λαβίσιν.

X

αἰεί μοι δύνει μὲν ἐν οὔασιν ἦχος Ἔρωτος,
ὄμμα δὲ σῖγα Πόθοις τὸ γλυκὺ δάκρυ φέρει·   4095
οὐδ᾽ ἡ νύξ, οὐ φέγγος ἐκοίμισεν, ἀλλ᾽ ὑπὸ φίλτρων
ἤδη που κραδίᾳ γνωστὸς ἔνεστι τύπος.

9 δυσκίνητε Pl
VIII A.P. 5. 180, Pl^A [PPl] τοῦ αὐτοῦ [sc. Μελ.]; Sud. s.v. λαμυρόν
[1 βρ.—2]   2 πυκνὰ Pl   3 μήτηρ Pl   Ἄρη CPl: -ην P   γαμέτις
CPl: -τα P   4 Ἡφαίστου κοινὴ Pl   5 μητρὸς δ᾽ οὐ μήτηρ Pl
6 τρηχὺ Pl   γενέτας C: -τις P, -της Pl   7 Ἡφαίστου Pl   ὀργὴν Pl
8 versum in marg. iterat C   ἴσον C marg., ἴσην Pl   βέλη C (text. et
marg.) Pl: μέλη PC^γρ
IX A.P. 5. 208 (caret Pl) Μελεάγρου   2 εἰ apogr.: ἢ P
3 παρακοίταις C
X A.P. 5. 212 Μελεάγρου, Pl^A τοῦ αὐτοῦ [sc. Μελ.]   3 ἐκοί-
μανεν P   4 κραδίη Pl

5   ὦ πτανοί, μὴ καί ποτ' ἐφίπτασθαι μέν, Ἔρωτες,
οἴδατ', ἀποπτῆναι δ' οὐδ' ὅσον ἰσχύετε;

XI

ἄνθεμά σοι Μελέαγρος ἐὸν συμπαίστορα λύχνον,   4100
Κύπρι φίλη, μύστην σῶν θέτο παννυχίδων.

XII

ἀκρίς, ἐμῶν ἀπάτημα πόθων, παραμύθιον ὕπνου,
ἀκρίς, ἀρουραίη Μοῦσα λιγυπτέρυγε,
αὐτοφυὲς μίμημα λύρας, κρέκε μοί τι ποθεινόν
ἐγκρούουσα φίλοις ποσσὶ λάλους πτέρυγας,
5   ὥς με πόνων ῥύσαιο παναγρύπνοιο μερίμνης,   4105
ἀκρί, μιτωσαμένη φθόγγον ἐρωτοπλάνον·
δῶρα δέ σοι γήτειον ἀειθαλὲς ὀρθρινὰ δώσω
καὶ δροσερὰς †στόμασι σχιζομένας† ψακάδας.

XIII

ἀχήεις τέττιξ, δροσεραῖς σταγόνεσσι μεθυσθείς   4110
ἀγρονόμαν μέλπεις μοῦσαν ἐρημολάλον,
ἄκρα δ' ἐφεζόμενος πετάλοις πριονώδεσι κώλοις
αἰθίοπι κλάζεις χρωτὶ μέλισμα λύρας·
5   ἀλλά, φίλος, φθέγγου τι νέον δενδρώδεσι Νύμφαις
παίγνιον, ἀντῳδὸν Πανὶ κρέκων κέλαδον,   4115
ὄφρα φυγὼν τὸν Ἔρωτα μεσημβρινὸν ὕπνον ἀγρεύσω
ἐνθάδ' ὑπὸ σκιερᾷ κεκλιμένος πλατάνῳ.

5 πτηνοί Graefe   ἐφήπτ- C   6 οὔθ' Pl
  XI   A.P. 6. 162 (caret Pl) Μελεάγρου
  XII   A.P. 7. 195, Plᴬ [CPl] Μελεάγρου; Sud. s.vv. μίτος [5–6], γήτειον
[7–8]   1 ἀπάτημα Huet: -τηλὰ PPl   πόθων CPl: μύθων P   4 ἐγκρ-
Opsopoeus: ἐκκρ- PPl   φίλοις Brodaeus: -λας PPl   5 ῥύσαιο CPl:
-σαι P   8 στόμασι CPlSud.: -τι P   fort. σχιζομένοις   ψεκάδας PlSud.
  XIII   A.P. 7. 196, Plᴬ [CPl] Μελεάγρου; Sud. s.vv. ἀγρονόμοι [1–2],
κῶλα [3–4]   1 ἀχήεις CPl: ἀχείης ?P   2 ἀγρονόμαν P: -μον
PlSud.   4 λύρας CPlSud.: -ρης P   8 σκιερᾷ Jacobs: -ρῆι PPl

MELEAGER

XIV

τὴν περινηχομένην ψυχὴν ἂν πολλάκι καίῃς,   4118
φεύξετ', Ἔρως· καὐτή, σχέτλι', ἔχει πτέρυγας.

XV

ματρὸς ἔτ' ἐν κόλποισιν ὁ νήπιος ὀρθρινὰ παίζων   4120
ἀστραγάλοις τοὐμὸν πνεῦμ' ἐκύβευσεν Ἔρως.

XVI

κεῖμαι· λὰξ ἐπίβαινε κατ' αὐχένος, ἄγριε δαῖμον·
οἶδά σε, ναὶ μὰ θεούς, καὶ βαρὺν ὄντα φέρειν·
οἶδα καὶ ἔμπυρα τόξα· βαλὼν δ' ἐπ' ἐμὴν φρένα πυρσούς
οὐ φλέξεις· ἤδη πᾶσα γάρ ἐστι τέφρη.   4125

XVII

ψυχὴ δυσδάκρυτε, τί σοι τὸ πεπανθὲν Ἔρωτος
τραῦμα διὰ σπλάγχνων αὖθις ἀναφλέγεται;
μὴ μὴ πρός σε Διός, μὴ πρὸς Διός, ὦ φιλάβουλε,
κινήσῃς τέφρῃ πῦρ ὑπολαμπόμενον.
5   αὐτίκα γάρ, λήθαργε κακῶν, πάλιν εἴ σε φυγοῦσαν   4130
λήψετ' Ἔρως, εὑρὼν δραπέτιν αἰκίσεται.

XVIII

ἁ Κύπρις θήλεια γυναικομανῆ φλόγα βάλλει,
ἄρσενα δ' αὐτὸς Ἔρως ἵμερον ἀνιοχεῖ.
ποῖ ῥέψω; ποτὶ παῖδ' ἢ ματέρα; φαμὶ δὲ καὐτάν
Κύπριν ἐρεῖν "νικᾷ τὸ θρασὺ παιδάριον."   4135

XIV A.P. 5. 57 (caret Pl) Μελεάγρου   1 περινηχ- Hecker : πυρὶ
νηχ- P   2 ἔχει Reiske : ἔχεις P
XV A.P. 12. 47 Μελεάγρου, Pl s.a.n.
XVI A.P. 12. 48 (caret Pl) τοῦ αὐτοῦ [sc. Μελ.]
XVII A.P. 12. 80 (caret Pl) Μελεάγρου·   5 εἴ σε Dorville : εἰσσὲ P
XVIII A.P. 12. 86 (caret Pl), App.B.-V. 32 [PApp.] τοῦ αὐτοῦ [sc.
Μελ.]   3 παῖδ' ἢ Sylburg : παιδα τη P, παῖδ' ἢ τὴν App.

255

MELEAGER

XIX

βεβλήσθω κύβος· ἅπτε· πορεύσομαι. — ἠνίδε τόλμαν·
οἰνοβαρές, τίν' ἔχεις φροντίδα; — κωμάσομαι,
κωμάσομαι. — ποῖ, θυμέ, τρέπῃ; — τί δ' Ἔρωτι λογισμός;
ἅπτε τάχος. — ποῦ δ' ἡ πρόσθε λόγων μελέτη;
— ἐρρίφθω σοφίας ὁ πολὺς πόνος· ἓν μόνον οἶδα   4140
τοῦθ', ὅτι καὶ Ζηνὸς λῆμα καθεῖλεν Ἔρως.

XX

οἴσω ναὶ μὰ σέ, Βάκχε, τὸ σὸν θράσος· ἅγεο κώμων,
ἄρχε, θεὸς θνατὰν ἀνιόχει κραδίαν.
ἐν πυρὶ γενναθεὶς στέργεις φλόγα τὰν ἐν Ἔρωτι,
καί με πάλιν δήσας τὸν σὸν ἄγεις ἱκέταν.   4145
ἢ προδότας κἄπιστος ἔφυς, τεὰ δ' ὄργια κρύπτειν
αὐδῶν, ἐκφαίνειν τἀμὰ σὺ νῦν ἐθέλεις.

XXI

οὔ σοι ταῦτ' ἐβόων, ψυχή, "ναὶ Κύπριν ἁλώσει,
ὦ δύσερως, ἰξῷ πυκνὰ προσιπταμένη";
οὐκ ἐβόων; εἷλέν σε πάγη· τί μάτην ἐνὶ δεσμοῖς   4150
σπαίρεις; αὐτὸς Ἔρως τὰ πτερά σου δέδεκεν,
καί σ' ἐπὶ πῦρ ἔστησε, μύροις δ' ἔρρανε λιπόπνουν,
δῶκε δὲ διψώσῃ δάκρυα θερμὰ πιεῖν.

XXII

ἆ ψυχὴ βαρύμοχθε, σὺ δ' ἄρτι μὲν ἐκ πυρὸς αἴθῃ,
ἄρτι δ' ἀναψύχεις πνεῦμ' ἀναλεξαμένη.   4155

XIX   A.P. 12. 117 (caret Pl) Μελεάγρου   2 τίν' Brunck: τον P
4 ποῦ δ' ἡ Reiske: σπουδῆι P
XX   A.P. 12. 119 (caret Pl) Μελεάγρου   4 ἱκέταν Graefe: -την
P   5 κἄπιστος Ap.G.: καὶ πιστὸς P
XXI   A.P. 12. 132ᵃ (caret Pl) Μελεάγρου   2 προσηπτ- P
5 ἔρανεν P   λειπο- P
XXII   A.P. 12. 132ᵇ (caret Pl) cum XXI coniunctum

τί κλαίεις; τὸν ἄτεγκτον ὅτ' ἐν κόλποισιν Ἔρωτα
ἔτρεφες, οὐκ ᾔδεις ὡς ἐπὶ σοὶ τρέφετο;
5 οὐκ ᾔδεις; νῦν γνῶθι καλῶν ἄλλαγμα τροφείων,
πῦρ ἅμα καὶ ψυχρὰν δεξαμένη χιόνα.
αὐτὴ ταῦθ' εἵλου· φέρε τὸν πόνον· ἄξια πάσχεις   4160
ὧν ἔδρας, ὀπτῷ καιομένη μέλιτι.

XXIII

ναὶ μὰ τὸν εὐπλόκαμον Τιμοῦς φιλέρωτα κίκιννον,
ναὶ μυρόπνουν Δημοῦς χρῶτα τὸν ὑπναπάτην,
ναὶ πάλιν Ἰλιάδος φίλα παίγνια, ναὶ φιλάγρυπνον
λύχνον ἐμῶν κώμων πόλλ' ἐπιδόντα τέλη·   4165
5 βαιὸν ἔχω τό γε λειφθέν, Ἔρως, ἐπὶ χείλεσι πνεῦμα·
εἰ δ' ἐθέλεις καὶ τοῦτ', εἰπὲ καὶ ἐκπτύσομαι.

XXIV

οὐ πλόκαμον Τιμοῦς, οὐ σάνδαλον Ἡλιοδώρας,
οὐ τὸ μυρόρραντον Δημαρίου πρόθυρον,
οὐ τρυφερὸν μείδημα βοώπιδος Ἀντικλείας,   4170
οὐ τοὺς ἀρτιθαλεῖς Δωροθέας στεφάνους,
5 οὐκέτι σοὶ φαρέτρη ⟨   ⟩ πτερόεντας ὀιστοὺς
κρύπτει, Ἔρως· ἐν ἐμοὶ πάντα γάρ ἐστι βέλη.

3 ἄτεγκτον Ruhnken: ἄτεκνον P   4 τρέφετο Salmasius: -ται P
8 ἔδρας Graefe: ἔδρασας P
    XXIII A.P. 5. 197, Pl^A [PPl] τοῦ αὐτοῦ [sc. Μελ.]; Sud. s.v. κίκιννος
[1]   2 ναὶ Schaefer: καὶ PPl   4 πόλλ' ἐπιδόντα τέλη Her-
werden: πολλὰ πιόντα μέλη PPl   5 πνεῦμα Meineke: τραῦμα PPl
6 εἴ γ' Pl
    XXIV A.P. 5. 198 (caret Pl) τοῦ αὐτοῦ [sc. Μελ.]   2 Δημαρίου
Graefe: Τιμαρίου P   5 πτ. ὀιστ. delevit et post voc. φαρέτρη spatio
vac. litt. octo relicto iterum πτερόεντας ὀιστοὺς scr. C   6 κρύπτει
Salmasius: -εις P

XXV

ἁ φίλερως χαροποῖς Ἀσκληπιὰς οἷα Γαλήνης
ὄμμασι συμπείθει πάντας ἐρωτοπλοεῖν.　　4175

XXVI

Δημὼ λευκοπάρειε, σὲ μέν τις ἔχων ὑπόχρωτα　　4176
τέρπεται, ἁ δ' ἐν ἐμοὶ νῦν στενάχει κραδία.
εἰ δέ σε σαββατικὸς κατέχει πόθος, οὐ μέγα θαῦμα·
ἔστι καὶ ἐν ψυχροῖς σάββασι θερμὸς Ἔρως.

XXVII

Ὄρθρε, τί μοι, δυσέραστε, ταχὺς περὶ κοῖτον ἐπέστης　　4180
ἄρτι φίλας Δημοῦς χρωτὶ χλιαινομένῳ;
εἴθε πάλιν στρέψας ταχινὸν δρόμον Ἕσπερος εἴης,
ὦ γλυκὺ φῶς βάλλων εἰς ἐμὲ πικρότατον.
5　ἤδη γὰρ καὶ πρόσθεν ἐπ' Ἀλκμήνην Διὸς ἦλθες
ἀντίος· οὐκ ἀδαής ἐσσι παλινδρομίης.　　4185

XXVIII

Ὄρθρε, τί νῦν, δυσέραστε, βραδὺς περὶ κόσμον ἑλίσσῃ,　　4186
ἄλλος ἐπεὶ Δημοῦς θάλπεθ' ὑπὸ χλανίδι;
ἀλλ' ὅτε τὰν ῥαδινὰν κόλποις ἔχον, ὠκὺς ἐπέστης
ὡς βάλλων ἐπ' ἐμοὶ φῶς ἐπιχαιρέκακον.

XXV A.P. 5. 156, Pl^ [PPl] τοῦ αὐτοῦ [sc. Μελ.]　　1 ἠ Pl
χαροποῖς Stephanus: χαλεποῖς PPl　γαληνοῖς Pl; -λήνας vel -λάνας Stadt-
mueller
XXVI A.P. 5. 160 (caret Pl) [PC] Μελεάγρου
XXVII A.P. 5. 172 (caret Pl) τοῦ αὐτοῦ [sc. Μελ.], App.B.-V. 9 ἄδηλον
1 δυσέραστε CApp.: -τον P　　παρὰ κοῖτος App.　　2 φίλης App.
4 ὦ apogr.: ὡς PApp.
XXVIII A.P. 5. 173 (caret Pl) τοῦ αὐτοῦ [sc. Μελ.]　　2 θάλπεθ' C:
ἐλίσσεθ' P　　3 ἔχον C: ἔχων P　ἐπέστης C: ἐσέστης P　　4 ἐπιχειρέ-
P

XXIX

ἁδὺ μέλος, ναὶ Πᾶνα τὸν Ἀρκάδα, πηκτίδι μέλπεις,   4190
Ζηνοφίλα, ναὶ Πᾶν’, ἁδὺ κρέκεις τι μέλος.
ποῖ σε φύγω; πάντῃ με περιστείχουσιν Ἔρωτες,
οὐδ’ ὅσον ἀμπνεῦσαι βαιὸν ἐῶσι χρόνον.
ἢ γάρ μοι μορφὰ βάλλει πόθον ἢ πάλι μοῦσα
ἢ χάρις ἢ — τί λέγω; πάντα· πυρὶ φλέγομαι.   4195

XXX

ἡδυμελεῖς Μοῦσαι σὺν πηκτίδι καὶ Λόγος ἔμφρων   4196
σὺν πειθοῖ καὶ Ἔρως †καλὸς ἐφ’ ἡνιόχῳ†,
Ζηνοφίλα, σοὶ σκῆπτρα Πόθων ἀπένειμαν, ἐπεί σοι
αἱ τρισσαὶ Χάριτες τρεῖς ἔδοσαν χάριτας.

XXXI

ἤδη λευκόιον θάλλει, θάλλει δὲ φίλομβρος   4200
νάρκισσος, θάλλει δ’ οὐρεσίφοιτα κρίνα·
ἤδη δ’ ἡ φιλέραστος, ἐν ἄνθεσιν ὥριμον ἄνθος,
Ζηνοφίλα Πειθοῦς ἡδὺ τέθηλε ῥόδον.
λειμῶνες, τί μάταια κόμαις ἔπι φαιδρὰ γελᾶτε;
ἁ γὰρ παῖς κρέσσων ἁδυπνόων στεφάνων.   4205

XXIX. A.P. 5. 139, Pl^A [PPl] Μελεάγρου; Sud. s.vv. πηκτίς [1],
κρέκουσα [2]   1 ἡδὺ . . . νὴ Pl   μέλπεις CPl : μέλος P   2 ναὶ
Πᾶν’ Graefe : λιγίαν P, λίγει’ Pl, λιγὺ et λιγὰρ (om. voc. ἁδὺ) Sud.
3 παντᾷ Graefe   -στείχουσιν CPl : -στείχουσαν P   5 ἡ γὰρ CPl
μορφή . . . πόθεν Pl
XXX A.P. 5. 140 τοῦ αὐτοῦ [sc. Μελ.], Pl^A Μελεάγρου   1 Μοῦσαι
CPl : -σαις P   2 κάλλος ὑφηνιοχῶν Graefe
XXXI A.P. 5. 144, Pl^A [PPl] τοῦ αὐτοῦ [sc. Μελ.]   1 λευκὸν
ἴον Pl   2 οὔρεσι φυτὰ Pl; οὔρεσι φύντα Graefe   6 ἠ . . .
κρείσσων Pl   ἡδυ- Pl^ac

259

XXXII

τίς μοι Ζηνοφίλαν λαλιὰν παρέδειξεν ἑταίραν;   4206
τίς μίαν ἐκ τρισσῶν ἤγαγέ μοι Χάριτα;
ἦ ῥ᾽ ἐτύμως ἀνὴρ κεχαρισμένον ἄνυσεν ἔργον,
δῶρα διδοὺς καὐτὰν τὰν Χάριν ἐν χάριτι.

XXXIII

ὀξυβόαι κώνωπες, ἀναιδέες, αἵματος ἀνδρῶν   4210
σίφωνες, νυκτὸς κνώδαλα διπτέρυγα,
βαιὸν Ζηνοφίλαν, λίτομαι, πάρεθ᾽ ἥσυχον ὕπνῳ
εὕδειν, τἀμὰ δ᾽, ἰδού, σαρκοφαγεῖτε μέλη.
5 καίτοι πρὸς τί μάτην αὐδῶ; καὶ θῆρες ἄτεγκτοι
τέρπονται τρυφερῷ χρωτὶ χλιαινόμενοι.
ἀλλ᾽ ἔτι νῦν προλέγω, κακὰ θρέμματα, λήγετε τόλμης,   4215
ἢ γνώσεσθε χερῶν ζηλοτύπων δύναμιν.

XXXIV

πταίης μοι κώνωψ, ταχὺς ἄγγελος, οὔασι δ᾽ ἄκροις
Ζηνοφίλας ψαύσας προσψιθύριζε τάδε·
"ἄγρυπνος μίμνει σε, σὺ δ᾽ ὦ λήθαργε φιλούντων   4220
εὕδεις." εἶα πέτευ, ναὶ φιλόμουσε πέτευ·
5 ἥσυχα δὲ φθέγξαι, μὴ καὶ σύγκοιτον ἐγείρας
κινήσῃς ἐπ᾽ ἐμοὶ ζηλοτύπους ὀδύνας.
ἢν δ᾽ ἀγάγῃς τὴν παῖδα, δορᾷ στέψω σε λέοντος,
κώνωψ, καὶ δώσω χειρὶ φέρειν ῥόπαλον.   4225

XXXII A.P. 5. 149, Pl^A [PPl] τοῦ αὐτοῦ [sc. Μελ.]   1 λαλιὴν
Pl ἑταίραν Brunck: -ρην PPl   2 fort. τρισσᾶν ἄγαγε Graefe
3 ἦ ῥ᾽ Pl^pc: ἀρ᾽ P, αἶρ᾽ Pl^ac ἐτοίμως C ἤνυσεν Pl   4 καὐτὴν τὴν Pl
XXXIII A.P. 5. 151 Μελεάγρου, Pl^A τοῦ αὐτοῦ [sc. Μελ.]   2 νυκτὸς
P: ἀνδρῶν Pl   3 παράθ᾽ P ὕπνον Pl   5 πρὸς τί μάτην
Scaliger: προσῆ κα τὴν P, προ ση κατην Pl ἄτεκνοι P
XXXIV A.P. 5. 152, Pl^A [CPl] τοῦ αὐτοῦ [sc. Μελ.]; P. Berol. 10571
τοῦ αὐτοῦ [sc. Μελ.] [1–3]   1 πταίεις P, πταῖς C   2 -ψιθυρίζετε
P^ac   6 κινήσεις P   7 δορᾷ Pierson: -ραῖς PPl

XXXV

τὸ σκύφος ἡδὺ γέγηθε, λέγει δ' ὅτι τᾶς φιλέρωτος   4226
Ζηνοφίλας ψαύει τοῦ λαλιοῦ στόματος.
ὄλβιον· εἴθ' ὑπ' ἐμοῖς νῦν χείλεσι χείλεα θεῖσα
ἀπνευστὶ ψυχὰν τὰν ἐν ἐμοὶ προπίοι.

XXXVI

εὕδεις, Ζηνοφίλα, τρυφερὸν θάλος· εἴθ' ἐπὶ σοὶ νῦν   4230
ἄπτερος εἰσήειν ὕπνος ἐπὶ βλεφάροις,
ὡς ἐπὶ σοὶ μηδ' οὗτος ὁ καὶ Διὸς ὄμματα θέλγων
φοιτήσαι, κάτεχον δ' αὐτὸς ἐγώ σε μόνος.

XXXVII

κηρύσσω τὸν Ἔρωτα τὸν ἄγριον· ἄρτι γὰρ ἄρτι
ὀρθρινὸς ἐκ κοίτας ᾤχετ' ἀποπτάμενος.   4235
ἔστι δ' ὁ παῖς γλυκύδακρυς, ἀείλαλος, ὠκύς, ἀθαμβής,
σιμὰ γελῶν, πτερόεις νῶτα, φαρετροφόρος.
5   πατρὸς δ' οὐκέτ' ἔχω φράζειν τίνος· οὔτε γὰρ αἰθήρ
οὐ χθών φησι τεκεῖν τὸν θρασύν, οὐ πέλαγος·
πάντῃ γὰρ καὶ πᾶσιν ἀπέχθεται· ἀλλ' ἐσορᾶτε   4240
μή που νῦν ψυχαῖς ἄλλα τίθησι λίνα.
καίτοι κεῖνος, ἰδού, περὶ φωλεόν· οὔ με λέληθας,
10   τοξότα, Ζηνοφίλας ὄμμασι κρυπτόμενος.

XXXVIII

πωλείσθω καὶ ματρὸς ἔτ' ἐν κόλποισι καθεύδων,
πωλείσθω· τί δέ μοι τὸ θρασὺ τοῦτο τρέφειν;   4245

XXXV   A.P. 5. 171, Pl^A [PPl] Μελεάγρου   1 ἁδὺ Graefe
γελᾷ δ' Stadtmueller   φιλέρωτος CPl: -τας P   3 νῦν om. Pl
XXXVI   A.P. 5. 174 (caret Pl) τοῦ αὐτοῦ [sc. Μελ.]
XXXVII   A.P. 5. 177, Pl^A [PPl] τοῦ αὐτοῦ [sc. Μελ.]   2 ὄρθριος
ἐκ κοίτης Graefe
XXXVIII   A.P. 5. 178, Pl^A [PPl] τοῦ αὐτοῦ [sc. Μελ.]

καὶ γὰρ σιμὸν ἔφυ καὶ ὑπόπτερον, ἄκρα δ' ὄνυξιν
κνίζει, καὶ κλαῖον πολλὰ μεταξὺ γελᾷ.
5 πρὸς δ' ἔτι λοιπὸν ἄθρεπτον, ἀείλαλον, ὀξὺ δεδορκός,
ἄγριον, οὐδ' αὐτᾷ ματρὶ φίλᾳ τιθασόν.
πάντα τέρας· τοιγὰρ πεπράσεται· εἴ τις ἀπόπλους   4250
ἔμπορος ὠνεῖσθαι παῖδα θέλει, προσίτω.
καίτοι λίσσετ', ἰδού, δεδακρυμένος· οὔ σ' ἔτι πωλῶ·
10 θάρσει· Ζηνοφίλᾳ σύντροφος ὧδε μένε.

XXXIX

αἱ τρισσαὶ Χάριτες τρισσὸν στεφάνωμα †σύνευναι†
Ζηνοφίλᾳ τρισσᾶς σύμβολα καλλοσύνας·   4255
ἁ μὲν ἐπὶ χρωτὸς θεμένα πόθον, ἁ δ' ἐπὶ μορφᾶς
ἵμερον, ἁ δὲ λόγοις τὸ γλυκύμυθον ἔπος.
5 τρισσάκις εὐδαίμων, ἇς καὶ Κύπρις ὥπλισεν εὐνάν
καὶ Πειθὼ μύθους καὶ γλυκὺ κάλλος Ἔρως.

XL

Ζηνοφίλα κάλλος μὲν Ἔρως, σύγκοιτα δὲ φίλτρα   4260
Κύπρις ἔδωκεν ἔχειν, αἱ Χάριτες δὲ χάριν.

XLI

ψυχή μοι προλέγει φεύγειν πόθον Ἡλιοδώρας,
δάκρυα καὶ ζήλους τοὺς πρὶν ἐπισταμένη.

5 πρὸς δ' ἔτι Pl: πρὸσδὲτί C, πρὸσιδὲ ?P   δεδορκός CPl: -κώς P
6 αὐτᾷ φίλᾳ ματρὶ Pl^ac, αὐτῆι μητρὶ φίληι P   7 πεπράσσ- P   9 οὔ
τί σε Pl
XXXIX A.P. 5. 195 (caret Pl) Μελεάγρου   1 συνεῖραν anon.
2 τρισσᾶς Ap.B.: τρισσὰ P   3 ἡ μὲν C   μορφᾶς C: -φῆς P
4 ἁ apogr.: om. P   5 τρισσάκις εὐδαίμων ἇς Jacobs: τρισσάκι σεῦ
δὲ μόνας P   ᾷ... ὥπασεν Jacobs   Κύπρις Brunck: -ριν P, -ριδος C
6 μύθοις C^sscr
XL A.P. 5. 196 τοῦ αὐτοῦ [sc. Μελ.], Pl^Λ Μελεάγρου
XLI A.P. 5. 24 Φιλοδήμου, Pl^Λ τοῦ αὐτοῦ [sc. Φιλοδήμου]; Meleagro
adscripsit Jacobs

φησὶ μέν, ἀλλὰ φυγεῖν οὔ μοι σθένος· ἡ γὰρ ἀναιδής
αὐτὴ καὶ προλέγει καὶ προλέγουσα φιλεῖ.   4265

XLII

ἔγχει καὶ πάλιν εἰπέ, πάλιν πάλιν, Ἡλιοδώρας·
εἰπέ, σὺν ἀκρήτῳ τὸ γλυκὺ μίσγ' ὄνομα.
καί μοι τὸν βρεχθέντα μύροις καὶ χθιζὸν ἐόντα
μναμόσυνον κείνας ἀμφιτίθει στέφανον.
δακρύει φιλέραστον, ἰδού, ῥόδον, οὕνεκα κείναν   4270
ἄλλοθι κοὐ κόλποις ἡμετέροις ἐσορᾷ.

XLIII

ἔγχει τᾶς Πειθοῦς καὶ Κύπριδος Ἡλιοδώρας
καὶ πάλι τᾶς αὐτᾶς ἁδυλόγου Χάριτος·
αὐτὰ γὰρ μί' ἐμοὶ γράφεται θεός, ᾶς τὸ ποθεινόν
οὔνομ' ἐν ἀκρήτῳ συγκεράσας πίομαι.   4275

XLIV

ναὶ τὸν Ἔρωτα θέλω τὸ παρ' οὔασιν Ἡλιοδώρας   4276
φθέγμα κλύειν ἢ τᾶς Λατοΐδεω κιθάρας.

XLV

ὁ στέφανος περὶ κρατὶ μαραίνεται Ἡλιοδώρας,   4278
αὐτὴ δ' ἐκλάμπει τοῦ στεφάνου στέφανος.

XLII   A.P. 5. 136 (caret Pl) Μελεάγρου   5 κείναν C: -νων P
6 κόλποις C: -ους P   ἁμετέροις Graefe
XLIII   A.P. 5. 137 (caret Pl) τοῦ αὐτοῦ [sc. Μελ.]   2 Χάριτος
Ap.B.: -τες P
XLIV   A.P. 5. 141 s.a.n., Pl^A τοῦ αὐτοῦ [sc. Μελ.]   1 νὴ Pl
2 Λατοΐδεω Salmasius: Λητ- Pl, Λατρίδεω P
XLV   A.P. 5. 143 s.a.n., Pl^A Μελεάγρου

XLVI

πλέξω λευκόιον, πλέξω δ' ἀπαλὴν ἅμα μύρτοις   4280
νάρκισσον, πλέξω καὶ τὰ γελῶντα κρίνα,
πλέξω καὶ κρόκον ἡδύν, ἐπιπλέξω δ' ὑάκινθον
πορφυρέην, πλέξω καὶ φιλέραστα ῥόδα,
5   ὡς ἂν ἐπὶ κροτάφοις μυροβοστρύχου Ἡλιοδώρας
εὐπλόκαμον χαίτην ἀνθοβολῇ στέφανος.   4285

XLVII

φαμί ποτ' ἐν μύθοις τὰν εὔλαλον Ἡλιοδώραν   4286
νικάσειν αὐτὰς τὰς Χάριτας χάρισιν.

XLVIII

ἐντὸς ἐμῆς κραδίης τὴν εὔλαλον Ἡλιοδώραν   4288
ψυχὴν τῆς ψυχῆς ἔπλασεν αὐτὸς Ἔρως.

XLIX

τρηχὺς ὄνυξ, ὑπ' Ἔρωτος ἀνέτραφες, Ἡλιοδώρας·   4290
ταύτης γὰρ δύνει κνίσμα καὶ ἐς κραδίην.

L

ἀνθοδίαιτε μέλισσα, τί μοι χροὸς Ἡλιοδώρας
ψαύεις ἐκπρολιποῦσ' εἰαρινὰς κάλυκας;

XLVI   A.P. 5. 147 Μελεάγρου, Pl^A τοῦ αὐτοῦ [sc. Μελ.]   1 ἀπα-
λοῖς Pl   6 ἀνθοβολεῖ C
XLVII   A.P. 5. 148, Pl^A [PPl] τοῦ αὐτοῦ [sc. Μελ.]   1 τὰν
CPl : τὴν P
XLVIII   A.P. 5. 155, Pl^A [PPl] τοῦ αὐτοῦ [sc. Μελ.]   2 αὐτὸς
ἔπλασεν P ; αὐτὸς ἔπλασσεν Salmasius
XLIX   A.P. 5. 157 (caret Pl) τοῦ αὐτοῦ [sc. Μελ.]   1 ἀνέ-
τραφες Reiske : ἀνατραφὲς P   2 ταύτης Brunck : ταύτας P
L   A.P. 5. 163, Pl^A [PCPl] Μελεάγρου

ἢ σύ γε μηνύεις ὅτι καὶ γλυκὺ καὶ †δύσοιστον†
πικρὸν ἀεὶ κραδίᾳ κέντρον Ἔρωτος ἔχει;   4295
ναὶ δοκέω τοῦτ᾽ εἶπας· ἰὼ φιλέραστε, παλίμπους
στεῖχε· πάλαι τὴν σὴν οἴδαμεν ἀγγελίην.

LI

ἐν τόδε, παμμήτειρα θεῶν, λίτομαί σε, φίλη Νύξ,
ναὶ λίτομαι, κώμων σύμπλανε πότνια Νύξ·
εἴ τις ὑπὸ χλαίνῃ βεβλημένος Ἡλιοδώρας   4300
θάλπεται ὑπναπάτῃ χρωτὶ χλιαινόμενος,
κοιμάσθω μὲν λύχνος, ὁ δ᾽ ἐν κόλποισιν ἐκείνης
ῥιπτασθεὶς κείσθω δεύτερος Ἐνδυμίων.

LII

ὦ Νύξ, ὦ φιλάγρυπνος ἐμοὶ πόθος Ἡλιοδώρας
καὶ †σκολιῶν ὄρθρων† κνίσματα δακρυχαρῆ,   4305
ἆρα μένει στοργῆς ἐμὰ λείψανα, καί τι φίλημα
μνημόσυνον ψυχρᾷ θάλπετ᾽ ἐνὶ κλισίᾳ;
ἆρά γ᾽ ἔχει σύγκοιτα τὰ δάκρυα, κἀμὸν ὄνειρον
ψυχαπάτην στέρνοις ἀμφιβαλοῦσα φιλεῖ;
ἦ νέος ἄλλος ἔρως, νέα παίγνια; μήποτε, λύχνε,   4310
ταῦτ᾽ ἐσίδῃς, εἴης δ᾽ ὧν παρέδωκα φύλαξ.

LIII

σφαιριστὰν τὸν Ἔρωτα τρέφω· σοὶ δ᾽, Ἡλιοδώρα,
βάλλει τὰν ἐν ἐμοὶ παλλομέναν κραδίαν.

3 δύσπιστον Pl   5 τοῦτ .... ὦ, lacuna relicta, Pl; ὦ etiam C
   LI A.P. 5. 165 (caret Pl) Μελεάγρου   1 λίτομαι edd. vett.:
λίσο- P   3 βεβλημένος C: -νον P
   LII A.P. 5. 166 (caret Pl) τοῦ αὐτοῦ [sc. Μελ.]   2 σκοτίων
Reiske   ὄρθρων C: ὀρθῶν P   δακρυχαρῆ apogr.: δακιχαρῆ P   3 ἐμὰ
C: ἐμοὶ P   καί τι Ap.G.: κόττι P   4 ψυχρᾷ C: -ρῶι P   ἐνὶ κλισίᾳ
Schneider: ἐνοικισίαι P   8 ὧν Page: ἧς P
   LIII A.P. 5. 214 (caret Pl) Μελεάγρου   2 παλλομέναν κραδίαν
C: -νην -ίην P

ἀλλ' ἄγε συμπαίκταν δέξαι Πόθον· εἰ δ' ἀπὸ σεῦ με
ῥίψαις, οὐκ οἴσει τὰν ἀπάλαιστρον ὕβριν.   4315

LIV

λίσσομ', Ἔρως, τὸν ἄγρυπνον ἐμοὶ πόθον Ἡλιοδώρας
κοίμισον, αἰδεσθεὶς μοῦσαν ἐμὰν ἱκέτιν.
ναὶ γὰρ δὴ τὰ σὰ τόξα, τὰ μὴ δεδιδαγμένα βάλλειν
ἄλλον, ἀεὶ δ' ἐπ' ἐμοὶ πτανὰ χέοντα βέλη,
εἰ καί με κτείναις, λείψω φωνεῦντ' ἐπὶ τύμβῳ   4320
γράμματ' "Ἔρωτος ὅρα, ξεῖνε, μιαιφονίαν."

LV

ἄρπασται· τίς †τόσσον ἐναιχμᾶσσαι ἄγριος εἶναι†,
τίς τόσος ἀνταραι καὶ πρὸς Ἔρωτα μάχην;
ἅπτε τάχος πεύκας· καίτοι κτύπος· Ἡλιοδώρας·
βαῖνε πάλιν στέρνων ἐντὸς ἐμῶν, κραδίη.   4325

LVI

δάκρυά σοι καὶ νέρθε διὰ χθονός, Ἡλιοδώρα,
δωροῦμαι, στοργᾶς λείψανον εἰς Ἀίδαν,
δάκρυα δυσδάκρυτα· πολυκλαύτῳ δ' ἐπὶ τύμβῳ
σπένδω μνᾶμα πόθων, μνᾶμα φιλοφροσύνας.
οἰκτρὰ γὰρ οἰκτρὰ φίλαν σε καὶ ἐν φθιμένοις Μελέαγρος   4330
αἰάζω, κενεὰν εἰς Ἀχέροντα χάριν.

4 οἴσει Stadtmueller: οἴσω P   ἀπάλαιστρον Ap.B.: ἀπαλαιοτέραν P
LIV A.P. 5. 215[1] τοῦ αὐτοῦ [C] Μελεάγρου, denuoque[2] post 12. 19
Μελεάτου, Pl[A] Ποσειδίππου   1 Ἡλιοδώρου P[2]   2 ἐμὴν
C[1]Pl   3 νὴ Pl   βάλλειν C[1]P[2]Pl: ἄλλην P[1]   4 πτηνὰ P[2]Pl   μέλη
P[1]   5 καὶ ἐμὲ P[2]   φωνεῦντ' ἐπὶ τύμβωι P[2]: φωνὴν προΐεντα C[1]Pl,
φ. προΐεῖσαν C[1sscr], φ. προσιέντα P[1]   6 μιαιφονίην C[1]P[2]Pl
LV A.P. 12. 147 (caret Pl) Μελεάγρου   1 τόσσος ἐναιχμάσαι
Brunck, Ἀφρογενείη Page
LVI A.P. 7. 476, Pl[A] [CJPl] Μελεάγρου   1 νέρθεν ὑπὸ Pl
2 Ἀίδην Pl   4 πόθων CPl: -ωι P

αἰαῖ ποῦ τὸ ποθεινὸν ἐμοὶ θάλος; ἅρπασεν Ἄιδας,
ἅρπασεν, ἀκμαῖον δ' ἄνθος ἔφυρε κόνις.
ἀλλά σε γουνοῦμαι, Γᾶ παντρόφε, τὰν πανόδυρτον
10   ἠρέμα σοῖς κόλποις, μᾶτερ, ἐναγκαλίσαι.   4335

LVII

γυμνὴν ἢν ἐσίδῃς Καλλίστιον, ὦ ξένε, φήσεις   4336
"ἤλλακται διπλοῦν γράμμα Συρηκοσίων."

LVIII

εἰπὲ Λυκαινίδι, Δορκάς, "ἴδ' ὡς ἐπίτηκτα φιλοῦσα   4338
ἥλως· οὐ κρύπτει πλαστὸν ἔρωτα χρόνος."

LIX

ἰξὸν ἔχεις τὸ φίλημα, τὰ δ' ὄμματα, Τιμάριον, πῦρ·   4340
ἢν ἐσίδῃς καίεις, ἢν δὲ θίγῃς δέδεκας.

LX

οὐκέτι Τιμάριον, τὸ πρὶν γλαφυροῖο κέλητος
πῆγμα, φέρει πλωτὸν Κύπριδος εἰρεσίην·
ἀλλ' ἐπὶ μὲν νώτοισι μετάφρενον ὡς κέρας ἱστῷ
κυρτοῦται, πολιὸς δ' ἐκλέλυται πρότονος,   4345

LVII   A.P. 5. 192 Μελεάγρου, Plᴬ τοῦ αὐτοῦ [sc. Μελ.]   2 Συρη-
κόσιον Salmasius
LVIII   A.P. 5. 187 Μελεάγρου, Plᴬ τοῦ αὐτοῦ [sc. Μελ.], App.B.-V. 53
Μελεάγρου [2]   1 εἰπὲ Jacobs: εἶπε PPl   ἐπίτηκτα Brunck: ἐπίκτητα
CPl, επηκτὰ P
LIX   A.P. 5. 96 (caret Pl), App.B.-V. 50[PApp.]   Μελεάγρου
1 Τιμάριον P: μώριον App.   2 ἐσίδῃς CApp.: -δεις P   δὲ App.: γε
P   θίγῃς CApp.: -γεις P
LX   A.P. 5. 204 (caret Pl) Μελεάγρου; Sud. s.vv. κέλης [1-2],
σπαδών [5]   1 τοῦ πρὶν Toup   κέλ- C: μέλ- P   3 νώτοισι
Meineke: -τοιο P   4 ἐκλέλυται C: -το P

5   ἱστία δ' αἰωρητὰ χαλᾷ σπαδονίσματα μαστῶν,
    ἐκ δὲ σάλου στρεπτὰς γαστρὸς ἔχει ῥυτίδας,
    νέρθε δὲ πάνθ' ὑπέραντλα νεώς, κοίλη δὲ θάλασσα
    πλημμύρει, γόνασιν δ' ἔντρομός ἐστι σάλος.
    δύστανος, τίς ζωὸς ἔτ' ὢν Ἀχερουσίδα λίμνην   4350
10   πλεύσετ' ἄνωθ' ἐπιβὰς γραὸς ἐπ' εἰκοσόρου;

LXI

ὁ τρυφερὸς Διόδωρος ἐς ἠιθέους φλόγα βάλλων
ἤγρευται λαμυροῖς ὄμμασι Τιμαρίου,
τὸ γλυκύπικρον Ἔρωτος ἔχων βέλος. ἦ τόδε καινόν
θάμβος ὁρῶ· φλέγεται πῦρ πυρὶ καιόμενον.   4355

LXII

καὐτὸς Ἔρως ὁ πτανὸς ἐν αἰθέρι δέσμιος ἧλω   4356
ἀγρευθεὶς τοῖς σοῖς ὄμμασι, Τιμάριον.

LXIII

ναὶ τὰν νηξαμέναν χαροποῖς ἐνὶ κύμασι Κύπριν,   4358
ἐστὶ καὶ ἐκ μορφᾶς ἁ Τρυφέρα τρυφερά.

LXIV

κῦμα τὸ πικρὸν Ἔρωτος ἀκοίμητοί τε πνέοντες   4360
ζῆλοι καὶ κώμων χειμέριον πέλαγος,

7 κοίλη Graefe: -λη P   8 ἔντρομός C: ἐνπρότομός P   9 δύστηνος
Graefe   τίς Page: τε P   ὢν Salmasius: ὢν δ' P   10 εἰκοσόρου
Desrousseaux: -σόρωι P
    LXI   A.P. 12. 109 (caret Pl) Μελεάγρου
    LXII   A.P. 12. 113 Μελεάγρου, Pl^A τοῦ αὐτοῦ [sc. Μελ.]   2 τοῖς
σοῖς ἀγρ. Pl
    LXIII   A.P. 5. 154 Μελεάγρου, Pl^A τοῦ αὐτοῦ [sc. Μελ.]   1 νὴ Pl
2 μορφῆς C
    LXIV   A.P. 5. 190 Μελεάγρου, Pl^A τοῦ αὐτοῦ [sc. Μελ.]; Sud. s.v.
ἀφεῖνται [3]   2 ζήλων P

ποῖ φέρομαι; πάντῃ δὲ φρενῶν οἴακες ἀφεῖνται·
ἦ πάλι τὴν τρυφερὴν Σκύλλαν ἐποψόμεθα;

LXV

τὸν ταχύπουν ἔτι παῖδα συναρπασθέντα τεκούσης
ἄρτι μ' ἀπὸ στέρνων οὐατόεντα λαγών   4365
ἐν κόλποις στέργουσα διέτρεφεν ἡ γλυκερόχρως
Φανίον εἰαρινοῖς ἄνθεσι βοσκόμενον.
5 οὐδέ με μητρὸς ἔτ' εἶχε πόθος, θνήσκω δ' ὑπὸ θοίνης
ἀπλήστου πολλῇ δαιτὶ παχυνόμενος·
καί μου πρὸς κλισίᾳ κρύψεν νέκυν, ὡς ἐν ὀνείροις   4370
αἰὲν ὁρᾶν κοίτης γειτονέοντα τάφον.

LXVI

εὔφορτοι νᾶες πελαγίτιδες, αἳ πόρον Ἕλλης
πλεῖτε, καλὸν κόλποις δεξάμεναι Βορέην,
ἤν που ἐπ' ἠιόνων Κῴαν κατὰ νᾶσον ἴδητε
Φανίον εἰς χαροπὸν δερκομέναν πέλαγος,   4375
5 τοῦτ' ἔπος ἀγγείλαιτε, καλαὶ νέες, ὥς με κομίζει
ἵμερος οὐ ναύταν, ποσσὶ δὲ πεζοπόρον·
εἰ γὰρ τοῦτ' εἴποιτ' εὐ⟨άγ⟩γελοι, αὐτίκα καὶ Ζεύς
οὔριος ὑμετέρας πνεύσεται εἰς ὀθόνας.

LXVII

ἔσπευδον τὸν Ἔρωτα φυγεῖν, ὁ δὲ βαιὸν ἀνάψας   4380
φανίον ἐκ τέφρης εὑρέ με κρυπτόμενον·

4 ἐποψ- C: ἀποψ- PPl
    LXV A.P. 7. 207, Pl^B [CPl] Μελεάγρου; Sud. s.v. λαγὼς καθεύδων
[1-2] 1 ταχύπουν CPl: παχυ- P   3 ἡ Pl^ac: ἁ PPl^pc   5 δ'
CPl: θ' P   7 κλισίᾳ Page: -ίαις PPl   8 κοίτῃ Pl
    LXVI A.P. 12. 53 (caret Pl) τοῦ αὐτοῦ [sc. Μελ.]   5 ἀγγείλαιτε,
καλαὶ νέες Meineke: ἀγγείλατε καλη· νοες P   6 παιζο- P   7 εὐάγ-
γελοι Piccolos (-οιτε μετάγγ- Unger): ευ ⟨. .⟩τελοι P   fort. etiam
1 Ἕλλας, 2 Βορέαν, 3 ἀϊόνων cum Graefio scribendum
    LXVII A.P. 12. 82 τοῦ αὐτοῦ [sc. Μελ.], Pl^A s.a.n.

κυκλώσας δ' οὐ τόξα, χερὸς δ' ἀκρώνυχα δισσά,
κνίσμα πυρὸς θραύσας εἴς με λαθὼν ἔβαλεν,
5   ἐκ δὲ φλόγες πάντῃ μοι ἐπέδραμον· ὦ βραχὺ φέγγος
λάμψαν ἐμοὶ μέγα πῦρ, Φανίον, ἐν κραδίᾳ.   4385

LXVIII

οὔ μ' ἔτρωσεν Ἔρως τόξοις, οὐ λαμπάδ' ἀνάψας
ὡς πάρος αἰθομένην θῆκεν ὑπὸ κραδίᾳ·
σύγκωμον δὲ Πόθοισι φέρων Κύπριδος μυροφεγγές
φανίον, ἄκρον ἐμοῖς ὄμμασι πῦρ ἔβαλεν·
5   ἐκ δέ με φέγγος ἔτηξε, τὸ δὲ βραχὺ φανίον ὤφθη   4390
πῦρ ψυχῆς τῇ 'μῇ καιόμενον κραδίᾳ.

LXIX

νὺξ ἱερὴ καὶ λύχνε, συνίστορας οὔτινας ἄλλους
ὅρκοις ἀλλ' ὑμέας εἱλόμεθ' ἀμφότεροι·
χὠ μὲν ἐμὲ στέρξειν, κεῖνον δ' ἐγὼ οὔποτε λείψειν
ὠμόσαμεν· κοινὴν δ' εἴχετε μαρτυρίην.
5   νῦν δ' ὁ μὲν ὅρκιά φησιν ἐν ὕδατι κεῖνα φέρεσθαι,   4395
λύχνε, σὺ δ' ἐν κόλποις αὐτὸν ὁρᾷς ἑτέρων.

LXX

οἶδ' ὅτι μοι κενὸς ὅρκος, ἐπεὶ σέ γε τὴν φιλάσωτον
μηνύει μυρόπνους ἀρτιβρεχὴς πλόκαμος,

3 δισσόν anon.   4 εἴς με P: τῷδε Pl   5 φλόγες ... ἐπέδραμον
Jacobs: φλογὸς ... ἐπέδραμεν PPl   βραχὺ Meineke: βαρὺ PPl   6 ἐμῇ
Graefe
    LXVIII A.P. 12. 83 (caret Pl) τοῦ αὐτοῦ [sc. Μελ.]   2 αἰθο-
μένην Brunck: -ναν P
    LXIX A.P. 5. 8 Μελεάγρου, Plᴬ τοῦ αὐτοῦ [sc. Φιλοδήμου]   5 fort.
κεινὰ γράφεσθαι Polak   6 αὐτὸν CPl: -τῶν P
    LXX A.P. 5. 175 (caret Pl) τοῦ αὐτοῦ [sc. Μελ.]   1 οἶδ' ὅτι
σοι Graefe, οἶδα· τί μοι Stadtmueller   2 μυρόπνους C: μυρίπ- P

270

μηνύει δ' ἄγρυπνον, ἰδού, βεβαρημένον ὄμμα　　　4400
καὶ σφιγκτὸς στεφάνων ἀμφὶ κόμαισι μίτος·
5　ἔσκυλται δ' ἀκόλαστα πεφυρμένος ἄρτι κίκιννος,
πάντα δ' ὑπ' ἀκρήτου γυῖα σαλευτὰ φορεῖς.
ἔρρε, γύναι πάγκοινε, καλεῖ σε γὰρ ἡ φιλόκωμος
πηκτὶς καὶ κροτάλων χειροτυπὴς πάταγος.　　　4405

LXXI

ἄγγειλον τάδε, Δορκάς· ἰδοὺ πάλι δεύτερον αὐτῇ
καὶ τρίτον ἄγγειλον, Δορκάς, ἅπαντα· τρέχε·
μηκέτι μέλλε· πέτου· βραχύ μοι βραχύ, Δορκάς, ἐπίσχες·
Δορκάς, ποῖ σπεύδεις πρίν σε τὰ πάντα μαθεῖν;
5　πρόσθες δ' οἷς εἴρηκα πάλαι — μᾶλλον δέ — τί ληρῶ;　　4410
μηδὲν ὅλως εἴπῃς· ἀλλ' ὅτι — πάντα λέγε·
μὴ φείδου †τὰ πάντα λέγε†· καίτοι τί σε, Δορκάς,
ἐκπέμπω, σύν σοι καὐτὸς ἰδοὺ προάγων;

LXXII

ἔγνων· οὔ μ' ἔλαθες· τί θεούς; οὐ γάρ με λέληθας·
ἔγνων· μηκέτι νῦν ὄμνυε· πάντ' ἔμαθον·　　　4415
ταῦτ' ἦν, ταῦτ', ἐπίορκε· μόνη σὺ μόνη πάλιν ὑπνοῖς;
ὦ τόλμης· καὶ νῦν νῦν ἔτι φησί "μόνη".
5　οὐχ ὁ περίβλεπτός σε Κλέων —; κἂν μή — τί δ' ἀπειλῶ;
ἔρρε, κακὸν κοίτης θηρίον, ἔρρε τάχος.
καίτοι σοι δώσω τερπνὴν χάριν· οἶδ' ὅτι βούλει　　4420
κεῖνον ὁρᾶν· αὐτοῦ δέσμιος ὧδε μένε.

3 δ' ἄγρυπνον Dübner : ἄγρυπνον μὲν P　　　5 ἀκόλαστα C : -τος P
　LXXI A.P. 5. 182 (caret Pl) Μελεάγρου　　1 πάλι Reiske : -λιν P
3 μέλλε· πέτου Salmasius : μέλλετε· τοῦ C, μέλλεπε τοῦ P　　4 τὰ C :
om. P　　5 δὲ τί apogr. : δ' ἔτι P ; δ' ὅτι· Headlam　　7 τάδε πάντα
λέγειν Jacobs　τί σε Salmasius : τίς P　　8 σύν C : om. P
　LXXII A.P. 5. 184 (caret Pl) Μελεάγρου　　3 μόνη πάλιν Stadt-
mueller : πάλιν μόνη C, παλὶ μόνη P　　5 σε Κλέων Chardon : ἔκλαιον
P　ἀπειλῶ Seidler : -δω P ; κἂν μή τις· ἀπειλῶ, Page

LXXIII

ἄστρα καὶ ἡ φιλέρωσι καλὸν φαίνουσα Σελήνη
καὶ Νὺξ καὶ κώμων σύμπλανον ὀργάνιον,
ἆρά γε τὴν φιλάσωτον ἔτ' ἐν κοίταισιν ἀθρήσω
ἄγρυπνον λύχνῳ πόλλ' †ἀποδαομένην†;   4425
ἤ τιν' ἔχει σύγκοιτον; ἐπὶ προθύροισι μαρανθεὶς
δάκρυσιν ἐκδήσω τοὺς ἱκέτας στεφάνους
ἐν τόδ' ἐπιγράψας, "Κύπρι, σοὶ Μελέαγρος ὁ μύστης
σῶν κώμων στοργῆς σκῦλα τάδ' ἐκρέμασε."

LXXIV

τρισσαὶ μὲν Χάριτες, τρεῖς δὲ γλυκυπάρθενοι Ὧραι,   4430
τρεῖς δ' ἐμὲ θηλυμανεῖς οἰστοβολοῦσι Πόθοι·
ἦ γάρ †τοι τρία τόξα κατήρισεν† ὡς ἄρα μέλλων
οὐχὶ μίαν τρώσειν, τρεῖς δ' ἐν ἐμοὶ κραδίας.

LXXV

Ἠοῦς ἄγγελε χαῖρε Φαεσφόρε, καὶ ταχὺς ἔλθοις
Ἕσπερος, ἣν ἀπάγεις λάθριος αὖθις ἄγων.   4435

LXXVI

στέρνοις μὲν Διόδωρος, ἐν ὄμμασι δ' Ἡράκλειτος,
ἡδυεπὴς δὲ Δίων, ὀσφύϊ δ' Οὐλιάδης·

LXXIII A.P. 5. 191 (caret Pl) τοῦ αὐτοῦ [sc. Μελ.]   ἢ C: εἰ ?P
4 ἀποκλαομένην Huschke   5 μαρανθεὶς Page: μαράνας P   6 ἐκδήσω
Salmasius: -σας P   8 στοργῆς C: -γᾶς P
LXXIV A.P. 9. 16, Plᴬ [CPl] Μελεάγρου   2 οἰστο- Blom-
field: οἰστρο- PPl   3 τοι... κατήρισεν P, τοι... κατήρυσεν Pl;
Ἔρως... κατείρυσεν apogr., ὁ παῖς... κατείρυσεν Jacobs; κατήρτισεν
Scaliger; κατήρτισαν, οἷς ἄρ' ἔμελλον Stadtmueller   μέλλων CPl: μέλ-
λον P
LXXV A.P. 12. 114 (caret Pl) τοῦ αὐτοῦ [sc. Μελ.]
LXXVI A.P. 12. 94 (caret Pl) Μελεάγρου   1 στέρνοις Graefe:
τερπνὸς P   2 Οὐλιάδης Hecker: Οὐδι- P

MELEAGER

ἀλλὰ σὺ μὲν ψαύοις ἁπαλόχροος, ᾧ δέ, Φιλόκλεις,
ἔμβλεπε, τῷ δὲ λάλει, τὸν δὲ τὸ λειπόμενον·
ὡς γνῷς οἷος ἐμὸς νόος ἄφθονος· ἢν δὲ Μυΐσκῳ   4440
λίχνος ἐπιβλέψῃς, μηκέτ᾽ ἴδοις τὸ καλόν.

LXXVII

εἴ σε Πόθοι στέργουσι, Φιλοκλέες, ἥ τε μυρόπνους
Πειθὼ καὶ κάλλευς ἀνθολόγοι Χάριτες,
ἀγκὰς ἔχοις Διόδωρον, ὁ δὲ γλυκὺς ἀντίος †ἤδη†
Δωρόθεος, κείσθω δ᾽ εἰς γόνυ Καλλικράτης,   4445
ἰαίνοι δὲ Δίων τόδ᾽ εὔστοχον ἐν χερὶ τείνων
σὸν κέρας, Οὐλιάδης δ᾽ αὐτὸ περισκυθίσαι,
δοίη δ᾽ ἡδὺ φίλημα Φίλων, Θήρων δὲ λαλῆσαι,
θλίβοις δ᾽ Εὐδήμου τιτθὸν ὑπὸ χλαμύδι·
εἰ γάρ σοι τάδε τερπνὰ πόροι θεός, ὦ μάκαρ, οἵαν   4450
ἀρτύσεις παίδων Ῥωμαϊκὴν λοπάδα.

LXXVIII

πάγκαρπόν σοι, Κύπρι, καθήρμοσε χειρὶ τρυγήσας
παίδων ἄνθος Ἔρως ψυχαπάτην στέφανον.
ἐν μὲν γὰρ κρίνον ἡδὺ κατέπλεξεν Διόδωρον,
ἐν δ᾽ Ἀσκληπιάδην τὸ γλυκὺ λευκόιον.   4455
ναὶ μὴν Ἡράκλειτον ἐνέπλεκεν ὡς ἀπ᾽ ἀκάνθης
θεὶς ῥόδον, οἰνάνθη δ᾽ ὥς τις ἔβαλλε Δίων.
χρυσανθῆ δὲ κόμαισι κρόκον Θήρωνα συνῆψεν,
ἐν δ᾽ ἔβαλ᾽ ἑρπύλλου κλωνίον Οὐλιάδην.
ἁβροκόμην δὲ Μυΐσκον ἀειθαλὲς ἔρνος ἐλαίης,   4460
ἱμερτοὺς ἀρετῆς κλῶνας, ἀπεδρέπετο.
ὀλβίστη νήσων ἱερὰ Τύρος, ἣ τὸ μυρόπνουν
ἄλσος ἔχει παίδων Κύπριδος ἀνθοφόρων.

6 ἐπιβλέψῃς Boissonade: ἐὼν βλ. P
  LXXVII A.P. 12. 95 (caret Pl) τοῦ αὐτοῦ [sc. Μελ.]   3 ἀντίος
ᾄδοι Boissonade   6 Οὐλιάδης Hecker: Οὐδι- P   10 λωπάδα P
  LXXVIII A.P. 12. 256 (caret Pl) Μελεάγρου   1 χερὶ P
6 θεὶς Graefe: εἰς P   12 ἀνθοφόρων Schneider: -φόρον P

273

MELEAGER

LXXIX

εἰνόδιον στείχοντα μεσημβρινὸν εἶδον Ἄλεξιν
ἄρτι κόμαν καρπῶν κειρομένου θέρεος·   4465
διπλαῖ δ' ἀκτῖνές με κατέφλεγον, αἱ μὲν Ἔρωτος
παιδὸς ἀπ' ὀφθαλμῶν, αἱ δὲ παρ' ἠελίου.
ἀλλ' ἃς μὲν νὺξ αὖθις ἐκοίμισεν, ἃς δ' ἐν ὀνείροις
εἴδωλον μορφῆς μᾶλλον ἀνεφλόγισεν·
λυσίπονος δ' ἑτέροις ἐπ' ἐμοὶ πόνον ὕπνος ἔτευξεν,   4470
ἔμπνουν πῦρ ψυχῇ κάλλος ἀπεικονίσας.

LXXX

ἡδὺ μὲν ἀκρήτῳ κεράσαι γλυκὺ νᾶμα μελισσῶν,
ἡδὺ δὲ παιδοφιλεῖν καὐτὸν ἐόντα καλόν·
οἷα τὸν ἀβροκόμην στέργει Κλεόβουλον Ἄλεξις·
†θνατὸν ὄντως τὸ† Κύπριδος οἰνόμελι.   4475

LXXXI

οὔριος ἐμπνεύσας ναύταις Νότος, ὦ δυσέρωτες,
ἥμισύ μευ ψυχᾶς ἅρπασεν Ἀνδράγαθον.
τρὶς μάκαρες νᾶες, τρὶς δ' ὄλβια κύματα πόντου,
τετράκι δ' εὐδαίμων παιδοφορῶν ἄνεμος·
εἴθ' εἴην δελφίς, ἵν' ἐμοῖς βαστακτὸς ἐπ' ὤμοις   4480
πορθμευθεὶς ἐσίδῃ τὰν γλυκύπαιδα Ῥόδον.

LXXXII

ἀρνεῖται τὸν Ἔρωτα τεκεῖν ἡ Κύπρις ἰδοῦσα
ἄλλον ἐν ἠιθέοις Ἵμερον Ἀντίοχον.

LXXIX   A.P. 12. 127 (caret Pl) τοῦ αὐτοῦ [sc. Μελ.]   1 μεσεμ-
P   2 κόμην Graefe
LXXX   A.P. 12. 164 (caret Pl) Μελεάγρου   4 ἀθάνατον τούτω
Paton
LXXXI   A.P. 12. 52 (caret Pl) Μελεάγρου   3 τρὶς δ' Brunck:
τρεῖς δ' P   6 γλυκόπ- P
LXXXII   A.P. 12. 54 (caret Pl) τοῦ αὐτοῦ [sc. Μελ.]

274

ἀλλά, νέοι, στέργοιτε νέον Πόθον· ἦ γὰρ ὁ κοῦρος
εὕρηται κρείσσων οὗτος Ἔρωτος Ἔρως.　　　　4485

LXXXIII

εἰ χλαμύδ' εἶχεν Ἔρως καὶ μὴ πτερὰ μηδ' ἐπὶ νώτων　　4486
τόξα τε καὶ φαρέτραν, ἀλλ' ἐφόρει πέτασον,
ναὶ ⟨μὰ⟩ τὸν ἁβρὸν ἔφηβον ἐπόμνυμαι, Ἀντίοχος μέν
ἦν ἂν Ἔρως, ὁ δ' Ἔρως τἄμπαλιν Ἀντίοχος.

LXXXIV

διψῶν ὡς ἐφίλησα θέρευς ἁπαλόχροα παῖδα,　　　　4490
εἶπα τότ' αὐχμηρὰν δίψαν ἀποπροφυγών
"Ζεῦ πάτερ, ἆρα φίλημα τὸ νεκτάρεον Γανυμήδευς
πίνεις, καὶ τόδε σοι χείλεσιν οἰνοχοεῖ;
5　　καὶ γὰρ ἐγὼ τὸν καλὸν ἐν ἠιθέοισι φιλήσας
Ἀντίοχον ψυχῆς ἡδὺ πέπωκα μέλι."　　　　　4495

LXXXV

ὦ Χάριτες, τὸν καλὸν Ἀρισταγόρην ἐσιδοῦσαι
ἀντίον εἰς τρυφερὰς ἠγκαλίσασθε χέρας·
οὕνεκα καὶ μορφᾷ βάλλει φλόγα καὶ γλυκυμυθεῖ
καίρια καὶ σιγῶν ὄμμασι τερπνὰ λαλεῖ.
5　　τηλόθι μοι πλάζοιτο· τί δὲ πλέον; ὡς παρ' Ὀλύμπου　4500
Ζεὺς νέος οἶδεν ὁ παῖς μακρὰ κεραυνοβολεῖν.

3 νέον Salmasius: ἑὸν P　　4 εὕρηται Wyttenbach: εἴρ- P
　　LXXXIII A.P. 12. 78 (caret Pl) Μελεάγρου; P. Berol. 10571
Μελεάγρου　　1 Ἔρως εἶχεν P　　νώτωι P. Berol.　　3 μὰ
suppl. Salmasius (lacuna P. Berol.)　　hic et 4 Ἀντιγένης P. Berol.
4 ἦν ἂν Schaefer: ἦν ἄρ' P (lacuna P. Berol.)
　　LXXXIV A.P. 12. 133 (caret Pl) Μελεάγρου　　4 σοῖς Brunck
　　LXXXV A.P. 12. 122 (caret Pl) Μελεάγρου　　5 παρ' Page:
γὰρ P　　6 νέος Reiske: νέον P

LXXXVI

ψυχαπάται δυσέρωτες, ὅσοι φλόγα τὴν φιλόπαιδα
οἴδατε τοῦ πικροῦ γευσάμενοι μέλιτος,
ψυχρὸν ὕδωρ †νίψαι† ψυχρὸν τάχος ἄρτι τακείσης
ἐκ χιόνος τῇ 'μῇ χεῖτε περὶ κραδίῃ.   4505
5 ἦ γὰρ ἰδεῖν ἔτλην Διονύσιον· ἀλλ', ὁμόδουλοι,
πρὶν ψαῦσαι σπλάγχνων πῦρ ἀπ' ἐμεῦ σβέσατε.

LXXXVII

ἦρκταί μευ κραδίας ψαύειν πόνος· ἦ γὰρ ἀλύων
ἀκρονυχεὶ ταύταν ἔκνισ' ὁ θερμὸς Ἔρως,
εἶπε δὲ μειδήσας "ἕξεις πάλι τὸ γλυκὺ τραῦμα,   4510
ὦ δύσερως, λάβρῳ καιόμενος μέλιτι."
5 ἐξ οὗ δὴ νέον ἔρνος ἐν ἠιθέοις Διόφαντον
λεύσσων οὔτε φυγεῖν οὔτε μένειν δύναμαι.

LXXXVIII

αἰπολικαὶ σύριγγες, ἐν οὔρεσι μηκέτι Δάφνιν
φωνεῖτ' αἰγιβάτῃ Πανὶ χαριζόμεναι,
μηδὲ σὺ τὸν στερχθέντα, λύρη Φοίβοιο προφῆτι,   4515
δάφνη παρθενίη μέλφ' Ὑάκινθον ἔτι·
5 ἦν γὰρ ὅτ' ἦν Δάφνις μὲν ἐν οὔρεσι, σοὶ δ' Ὑάκινθος
τερπνός· νῦν δὲ Πόθων σκῆπτρα Δίων ἐχέτω.

LXXXVI A.P. 12. 81 (caret Pl) τοῦ αὐτοῦ [sc. Μελ.]   1 τὴν
Brunck: τᾶν P   3 νιφάδα ψυχρὰν τάχος Paton   4 χεῖται P
5 ἦ Pauw: εἰ P
    LXXXVII A.P. 12. 126 (caret Pl) τοῦ αὐτοῦ [sc. Μελ.]   1 ἦρκται
Salmasius: ηρηται P   2 ἀκρονυχεὶ Boissonade: -χη P   3 τραῦμα
Pauw: γράμμα P
    LXXXVIII A.P. 12. 128 (caret Pl) τοῦ αὐτοῦ [sc. Μελ.]   4 δάφνῃ
Toup: -νι P

LXXXIX

εἰ μὴ τόξον Ἔρως μηδὲ πτερὰ μηδὲ φαρέτραν   4520
μηδὲ πυριβλήτους εἶχε Πόθων ἀκίδας,
οὔκ, αὐτὸν τὸν πτανὸν ἐπόμνυμαι, οὔποτ' ἂν ἔγνως
ἐκ μορφᾶς τίς ἔφυ Ζωΐλος ἢ τίς Ἔρως.

XC

ἦν καλὸς Ἡράκλειτος ὅτ' ἦν ποτε· νῦν δὲ παρ' ἥβην
κηρύσσει πόλεμον δέρρις ὀπισθοβάταις.   4525
ἀλλά, Πολυξενίδη, τάδ' ὁρῶν μὴ γαῦρα φρυάσσου·
ἔστι καὶ ἐν γλουτοῖς φυομένη Νέμεσις.

XCI

σιγῶν Ἡράκλειτος ἐν ὄμμασι τοῦτ' ἔπος αὐδᾶ·
"καὶ Ζηνὸς φλέξω πῦρ τὸ κεραυνοβόλον."
ναὶ μὴν καὶ Διόδωρος ἐνὶ στέρνοις τόδε φωνεῖ·   4530
"καὶ πέτρον τήκω χρωτὶ χλιαινόμενον."
5   δύστανος παίδων ὃς ἐδέξατο τοῦ μὲν ἀπ' ὄσσων
λαμπάδα, τοῦ δὲ Πόθοις τυφόμενον γλυκὺ πῦρ.

XCII

ἤδη μὲν γλυκὺς ὄρθρος· ὁ δ' ἐν προθύροισιν ἄϋπνος
Δᾶμις ἀποψύχει πνεῦμα τὸ λειφθὲν ἔτι
σχέτλιος Ἡράκλειτον ἰδών· ἔστη γὰρ ὑπ' αὐγάς   4535
ὀφθαλμῶν, βληθεὶς κηρὸς ἐς ἀνθρακιήν.
ἀλλά μοι ἔγρεο, Δᾶμι δυσάμμορε· καὐτὸς Ἔρωτος
5   ἕλκος ἔχων ἐπὶ σοῖς δάκρυσι δακρυχέω.

LXXXIX A.P. 12. 76 (caret Pl), App.B.-V. 31 [PApp.] Μελεάγρου;
P. Berol. 10571 s.a.n. [2-3 fragmenta]   3 ἐπόμνυμαι Brunck:
ἐπόμνμαι P, ἐπόμνυμι App.   ἔγνως P, P. Berol.: -νων App.
    XC   A.P. 12. 33 (caret Pl) Μελεάγρου
    XCI   A.P. 12. 63 (caret Pl) Μελεάγρου   3 τόδε φωνεῖ Salmasius:
θ' ὁ δ' ἐφώνει P   5 δύστηνος Graefe
    XCII   A.P. 12. 72 (caret Pl) Μελεάγρου   6 δακρυχέω Brunck:
-χέων P

XCIII

σοί με Πόθων δέσποινα θεὴ πόρε, σοί με, Θεόκλεις,   4540
ἀβροπέδιλος Ἔρως γυμνὸν ὑπεστόρεσεν,
ξεῖνον ἐπὶ ξείνης δαμάσας ἀλύτοισι χαλινοῖς·
ἱμείρω δὲ τυχεῖν ἀκλινέος φιλίας·

5   ἀλλὰ σὺ τὸν στέργοντ᾽ ἀπαναίνεαι, οὐδέ σε θέλγει
οὐ χρόνος οὐ ξυνῆς σύμβολα σωφροσύνης.   4545
ἵλαθ᾽, ἄναξ, ἵληθι, σὲ γὰρ θεὸν ὧρισε δαίμων·
ἐν σοί μοι ζωῆς πείρατα καὶ θανάτου.

XCIV

οὐκέτι μοι Θήρων γράφεται καλός, οὐδ᾽ ὁ πυραυγής
πρίν ποτε, νῦν δ᾽ ἤδη δαλὸς Ἀπολλόδοτος.
στέργω θῆλυν ἔρωτα· δασυτρώγλων δὲ πίεσμα   4550
λασταύρων μελέτω ποιμέσιν αἰγοβάταις.

XCV

ἢν ἐσίδω Θήρωνα, τὰ πάνθ᾽ ὁρῶ· ἢν δὲ τὰ πάντα   4552
βλέψω, τόνδε δὲ μή, τἄμπαλιν οὐδὲν ὁρῶ.

XCVI

ἐφθέγξω, ναὶ Κύπριν, ἃ μὴ θεός, ὦ μέγα τολμᾶν
θυμὲ μαθών· Θήρων σοὶ καλὸς οὐκ ἐφάνη·   4555

XCIII A.P. 12. 158 (caret Pl) τοῦ αὐτοῦ [sc. Μελεάγρου]   1 πόρε
Brunck: πόρες P   3 ξείνης Salmasius: -νοις P   7 ἵληθι
Graefe: ἵλαθι P
XCIV A.P. 12. 41 (caret Pl) Μελεάγρου   1 οὐδ᾽ ὁ Reiske: οὐδὲ
P
XCV A.P. 12. 60 τοῦ αὐτοῦ [sc. Μελ.], Plᴬ s.a.n., App.B.-V. 45 Νου-
μηνίου   1 Θήρωνα τὰ PPl: ταύτην τά γε App.   2 τὸν δέ γε μή
Pl, τήνδε μή App.   τοὐμπαλιν PlApp.
XCVI A.P. 12. 141 (caret Pl) Μελεάγρου   1 ἃ μὴ θέμις Sal-
masius   2 θυμὲ Salmasius: ουμε P

σοὶ καλὸς οὐκ ἐφάνη Θήρων; ἀλλ' αὐτὸς ὑπέστης
οὐδὲ Διὸς πτήξας πῦρ τὸ κεραυνοβόλον;
τοιγάρ, ἰδού, τὸν πρόσθε λάλον προύθηκεν ἰδέσθαι
δεῖγμα θρασυστομίης ἡ βαρύφρων Νέμεσις.

5

XCVII

ἤν τι πάθω, Κλεόβουλε, — τὸ γὰρ πλέον ἐν πυρὶ παίδων 4560
βαλλόμενος κεῖμαι, — λείψανον ἐν σποδιῇ,
λίσσομαι, ἀκρήτῳ μέθυσον πρὶν ὑπὸ χθόνα θέσθαι,
κάλπιν ἐπιγράψας "δῶρον Ἔρως Ἀίδῃ".

XCVIII

λευκανθὴς Κλεόβουλος, ὁ δ' ἀντία τοῦδε μελίχρους
Σώπολις, οἱ δισσοὶ Κύπριδος ἀνθοφόροι.   4565
τοὔνεκά μοι παίδων ἔπεται πόθος, οἱ γὰρ Ἔρωτες
πλέξαι κἀκ λευκοῦ φασί με καὶ μέλανος.

XCIX

ἠγρεύθην ⟨ὁ⟩ πρόσθεν ἐγώ ποτε τοῖς δυσέρωσι
κώμοις ἠιθέων πολλάκις ἐγγελάσας·
καί μ' ἐπὶ σοῖς ὁ πτανὸς Ἔρως προθύροισι, Μυΐσκε,   4570
στῆσεν ἐπιγράψας "σκῦλ' ἀπὸ Σωφροσύνης".

C

ἁβρούς, ναὶ τὸν Ἔρωτα, τρέφει Τύρος· ἀλλὰ Μυΐσκος   4572
ἔσβεσεν ἐκλάμψας ἀστέρας ἠέλιος.

4 πτήξας Brunck: -ξεις P   5 τὸν Jacobs: τὸ P
    XCVII   A.P. 12. 74 (caret Pl) Μελεάγρου
    XCVIII   A.P. 12. 165 (caret Pl) τοῦ αὐτοῦ [sc. Μελ.]   1 ἀντία
τοῦδε apogr.: ἀντίατο δὲ P   4 πλέξαι κἀκ Jacobs: -ξειν ἐκ P
    XCIX   A.P. 12. 23 (caret Pl) Μελεάγρου   1 suppl. Schneider
3 πτην- Graefe
    C   A.P. 12. 59 (caret Pl), App.B.-V. 34 [PApp.] Μελεάγρου   1 Μενί-
σκος App.

279

CI

εἰ Ζεὺς κεῖνος ἔτ' ἐστίν, ὁ καὶ Γανυμήδεος ἀκμήν
ἁρπάξας ἵν' ἔχῃ νέκταρος οἰνοχόον,   4575
πῇ μοι τὸν καλὸν ἔστιν ἐνὶ σπλάγχνοισι Μυΐσκον
κρύπτειν, μή με λάθῃ παιδὶ βαλὼν πτέρυγας;

CII

στήσομ' ἐγὼ καὶ Ζηνὸς ἐναντίον, εἴ σε, Μυΐσκε,
ἁρπάζειν ἐθέλοι νέκταρος οἰνοχόον.
καίτοι πολλάκις αὐτὸς ἐμοὶ τάδ' ἔλεξε· "τί ταρβεῖς;   4580
οὔ σε βαλῶ ζήλοις· οἶδα παθὼν ἐλεεῖν."
5   χὠ μὲν δὴ τάδε φησίν· ἐγὼ δ', ἢν μυῖα παραπτῇ,
ταρβῶ μὴ ψεύστης Ζεὺς ἐπ' ἐμοὶ γέγονεν.

CIII

τόν με Πόθοις ἄτρωτον ὑπὸ στέρνοισι Μυΐσκος
ὄμμασι τοξεύσας τοῦτ' ἐβόησεν ἔπος·   4585
"τὸν θρασὺν εἷλον ἐγώ· τὸ δ' ἐπ' ὀφρύσι κεῖνο φρύαγμα
σκηπτροφόρου σοφίας ἠνίδε ποσσὶ πατῶ."
5   τῷ δ' ὅσον ἀμπνεύσας τόδ' ἔφην· "φίλε κοῦρε, τί θαμβεῖς;
καὐτὸν ἀπ' Οὐλύμπου Ζῆνα καθεῖλεν Ἔρως."

CIV

ἓν καλὸν οἶδα τὸ πᾶν, ἕν μοι μόνον οἶδε τὸ λίχνον   4590
ὄμμα, Μυΐσκον ὁρᾶν· τἆλλα δὲ τυφλὸς ἐγώ.

CI A.P. 12. 65 (caret Pl) Μελεάγρου, App. B.-V. ἄδηλον   3 πῇ
μοι Hermann : κημοι P App. v.l., κήμῇ App. v.l.   ἔστιν ἐνὶ App. : ἐστι P
Μενίσκον App.   4 με apogr. : καὶ PApp.
   CII A.P. 12. 70 (caret Pl) Μελεάγρου   1 εἴ σε Salmasius : εἰς
εμε P
   CIII A.P. 12. 101 (caret Pl) Μελεάγρου   5 ἀμπνεύσας Sal-
masius : ἐμπν- P   6 Οὐλ- Brunck : 'Ολ- P
   CIV A.P. 12. 106 (caret Pl) Μελεάγρου; P. Berol. 10571 s.a.n.

πάντα δ' ἐκεῖνον ἐμοὶ φαντάζεται· ἆρ' ἐσορῶσιν
ὀφθαλμοὶ ψυχῇ πρὸς χάριν οἱ κόλακες;

CV

ἤστραψε γλυκὺ κάλλος· ἰδοὺ φλόγας ὄμμασι βάλλει·
ἆρα κεραυνομάχαν παῖδ' ἀνέδειξεν Ἔρως; 4595
χαῖρε Πόθων ἀκτῖνα φέρων θνατοῖσι, Μυΐσκε,
καὶ λάμποις ἐπὶ γᾷ πυρσὸς ἐμοὶ φίλιος.

CVI

τί κλαίεις, φρενοληστά; τί δ' ἄγρια τόξα καὶ ἰούς
ἔρριψας διφυῆ ταρσὸν ἀνεὶς πτερύγων;
ἦ ῥά γε καὶ σὲ Μυΐσκος ὁ δύσμαχος ὄμμασιν αἴθει; 4600
ὡς μόλις οἷ' ἕδρας πρόσθε παθὼν ἔμαθες.

CVII

ἡδὺς ὁ παῖς, καὶ τοὔνομ' ἐμοὶ γλυκύς ἐστι Μυΐσκος
καὶ χαρίεις· τίν' ἔχω μὴ οὐχὶ φιλεῖν πρόφασιν;
καλὸς γάρ, ναὶ Κύπριν, ὅλος καλός· εἰ δ' ἀνιηρός,
οἶδε τὸ πικρὸν Ἔρως συγκεράσαι μέλιτι. 4605

CVIII

ἐν σοὶ τἀμά, Μυΐσκε, βίου πρυμνήσι' ἀνῆπται,
ἐν σοὶ καὶ ψυχῆς πνεῦμα τὸ λειφθὲν ἔτι.
ναὶ γὰρ δὴ τὰ σά, κοῦρε, τὰ καὶ κωφοῖσι λαλεῦντα
ὄμματα, ναὶ μὰ τὸ σὸν φαιδρὸν ἐπισκύνιον,

3 ἐκεῖνον Page: -νος P (et P. Berol. ut vid.)
   CV   A.P. 12. 110 (caret Pl) τοῦ αὐτοῦ [sc. Μελ.]
   CVI   A.P. 12. 144 (caret Pl) Μελεάγρου   1 ἄγρια Salmasius:
ἀχρεῖα P   3 ἆρά γε Page
   CVII   A.P. 12. 154 (caret Pl) Μελεάγρου   2 χαρίεις Warton:
-ρηες P
   CVIII   A.P. 12. 159 (caret Pl) τοῦ αὐτοῦ [sc. Μελ.]

5   ἤν μοι συννεφὲς ὄμμα βάλῃς ποτέ, χεῖμα δέδορκα,   4610
ἤν δ' ἱλαρὸν βλέψῃς, ἡδὺ τέθηλεν ἔαρ.

CIX

χειμέριον μὲν πνεῦμα, φέρει δ' ἐπὶ σοί με, Μυΐσκε,
ἁρπαστὸν κώμοις ὁ γλυκύδακρυς Ἔρως·
χειμαίνει δὲ βαρὺς πνεύσας Πόθος· ἀλλά μ' ἐς ὅρμον
δέξαι τὸν ναύτην Κύπριδος ἐν πελάγει.   4615

CX

εἰκόνα μὲν Παρίην ζωογλύφος ἄνυσ' Ἔρωτος
Πραξιτέλης Κύπριδος παῖδα τυπωσάμενος·
νῦν δ' ὁ θεῶν κάλλιστος Ἔρως ἔμψυχον ἄγαλμα
αὑτὸν ἀπεικονίσας ἔπλασε Πραξιτέλην,
5   ὄφρ' ὁ μὲν ἐν θνατοῖς, ὁ δ' ἐν αἰθέρι φίλτρα βραβεύῃ,   4620
γῆς θ' ἅμα καὶ μακάρων σκηπτροφορῶσι Πόθων.
ὀλβίστη Μερόπων ἱερὰ πόλις, ἃ θεόπαιδα
καινὸν Ἔρωτα νέων θρέψεν ὑφαγεμόνα.

CXI

Πραξιτέλης ὁ πάλαι ζωογλύφος ἁβρὸν ἄγαλμα
ἄψυχον μορφῆς κωφὸν ἔτευξε τύπον,   4625
πέτρον ἐνειδοφορῶν· ὁ δὲ νῦν ἔμψυχα μαγεύων
τὸν τριπανοῦργον Ἔρωτ' ἔπλασεν ἐν κραδίᾳ.
5   ἦ τάχα τοὔνομ' ἔχει ταὐτὸν μόνον, ἔργα δὲ κρέσσων,
οὐ λίθον ἀλλὰ φρενῶν πνεῦμα μεταρρυθμίσας.

CIX   A.P. 12. 167 (caret Pl) Μελεάγρου   3 κυμαίνει Salmasius
CX   A.P. 12. 56 (caret Pl) Μελεάγρου   1 ζωογλ- Brunck:
ζωογλ- P   4 αὑτὸν ἀπεικονίσας Salmasius: αὐτόματ' εἰκ- P   5 ἐν
θνατοῖς Brunck: ἐθν- P   βραβεύῃ Ap.B.: -εύει P   6 θ' Brunck: δ' P
Πόθων Hecker: -θοι P   8 νέων Brunck: νέον P   fort. etiam
1 Παρίαν, 7 ὀλβίστα (Graefe), 6 γᾶς (Brunck) scribendum
CXI   A.P. 12. 57 (caret Pl) τοῦ αὐτοῦ [sc. Μελ.]   2 ἀψύχου
Brunck   μορφῆς Graefe: -φᾶς P   4 Ἔρωτ' Salmasius: ἔρως P
5 κρέσσων Brunck: κρέσσω P   6 μεταρυ- P

ἵλαος πλάσσοι τὸν ἐμὸν τρόπον, ὄφρα τυπώσας   4630
ἐντὸς ἐμὴν ψυχὴν ναὸν Ἔρωτος ἔχῃ.

CXII

οὐκ ἐθέλω Χαρίδαμον· ὁ γὰρ καλὸς εἰς Δία λεύσσει
ὡς ἤδη τῷ θεῷ νέκταρ ⟨ἐν⟩οινοχοῶν.
οὐκ ἐθέλω· τί δέ μοι τὸν ἐπουρανίων βασιλῆα
ἄνταθλον νίκης τῆς ἐν ἔρωτι λαβεῖν;   4635
5 ἀρκοῦμαι δ' ἢν μοῦνον ὁ παῖς ἀνιὼν ἐς Ὄλυμπον
ἐκ γῆς νίπτρα ποδῶν δάκρυα τἀμὰ λάβῃ,
μνημόσυνον στοργῆς· γλυκὺ δ' ὄμμασι νεῦμα διύγροις
δοίη καί τι φίλημ' ἁρπάσαι ἀκροθιγές.
τἄλλα δὲ πάντ' ἐχέτω Ζεὺς ὡς θέμις· εἰ δ' ἐθελήσει,   4640
10 ἢ τάχα που κἠγὼ γεύσομαι ἀμβροσίας.

CXIII

ζωροπότει, δύσερως, καί σου φλόγα τὰν φιλόπαιδα
κοιμάσει λάθας δωροδότας Βρόμιος.
ζωροπότει, καὶ πλῆρες ἀφυσσάμενος σκύφος οἴνας
ἔκκρουσον στυγερὰν ἐκ κραδίας ὀδύναν.   4645

CXIV

ὤνθρωποι, βωθεῖτε· τὸν ἐκ πελάγευς ἐπὶ γαῖαν
ἄρτι με πρωταπόπλουν ἴχνος ἐρειδόμενον

8 ἐμῆς ψυχῆς Brunck   ναὸν . . . ἔχῃ Salmasius: ναὸς . . . ἔχει P
CXII   A.P. 12. 68 (caret Pl) Μελεάγρου   1 ὁ Salmasius: ὃς P
2 θεῷ Salmasius: θῶ P   ἐν- suppl. Page   3 τί Salmasius: τίς P
τὸν Salmasius: τῶν P   5 ἀρκοῦμαι Jacobs: αιροῦμαι P   δ' ἢν anon.:
δὴ P   7 μνημ- Graefe: μναμ- P   διύγροις Page: δίυγρον P   9 ἐθελήσει
Graefe: -σοι P
CXIII   A.P. 12. 49 (caret Pl) τοῦ αὐτοῦ [sc. Μελ.]   1 ζωρο-
Brunck: ζωγρο- P
CXIV   A.P. 12. 84 (caret Pl) τοῦ αὐτοῦ [sc. Μελ.]   1 πελάγευς
Jacobs: -γους P   2 πρωταπόπλουν Page: πρωτόπλουν P

MELEAGER

ἕλκει τῇδ' ὁ βίαιος "Ερως· φλόγα δ' οἷα προφαίνων
παιδὸς ἀπαστράπτει κάλλος ἐραστὸν ἰδεῖν.
5   βαίνω δ' ἴχνος ἐπ' ἴχνος, ἐν ἀέρι δ' ἡδὺ τυπωθέν   4650
εἶδος ἀφαρπάζων χείλεσιν ἡδὺ φιλῶ.
ἆρά γε τὴν πικρὰν προφυγὼν ἅλα πουλύ τι κείνης
πικρότερον χέρσῳ κῦμα περῶ Κύπριδος;

CXV

οἰνοπόται, δέξασθε τὸν ἐκ πελάγευς ἅμα πόντον
καὶ κλῶπας προφυγόντ', ἐν χθονὶ δ' ὀλλύμενον.   4655
ἄρτι γὰρ ἐκ νηός με μόνον πόδα θέντ' ἐπὶ γαῖαν
ἀγρεύσας ἕλκει τῇδ' ὁ βίαιος "Ερως,
5   ἐνθάδ' ὅπου τὸν παῖδα διαστείχοντ' ἐνόησα,
αὐτομάτοις δ' ἄκων ποσσὶ ταχὺς φέρομαι.
κωμάζω δ' οὐκ οἶνον ὑπὸ φρένα, πῦρ δὲ γεμισθείς·   4660
ἀλλὰ φίλῳ, ξεῖνοι, βαιὸν ἐπαρκέσατε,
ἀρκέσατ', ὦ ξεῖνοι, κἀμὲ ξενίου πρὸς "Ερωτος
10   δέξασθ' ὀλλύμενον τὸν φιλίας ἱκέτην.

CXVI

ὦ προδόται ψυχῆς, παίδων κύνες, αἰὲν ⟨ἐν⟩ ἰξῷ
Κύπριδος ὀφθαλμοὶ βλέμματα χριόμενοι,   4665
ἡρπάσατ' ἄλλον ἔρωτ', ἄρνες λύκον, οἷα κορώνη
σκορπίον, ὡς τέφρη πῦρ ὑποθαλπόμενον.
δρᾶθ' ὅ τι καὶ βούλεσθε· τί μοι νενοτισμένα χεῖτε
δάκρυα, †πρὸς δ' ἱκέτην† αὐτομολεῖτε τάχος;
ὀπτᾶσθ' ἐν κάλλει, τύφεσθ' ὑποκαόμενοι νῦν,   4670
ἄκρος ἐπεὶ ψυχῆς ἐστι μάγειρος "Ερως.

4 ἀπαστράπτει Salmasius: ἀπεστρέπτει P   5 τυπωθέν apogr.:
-ωσεν P   6 ἡδὺ φιλῶ Pierson: ἡδυφίλωι P   7 ἦ ῥά γε Wakefield
CXV A.P. 12. 85 (caret Pl) τοῦ αὐτοῦ [sc. Μελ.]   5 διαστίχ- P
6 αὐτομάτοις Huschke: -τος P   8 ξεῖνοι Pauw: -νω P
CXVI A.P. 12. 92 (caret Pl) Μελεάγρου   1 ἐν suppl. Brunck
4 τέφρη Graefe: -ρηι P   6 ἱκέτην non intelligitur   7 ὀπτᾶσθ'
ἐν Scaliger: ὅπτασεν P

284

MELEAGER

CXVII

ἡδύ τί μοι διὰ νυκτὸς ἐνύπνιον ἁβρὰ γελῶντος
ὀκτωκαιδεκέτους παιδὸς ἔτ' ἐν χλαμύδι
ἤγαγ' Ἔρως ὑπὸ χλαῖναν· ἐγὼ δ' ἁπαλῷ περὶ χρωτί   4675
στέρνα βαλὼν κενεὰς ἐλπίδας ἐδρεπόμην.
5   καί μ' ἔτι νῦν θάλπει μνήμης πόθος, ὄμμασι δ' ὕπνον
ἀγρευτὴν πτηνοῦ φάσματος αἰὲν ἔχω.
ὦ δύσερως ψυχή, παῦσαί ποτε καὶ δι' ὀνείρων
εἰδώλοις κάλλευς κωφὰ χλιαινομένη.

CXVIII

ὀρθροβόας δυσέρωτι κακάγγελε, νῦν, τρισάλαστε,   4680
ἐννύχιος κράζεις πλευροτυπῆ κέλαδον
γαῦρος ὑπὲρ κοίτας, ὅτε μοι βραχὺ τοῦτ' ἔτι νυκτός
παιδοφιλεῖν, ἐπ' ἐμαῖς δ' ἁδὺ γελᾷς ὀδύναις;
5   ἅδε φίλα θρεπτῆρι χάρις; ναὶ τὸν βαθὺν ὄρθρον,
ἔσχατα γηρύσει ταῦτα τὰ πικρὰ μέλη.   4685

CXIX

Κύπρις ἐμοὶ ναύκληρος, Ἔρως δ' οἴακα φυλάσσει,   4686
ἄκρον ἔχων ψυχῆς ἐν χερὶ πηδάλιον·
χειμαίνει δὲ βαρὺς πνεύσας Πόθος, οὕνεκα δὴ νῦν
παμφύλῳ παίδων νήχομαι ἐν πελάγει.

CXVII A.P. 12. 125 (caret Pl) Μελεάγρου   4 ἐδρεπόμην
Graefe: ἐτρεπόμαν P   5 μ' ἔτι Jacobs: μευ P   7–8 tamquam
peculiare epigr. distinguit P
    CXVIII A.P. 12. 137 (caret Pl) Μελεάγρου   3 ὅτε Hermann:
ὅτι P   4 παιδοφιλεῖν Huschke: καὶ τὸ φιλεῖν P   5 θρεπτῆρι
Huschke: θρέπτειρα P   6 γηρύσεις Graefe
    CXIX A.P. 12. 157 (caret Pl) Μελεάγρου   3 δὲ βαρὺς Page:
δ' ὁ β. P; cf. 4164

MELEAGER

CXX

τίς τάδε μοι θνητῶν ⟨τὰ⟩ περὶ θριγκοῖσιν ἀνῆψεν   4690
σκῦλα, παναισχίσταν τέρψιν Ἐνυαλίου;
οὔτε γὰρ αἰγανέαι περιαγέες οὔτε τι πήληξ
ἄλλοφος οὔτε φόνῳ χρανθὲν ἄρηρε σάκος,
5   ἀλλ᾽ αὔτως γανόωντα καὶ ἀστυφέλικτα σιδάρῳ,
οἷά περ οὐκ ἐνοπᾶς ἀλλὰ χορῶν ἔναρα·   4695
οἷς θάλαμον κοσμεῖτε γαμήλιον· ὅπλα δὲ λύθρῳ
λειβόμενα βροτέῳ σηκὸς Ἄρηος ἔχοι.

CXXI

— ὤνθρωφ᾽, Ἡράκλειτος ἐγὼ σοφὰ μοῦνος ἀνευρεῖν
φαμί, τὰ δ᾽ ἐς πάτραν κρέσσονα καὶ σοφίας·
λὰξ γὰρ καὶ τοκεῶνας, ἰὼ ξένε, δύσφρονας ἄνδρας   4700
ὑλάκτευν. — λαμπρὰ θρεψαμένοισι χάρις.
5   — οὐκ ἀπ᾽ ἐμεῦ; — μὴ τρηχύς. — ἐπεὶ τάχα καὶ σύ τι
πεύσῃ
τρηχύτερον πάτρας. — χαῖρε. — †σὺ δ᾽† ἐξ Ἐφέσου.

CXXII

ἁ στάλα, σύνθημα τί σοι γοργωπὸς ἀλέκτωρ
ἔστα καλλαίνᾳ σκαπτροφόρος πτέρυγι,   4705

CXX A.P. 6. 163 τοῦ αὐτοῦ [sc. Μελ.], Pl^A Μελεάγρου; Sud. s.vv.
θριγκός [1 τάδε—2 σκ.], ἔναρα [6–7 γαμ.], ἐνοπή [eadem], λύθρος [7 ὅπλα—8]
1 suppl. Lobeck   2 παναισχίσταν Stadtmueller: -την P   4 ἄλ-
λοφος P: εὔλ- Pl   ἀνῆρε Pl   5 αὔτως Brunck (αὖ-): αυ τῶ ει P, αὐτῷ
Pl   γανόωντα CPl: -όεντα P   σιδήρῳ Pl   7 τοῖς θάλ. Graefe
CXXI A.P. 7. 79 (caret Pl) Μελεάγρου   1 ὤνθρωπ᾽ P   ἀνευρεῖν
Reiske: -ρών P   2 φημὶ Brunck   κρείσσ- C   3 τοκεῶνας, ἰὼ
Headlam: τοκέων (C: τεκ- P) ἀσίωι P; δὰξ γὰρ καὶ τοκεῶνε καί, ὦ ξένε,
Markovich   4 ὑλάκτευν C: -τειν P   λαμπρὰ C: -ρᾶς P   χάρις
apogr.: κάρ- P   5 ἀπ᾽ ἐμεῦ C: ἀτομεῦ ?P   καὶ apogr.: μαὶ P
πείσῃ Brunck   Meleagro abiudicandum censeo
CXXII A.P. 7. 428 (caret Pl) Μελεάγρου   2 ἔστα καλλαίνᾳ Sal-
masius: ἔστα κελαίναι P, ἔστακε. λαῖναι C   σκαπτρο- C: σκαπτο- P

286

MELEAGER

ποσσὶν ὑφαρπάζων νίκας κλάδον, ἄκρα δ' ἐπ' αὐτᾶς
βαθμῖδος προπεσὼν κέκλιται ἀστράγαλος;
5 ἦ ῥά γε νικάεντα μάχᾳ σκαπτοῦχον ἄνακτα
κρύπτεις; ἀλλὰ τί σοι παίγνιον ἀστράγαλος;
πρὸς δ' ἔτι λιτὸς ὁ τύμβος· ἐπιπρέπει ἀνδρὶ πενιχρῷ   4710
ὄρνιθος κλαγγαῖς νυκτὸς ἀνεγρομένῳ.
οὐ δοκέω, σκάπτρον γὰρ ἀναίνεται· ἀλλὰ σὺ κεύθεις
10 ἀθλοφόρον νίκαν ποσσὶν ἀειράμενον;
οὐ ψαύω καὶ τᾷδε· τί γὰρ ταχὺς εἴκελος ἀνήρ
ἀστραγάλῳ; νῦν δὴ τὠτρεκὲς ἐφρασάμαν·   4715
φοῖνιξ οὐ νίκαν ἐνέπει, πάτραν δὲ μεγαυχῆ
ματέρα Φοινίκων τὰν πολύπαιδα Τύρον·
15 ὄρνις δ' ὅττι γεγωνὸς ἀνὴρ καί που περὶ Κύπριν
πρᾶτος κἠν Μούσαις ποικίλος ὑμνοθέτας·
σκάπτρα δ' ἔχει σύνθημα λόγου, θνᾴσκειν δὲ πεσόντα   4720
οἰνοβρεχῆ προπετὴς ἐννέπει ἀστράγαλος.
καὶ δὴ σύμβολα ταῦτα· τὸ δ' οὔνομα πέτρος ἀείδει,
20 Ἀντίπατρον προγόνων φύντ' ἀπ' ἐρισθενέων.

CXXIII

οὐ γάμον ἀλλ' Ἀίδαν ἐπινυμφίδιον Κλεαρίστα
δέξατο παρθενίας ἄμματα λυομένα.   4725
ἄρτι γὰρ ἑσπέριοι νύμφας ἐπὶ δικλίσιν ἄχευν
λωτοί, καὶ θαλάμων ἐπλαταγεῦντο θύραι.
5 ἀῷοι δ' ὀλολυγμὸν ἀνέκραγον, ἐκ δ' Ὑμέναιος
σιγαθεὶς γοερὸν φθέγμα μεθαρμόσατο.

3 ἄκρα C: -ᾶς P   7 πρὸς δ' ἔτι Ap.B.: προσδετί P, πρὸς δὲ τί C
8 κλαγγαῖς C: -ῆς P   10 ἀθλοφόρον apogr.: αἰολοφ- P   11 ψαύω
C: ψάω P   τᾷδε Graefe: τῆιδε P   12 ἐφρασάμαν C: -μεν P   13 οὐ
Reiske: μὲν P   δὲ Reiske: τὲ P   μεγαυχῆ C: μεγαλαυχεῖ P   14 ματέρα
C: πατέρα P   16 κἠν Dorville: ἢν P   ὑμνοθέτας Salmasius: -ταις
P   20 φύντ' ἀπ' Dorville: φύνταμ' P; φύντα περισθενέων Salmasius
CXXIII A.P. 7. 182, Pl^A [CPl] Μελεάγρου; Sud. s.vv. λωτός [3-4,
λωτοὶ ἄχευν—θύραι], πεῦκαι [7-8]   1 Ἀίδην Pl   Κλεαρίστα Brunck:
-τη PPl   2 παρθενίης ... λυομένη Pl   3 νύμφας P: -φης CPl
ἄχευν PPl^ac: ἤχ- Pl^pc   4 θύραι CPl: -ρα P   5 ἀῷοι Page
(ἠῷ- Graefe): ἠῶιον PPl   ἐν δ' Pl   ὑμεναίου P

287

αἱ δ᾽ αὐταὶ καὶ φέγγος ἐδᾳδούχουν περὶ παστῷ   4730
πεῦκαι καὶ φθιμένᾳ νέρθεν ἔφαινον ὁδόν.

CXXIV

παμμῆτορ Γῆ, χαῖρε· σὺ τὸν πάρος οὐ βαρὺν εἰς σέ   4732
Αἰσιγένην καὐτὴ νῦν ἐπέχοις ἀβαρής.

CXXV

οἰκτρότατον μάτηρ σε, Χαρίξενε, δῶρον ἐς Ἅιδαν
ὀκτωκαιδεκέταν ἐστόλισ᾽ ἐν χλαμύδι·   4735
ἦ γὰρ δὴ καὶ πέτρος ἀνέστενεν, ἁνίκ᾽ ἀπ᾽ οἴκων
ἅλικες οἰμωγᾷ σὸν νέκυν ἠχθοφόρευν.
5 πένθος δ᾽, οὐχ ὑμέναιον, ἀνωρύοντο γονῆες·
αἰαῖ τὰς μαστῶν ψευδομένας χάριτας
καὶ κενεᾶς ὠδῖνας· ἰὼ κακοπάρθενε Μοῖρα,   4740
στεῖρα γονᾶς στοργὰν ἔπτυσας εἰς ἀνέμους·
τοῖς μὲν ὁμιλήσασι ποθεῖν πάρα, τοῖς δὲ τοκεῦσι
10 πενθεῖν, οἷς δ᾽ ἀγνὼς πευθομένοις ἐλεεῖν.

CXXVI

οὐκέθ᾽ ὁμοῦ χιμάροισιν ἔχειν βίον, οὐκέτι ναίειν
ὁ τραγόπους ὀρέων Πὰν ἐθέλω κορυφάς.   4745
τί γλυκύ μοι, τί ποθεινὸν ἐν οὔρεσιν; ὤλετο Δάφνις,
Δάφνις ὃς ἡμετέρῃ πῦρ ἔτεκ᾽ ἐν κραδίῃ.

7 -δούχοιν P^ac   παρὰ Pl
    CXXIV A.P. 7. 461, Pl^A [CPl] Μελεάγρου
    CXXV A.P. 7. 468 [C] Μελεάγρου, Pl^A s.a.n. [1-8]   2 -δεκέτην
Pl   ἐστόλισ᾽ ἐν Page: -ισεν PPl   4 οἰμωγῆι P   ἠχθοφόρευν P:
-ρουν C, ἀχθοφόρευν Pl   5 γονῆες P: γυναῖκες Pl   6-7 τᾶς
. . . χάριτος | καὶ κενεᾶς ὠδῖνος Stadtmueller   8 στεῖρα γονᾶς
Graefe: σπεῖρα γονᾶς P, Σπειρογόνας Pl   9 ὁμιλήσασι Salmasius:
-σας P   ποθέειν C   10 οἷς Graefe: τοῖς P   ἐλεεῖν C: ἐλθεῖν P
    CXXVI A.P. 7. 535, Pl^A [CPl] Μελεάγρου   2 ἐθέλω Πὰν
ὀρέων Pl   3 μου Pl   4 ἔτεκ᾽ ἐν Page: ἔτεκε PPl

5   ἄστυ τόδ᾽ οἰκήσω, θηρῶν δέ τις ἄλλος ἐπ᾽ ἄγρην
στελλέσθω· τὰ πάροιθ᾽ οὐκέτι Πανὶ φίλα.

CXXVII

αἱ Νύμφαι τὸν Βάκχον, ὅτ᾽ ἐκ πυρὸς ἦλαθ᾽ ὁ κοῦρος,   4750
νίψαν ὑπὲρ τέφρης ἄρτι κυλιόμενον·
τοὔνεκα σὺν Νύμφαις Βρόμιος φίλος· ἢν δέ νιν εἴργῃς
μίσγεσθαι, δέξῃ πῦρ ἔτι καιόμενον.

CXXVIII

Τανταλὶ παῖ Νιόβα, κλῦ᾽ ἐμὰν φάτιν, ἄγγελον ἄτας·
δέξαι σῶν ἀχέων οἰκτροτάταν λαλιάν.   4755
λῦε κόμας ἀνάδεσμον, ἰὼ βαρυπενθέσι Φοίβου
γειναμένα τόξοις ἀρσενόπαιδα γόνον·
5   οὔ σοι παῖδες ἔτ᾽ εἰσίν. ἀτὰρ τί τόδ᾽ ἄλλο; τί λεύσσω;
αἰαῖ πλημμύρει παρθενικαῖσι φόνος·
ἃ μὲν γὰρ ματρὸς περὶ γούνασιν, ἃ δ᾽ ἐνὶ κόλποις   4760
κέκλιται, ἃ δ᾽ ἐπὶ γᾶς, ἃ δ᾽ ἐπιμαστίδιος,
ἄλλα δ᾽ ἀντωπὸν θαμβεῖ βέλος, ἃ δ᾽ ὑπ᾽ ὀιστοῖς
10   πτώσσει, τᾶς δ᾽ ἔμπνουν ὄμμ᾽ ἔτι φῶς ὁράᾳ.
ἃ δὲ λάλον στέρξασα πάλαι στόμα, νῦν ὑπὸ θάμβευς
μάτηρ σαρκοτακὴς οἷα πέπηγε λίθος.   4765

CXXIX

ἁ πύματον καμπτῆρα καταγγέλλουσα κορωνίς,
ἑρκοῦρος γραπταῖς πιστοτάτα σελίσιν,

5 ἄγρηι P
    CXXVII   A.P. 9. 331, Plᴬ [CPl] Μελεάγρου   1 ἦλατ᾽ ὁ P;
ἦλατο Jacobs
    CXXVIII   A. Plan. (Plᴬ) 134 Μελεάγρου   9 ὑπ᾽ Page: ἐπ᾽ Pl
12 σαρκοτακὴς Page: -παγὴς Pl
    CXXIX   A.P. 12. 257 (caret Pl) τοῦ αὐτοῦ [sc. Μελ.]   2 ἑρκοῦρος
Salmasius: ορκ- P

MELEAGER

φαμὶ τὸν ἐκ πάντων ἠθροισμένον εἰς ἕνα μόχθον
ὑμνοθετᾶν βύβλῳ τᾷδ' ἐνελιξάμενον
5   ἐκτελέσαι Μελέαγρον, ἀείμνηστον δὲ Διοκλεῖ   4770
ἄνθεσι συμπλέξαι μουσοπόλων στέφανον.
οὖλα δ' ἐγὼ καμφθεῖσα δρακοντείοις ἴσα νώτοις
σύνθρονος ἵδρυμαι τέρμασιν εὐμαθίας.

CXXX

— εἶπον ἀνειρομένῳ τίς καὶ τίνος ἐσσί. Φ. Φίλαυλος
Εὐκρατίδεω. — ποδαπὸς δ' εὔχεαι ⟨   ⟩   4775
— ἔζησας δὲ τίνα στέργων βίον; Φ. οὐ τὸν ἀρότρου
οὐδὲ τὸν ἐκ νηῶν, τὸν δὲ σοφοῖς ἕταρον.
5   — γήραϊ δ' ἢ νούσῳ βίον ἔλλιπες; Φ. ἤλυθον Ἅιδην
αὐτοθελεί, Κείων γευσάμενος κυλίκων.
— ἦ πρέσβυς; Φ. καὶ κάρτα. — λάβοι νύ σε βῶλος ἐλαφρή   4780
σύμφωνον πινυτῷ σχόντα λόγῳ βίοτον.

CXXXI

εἰ καί σοι πτέρυγες ταχιναὶ περὶ νῶτα τέτανται
καὶ Σκυθικῶν τόξων ἀκροβολεῖς ἀκίδας,
φεύξομ', Ἔρως, ὑπὸ γᾶν σε· τί δὲ πλέον; οὐδὲ γὰρ αὐτός
σὰν ἔφυγεν ῥώμαν πανδαμάτωρ Ἅιδας.   4785

4 ὑμνοθετᾶν Jacobs: -θέταν P   6 μουσοπόλων Reiske: -οπόλον P
7 ἴσα Jacobs: ινα P
    CXXX A.P. 7. 470 [C] Μελεάγρου, Pl^A Ἀντιπάτρου   2 Εὔκραντ-
Pl; παῖς Εὐκρατίδεω in textu iterumque in marg. C   εὔχεαι P: εὔχε'
ἔμεν; Θριασεύς Pl   5 Ἅιδην Graefe: -δαν P   6 Κείων Jacobs:
κείνων PPl   7 ἐλαφρά Pl
    CXXXI A. Plan. (Pl^A) 213 Στράτωνος Μελεάγρου, Σπ Λεωνίδου,
Syll. E et S s.a.n.   2 ἀκίδας Page: -δες PlSyll., ἀλόδες Σπ   3 τί
δὲ Σπ: τί γὰρ Pl, τί τὸ Syll.

CXXXII

δεξιτερὴν Ἀίδαο θεοῦ χέρα καὶ τὰ κελαινά
ὄμνυμεν ἀρρήτου δέμνια Περσεφόνης,
παρθένοι ὡς ἔτυμον καὶ ὑπὸ χθονί· πολλὰ δ' ὁ πικρός
αἰσχρὰ καθ' ἡμετέρης ἔβλυσε παρθενίης
Ἀρχίλοχος· ἐπέων δὲ καλὴν φάτιν οὐκ ἐπὶ καλά   4790
ἔργα, γυναικεῖον δ' ἔτραπεν ἐς πόλεμον.
Πιερίδες, τί κόρησιν ἐφ' ὑβριστῆρας ἰάμβους
ἐτράπετ', οὐχ ὁσίῳ φωτὶ χαριζόμεναι;

PHILODEMUS

I

τὸν σιγῶντα, Φιλαινί, συνίστορα τῶν ἀλαλήτων
λύχνον ἐλαιηρῆς ἐκμεθύσασα δρόσου
ἔξιθι, μαρτυρίην γὰρ Ἔρως μόνος οὐκ ἐφίλησεν   4795
ἔμπνουν· καὶ πτυκτὴν κλεῖε, Φιλαινί, θύρην.
καὶ σύ, φίλη Ξανθώ, με — σὺ δ', ὦ φιλεράστρια κοίτη,
ἤδη τῆς Παφίης ἴσθι τὰ λειπόμενα.

II

ἑξήκοντα τελεῖ Χαριτὼ λυκαβαντίδας ὥρας,   4800
ἀλλ' ἔτι κυανέων σύρμα μένει πλοκάμων,

CXXXII A.P. 7. 352 [C] ἀδέσποτον, οἱ δέ φασι Μελεάγρου αὐτὸ εἶναι,
Pl^A ἀδέσποτον   2 Φερσ- Pl   4 ἔφλυσε Pl   5 καλὴν
PPl^pc: κακὴν CPl^ac   6 δ' CPl: om. P   7 τί CPl: τὲ P
ὑβριστῆρας ἰάμβους CPl: υβριστῆρσι ἄμβους P   Meleagro abiudi-
candum

PHILODEMUS I A.P. 5. 4 Φιλοδήμου, Pl^A τοῦ αὐτοῦ [sc. Φιλοδ.]   4 πτυκτὴν
Jacobs: πυκτὴν P, τυκτὴν Pl   θύραν Pl   5–6 om. Pl   5 φίλη P:
φίλει C   Ξανθώ με C: Ξανθῶι ?P   φιλεράστρια κοίτη I. G. Schneider:
-τρι' ἄκοιτις C, -τρια κοίτης P
II A.P. 5. 13 Φιλοδήμου, Pl^A τοῦ αὐτοῦ [sc. Φιλοδ.]; Sud. s.vv.
κωνοειδές [3–4 ἔστ.], λύγδινα [3–4]   1 Χαριτὼ CPl: -τι P, -τη C^sscr
λυκάβαντος ἐς ὥρας Pl

κἢν στέρνοις ἔτι κεῖνα τὰ λύγδινα κώνια μαστῶν
ἔστηκεν μίτρης γυμνὰ περιδρομάδος,
5 καὶ χρὼς ἀρρυτίδωτος ἔτ' ἀμβροσίην, ἔτι πειθώ
πᾶσαν, ἔτι στάζει μυριάδας Χαρίτων.   4805
ἀλλὰ πόθους ὀργῶντας ὅσοι μὴ φεύγετ', ἐρασταί,
δεῦρ' ἴτε τῆς ἐτέων ληθόμενοι δεκάδος.

III

ὁσσάκι Κυδίλλης ὑποκόλπιος, εἴτε κατ' ἦμαρ
εἴτ' ἀποτολμήσας ἤλυθον ἑσπέριος,
οἶδ' ὅτι πὰρ κρημνὸν τέμνω πόρον, οἶδ' ὅτι ῥιπτῶ   4810
πάντα κύβον κεφαλῆς αἰὲν ὕπερθεν ἐμῆς.
5 ἀλλὰ τί μοι πλέον ἐστί; σὺ γὰρ θρασύς, ἠδ' ὅταν ἕλκῃς
πάντοτ', Ἔρως, ἀρχὴν οὐδ' ὄναρ οἶδα φόβου.

IV

— χαῖρε σύ. — καὶ σύ γε χαῖρε. — τί δεῖ σε καλεῖν; — σὲ δέ;
— μήπω
τοῦτο φιλοσπούδει. — μηδὲ σύ. — μή τιν' ἔχεις;   4815
— αἰεὶ τὸν φιλέοντα. — θέλεις ἅμα σήμερον ἡμῖν
δειπνεῖν; — εἰ σὺ θέλεις. — εὖ γε· πόσου παρέσῃ;
5 — μηδέν μοι προδίδου. — τοῦτο ξένον. — ἀλλ' ὅσον ἄν σοι
κοιμηθέντι δοκῇ, τοῦτο δός. — οὐκ ἀδικεῖς.
ποῦ γίνῃ; πέμψω. — καταμάνθανε. — πηνίκα δ' ἥξεις;   4820
— ἣν σὺ θέλεις ὤρην. — εὐθὺ θέλω. — πρόαγε.

3–4 om. Pl   3 κἢν Sud. edd. vett.: κ' ἐν PSud.   4 μίτρης
Sud.: μήτ- P   5 ἀμβροσίην edd. vett.: -ίη P   6 πᾶσαν P:
πᾶσιν C, πάσας Pl   ἔτι στάζει PPl: ἀποστάζει Cʸʳ   7–8 om. Pl
7 φεύγετ' Salmasius: φλέγετ' P
III. A.P. 5. 25, Plᴬ [PPl] τοῦ αὐτοῦ [sc. Φιλοδ.]; Sud. s.v. κύβος [3
οἶδ'—4]   3 πὰρ Pl: παρὰ P   5 σὺ γὰρ Page: γὰρ P, γὰρ οὖν Pl
ἕλκῃς Page: -κῃ PPl   6 οἶδα Boissonade: -δε PPl
IV A.P. 5. 46 (caret Pl) Φιλοδήμου   2 φιλοσπούδει Kaibel: -δος
P   μηδὲ Dübner: μήτε P   3 αἰεὶ C: ἀεὶ P

292

V

"γινώσκω, χαρίεσσα, φιλεῖν πάλι τὸν φιλέοντα
καὶ πάλι γινώσκω τόν με δακόντα δακεῖν·
μὴ λύπει με λίην στέργοντά σε, μηδ' ἐρεθίζειν
τὰς βαρυοργήτους σοὶ θέλε Πιερίδας."   4825

5   τοῦτ' ἐβόων αἰεὶ καὶ προύλεγον, ἀλλ' ἴσα πόντῳ
Ἰονίῳ μύθων ἔκλυες ἡμετέρων.
τοιγὰρ νῦν σὺ μὲν ὧδε μέγα κλαίουσα βαΰζοις,
ἡμεῖς δ' ἐν κόλποις ἤμεθα Ναϊάδος.

VI

ἠράσθην Δημοῦς Παφίης γένος· οὐ μέγα θαῦμα·   4830
καὶ Σαμίης Δημοῦς δεύτερον· οὐχὶ μέγα·
καὶ πάλι Νυσιακῆς Δημοῦς τρίτον· οὐκέτι ταῦτα
παίγνια· καὶ Δημοῦς τέτρατον Ἀργολίδος.

5   αὐταί που Μοῖραί με κατωνόμασαν Φιλόδημον,
ὡς αἰεὶ Δημοῦς θερμὸς ἔχοι με πόθος.   4835

VII

καὶ νυκτὸς μεσάτης τὸν ἐμὸν κλέψασα σύνευνον   4836
ἦλθον καὶ πυκινῇ τεγγομένη ψακάδι·
τοὔνεκ' ἐν ἀπρήκτοισι καθήμεθα, κοὐχὶ λαλεῦντες
εὕδομεν ὡς εὕδειν τοῖς φιλέουσι θέμις;

V A.P. 5. 107 Φιλοδήμου, Pl^A ἄδηλον   1 γιν– P: γιγν– Pl   πάλι
Scaliger: πάνυ PPl   2 γιν– P: γιγν– Pl   3 ἐρέθιζε Pl   4 σοὶ
P: μὴ Pl   5 τοῦτ' P: ταῦτ' Pl   7 βαΰζεις Pl   8 ἤμεθα
Pl: ἡμέραι P, ἡμέρα C   Ναϊάδος C: Νηϊάδος Pl, ἀϊάδος P
VI A.P. 5. 115 Φιλοδήμου, Pl^A τοῦ αὐτοῦ [sc. Φιλοδ.]   1 Δημοῦς
CPl: Δημούσης ?P   3 πάλι Νυσιακῆς C: πάλι Ν**ιακῆς P, πάλιν
Ἀσιακῆς Pl   6 ἔχει Pl
VII A.P. 5. 120 (caret Pl) Φιλοδήμου

VIII

μικκὴ καὶ μελανεῦσα Φιλαίνιον, ἀλλὰ σελίνων   4840
οὐλοτέρη καὶ μνοῦ χρῶτα τερεινοτέρη
καὶ κεστοῦ φωνεῦσα μαγώτερα καὶ παρέχουσα
πάντα καὶ αἰτῆσαι πολλάκι φειδομένη.
5 τοιαύτην στέργοιμι Φιλαίνιον, ἄχρις ἂν εὕρω
ἄλλην, ὦ χρυσέη Κύπρι, τελειοτέρην.   4845

IX

νυκτερινὴ δίκερως φιλοπάννυχε φαῖνε, Σελήνη,
φαῖνε δι᾿ εὐτρήτων βαλλομένη θυρίδων·
αὔγαζε χρυσέην Καλλίστιον. ἐς τὰ φιλεύντων
ἔργα κατοπτεύειν οὐ φθόνος ἀθανάτῃ.
5 ὀλβίζεις καὶ τήνδε καὶ ἡμέας, οἶδα, Σελήνη·   4850
καὶ γὰρ σὴν ψυχὴν ἔφλεγεν Ἐνδυμίων.

X

οὔπω σοι καλύκων γυμνὸν θέρος, οὐδὲ μελαίνει
βότρυς ὁ παρθενίους πρωτοβολῶν χάριτας,
ἀλλ᾿ ἤδη θοὰ τόξα νέοι θήγουσιν Ἔρωτες,
Λυσιδίκη, καὶ πῦρ τύφεται ἐγκρύφιον.   4855
5 φεύγωμεν, δυσέρωτες, ἕως βέλος οὐκ ἐπὶ νευρῇ·
μάντις ἐγὼ μεγάλης αὐτίκα πυρκαϊῆς.

XI

ψαλμὸς καὶ λαλιὴ καὶ κωτίλον ὄμμα καὶ ᾠδή
Ξανθίππης καὶ πῦρ ἄρτι καταρχόμενον,

VIII A.P. 5. 121, Pl^A [PPl] τοῦ αὐτοῦ [sc. Φιλοδήμου]; Sud. s.vv.
μαγώτερα [1 ἀλλὰ—3 μαγ.], μνοῦς [2 καὶ—τερ.], κεστός [3 καὶ—μαγ.]
1 Φιλαίνιον Pl: -λέννιον P   2 μνοῦ PSud.: ἀμνοῦ Pl
IX A.P. 5. 123 (caret Pl) Φιλοδήμου   4 φθόνος C: φόβος P
X A.P. 5. 124, Pl^A [PPl] τοῦ αὐτοῦ [sc. Φιλοδ.]   3 θήγουσιν CPl:
-σαι ?P   6 μεγάλης P: πολλῆς Pl
XI A.P. 5. 131 Φιλοδήμου, Pl^A τοῦ αὐτοῦ [sc. Φιλοδ.]   1 λαλιῆι P

ὦ ψυχή, φλέξει σε· τὸ δ' ἐκ τίνος ἢ πότε καὶ πῶς   4860
οὐκ οἶδα· γνώσῃ, δύσμορε, τυφομένη.

XII

ὦ ποδός, ὦ κνήμης, ὦ τῶν ἀπόλωλα δικαίως
μηρῶν, ὦ γλουτῶν, ὦ κτενός, ὦ λαγόνων,
ὦ ὤμοιν, ὦ μαστῶν, ὦ τοῦ ῥαδινοῖο τραχήλου,
ὦ χειρῶν, ὦ τῶν μαίνομαι ὀμματίων,   4865
5   ὦ κατατεχνοτάτου κινήματος, ὦ περιάλλων
γλωττισμῶν, ὦ τῶν θύέ με φωναρίων·
εἰ δ' Ὀπικὴ καὶ Φλῶρα καὶ οὐκ ᾄδουσα τὰ Σαπφοῦς,
καὶ Περσεὺς Ἰνδῆς ἠράσατ' Ἀνδρομέδης.

XIII

δακρύεις, ἐλεεινὰ λαλεῖς, περίεργα θεωρεῖς,   4870
ζηλοτυπεῖς, ἅπτῃ πολλάκι, πυκνὰ φιλεῖς·
ταῦτα μέν ἐστιν ἐρῶντος. ὅταν δ' εἴπω "παράκειμαι"
†καὶ σὺ μένεις† ἁπλῶς οὐδὲν ἐρῶντος ἔχεις.

XIV

Ξανθὼ κηρόπλαστε μυρόχροε μουσοπρόσωπε,
εὔλαλε, διπτερύγων καλὸν ἄγαλμα Πόθων,   4875
ψηλόν μοι χερσὶν δροσιναῖς μύρον· ἐν μονοκλίνῳ
δεῖ με λιθοδμήτῳ, δεῖ ποτε πετριδίῳ
5   εὕδειν ἀθανάτως πουλὺν χρόνον. ᾆδε πάλιν μοι,
Ξανθάριον, ναὶ ναὶ τὸ γλυκὺ τοῦτο μέλος.

XII A.P. 5. 132, Pl^A [PPl] τοῦ αὐτοῦ [sc. Φιλοδ.]; Sud. s.v. ῥαδινή
[1 ὦ ποδ.—κνήμ.+ 3ὦ τοῦ—τραχ.]   3 ὦ ὤμοιν Jacobs: ὤμοιν P,
ὦ ὠμῶν Pl   5 κακοτεχν- Pl   6 θύέ με: θύέμε P, κλῶμαι Pl
XIII A.P. 5. 306, Pl^A [PPl] Φιλοδήμου   4 μένεις P: μένῃς Pl;
καὶ σύ μ' ἔχεις (ἔχῃς Schmidt) Meineke, καὶ τί μένεις; Stadtmueller
οὐδὲν ἐρῶντος ἔχεις CPl: ἐρῶντος οὐδὲν ἔχεις P
XIV A.P. 9. 570 (caret Pl) Φιλοδήμου   1 Ξανθὼ κηρ- Huschke:
ξανθοκηρ- P   3 ψηλόν P^pc: ψιλον P^ac   χερσὶ P   4 δή ποτε
Huschke   post 6 adicit nescioquis distichon ridiculum οὐκ ἀίεις,
ἄνθρωφ' ὁ τοκογλύφος; ἐν μονοκλίνῳ | δεῖ σε βιοῦν ἀεί, δύσμορε, πετριδίῳ

XV

Κύπρι γαληναίη φιλονύμφιε, Κύπρι δικαίων   4880
  σύμμαχε, Κύπρι Πόθων μῆτερ ἀελλοπόδων,
Κύπρι, τὸν ἡμίσπαστον ἀπὸ κροκέων ἐμὲ παστῶν,
  τὸν χιόσι ψυχὴν Κελτίσι νιφόμενον,
Κύπρι, τὸν ἡσύχιόν με, τὸν οὐδενὶ κοῦφα λαλεῦντα,   5
  τὸν σέο πορφυρίῳ κλυζόμενον πελάγει,   4885
Κύπρι φιλορμίστειρα φιλόργιε, σῷζέ με, Κύπρι,
  Ναϊακοὺς ἤδη, δεσπότι, πρὸς λιμένας.

XVI

Δημὼ με κτείνει καὶ Θέρμιον, ἡ μὲν ἑταίρη
  †Δημὼ ἥ† δ' οὔπω Κύπριν ἐπισταμένη·
καὶ τῆς μὲν ψαύω, τῆς δ' οὐ θέμις. οὐ μὰ σέ, Κύπρι,   4890
  οὐκ οἶδ' ἢν εἰπεῖν δεῖ με ποθεινοτέρην.
Δημάριον λέξω τὴν παρθένον· οὐ γὰρ ἔτοιμα   5
  βούλομαι, ἀλλὰ ποθῶ πᾶν τὸ φυλασσόμενον.

XVII

ἑπτὰ τριηκόντεσσιν ἐπέρχονται λυκάβαντες,
  ἤδη μοι βιότου σχιζόμεναι σελίδες·   4895
ἤδη καὶ λευκαί με κατασπείρουσιν ἔθειραι,
  Ξανθίππη, συνετῆς ἄγγελοι ἡλικίης·
ἀλλ' ἔτι μοι ψαλμός τε λάλος κῶμοί τε μέλονται   5
  καὶ πῦρ ἀπλήστῳ τύφεται ἐν κραδίῃ·
αὐτὴν ἀλλὰ τάχιστα κορωνίδα γράψατε, Μοῦσαι,   4900
  ταύτην ἡμετέρης, δεσποτίδες, μανίης.

XV   A.P. 10. 21, Pl^A [PPl] Φιλοδήμου   1 δικαίοις Pl   3 κρο-
καίων P   4 νειφ- PPl   5 οὐδὲν Pl   κοῦφα Brunck : κωφὰ PPl
8 Ναϊακοὺς Jacobs : Ναϊκακοὺς P, Ῥωμαϊκοὺς Pl   δεσπότη P
XVI   A.P. 12. 173 (caret Pl), App.B.-V. 11 [PApp.]   Φιλοδήμου
2 fort. ἡ Δημὼ δ' vcl ⟨Θέρμιον,⟩ ἥ δ', deleto Δημὼ   5–6 om. App.
XVII   A.P. 11. 41 Φιλοδήμου, Pl^B s.a.n.   2 βιότου Pl : βρότου P
3 om. Pl   4 Ξανθίππης Pl   6 τύφεται ἐν Jacobs : τύφετ' ἐν
P, τύφετ' ἐνὶ Pl   7–8 om. Pl

XVIII

ἠράσθην, τίς δ' οὐχί; κεκώμακα, τίς δ' ἀμύητος
κώμων; ἀλλ' ἐμάνην· ἐκ τίνος; οὐχὶ θεοῦ;
ἐρρίφθω, πολιὴ γὰρ ἐπείγεται ἀντὶ μελαίνης
θρὶξ ἤδη, συνετῆς ἄγγελος ἡλικίης.　　　　　4905
5　καὶ παίζειν ὅτε καιρός, ἐπαίξαμεν· ἡνίκα καὶ νῦν
οὐκέτι, λωϊτέρης φροντίδος ἀψόμεθα.

XIX

Ἰνοῦς ὦ Μελικέρτα σύ τε γλαυκοῦ μεδέουσα
Λευκοθέη πόντου δαῖμον ἀλεξίκακε
Νηρήδων τε χοροὶ καὶ κύματα καὶ σύ, Πόσειδον,　4910
καὶ Θρήϊξ ἀνέμων πρηΰτατε Ζέφυρε,
5　ἵλαοί με φέροιτε διὰ πλατὺ κῦμα φυγόντα
σῶον ἐπὶ γλυκερὴν ἠόνα Πειραέως.

XX

ἤδη καὶ ῥόδον ἐστὶ καὶ ἀκμάζων ἐρέβινθος
καὶ καυλοὶ κράμβης, Σώσυλε, πρωτότομοι　　　4915
καὶ μαίνη †ζαλαγεῦσα† καὶ ἀρτιπαγὴς ἁλίτυρος
καὶ θριδάκων οὔλων ἁβροφυῆ πέταλα·
5　ἡμεῖς δ' οὔτ' ἀκτῆς ἐπιβαίνομεν οὔτ' ἐν ἀπόψει
γινόμεθ' ὡς αἰεί, Σώσυλε, τὸ πρότερον·
καὶ μὴν Ἀντιγένης καὶ Βάκχιος ἐχθὲς ἔπαιζον,　4920
νῦν δ' αὐτοὺς θάψαι σήμερον ἐκφέρομεν.

XVIII   A.P. 5. 112 Φιλοδήμου, Pl^Α τοῦ αὐτοῦ [sc. Φιλοδ.]   1 κεκώ-
μακε Pl   2 θεοῦ Pl: θῦ P   3 πολιὴ C: πολιῆι P, πολλὴ Pl
6 λωοτέρης Pl
   XIX   A.P. 6. 349 (caret Pl) Φιλοδήμου   1 γλαυκοῦ Reiske: -κὴ
P   6 γλυκερὴν Kaibel (-ρὰν iam Dorville): γλυκὺν P   ἠιόνα
Πειραέως C: ἶον ἀπειραεος P
   XX   A.P. 9. 412, Pl^Α [PPl] Φιλοδήμου   2 καυλοῖο P   πρωτότομοι
Page: -τόμου PPl   3 ἁλίτυρος P^acPl: ἁλὶ τυρός P^pc   4 ἁβροφυῆ
Scaliger: ἀφρο- PPl   6 γιν- P: γιγν- Pl

XXI

λευκοΐνους πάλι δὴ καὶ ψάλματα καὶ πάλι Χίους
οἴνους καὶ πάλι δὴ σμύρναν ἔχειν Συρίην
καὶ πάλι κωμάζειν καὶ ἔχειν πάλι διψάδα πόρνην
οὐκ ἐθέλω· μισῶ ταῦτα τὰ πρὸς μανίην.
ἀλλά με ναρκίσσοις ἀναδήσατε καὶ πλαγιαύλων
γεύσατε καὶ κροκίνοις χρίσατε γυῖα μύροις
καὶ Μιτυληναίῳ τὸν πνεύμονα τέγξατε Βάκχῳ
καὶ συζεύξατέ μοι φωλάδα παρθενικήν.

4925

XXII

κράμβην Ἀρτεμίδωρος, Ἀρίσταρχος δὲ τάριχον,
βολβίσκους δ᾽ ἡμῖν δῶκεν Ἀθηναγόρας,
ἡπάτιον Φιλόδημος, Ἀπολλοφάνης δὲ δύο μνᾶς
χοιρείου, καὶ τρεῖς ἦσαν ἀπ᾽ ἐχθὲς ἔτι·
Χῖον καὶ στεφάνους καὶ σάμβαλα καὶ μύρον ἡμῖν
λάμβανε, παῖ· δεκάτης εὐθὺ θέλω παράγειν.

4930

4935

XXIII

αὔριον εἰς λιτήν σε καλιάδα, φίλτατε Πείσων,
ἐξ ἐνάτης ἕλκει μουσοφιλὴς ἕταρος,
εἰκάδα δειπνίζων ἐνιαύσιον· εἰ δ᾽ ἀπολείψεις
οὔθατα καὶ Βρομίου Χιογενῆ πρόποσιν,
ἀλλ᾽ ἑτάρους ὄψει παναληθέας, ἀλλ᾽ ἐπακούσῃ
Φαιήκων γαίης πουλὺ μελιχρότερα.
ἢν δέ ποτε στρέψῃς καὶ ἐς ἡμέας ὄμματα, Πείσων,
ἄξομεν ἐκ λιτῆς εἰκάδα πιοτέρην.

4940

XXI A.P. 11. 34 (caret Pl) Φιλοδήμου   1 et 2 δὴ apogr.:
δεῖ P   3 ἔχειν Brunck: -ει P
XXII A.P. 11. 35 (caret Pl) τοῦ αὐτοῦ [sc. Φιλοδ.]   5 Χῖον
Page: ωιὸν P   στεφάνους Brunck: -νος P   6 παῖ Meineke: καὶ P
XXIII A.P. 11. 44 (caret Pl) Φιλοδήμου   2 ἕταρος Salmasius:
-ρις P   3 ἀπολείψεις Brunck: -ψῃς P

XXIV

τὴν πρότερον †θυμέλην† μήτ' ἔμβλεπε μήτε παρέλθῃς·
νῦν ἄπαγε, δραχμῆς †εἰς κολοκορδόκολα†.   4945
καὶ σῦκον δραχμῆς ἓν γίνεται· ἦν δ' ἀναμείνῃς,
χίλια. τοῖς πτωχοῖς ὁ χρόνος ἐστὶ θεός.

XXV

πέντε δίδωσιν ἑνὸς τῇ δεῖνα ὁ δεῖνα τάλαντα
καὶ βινεῖ φρίσσων καὶ μὰ τὸν οὐδὲ καλήν·
πέντε δ' ἐγὼ δραχμὰς τῶν δώδεκα Λυσιανάσσῃ,   4950
καὶ βινῶ πρὸς τῷ κρείσσονα καὶ φανερῶς.
5 πάντως ἤτοι ἐγὼ φρένας οὐκ ἔχω ἢ τό γε λοιπόν
τοὺς κείνου πελέκει δεῖ διδύμους ἀφελεῖν.

XXVI

ἐνθάδε τῆς τρυφερῆς μαλακὸν ῥέθος, ἐνθάδε κεῖται
Τρυγόνιον σαβακῶν ἄνθεμα σαλμακίδων,   4955
ᾗ καλύβη καὶ δοῦμος ἐνέπρεπεν, ᾗ φιλοπαίγμων
στωμυλίη, μήτηρ ἦν ἐφίλησε θεῶν,
5 ἡ μούνη στέρξασα τὰ Κύπριδος ἡμιγυναίκων
ὄργια καὶ φίλτρων Λαΐδος ἁψαμένη.
φῦε κατὰ στήλης, ἱερὴ κόνι, τῇ φιλοβάκχῳ   4960
μὴ βάτον ἀλλ' ἀπαλὰς λευκοΐων κάλυκας.

XXIV A.P. 10. 103 Φιλοδήμου, Pl^A s.a.n.   2 ἔσθ' ('ede') ὅλα
χορδόκολα Jacobs   3 ἓν γίνεται Scaliger: ἐγγίν- P, ἐγγίγν- Pl
XXV A.P. 5. 126 (caret Pl) Φιλοδήμου   3 δραχμὰς Reiske:
δραγμᾶς P   Λυσιανάσσῃ Reiske: τῆι Λυσ. P
XXVI A.P. 7. 222, Pl^A [CPl] Φιλοδήμου; Sud. s.vv. ῥέθος [1-2
Τρυγ.], σαβακῶν [2]   5 ἡμιγυναίκων Paton: ἀμφὶ γυναικῶν PPl;
ἀντιγυναίκων Page, ἀμφιγυνν- Luck   6 ἁψαμένη CPl: -να P   8 λευ-
κοΐων CPl: -όϊον P

XXVII

ὁ πρὶν ἐγὼ καὶ πέντε καὶ ἐννέα, νῦν, Ἀφροδίτη,
ἐν μόλις ἐκ πρώτης νυκτὸς ἐς ἠέλιον.
οἴμοι καὶ τοῦτ' αὐτὸ κατὰ βραχύ, πολλάκι δ' ἤδη
ἡμιθαλές, θνήσκει· τοῦτο τὸ Τερμέριον.   4965
5 ὦ γῆρας γῆρας, τί ποθ' ὕστερον ἦν ἀφίκηαι
ποιήσεις, ὅτε νῦν ὧδε μαραινόμεθα;

XXVIII

Ἀντικράτης ᾔδει τὰ σφαιρικὰ μᾶλλον Ἀράτου
πολλῷ, τὴν ἰδίην δ' οὐκ ἐνόει γένεσιν·
διστάζειν γὰρ ἔφη πότερ' ἐν Κριῷ γεγένηται   4970
ἢ Διδύμοις ἢ τοῖς Ἰχθύσιν ἀμφοτέροις.
5 εὕρηται δὲ σαφῶς ἐν τοῖς τρισί· καὶ γὰρ ὀχευτής
καὶ μῶρος μαλακός τ' ἐστὶ καὶ ὀψοφάγος.

XXIX

τρισσοὺς ἀθανάτους χωρεῖ λίθος· ἁ κεφαλὰ γάρ
μανύει τρανῶς Πᾶνα τὸν αἰγόκερων,
στέρνα δὲ καὶ νηδὺς Ἡρακλέα, λοιπὰ δὲ μηρῶν   4975
καὶ κνήμας Ἑρμῆς ὁ πτερόπους ἔλαχεν.
5 θύειν ἀρνήσῃ, ξένε, μηκέτι· τοῦ γὰρ ἑνός σοι
θύματος οἱ τρισσοὶ δαίμονες ἁπτόμεθα.

XXVII A.P. 11. 30 (caret Pl) Φιλοδήμου   3 τοῦτ' αὐτὸ
Jacobs: τοῦτο P   4 ἡμιθαλές Page: -θανὲς P   Τερμέριον Pauw:
-μόριον P

XXVIII A.P. 11. 318 Φιλοδήμου, Pl^B s.a.n.   2 τὴν δ' ἰδίην
οὐκ Pl   6 μαλακῶς ἐστι P

XXIX A. Plan. (Pl^A) 234 Φιλοδήμου   4 κνήμας Page: -μης
Pl   fort. Ἑρμᾶς

CRINAGORAS

I

κἢν ῥίψῃς ἐπὶ λαιὰ καὶ ἢν ἐπὶ δεξιὰ ῥίψῃς,
    Κριναγόρη, κενεοῦ σαυτὸν ὕπερθε λέχους,
εἰ μή σοι χαρίεσσα παρακλίνοιτο Γέμελλα,
    γνώσῃ κοιμηθεὶς οὐχ ὕπνον ἀλλὰ κόπον.

4980

II

τὸν σκοπὸν Εὐβοίης ἁλικύμονος ἦσεν Ἀριστώ
    Ναύπλιον, ἐκ μολπῆς δ' ὁ θρασὺς ἐφλεγόμην.
ὁ ψεύστης δ' ὑπὸ νύκτα Καφηρείης ἀπὸ πέτρης
    πυρσὸς ἐμὴν μετέβη δυσμόρου ἐς κραδίην.

4985

III

ἀργύρεόν σοι τόνδε γενέθλιον ἐς τεὸν ἦμαρ,
    Πρόκλε, νεόσμηκτον δουρατίην κάλαμον,
εὖ μὲν ἐυσχίστοισι διάγλυπτον κεράεσσιν,
    εὖ δὲ ταχυνομένην εὔροον εἰς σελίδα,
5 πέμπει Κριναγόρης, ὀλίγην δόσιν ἀλλ' ἀπὸ θυμοῦ
    πλείονος, ἀρτιδαεῖ σύμπονον εὐμαθίῃ.

4990

IV

αἰετοῦ ἀγκυλοχείλου ἀκρόπτερον ὀξὺ σιδήρῳ
    γλυφθὲν καὶ βαπτῇ πορφύρεον κυάνῳ,

4995

CRINAGORAS I A.P. 5. 119, Pl^A [PPl] Κριναγόρου   2 λέχευς
Rubensohn   3 Γέμιλλα Pl
    II A.P. 9. 429 (caret Pl) Κριναγόρου   1 Ἀριστώ Salmasius:
-τωι P   3 ὑπό Salmasius: ὑπὲρ P Καφ- Brunck: Ταφ- P   4 δυσ-
μόρου P^ac ut vid.: -ρος P^pc
    III A.P. 6. 227 (caret Pl) Κριναγόρου Μυτιληναίου; Sud. s.v. ἀρτι-
δαεῖ [1 +πέμπω ἀρτιδ. σ. ἑ.]   5 πέμπω Sud.   6 ἀρτιδαεῖ
Sud.: -δαῇ P σύμπονον apogr.: σύμπνοον PSud. ἐργασίη Sud.
    IV A.P. 6. 229 (caret Pl) Κριναγόρου   1 ἀγκυλοχείλου Sal-
masius: -λος P

ἤν τι λάθῃ μίμνον μεταδόρπιον ἐγγὺς ὀδόντων,
κινῆσαι πρηεῖ κέντρῳ ἐπιστάμενον,
5 βαιὸν ἀπ' οὐκ ὀλίγης πέμπει φρενός, οἷα δὲ δαιτός
δῶρον ὁ πᾶς ἐπὶ σοί, Λεύκιε, Κριναγόρης.

V

χάλκεον ἀργυρέῳ με πανείκελον Ἰνδικὸν ἔργον,   5000
ὄλπην, ἡδίστου ξείνιον εἰς ἑτάρου,
ἦμαρ ἐπεὶ τόδε σεῖο γενέθλιον, υἱὲ Σίμωνος,
πέμπει γηθομένη σὺν φρενὶ Κριναγόρης.

VI

εἴαρος ἄνθει μὲν τὸ πρὶν ῥόδα, νῦν δ' ἐνὶ μέσσῳ
χείματι πορφυρέας ἐσχάσαμεν κάλυκας   5005
σῇ ἐπιμειδήσαντα γενεθλίῃ ἄσμενα τῇδε
ἠοῖ νυμφιδίων ἀσσοτάτῃ λεχέων.
5 καλλίστης στεφθῆναι ἐπὶ κροτάφοισι γυναικός
λώιον ἢ μίμνειν ἠρινὸν ἠέλιον.

VII

βύβλων ἡ γλυκερὴ λυρικῶν ἐν τεύχεϊ τῷδε   5010
πεντὰς ἀμιμήτων ἔργα φέρει χαρίτων
†Ἀνακρείοντος, ἃς ὁ Τήιος ἡδὺς πρέσβυς†
ἔγραψεν ἢ παρ' οἶνον ἢ σὺν Ἱμέροις.

4 ἐκκνῆσαι Valckenaer   5 φρενὸς C: -νας P   δαιτός Salmasius:
δαπὸς P   6 ὁ πᾶς Hecker: ὅπασσ' P
    V A.P. 6. 261 (caret Pl) Κριναγόρου; Sud. s.v. ὄλπη [1–3 γεν.]
1 Ἰνδικὸν CSud.: εἰδικὸν P   2 ὄλπιν Sud.
    VI A.P. 6. 345 (caret Pl) Κριναγόρου   1 ἠνθέομεν West
3 γενεθλίῃ Reiske: -λῃ P   5 καλλίστης Reiske: -τῃ P   ὀφθῆναι
apogr.
    VII A.P. 9. 239 (caret Pl) Κριναγόρου   3–4 ἢ σὺν Ἱμέροις add.
C: caret P; fort. Ἀνακρέοντος, ἃς ὁ Τήιος ⟨‿⏑⟩ | ἔγραψεν κτλ.

5   δῶρον δ᾽ εἰς ἱερὴν Ἀντωνίῃ ἥκομεν ἠῶ

     κάλλευς καὶ πραπίδων ἔξοχ᾽ ἐνεγκαμένῃ.   5015

VIII

  λαμπάδα, τὴν κούροις ἱερὴν ἔριν, ὠκὺς ἐνέγκας   5016

   οἷα Προμηθείης μνῆμα πυρικλοπίης

  νίκης κλεινὸν ἄεθλον ἔτ᾽ ἐκ χερὸς ἔμπυρον Ἑρμῇ

   θῆκεν ὁμωνυμίῃ παῖς πατρὸς Ἀντιφάνης.

IX

  ἠοῖ ἐπ᾽ εὐκταίῃ τάδε ῥέζομεν ἱρὰ τελείῳ   5020

   Ζηνὶ καὶ ὠδίνων μειλίχῳ Ἀρτέμιδι·

  τοῖσι γὰρ οὑμὸς ὅμαιμος ἔτ᾽ ἄχνοος εὔξατο θήσειν

   τὸ πρῶτον γενύων ἠϊθέοισιν ἔαρ.

5 δαίμονες ἀλλὰ δέχοισθε, καὶ αὐτίκα τῶνδ᾽ ἀπ᾽ ἰούλων

   Εὐκλείδην πολιῆς ἄχρις ἄγοιτε τριχός.   5025

X

  ἑσπερίου Μάρκελλος ἀνερχόμενος πολέμοιο   5026

   σκυλοφόρος κραναῆς τέλσα πάρ᾽ Ἰταλίης

  ξανθὴν πρῶτον ἔκειρε γενειάδα. βούλετο πατρίς

   οὕτως καὶ πέμψαι παῖδα καὶ ἄνδρα λαβεῖν.

5 Ἀντωνίῃ P   6 ἐνεγκαμένῃ Dorville: -νην P; ἐνεικ- Rubensohn
'Antonia' prob. = Antonia minor, Antoni Octaviaeque filia

    VIII A.P. 6. 100 (caret Pl) Κριναγόρου   1 λαμπάδα C: δι-
P ἐνέγκας Ap.B.: ἐναγκάς P; ἐνείκας Rubensohn, ἐνεγκών Hecker
2 πυρικλ- P: πυροκλ- C   3 ἔτ᾽ apogr.: caret P χειρὸς P

    IX A.P. 6. 242 (caret Pl) Κριναγόρου   3 θήσειν C: -σεις P
6 ἄχρι σάοιτε Pierson

    X A.P.[1] 6. 161, denuoque[2] post 6. 344, Pl[A] [P[1,2] Pl] Κριναγόρου:
Sud. s.v. σκῦλα [1-2]   2 τέλσα P[2]: τέρμα P[1]PlSud.   'Mar-
cellus' = M. Claudius Marcellus, Gaii Claud. Marcelli Octaviaeque
filius

303

CRINAGORAS

XI

Καλλιμάχου τὸ τορευτὸν ἔπος τόδε· δὴ γὰρ ἐπ' αὐτῷ   5030
ὡνὴρ τοὺς Μουσέων πάντας ἔσεισε κάλως·
ἀείδει δ' Ἑκάλης τε φιλοξείνοιο καλιήν
καὶ Θησεῖ Μαραθὼν οὓς ἐπέθηκε πόνους.
5 τοῦ σοι καὶ νεαρὸν χειρῶν σθένος εἴη ἀρέσθαι,
Μάρκελλε, κλεινοῦ τ' αἶνον ἴσον βιότου.   5035

XII

Ἥρη Ἐληθυιῶν μήτηρ, Ἥρη δὲ τελείη,
καὶ Ζεῦ γινομένοις ξυνὸς ἅπασι πατήρ,
ὠδῖνας νεύσαιτ' Ἀντωνίῃ ἵλαοι ἐλθεῖν
πρηείας μαλακαῖς χερσὶ σὺν Ἠπιόνης,
5 ὄφρα κε γηθήσειε πόσις μήτηρ θ' ἑκυρή τε·   5040
ἢ νηδὺς οἴκων αἷμα φέρει μεγάλων.

XIII

Τυρσηνῆς κελάδημα διαπρύσιον σάλπιγγος
πολλάκι Πισαίων στρηνὲς ὑπὲρ πεδίων
φθεγξαμένης ὁ πρὶν μὲν ἔχει χρόνος ἐν δυσὶ νίκαις·
εἰ δὲ σὺ καὶ τρισσοὺς ἤγαγες εἰς στεφάνους   5045
5 ἀστοὺς Μιλήτου, Δημόσθενες, οὕ ποτε κώδων
χάλκεος ἤχησεν πλειοτέρῳ στόματι.

XI A.P. 9. 545, Pl^A [PPl] Κριναγόρου; schol. Ar. Equ. 753 s.a.n.
[1-2]   2 κάλως edd. vett.: -λους PPl   4 οὓς P: τοὺς Pl
5 νεαρὸν P^pc: -ρῶν P^acPl   'Marcellus' idem est (vid. epigr.
praeced.)
XII A.P. 6. 244 (caret Pl) Κριναγόρου   1 Ἐληθυιῶν Ap.B.:
Εἰληθυῶν P, Εἰλειθυῶν C   τελείη C: τελέσει ?P   2 πατήρ Reiske:
πάτερ P   4 πρηείας C: πρησεί- P   Ἠπιόνης C: -νίης P   5 ἑκυρή
Geist: -ρά P   6 ἢ Sitzler: ἡ P   οἴκων C: -κος ?P   'Antonia'
= Antonia minor; v. 5 πόσις = Nero Claudius Drusus, μήτηρ = Octavia,
ἑκυρή = Livia
XIII A.P. 6. 350 (caret Pl) Κριναγόρου   2 πεδίων C: πεδίον
P   4 εἰς apogr.: εἰ P   5 ἀστοὺς Stadtmueller: -τὸς P
6 ἤχησεν C: ἤχειον ?P

304

XIV

δειλαίη, τί σε πρῶτον ἔπος, τί δὲ δεύτατον εἴπω;
δειλαίη· τοῦτ᾽ ἐν παντὶ κακοῦ ἔτυμον.
οἴχεαι, ὦ χαρίεσσα γύναι, καὶ ἐς εἴδεος ὥρην   5050
ἄκρα καὶ εἰς ψυχῆς ἦθος ἐνεγκαμένη.
5 Πρώτη σοι ὄνομ᾽ ἔσκεν ἐτήτυμον· ἦν γὰρ ἅπαντα
δεύτερ᾽ ἀμιμήτων τῶν ἐπὶ σοὶ χαρίτων.

XV

Γῆ μευ καὶ μήτηρ κικλήσκετο, γῆ με καλύπτει
καὶ νέκυν· οὐ κείνης ἥδε χερειοτέρη.   5055
ἔσσομαι ἐν ταύτῃ δηρὸν χρόνον, ἐκ δέ με μητρός
ἥρπασεν ἠελίου καῦμα τὸ θερμότατον.
5 κεῖμαι δ᾽ ἐν ξείνῃ ὑπὸ χερμάδι μακρὰ γοηθείς
Ἴναχος εὐπειθὴς Κριναγόρου θεράπων. .

XVI

δείλαιοι, τί κεναῖσιν ἀλώμεθα θαρσήσαντες   5060
ἐλπίσιν ἀτηροῦ ληθόμενοι θανάτου;
ἦν ὅδε καὶ μύθοισι καὶ ἤθεσι πάντα Σέλευκος
ἄρτιος, ἀλλ᾽ ἥβης βαιὸν ἐπαυρόμενος
5 ὑστατίοις ἐν Ἴβηρσι τόσον δίχα τηλόθι Λέσβου
κεῖται ἀμετρήτων ξεῖνος ἐπ᾽ αἰγιαλῶν.   5065

XVII

ἠρνήσαντο καὶ ἄλλαι ἑὸν πάρος οὔνομα νῆσοι
ἀκλεές, ἐς δ᾽ ἀνδρῶν ἦλθον ὁμωνυμίην·

XIV A.P. 5. 108 (caret Pl) Κριναγόρου   2 κακοῦ Page : -κῶι P
3 γύναι C : νύμφη P   4 ἐνεικαμένη Rubensohn
XV A.P. 7. 371 [C] Κριναγόρου, Pl^B s.a.n.   5 δ᾽ ἐν PPl^{ac} : δὲ
Pl^{pc}   6 Κριναγόρεω Rubensohn
XVI A.P. 7. 376, Pl^B [CPl] Κριναγόρου   2 ἀτηρῶι C   ληθό-
μενοι Salmasius : αἰθ- P, αἰσθ- Pl   θανάτου P : -τωι C, βιότου Pl
XVII A.P. 7. 628, Pl^A [CPl] Κριναγόρου

κληθείητε καὶ ὕμμες Ἐρωτίδες. οὐ νέμεσίς τοι,
Ὀξεῖαι, ταύτην κλῆσιν ἀμειψαμέναις.
5   παιδὶ γάρ, ὃν τύμβῳ Διῆς ὑπεθήκατο βώλου,   5070
οὔνομα καὶ μορφὴν αὐτὸς ἔδωκεν Ἔρως.
ὦ χθὼν σηματόεσσα καὶ ἡ παρὰ θινὶ θάλασσα,
παιδὶ σὺ μὲν κούφη κεῖσο, σὺ δ' ἡσυχίη.

XVIII

καὶ αὐτὴ ἤχλυσεν ἀκρέσπερος ἀντέλλουσα
Μήνη, πένθος ἐὸν νυκτὶ καλυψαμένη,   5075
οὕνεκα τὴν χαρίεσσαν ὁμώνυμον εἶδε Σελήνην
ἄπνουν εἰς ζοφερὸν δυομένην Ἀΐδην·
5   κείνῃ γὰρ καὶ κάλλος ἑοῦ κοινώσατο φωτός,
καὶ θάνατον κείνης μῖξεν ἑῷ κνέφεϊ.

XIX

Ὑμνίδα τὴν Εὐάνδρου, ἐράσμιον αἰὲν ἄθυρμα   5080
οἰκογενές, κούρην αἱμύλον εἰναέτιν,
ἥρπασας, ὦ ἄλλιστ' Ἀΐδη, τί πρόωρον ἐφιείς
μοῖραν τῇ πάντως σεῖό ποτ' ἐσσομένῃ;

XX

ὦ δύστην' ὄλβοιο Φιλόστρατε, ποῦ σοι ἐκεῖνα
σκῆπτρα καὶ αἱ βασιλέων ἄφθονοι εὐτυχίαι   5085

3 ὕμμες Stephanus: ἄμμες PPl   4 Ὀξεῖαι Geist: ὄξει P, ἔξει C, ὄξει
an ἔξει incertum Pl (ubi sequitur spat. vac. litt. ii vel iii)   5 vel
Διῆς   ὑπεθήκατο Grotius: -κατε PPl   7 χθὼν Lascaris: χθὸν PPl
    XVIII A.P. 7. 633 (caret Pl) [C] Κριναγόρου   5 κείνη Ap.G.:
-νη P   celebratur 'Cleopatra-Selene', Antoni Cleopatraeque filia
    XIX A.P. 7. 643, Pl^B [CPl] Κριναγόρου   2 εἰναέτιν Salmasius:
οἰνα- P, ἐννα- Pl   3 ἄλλιστ' P^ac: ἄλιστ' P^pc, ἄλληστ' Pl   4 τῇ...
ἐσσομένῃ Dorville: τὴν ... -μένην PPl; fort. Μοίρᾳ τὴν ... -μένην   σεῖό
ποτ' Pl: σοὶ ποθ' P
    XX A.P. 7. 645, Pl^B [CPl] Κριναγόρου

CRINAGORAS

αἷσιν ἐπηώρησας ἀεὶ βίον ἢ ἐπὶ Νείλῳ
⟨ἢ παρ' Ἰου⟩δαίοις ὢν περίοπτος ὅροις;
ὀθνεῖοι καμάτους τοὺς σοὺς διεμοιρήσαντο,
σὸς δὲ νέκυς ψαφαρῇ κείσετ' ἐν Ὀστρακίνῃ.

XXI

Ὀθρυάδην, Σπάρτης τὸ μέγα κλέος, ἢ Κυνέγειρον   5090
ναυμάχον ἢ πάντων ἔργα κάλει πολέμων·
Ἄρριος αἰχμητὴς Ἰταλὸς παρὰ χεύμασι Νείλου
κλινθεὶς ἐκ πολλῶν ἡμιθανὴς βελέων,
αἰετὸν ἁρπασθέντα φίλου στρατοῦ ὡς ἴδ' ὑπ' ἐχθροῖς,
αὖτις ἀρηϊφάτων ἄνθορεν ἐκ νεκύων,   5095
κτείνας δ' ὅς σφ' ἐκόμιζεν ἑοῖς ἀνεσώσατο ταγοῖς,
μοῦνος ἀήττητον δεξάμενος θάνατον.

XXII

μὴ εἴπῃς θάνατον βιότου ὅρον· εἰσὶ καμοῦσιν
ὡς ζωοῖς ἀρχαὶ συμφορέων ἕτεραι.
ἄθρει Νικιέω Κώου μόρον· ἤδη ἔκειτο   5100
εἰν Ἀΐδῃ, νεκρὸς δ' ἦλθεν ὑπ' ἠέλιον.
ἀστοὶ γὰρ τύμβοιο μετοχλίσσαντες ὀχῆας
εἴρυσαν ἐς ποινὰς τλήμονα δισθανέα.

4 ἢ παρ' Ἰουδαίοις Cichorius: δαίοις, spat. vac. relicto, PPl, κεῖσαι Ἰου-
suppl. man. rec. in P   ὅρρις P   'Philostratus' Antoni Cleopatraeque
familiaris erat
XXI A.P. 7. 741 in duo discerptum, 1–2 [C] Κριναγόρου, 3–8 [C]
ἄδηλον; Plᴮ Κριναγόρου   2 κάλει πολέμων P: καλιπτολέμων Pl 3–4
iterum in marg. inf. scripti in P (= Pᵇ)   3 Ἄρριος Scaliger: Ἄρεος
PPᵇPl Νείλου PPᵇ: 'Ρήνου Cʸᵖ Pl   6 αὖτις Pl: αὖθις P   7 ὅς
Lascaris: ὃ PPl   8 ἀήσσητον Hecker   incertum qua de re
agatur; vid. Gow–Page ad loc.
XXII A.P. 9. 81, Plᴬ [CPl] Κριναγόρου   1 βιότου P: -τῆς Pl
2 ἑτέρων Pl   5 ἀστοὶ PPlᵖᶜ: αὐτοὶ Plᵃᶜ μετοχλήσαντες P   6 δι-
σθανέα Stephanus: δυσ- PPl   'Nicias' Coorum tyrannus (expulsus
c. 31/30 a.C.)

XXIII

αἶγά με τὴν εὔθηλον, ὅσων ἐκένωσεν ἀμολγεύς
οὔθατα πασάων πουλυγαλακτοτάτην,   5105
γευσάμενος μελιηδὲς ἐπεί τ' ἐφράσσατο πῖαρ
Καῖσαρ κἠν νηυσὶν σύμπλοον εἰργάσατο.
5   ἥξω δ' αὐτίκα που καὶ ἐς ἀστέρας· ᾧ γὰρ ἐπέσχον
μαζὸν ἐμόν, μείων οὐδ' ὅσον Αἰγιόχου.

XXIV

ψιττακὸς ὁ βροτόγηρυς ἀφεὶς λυγοτευχέα κύρτον   5110
ἤλυθεν ἐς δρυμοὺς ἀνθοφυεῖ πτέρυγι,
αἰεὶ δ' ἐκμελετῶν ἀσπάσμασι Καίσαρα κλεινόν
οὐδ' ἀν' ὄρη λήθην ἤγαγεν οὐνόματος·
5   ἔδραμε δ' ὠκυδίδακτος ἅπας οἰωνὸς ἐρίζων
τίς φθῆναι δύναται δαίμονι "χαῖρ'" ἐνέπειν.   5115
Ὀρφεὺς θῆρας ἔπεισεν ἐν οὔρεσιν, ἐς σὲ δέ, Καῖσαρ,
νῦν ἀκέλευστος ἅπας ὄρνις ἀνακρέκεται.

XXV

ἄγχουροι μεγάλαι κόσμου χθόνες, ἃς διὰ Νεῖλος
πιμπλάμενος μελάνων τέμνει ἀπ' Αἰθιόπων,
ἀμφότεραι βασιλῆας ἐκοινώσασθε γάμοισιν,   5120
ἓν γένος Αἰγύπτου καὶ Λιβύης θέμεναι.
5   ἐκ πατέρων εἴη παισὶν πάλι τοῖσιν ἀνάκτων
ἔμπεδον ἠπείροις σκῆπτρον ἐπ' ἀμφοτέραις.

XXIII A.P. 9. 224, Plᴬ [CPl] Κριναγόρου   3 ἐφράσατο P
4 ἠγάγετο Pl   'Caesar' prob. = Augustus
    XXIV A.P. 9. 562 [C] Κριναγόρου, Plᴬ Φιλίππου   1 λογοτευ-
χέα Pl   3 κλεινόν: κλείειν Stadtmueller   5 ἔκραγε Geist
6 δαίμονι PPl: Καίσαρι P in marg.   7 ἐς σὲ δέ Jacobs: αἰσαι δὲ
P, ἐς δὲ σὲ Pl; οὔρεσι· καὶ σὲ δέ Emperius   8 ἀκέλευτ- PPl
    XXV A.P. 9. 235 (caret Pl) [C] τοῦ αὐτοῦ [sc. Κριν.]   de
nuptiis Cleopatrae (quae 'Selene' vocabatur; vid. XVIII supra)
Jubaeque Mauretaniae regis c. 20 a.C.

CRINAGORAS

XXVI

οὔρεα Πυρηναῖα καὶ αἱ βαθυαγχέες Ἄλπεις,
   αἱ ʿΡήνου προχοὰς ἐγγὺς ἀποβλέπετε,   5¹²⁵
μάρτυρες ἀκτίνων, Γερμανικὸς ἃς ἀνέτειλεν
   ἀστράπτων Κελτοῖς πουλὺν Ἐννάλιον.
5 οἱ δ᾽ ἄρα δουπήθησαν ἀολλέες, εἶπε δ᾽ Ἐννώ
   Ἄρεϊ "τοιαύταις χερσὶν ὀφειλόμεθα."

XXVII

οὐδ᾽ ἢν Ὠκεανὸς πᾶσαν πλήμυραν ἐγείρῃ,   5¹³⁰
   οὐδ᾽ ἢν Γερμανίη ʿΡῆνον ἅπαντα πίῃ,
ʿΡώμης δ᾽ οὐδ᾽ ὅσσον βλάψει σθένος, ἄχρι κε μίμνῃ
   δεξιὰ σημαίνειν Καίσαρι θαρσαλέη.
5 οὕτως καὶ ἱεραὶ Ζηνὸς δρύες ἔμπεδα ῥίζαις
   ἑστᾶσιν, φύλλων δ᾽ αὖα χέουσ᾽ ἄνεμοι.   5¹³⁵

XXVIII

ἀντολίαι δύσιες κόσμου μέτρα· καὶ τὰ Νέρωνος
   ἔργα δι᾽ ἀμφοτέρων ἵκετο γῆς περάτων.
ἥλιος Ἀρμενίην ἀνιὼν ὑπὸ χερσὶ δαμεῖσαν
   κείνου, Γερμανίην δ᾽ εἶδε κατερχόμενος.
5 δισσὸν ἀειδέσθω πολέμου κράτος· οἶδεν Ἀράξης   5¹⁴⁰
   καὶ ʿΡῆνος δούλοις ἔθνεσι πινόμενοι.

XXVI A.P. 9. 283 [C] Κριναγόρου, Pl᷄ Βάσσου   1 Πυρηναῖα
Pl, Πυρρήν- P   'Germanicus' prob. = Nero Claudius Germanicus
(15 a.C.–19 p.C.); incertum qua de re agatur; vid. Gow–Page ad loc.
   XXVII A.P. 9. 291, Pl᷄ [PPl] Κριναγόρου   1 πλήμυραν P:
πλήμμυ- CPl   2 Γερμανὴ Pl ἅπαντα CPl: πάντα P   3 δ᾽
om. Pl   5 οὕτω Pl χαὶ Boissonade   fortasse ad cladem
Lollianam referendum; vid. Gow–Page ad loc.
   XXVIII A. Plan. (Pl᷄) 61 Κριναγόρου   3 Ἀρμενίην edd. vett.:
ἀρμον- Pl   'Nero' = Tiberius

CRINAGORAS

XXIX

κἢν μυχὸν Ὀρκυναῖον ἢ ἐς πύματον Σολόεντα
ἔλθῃ καὶ Λιβυκῶν κράσπεδον Ἑσπερίδων
Καῖσαρ ὁ πουλυσέβαστος, ἅμα κλέος εἶσιν ἐκείνῳ
πάντῃ. Πυρήνης ὕδατα μαρτύρια·   5145
5 οἶσι γὰρ οὐδὲ πέριξ δρυτόμοι ἀπεφαιδρύναντο,
λουτρὰ καὶ ἠπείρων ἔσσεται ἀμφοτέρων.

XXX

ἔρδοι τὴν ἔμαθέν τις, ὅπου καὶ ὑπ' Ἄλπιας ἄκρας
ληϊσταὶ λασίαις ἀμφίκομοι κεφαλαῖς
φωρῆς ἁπτόμενοι φύλακας κύνας ὧδ' ἀλέονται·   5150
χρίονται νεφροῖς πῖαρ ἔπεστιν ὅσον,
5 ψευδόμενοι ῥινῶν ὀξὺν στίβον. ὦ κακὸν εὑρεῖν
ῥηίτεραι Λιγύων μήτιες ἢ ἀγαθόν.

XXXI

νῆσον, τὴν εἰ κἀμὲ περιγράψαντες ἔχουσιν
μετρῆσαι βαιήν, ἑπτὰ μόνον σταδίους,   5155
ἔμπης καὶ τίκτουσαν ἐπ' αὔλακα πῖαρ ἀρότρου
ὄψει καὶ παντὸς κάρπιμον ἀκροδρύου
5 καὶ πολλοῖς εὔαγρον ὑπ' ἰχθύσι καὶ ὑπὸ Μαίρῃ
εὐάνεμον λιμένων τ' ἤπιον ἀτρεμίη,
ἀγχόθι Κορκύρης Φαιηκίδος· ἀλλὰ γελᾶσθαι   5160
†τῶι ἐπεωρίσθην† τοῦτ' ἐθέμην ὄνομα.

XXIX   A.P. 9. 419 (caret Pl) Κριναγόρου   2 ἔλθῃ Dorville:
-θης P   'Caesar' = Augustus
XXX   A.P. 9. 516, Plᴬ [tantum 5–6] [PPl] Κριναγόρου   4 ἔπ-
εστιν Heyne, ὅσον Scaliger: ἀπεστινόσου P   5 κακόν Pl: καλὸν P
6 ῥηίτεροι P   ἀγαθόν Pmarg.Pl: -θῶν P
XXXI   A.P. 9. 555 (caret Pl) Κριναγόρου   1 κἀμὲ Page: καί
με P   2 σταδίους Pᵃᶜ: -οις Pᵖᶜ   8 τῷ ἔπι ὡρίσθην Reiske
('unde mihi fatale erat rideri, inde nomen mihi adscivi')   insula
prob. = Sybota

CRINAGORAS

XXXII

πλοῦς μοι ἐπ᾽ Ἰταλίην ἐντύνεται· ἐς γὰρ ἑταίρους
στέλλομαι, ὧν ἤδη δηρὸν ἄπειμι χρόνον.
διφέω δ᾽ ἡγητῆρα περίπλοον, ὅς μ᾽ ἐπὶ νήσους
Κυκλάδας ἀρχαίην τ᾽ ἄξει ἐπὶ Σχερίην.   5165
σύν τί μοι ἀλλά, Μένιππε, λάβευ φίλος, ἵστορα κύκλον
γράψας, ὦ πάσης ἴδρι γεωγραφίης.

XXXIII

ῥιγηλὴ πασῶν ἔνοσι χθονός, εἴτε σε πόντου
εἴτ᾽ ἀνέμων αἴρει ῥεῦμα τινασσόμενον,
οἰκία μοι ῥύευ νεοτευχέα. δεῖμα γὰρ οὔπω   5170
ἄλλο τόσον γαίης οἶδ᾽ ἐλελιζομένης.

XXXIV

φρὴν ἱερὴ μεγάλου Ἐνοσίχθονος, ἔσσο καὶ ἄλλοις
ἠπίη, Αἰγαίην οἳ διέπουσιν ἅλα·
κἠμοὶ γὰρ Θρήικι διωκομένῳ ὑπ᾽ ἀήτῃ
ὤρεξας πρηεῖ᾽ ἀσπασίῳ λιμένας.   5175

XXXV

εἰ καί σοι ἑδραῖος ἀεὶ βίος, οὐδὲ θάλασσαν
ἔπλως, χερσαίας τ᾽ οὐκ ἐπάτησας ὁδούς,
ἔμπης Κεκροπίης ἐπιβήμεναι, ὄφρ᾽ ἂν ἐκείνας
Δήμητρος μεγάλων νύκτας ἴδῃς ἱερῶν.

XXXII   A.P. 9. 559 (caret Pl) Κριναγόρου   3 διφέω Ap.B.:
διφ- P   de Menippo geographo celeberrimo vid. RE 15. 862
    XXXIII   A.P. 9. 560 (caret Pl) τοῦ αὐτοῦ [sc. Κριν.]   1 ἔνοσι
χθονός Jacobs: ἐνοσίχθονος P   2 αἴρει Chardon: ἔρρει P   τινασ-
σομένων Pᵃᶜ   4 οἶδ᾽ Chardon: εἶδ᾽ P
    XXXIV   A.P. 10. 24 (caret Pl) Κριναγόρου   1 μεγάλου
Meineke: -λη P   4 πρηεῖς Hecker
    XXXV   A.P. 11. 42, Plᴬ [PPl] Κριναγόρου   3 ἂν P: ἐν Pl
ἐκείνας Brunck: -ναις PPl   4 Δημήτριος P   μεγάλων Brunck: -λας
PPl

311

CRINAGORAS

5   τῶν ἄπο κὴν ζωοῖσιν ἀκηδέα, κεῦτ᾽ ἂν ἵκηαι   5180
ἐς πλεόνων, ἕξεις θυμὸν ἐλαφρότερον.

XXXVI

γείτονες οὐ τρισσαὶ μοῦνον Τύχαι ἔπρεπον εἶναι,
Κρίσπε, βαθυπλούτου σῆς ἕνεκεν κραδίης,
ἀλλὰ καὶ αἱ πάντων πᾶσαι· τί γὰρ ἀνδρὶ τοσῷδε
ἀρκέσει εἰς ἑτάρων μυρίον εὐσο⟨ίην⟩;   5185
5   νῦν δέ σε καὶ τούτων κρέσσων ἐπὶ μεῖζον ἀέξοι
Καῖσαρ· τίς κείνου χωρὶς ἄρηρε τύχη;

XXXVII

οἴους ἀνθ᾽ οἴων οἰκήτορας, ὦ ἐλεεινή,
εὖραο· φεῦ μεγάλης Ἑλλάδος ἀμμορίη.
αὐτίκα καὶ †γαίη† χθαμαλωτέρη εἴθε, Κόρινθε,   5190
κεῖσθαι καὶ Λιβυκῆς ψάμμου ἐρημοτέρη,
5   ἢ τοίοις διὰ πᾶσα παλιμπρήτοισι δοθεῖσα
θλίβειν ἀρχαίων ὀστέα Βακχιαδῶν.

XXXVIII

τῆς ὅιος γενεὴ μὲν Ἀγαρρική, ἔνθα τ᾽ Ἀράξεω
ὕδωρ πιλοφόροις πίνεται Ἀρμενίοις,
χαῖται δ᾽ οὐ †μήλοις ἅτε που μαλακοῖς ἐπὶ μαλλοῖς†,   5195
ψεδναὶ δ᾽, ἀγροτέρων τρηχύτεραι χιμάρων·

5 κὴν P: κὰν Pl
    XXXVI   A. Plan. (Pl^A) 40 Κριναγόρου   4 εὐσοίην Dilthey : post
εὖσο deficit Pl   'Crispus' = Gaius Sallustius Crispus, historio-
graphi celeberrimi filius adoptivus ; 'Caesar' prob. = Augustus
    XXXVII   A.P. 9. 284 (caret Pl) [C] Κριναγόρου   3 γαίη ut
vid. P : γᾶς ἢ C ; γαίης Hecker, Γάζης Salmasius   5 δοθεῖσα Salmasius :
δεθ- P
    XXXVIII   A.P. 9. 430 (caret Pl) Κριναγόρου   1 ἔνθα τ᾽
Schneider : ἐντὸς P   Ἀράξεω apogr. : -εο P   3 χαῖται Salmasius :
χεῖται P   μαλακοὶ ἔπι μαλλοί O. Schneider

CRINAGORAS

νηδὺς δὲ τριτοκεῖ ἀνὰ πᾶν ἔτος, ἐκ δὲ γάλακτος
θήλη ἀεὶ μαστοῦ πλήθεται οὐθατίου·
βληχὴ δ' ἀσσοτάτω τερένης μυκήματι μόσχου·   5200
ἄλλα γὰρ ἀλλοῖαι πάντα φέρουσι γέαι.

XXXIX

θάρσει καὶ τέτταρσι διαπλασθέντα προσώποις
μῦθον καὶ τούτων γράψαι ἔτι πλέοσιν·
οὔτε σὲ γὰρ λείψουσι, Φιλωνίδη, οὔτε Βάθυλλον,
τὸν μὲν ἀοιδάων, τὸν δὲ χορῶν χάριτες.   5205

XL

εἰ καὶ τὸ σῆμα λυγδίνης ἀπὸ πλακός
καὶ ξεστὸν ὀρθῇ λαοτέκτονος στάθμῃ,
οὐκ ἀνδρὸς ἐσθλοῦ. μὴ λίθῳ τεκμαίρεο,
ὦ λῷστε, τὸν θανόντα· κωφὸν ἡ λίθος,
τῇ καὶ ζοφώδης ἀμφιέννυται νέκυς.   5210
κεῖται δὲ τῇδε τὠλιγηπελὲς ῥάκος
Εὐνικίδαο, σήπεται δ' ὑπὸ σποδῷ.

XLI

τήνδ' ὑπὸ δύσβωλον θλίβει χθόνα φωτὸς ἀλιτροῦ
ὀστέα μισητῆς τύμβος ὑπὲρ κεφαλῆς
στέρνα τ' ἐποκριόεντα καὶ οὐκ εὔοδμον ὀδόντων   5215
πρίονα καὶ κώλων †δούλιον οἰοπέδην†,

7 ἀσσοτάτη Hecker
    XXXIX A.P. 9. 542 (caret Pl) Κριναγόρου   2 μῦθον Reiske:
-θων P   γράψαι ἔτι Reiske: γραψαι ἐνι P   3 Φιλωνίδη Porson: -δι P
4 χορῶν Porson: -ρὸν P; χερῶν Jacobs
    XL A.P. 7. 380 (caret Pl) [C] Κριναγόρου   4 ὦ C: ὁ P
6 τὠλιγηπελὲς Salmasius: -γωπελὲς P   7 σήπεται C: -τε P
    XLI A.P. 7. 401, Pl^B [CPl] Κριναγόρου   1 θλίβε Hecker
3 στέρνα CJ^sscr Pl: -νον P   τ' ἐποκριόεντα J^sscr: τ' ἐπεκρείκοντα P, τε
πλεῖα δόλοιο Pl   ὀδόντων CPl: -τα P

5 ἄτριχα καὶ κόρσην, Εὐνικίδου ἡμιπύρωτα
λείψαν᾽ ἔτι χλωρῆς ἔμπλεα τηκεδόνος.
χθὼν ὦ δυσνύμφευτε, κακοσκήνευς ἐπὶ τέφρης
ἀνδρὸς μὴ κούφη κέκλισο μηδ᾽ ὀλίγη.   5220

XLII

βότρυες οἰνοπέπαντοι εὐσχίστοιό τε ῥοιῆς
θρύμματα καὶ ξανθοὶ μυελοὶ ἐκ στροβίων
καὶ δειναὶ δάκνεσθαι ἀμυγδάλαι ἥ τε μελισσῶν
ἀμβροσίη πυκναί τ᾽ ἰτρίνεαι ποπάδες
5 καὶ πότιμοι γέλγιθες ἰδ᾽ †ὑελακυκάδες† ὄγχναι   5225
δαψιλῆ οἰνοπόταις γαστρὸς ἐπεισόδια·
Πανὶ φιλοσκίπωνι καὶ εὐστόρθυγγι Πριάπῳ
ἀντίθεται λιτὴν δαῖτα Φιλοξενίδης.

XLIII

σπήλυγγες Νυμφῶν εὐπίδακες αἱ τόσον ὕδωρ
εἴβουσαι σκολιοῦ τοῦδε κατὰ πρεόνος,   5230
Πανός τ᾽ ἠχήεσσα πιτυστέπτοιο καλιή,
τὴν ὑπὸ Βασσαίης ποσσὶ λέλογχε πέτρης,
5 ἱερά τ᾽ ἀγρευταῖσι γερανδρύου ἀρκευθοιο
πρέμνα, λιθηλογέες θ᾽ Ἑρμέω ἱδρύσιες,

5 Εὐνικίδου Brunck: Εὐνιδίκου CPl et J in lemmate, Εὐνίδικον P
7 τέφρη Brunck   8 κέκλισο μηδ᾽ CPl: κεκλίσομαι δ᾽ P
XLII A.P. 6. 232 (caret Pl) Κριναγόρου; Sud. s.vv. οἰνοπέπαντοι
[1–2 θρύμμ.], στρόβιλος [2 καὶ–στροβ.], ἀμυγδαλῆ [3 καὶ–ἀμυγδ.], ποπάδες
[3 ἤ–4], γέλγιθες [5–6], ἐπεισόδια [γέλγιθες καὶ ὄγχναι καὶ ῥοιαὶ καὶ στα-
φυλαὶ+6]   1 εὐσχίστοιό C: εὐισχ- P   2 στροβίων Page:
-βίλων PSud.   3 δειναὶ Toup: δειλαὶ PSud.   5 γέλγηθες C
ὑελακυκάδες P: ἠδέ τε Sud.; ὑελοκικκάδες Hecker ('vitreis ciccis')
7 φιλοσκίπωνι C: -σκήπωνι P   Πριήπῳ Brunck   anacoluthon
vv. 7–8 alii aliter explicant; vid. Gow–Page ad loc.
XLIII A.P. 6. 253 (caret Pl) Κριναγόρου; Sud. s.vv. εἴβεσθαι [1–2],
σπήλυγγες [1–2 εἴβ.], πρῶνες [1 αἱ–2], πρεών [eadem], πίτυς [3], καλιά [3]
2 πρεόνος P: φρέατος Sud. (εἴβ.)   4 βησσαίης Jacobs   6 λιθη-
λογέες Ap.B.: λιθολ- P

αὗταί θ' ἱλήκοιτε καὶ εὐθήροιο δέχοισθε   5235
Σωσάνδρου ταχινῆς σκῦλ' ἐλαφοσσοίης.

XLIV

ποιμὴν ὦ μάκαρ, εἴθε κατ' οὔρεος ἐπροβάτευον
κἠγὼ ποιηρὸν τοῦτ' ἀνὰ λευκόλοφον
κριοῖς ἀγητῆρσι †ποτὲ βληχημένα† βάζων
ἢ πικρῇ βάψαι νήοχα πηδάλια   5240
5   ἄλμῃ· τοιγὰρ ἔδυν ὑποβένθιος, ἀμφὶ δὲ ταύτην
θῖνά με ῥοιβδήσας Εὖρος ἐφωρμίσατο.

XLV

παίδων ἀλλαχθέντι μόρῳ ἔπι τοῦτ' ἐλεεινή
μήτηρ ἀμφοτέρους εἶπε περισχομένη·
"καὶ νέκυν οὐ σέο, τέκνον, ἐπ' ἤματι τῷδε γοήσειν   5245
ἤλπισα, καὶ ζωοῖς οὐ σὲ μετεσσόμενον
5   ὄψεσθαι. νῦν δ' οἱ μὲν ἐς ὑμέας ἠμείφθησαν
δαίμονες, ἄψευστον δ' ἵκετο πένθος ἐμοί."

XLVI

λῶπος ἀποκλύζουσα παρὰ κροκάλαισι θαλάσσης
χερνῆτις διεροῦ τυτθὸν ὕπερθε πάγου   5250
χέρσον ἐπεκβαίνοντι κατασπασθεῖσα κλύδωνι
δειλαίη πικροῦ κῦμ' ἔπιεν θανάτου,
5   πνεῦμα δ' ὁμοῦ πενίῃ ἀπελύσατο· τίς κ' ἐνὶ νηί
θαρσῆσαι πεζοῖς τὴν ἀφύλακτον ἅλα;

7 δέχεσθε C
    XLIV   A.P. 7. 636 (caret Pl) [C] Κριναγόρου   3 ποτὶ βληχή-
ματα Passow et Peerlkamp   4 πικρῇ Salmasius: πι μικρῆι P
6 ἐφωρμίσατο Jacobs: ἐφημ- P
    XLV   A.P. 7. 638 (caret Pl) [C] Κριναγόρου   vid. Bowersock
Herm. 92. 255
    XLVI   A.P. 9. 276, Plᴬ [CPl] Κριναγόρου   1 κροκάλῃσι Pl

XLVII

βρέγμα πάλαι λαχναῖον ἐρημαῖόν τε κέλυφος   5255
ὄμματος ἀγλώσσου θ' ἁρμονίη στόματος,
ψυχῆς ἀσθενὲς ἕρκος, ἀτυμβεύτου θανάτοιο
λείψανον, εἰνόδιον δάκρυ παρερχομένων,
5 κεῖσο κατὰ πρέμνοιο παρ' ἀτραπόν, ὄφρα ⟨μάθῃ τις⟩
ἀθρήσας τί πλέον φειδομένῳ βιότου.   5260

XLVIII

ἄχρι τεῦ, ἆ δείλαιε, κεναῖς ἐπὶ ἐλπίσι, θυμέ,
πωτηθεὶς ψυχρῶν ἀσσοτάτω νεφέων
ἄλλοις ἄλλ' ἐπ' ὄνειρα διαγράψεις ἀφένοιο;
κτητὸν γὰρ θνητοῖς οὐδὲ ἓν αὐτόματον.
5 Μουσέων ἀλλ' ἐπὶ δῶρα μετέρχεο, ταῦτα δ' ἀμυδρά   5265
εἴδωλα ψυχῆς ἠλεμάτοισι μέθες.

XLIX

δράμασιν ἐν πολλοῖσι διέπρεπες ὅσσα Μένανδρος   5267
ἔγραφεν ἢ Μουσέων σὺν μιῇ ἢ Χαρίτων.

L

καὶ κλαῖε καὶ στέναζε †συσφίγγων† χεροῖν
τένοντας, ὦ 'πίβουλε· τοῖά τοι πρέπει.   5270
οὐκ ἔσθ' ὁ λύσων· μὴ 'λεείν' ὑπόβλεπε·
αὐτὸς γὰρ ἄλλων ἐκ μὲν ὀμμάτων δάκρυ
5 ἔθλιψας, ἐν δὲ πικρὰ καρδίᾳ βέλη
πήξας ἀφύκτων ἰὸν ἔσταξας πόθων,

XLVII A.P. 9. 439 [C] Κριναγόρου, Pl^A Ἀντιφίλου   2 ἁρμονίην
P   5 κεῖσο πέλας κατὰ PPl, πέλας del. Sternbach   παρὰ πρόπον
Pl fin. e.g. suppl. Jacobs   6 ἀθρήσαις Pl
    XLVIII A.P. 9. 234, Pl^A [CPl] Κριναγόρου   1 ἆ PPl^pc: ὦ
Pl^ac   ἐπὶ Pl: ἐπ' P; ἔτ' ἐπ' Jacobs   6 μέθες Pl^pc: -θαις PPl^ac
    XLIX A.P. 9. 513 (caret Pl) Κριναγόρου   2 fort. γέγραφεν
L A. Plan. (Pl^A) 199 Κριναγόρου   1 συσφιγχθεὶς Boissonade
in statuam Cupidinis vincti

Ἔρως, τὰ θνητῶν δ' ἐστί σοι γέλως ἄχη.   5275
πέπονθας οἶ' ἔρεξας· ἐσθλὸν ἡ δίκη.

LI

αὐτός σοι Φοίβοιο πάις λαθικηδέα τέχνης
ἰδμοσύνην, πανάκη χεῖρα λιπηνάμενος,
Πρηξαγόρη, στέρνοις ἐνεμάξατο. τοιγὰρ ἀνῖαι
ὄρνυνται δολιχῶν ὁππόσαι ἐκ πυρετῶν   5280
5 καὶ ὁπόσαι τμηθέντος ἐπὶ χροός, ἄρκια θεῖναι
φάρμακα πρηείης οἶσθα παρ' Ἠπιόνης.
θνητοῖσιν δ' εἰ τοῖοι ἐπήρκεον ἰητῆρες,
οὐκ ἂν ἐπορθμεύθη νεκροβαρὴς ἄκατος.

AGIS

I

καὶ στάλικας καὶ πτηνὰ λαγωβόλα σοὶ τάδε Μείδων,   5285
Φοῖβε, σὺν ἰξευταῖς ἐκρέμασεν καλάμοις,
ἔργων ἐξ ὀλίγων ὀλίγην δόσιν· ἢν δέ τι μεῖζον
δωρήσῃ, τίσει τῶνδε πολυπλάσια.

AMYNTAS

I

— φράζε, γύναι, τίς ἐοῦσα καὶ ἐκ τίνος, εἰπέ τε πάτρην
καὶ ποίας ἔθανες νούσου ὑπ' ἀργαλέης.   5290

LI   A. Plan. (Pl^A) 273 Κριναγόρου   5 ὁπόσαι Wolters: ὁπόσα
Pl^pc, ὁππόσα Pl^ac   de Praxagora medico Coo celebri vid. RE
22. 1735
AGIS I   A.P. 6. 152, Pl^A [PPl] Ἄγιδος   1 Μήδων Pl   4 τίσει
CPl: -σηι P
AMYNTAS I   P. Oxy. 662 Ἀμύντα

AMYNTAS

— οὔνομα μὲν Πραξὼ Σαμίη, ξένε, ἐκ δὲ γονῆος
  Καλλιτέλευς γενόμαν, ἀλλ᾽ ἔθανον τοκετῷ.
5 — τίς δὲ τάφον στάλωσε; — Θεόκριτος, ᾧ με σύνευνον
  ἀνδρὶ δόσαν. — ποίην δ᾽ ἦλθες ἐς ἡλικίην;
— ἑπταέτις τρὶς ἑνὸς γενόμαν ἔτι. — ἦ ῥά γ᾽ ἄτεκνος;   5295
  οὔκ, ἀλλὰ τριετῆ παῖδα δόμῳ λιπόμαν.

II

τὰν πάρος ἄτρεστον Λακεδαίμονα, τᾶς χέρα μούνας
πολλάκι τ᾽ ἐν πόλεσιν δῆριν ἔφριξεν Ἄρης
  *   *   *   *   *   *   *   *
νῦν ὑπ᾽ ἀνικάτῳ Φιλοποίμενι δουρί τ᾽ Ἀχαιῶν
πρήνης ἐκ τρισσᾶν ἤριπε μυριάδων   5300
5 ἄσκεπος· οἰωνοὶ δὲ περισμυχηρὸν ἰδόντες
μύρονται, πεδίον δ᾽ οὐκ ἐπίασι βόες·
καπνὸν δ᾽ ἐκθρῴσκοντα παρ᾽ Εὐρώταο λοετροῖς
Ἑλλὰς δερκομένα μύρεται ἀκρόπολιν.

ARCHELAUS

I [Asclep. XLIII G.–P.]

τόλμαν Ἀλεξάνδρου καὶ ὅλαν ἀπεμάξατο μορφάν   5305
Λύσιππος· τίν᾽ ὁδὶ χαλκὸς ἔχει δύναμιν;
αὐδάσοντι δ᾽ ἔοικεν ὁ χάλκεος ἐς Δία λεύσσων
"γᾶν ὑπ᾽ ἐμοὶ τίθεμαι, Ζεῦ, σὺ δ᾽ Ὄλυμπον ἔχε."

8 οὔκ, ἀλλὰ τριετῆ Ed. Fraenkel : ουκαλλιτελησ(τ)ριετη pap.
  II Ibid.   2 πολλάκι τ᾽ Page : πολλάκις pap. ; πολλάκις ἐν
πολέμῳ θοῦριν Milne   post h.v. lacuna, nisi graviter corruptus est
textus

ARCHELAUS I   A. Plan. (Plᴬ) 120, Σπ [Pl Σπ] Ἀρχελάου ἢ Ἀσκληπιάδου;
Plut. mor. 335b, cf. 331a, s.a.n. [3–4] ; Tzetz. chil. 8. 425, 11. 107 [3–4]
2 τίνα δὴ Hermann   3 αὐδασοῦντι Plut. v.l.

ARISTODICUS

I

Δαμὼ καὶ Μάθυμνα τὸν ἐν τριετηρίσιν †ἦρα
εὔφρονα λυσσατὰν ὡς ἐπύθοντο νέκυν,
ζωὰν ἀρνήσαντο, τανυπλέκτων δ' ἀπὸ μιτρᾶν
χερσὶ δεραιούχους ἐκρεμάσαντο βρόχους.

5310

II

οὐκέτι δή σε λίγεια κατ' ἀφνεὸν Ἀλκίδος οἶκον,
ἀκρί, μελιζομέναν ὄψεται ἀέλιος,
ἤδη γὰρ λειμῶνας ἔπι Κλυμένου πεπότησαι
καὶ δροσερὰ χρυσέας ἄνθεα Περσεφόνας.

5315

ARISTON

I

χύτρον τοι ταύταν τε κρεαγρίδα καὶ βαθυκαμπῆ
κλεῖδα συῶν καὶ τὰν ἐτνοδόνον τορύναν
καὶ πτερίναν ῥιπῖδα τὸν εὔχαλκόν τε λέβητα
σὺν πελέκει καὶ τὰν λαιμοτόμον σφαγίδα

5320

Aristodicus I   A.P. 7. 473 (caret Pl) [C] Ἀριστοδίκου   1 *Ηρυν vel
*Ηριν Gow   2 Εὔφρονα Reiske   4 δεραιούχους Toup: δὲ
διούχους C, -χος P
II   A.P. 7. 189 [C] Ἀριστοδίκου Ῥοδίου, Pl[B] Ἀνύτης; Sud. s.v. Κλύ-
μενος [3–4]   1 δή om. Pl   ἀφνεὸν CPl: -εοῦ P   Ἀκιδος Pl   2 ἀκρί
Brodaeus: ἄκρα PPl   μελιζομέναν CPl: -νης P   ἀέλιος C: ἠέλ- PPl
3 λειμῶνας CPl: -νος P   πεποτάσαι Stadtmueller (-ταται Sud.)   4 δνο-
φερὰ Ursinus   Φερσε- C

Ariston I   A.P. 6. 306, Pl[A] [PPl] Ἀρίστωνος; Sud. s.vv. χύτρον [1–
κρεαγρ.], βαθυκαμπῆ [1 βαθ.–2 συῶν], τορύνη [2 καὶ–τορ.], πτερίνη [3–ῥιπ.],
τανάχαλκος [3 ταν.–4 πελ.], ἀρυστρίς [5–ἀρ.], μαγηᾶ [5 τόν–6], ἀλετρίβανος
[7–ἀλ.], θυία [7 σὺν–8], ὠψοπόνος [9–10]   1 ταύταν Stadtmueller:
-την PPlSud.   τε CPl: τοι ?P   2 ἐτνοδόνον P: -δότον C, -δόκον
PlSud.   3 τὸν εὔχαλκον Pl: τὰν ἄχαλκον P, τανάχαλκ- Sud.

5   ζωμοῦ τ᾽ ἀμφ᾽ ὀβελοῖσιν ἀρυστρίδα τόν τε μαγῆα
σπόγγον, ὑπὸ στιβαρᾷ κεκλιμένον κοπίδι,
καὶ τοῦτον δικάρανον ἀλοτρίβα, σὺν δὲ θυείαν
εὔπετρον, καὶ τὰν κρειοδόκον σκαφίδα
οὐψοπόνος Σπίνθηρ Ἑρμῇ τάδε σύμβολα τέχνας   5325
10   θήκατο, δουλοσύνας ἄχθος ἀπωσάμενος.

II

Ἀμπελὶς ἡ φιλάκρητος ἐπὶ σκίπωνος ὁδηγοῦ
ἤδη τὸ σφαλερὸν γῆρας ἐρειδομένη
λαθριδίη Βάκχοιο νεοθλιβὲς ἦρ᾽ ἀπὸ ληνοῦ
πῶμα, Κυκλωπείην πλησαμένη κύλικα·   5330
5   πρὶν δ᾽ ἀρύσαι μογερὰν ἔκαμεν χέρα· γραῦς δέ, παλαιή
νηῦς, ὑποβρύχιος ζωρὸν ἔδυ πέλαγος.
Εὐτέρπη δ᾽ ἐπὶ τύμβον ἀποφθιμένης θέτο σῆμα
λάινον οἰνηρῶν γείτονα θειλοπέδων.

III

ὦ μύες, εἰ μὲν ἐπ᾽ ἄρτον ἐληλύθατ᾽, ἐς μυχὸν ἄλλον   5335
στείχετ᾽ — ἐπεὶ λιτὴν οἰκέομεν καλύβην —
οὗ καὶ πίονα τυρὸν ἀποδρέψεσθε καὶ αὔην
ἰσχάδα καὶ δεῖπνον συχνὸν ἀπὸ σκυβάλων·
5   εἰ δ᾽ ἐν ἐμαῖς βύβλοισι πάλιν καταθήξετ᾽ ὀδόντα,
κλαύσεσθ᾽, οὐκ ἀγαθὸν κῶμον ἐπερχόμενοι.   5340

5 μεγῆα Sud.: -γεῖα P, -γείαν Pl   7 ἁλο- CPlSud.: ἀλλο- P
9 ὠψο- Sud. fort. Ἑρμᾷ
    II A.P. 7. 457 (caret Pl) [C] Ἀρίστωνος   1 σκῆπ- C   3 ἦρ᾽
Meineke: ἠδ᾽ P   4 Κυκλωπείην Hecker: κύκλωι πιεῖν P   6 νηῦς
Meineke: ὡς ναῦς P   8 θηλ- P
    III A.P. 6. 303, Pl^B [PPl] Ἀρίστωνος; Sud. s.vv. ἀποδρέψεσθε [3-
ἀποδρ.], ἰσχάς [3–4 ἰσχ.], συχνόν [3 πίονα—4]   1 ἄρτον Pl: -των P
ἐς μυχὸν CPl: εσμον P   3 τυροῦ P -δρέψεσθε CPlSud.: -δρέψασθαι P
5 βίβλ- Pl

ARTEMON

I

λάθρη παπταίνοντα παρὰ φλιὴν Ἐχέδημον
λάθριος ἀκρήβην τὸν χαρίεντ' ἔκυσα,
δειμαίνων, καὶ γάρ μοι ἐνύπνιος ἦλθε †φαρέτρη
αιταιων καὶ δους εἶχετ'† ἀλεκτρυόνας,
5 ἄλλοτε μειδιόων, ὁτὲ δ' οὐ φίλος. ἀλλὰ μελισσέων   5345
ἐσμοῦ καὶ κνίδης καὶ πυρὸς ἠψάμεθα.

II

Λητοΐδη, σὺ μὲν ἔσχες ἀλίρρυτον αὐχένα Δήλου,
κοῦρε Διὸς μεγάλου, θέσφατα πᾶσι λέγων,
Κεκροπίαν δ' Ἐχέδημος, ὁ δεύτερος Ἀτθίδι Φοῖβος,
ᾧ καλὸν ἁβροκόμης ἄνθος ἔλαμψεν Ἔρως.   5350
5 ἡ δ' ἀνὰ κῦμ' ἄρξασα καὶ ἐν χθονὶ πατρὶς Ἀθήνη
νῦν κάλλει δούλην Ἑλλάδ' ὑπηγάγετο.

CARP(H)YLLIDES

I

μὴ μέμψῃ παριὼν τὰ μνήματά μου, παροδῖτα·
οὐδὲν ἔχω θρήνων ἄξιον οὐδὲ θανών.
τέκνων τέκνα λέλοιπα· μιῆς ἀπέλαυσα γυναικός   5355
συγγήρου· τρισσοῖς παισὶν ἔδωκα γάμους,

ARTEMON I   A.P. 12. 124 (caret Pl) ἄδηλον, οἱ δὲ Ἀρτέμωνος   1 παρὰ
φλιὴν Brunck: παραφαίην P   3–4 φαρέτρην ἀνταίρων Jacobs   ᾤχετ'
Jacobs   5 ἀλλὰ apogr.: ἀνα P; fort. ἄρα
      II   A.P. 12. 55 (caret Pl) ἄδηλον, οἱ δὲ Ἀρτέμωνος   6 ὑπηγάγετο
Dorville: ὑπαιγ- P

CARPHYLLIDES I   A.P. 7. 260 [C] Καρφυλλίδου, Plᴬ Καφυλίδου

5 ἐξ ὧν πολλάκι παῖδας ἐμοῖς ἐνεκοίμισα κόλποις
 οὐδενὸς οἰμώξας οὐ νόσον, οὐ θάνατον,
οἵ με κατασπείσαντες ἀπήμονα τὸν γλυκὺν ὕπνον
 κοιμᾶσθαι χώρην πέμψαν ἐπ' εὐσεβέων. 5360

II

ἰχθῦς ἀγκίστρῳ τις ἀπ' ἠόνος εὔτριχι βάλλων
 εἵλκυσε ναυηγοῦ κρᾶτα λιποτριχέα,
οἰκτείρας δὲ νέκυν τὸν ἀσώματον ἐξ ἀσιδήρου
 χειρὸς ἐπισκάπτων λιτὸν ἔχωσε τάφον,
5 εὗρε δὲ κευθόμενον χρυσοῦ κτέαρ. ἦ ῥα δικαίοις 5365
 ἀνδράσιν εὐσεβίης οὐκ ἀπόλωλε χάρις.

CHAEREMON

I

Εὔβουλον τέκνωσεν Ἀθηναγόρης περὶ πάντων 5367
 ἥσσονα μὲν μοίρᾳ κρείσσονα δ' εὐλογίᾳ.

II

Κλεύας οὐτυμοκλεῖος ὑπὲρ Θυρεᾶν δόρυ τείνας
 κάτθανες ἀμφίλογον γᾶν ἀποτεμνόμενος. 5370

II A.P. 9. 52, Pl^A [CPl] Καρπυλλίδου, Syll. E 1 ἰχθύας Pl,
Syll. 2 ναυαγ- P, Syll. 3 τὸν om. P 5 δικαίως P

CHAEREMON I A.P. 7. 469 (caret Pl) [C] Χαιρήμονος 1 τέκνωσεν
Jacobs: δ' ἐτέκνωσεν P 2 μοίρᾳ C: -ραν P κρέσσοναι P

II A.P. 7. 720 (caret Pl) [C] Χαιρήμονος 1 Κλεύας οὐτυ-
μοκλεῖος Hecker: κλευασου τοί μοι κλειος P 2 ἀπο- Boeckh:
ἀμφι- P

III

τοῖς Ἄργει Σπάρτηθεν ἴσαι χέρες, ἴσα δὲ τεύχη   5371
συμβάλομεν, Θυρέαι δ' ἦσαν ἄεθλα δορός·
ἄμφω δ' ἀπροφάσιστα τὸν οἴκαδε νόστον ἀφέντες
οἰωνοῖς θανάτου λείπομεν ἀγγελίαν.

[DAMOSTRATUS]

I

Νύμφαι Νηιάδες, καλλίρροον αἱ τόδε νᾶμα   5375
χεῖτε κατ' οὐρείου πρωνὸς ἀπειρέσιον,
ὕμμιν ταῦτα πόρεν Δαμόστρατος Ἀντίλα υἱός
ξέσματα καὶ δοιῶν ῥινὰ κάπρων λάσια.

DIOTIMUS

I

Φωσφόρος ὦ σώτειρ', ἐπὶ Πόλλιδος ἔσταθι κλήρων,
Ἄρτεμι, καὶ χαρίεν φῶς ἑὸν ἀνδρὶ δίδου,   5380
αὐτῷ καὶ γενεῇ. τὸ πόρ' εὐμαρές, οὐ γὰρ ἀφαυρῶς
ἐκ Διὸς ἰθείης οἶδε τάλαντα δίκης.
5   ἄλσος δ', Ἄρτεμι, τοῦτο †καὶ ἂν† Χαρίτεσσι θελούσαις
εἴη ἐπ' ἀνθεμίδων σάμβαλα κοῦφα βαλεῖν.

III   A.P. 7. 721 [C] τοῦ αὐτοῦ [sc. Χαιρ.], Pl^B Χαιρήμονος   1 Σπάρ-
τηθεν Jacobs: παρθεν P; τοῖς ἀργείοις * * * ἴσαι Pl   2 σύμβολα μὲν
P^{pc} Θυρεοί P^{pc}, -ρέα Pl   δόρυ P

DAMOSTRATUS I   A.P. 9. 328 (caret Pl) [C] Δαμοστράτου   4 λάσια
Heringa: αλάσια P   auctoris nomen prob. ex ipso epigr.

DIOTIMUS I   A.P. 6. 267 (caret Pl) Διοτίμου; Sud. s.vv. κλῆρος, σωτήρ
[1–2], ἰθεῖα, ἀφαυρότερος [3–4], ἀνθεμίδων [5–6]   1 Πόλλιδος Reiske:
Παλλάδ- PSud.   2 τεὸν Gow   3 ἀφαυρός Sud. (ἀφ.)
3–4 fort. ἀμαυρῶς (Stadtmueller) . . . εἶδε (Gow)   ἰθείης Sud. (utro-
que loco): εἰθ- P   5 aptum foret ἄλσος . . . τοῦτο καταί   θελούσαις
Hecker: θεούσαις PSud.   6 σάμβαλα Ap.B.: σύμβολα PSud.

DIOTIMUS

II

οὐδὲ λέων ὣς δεινὸς ἐν οὔρεσιν ὡς ὁ Μίκωνος   5385
υἱὸς Κριναγόρης ἐν σακέων πατάγῳ.
εἰ δὲ κάλυμμ' ὀλίγον, μὴ μέμφεο· μικρὸς ὁ χῶρος,
ἀλλ' ἄνδρας πολέμου τλήμονας οἶδε φέρειν.

III

ἐλπίδες ἀνθρώπων ἐλαφραὶ θεαί· οὐ γὰρ ἂν ὧδε
Λέσβον' ὁ λυσιμελὴς ἀμφεκάλυψ' Ἀίδης.   5390
ὅς ποτε καὶ βασιλῆι συνέδραμε †καὶ μετ' Ἐρώτων†
χαίρετε, κουφόταται δαίμονες ἀθανάτων·
5 αὐλοὶ δ' ἄφθεγκτοι καὶ ἀπευθέες, οἷς ἐνέπνευσε,
κεῖσθ' ἐπεὶ †οὔθ' ἱερὸς οἶδ' Ἀχέρων.†

IV

τί πλέον εἰς ὠδῖνα πονεῖν, τί δὲ τέκνα τεκέσθαι;   5395
μὴ τέκοι, εἰ μέλλει παιδὸς ὁρᾶν θάνατον.
ἠιθέῳ γὰρ σῆμα Βιάνορι χεύατο μήτηρ,
ἔπρεπε δ' ἐκ παιδὸς μητέρα τοῦδε τυχεῖν.

V

νυμφίον Εὐαγόρην πολυπένθιμον ἡ Πολυαίνου
Σκυλλὶς ἂν' εὐρείας ἦλθε βοῶσα πύλας,   5400
παῖδα τὸν Ἡγεμάχειον, ἐφέστιος· οὐδ' ἄρ' ἐκείνη
χήρη πατρῴους αὖθις ἐσῆλθε δόμους,

II A.P. 7. 227, Pl^A [CPl] Διοτίμου
III A.P. 7. 420, Pl^A [CPl] Διοτίμου   3 lacunam post h.v.
Reiske   5 ἐνέπνευσε Lennep: ἐνέπουσι PPl   6 e.g. οὐ θιάσους
οὐ χορὸν οἶδ' Boissonade   ἱρὸς Pl
IV A.P. 7. 261, Pl^A [CPl] Διοτίμου   2 μέλλει Jacobs: μέλλοι
PPl   3 σᾶμα P
V A.P. 7. 475 (caret Pl) [C] Διοτίμου   1 πολυπένθιμον Reiske:
-πένθερον P   3 ἐφέστιος Gow: -ον P

5 δαιμονίη, τριτάτῳ δὲ κατέφθιτο μηνὶ δυσαίων
οὐλομένη ψυχῆς δύσφρονι τηκεδόνι.
τοῦτο δ᾽ ἐπ᾽ ἀμφοτέροισι πολύκλαυτον φιλότητος   5405
ἔστηκεν λείη μνῆμα παρὰ τριόδῳ.

VI

αἵδ᾽ ὁμόνοι δύο γρῆες ὁμήλικες ἦμεν Ἀναξώ
καὶ Κλεινώ, δίδυμοι παῖδες Ἐπικράτεος,
Κλεινὼ μὲν Χαρίτων ἱερή, Δήμητρι δ᾽ Ἀναξώ
ἐν ζωῇ πρὸ πόλεως· ἐννέα δ᾽ ἠελίων   5410
5 ὀγδωκονταέτεις ἐπελείπομεν ἐς τόδ᾽ ἱκέσθαι
τῆς μοίρης. ἐτέων δ᾽ οὐ φθόνος ἔσθ᾽ ὁσίη.
καὶ πόσιας καὶ τέκνα φιλήσαμεν· αἱ δὲ παλαιαί
πρῶθ᾽ ἡμεῖς Ἀίδην πρηϋν †ἀνιάμεθα†.

VII

χαῖρέ μοι, ἁβρὲ κύπασσι, τὸν Ὀμφάλη ἤ ποτε Λυδή   5415
λυσαμένη φιλότητ᾽ ἦλθεν ἐς Ἡρακλέους.
ὄλβιος ἦσθα, κύπασσι, καὶ ὡς τότε καὶ πάλιν ὡς νῦν
χρύσεον Ἀρτέμιδος τοῦτ᾽ ἐπέβης μέλαθρον.

VIII

τὰν ἥβαν ἐς ἄεθλα πάλας ἤσκησε κραταιᾶς
ἅδε Ποσειδῶνος καὶ Διὸς ἁ γενεά·   5420

6 ὀλλυμένη Meineke   7 πολύκλαυτον C: -ος ?P   8 μνῆμα
Reiske: μνᾶ- P
  VI   A.P. 7. 733 (caret Pl) [C] Διοτίμου   1 αἵδ᾽ ὁμόνοι Stadt-
mueller: αἰνόμινοι P   2 et 3 Κλειν- Salmasius: Κλην- P   Ἐπι-
κρατέως P   5 ἐπελείπομεν Reiske: ἐπιλείπ- P; ἀπελείπ- Meineke
6 ἔσθ᾽ Meineke, ὁσίη Gow: ἰσοσίη P   8 ἀνυσσάμεθα Hermann
  VII   A.P. 6. 358 (caret P) Διοτίμου   1 ἁβρὲ apogrr.: ἁβρέα P
Ὀμφάλη ἤ Reiske: Ὀμφαλίη P   4 ἐπιβὰς Gow
  VIII   A.P. 9. 391, Pl^A [JPl] Διοτίμου   1 πάλης P

DIOTIMUS

κεῖται δέ σφιν ἀγὼν οὐ χαλκέου ἀμφὶ λέβητος,
ἀλλ' ὅστις ζωὰν οἴσεται ἢ θάνατον.
5 Ἀνταίου τὸ πτῶμα, πρέπει δ' Ἡρακλέα νικᾶν
τὸν Διός. Ἀργείων ἁ πάλα, οὐ Λιβύων.

IX

ὡς πρέπει Ἄρτεμίς εἰμ'· εὖ δ' Ἄρτεμιν αὐτὸς ὁ χαλκός   5425
μανύει Ζηνὸς κοὐχ ἑτέρου θύγατρα.
τεκμαίρου τὸ θράσος τᾶς παρθένου· ἦ ῥά κεν εἴποις
"πᾶσα χθὼν ὀλίγον τᾷδε κυναγέσιον."

X

αὐτόμαται δείλῃ ποτὶ ταΰλιον αἱ βόες ἦλθον
ἐξ ὄρεος πολλῇ νειφόμεναι χιόνι·   5430
αἰαῖ Θηρίμαχος δὲ παρὰ δρυῒ τὸν μακρὸν εὕδει
ὕπνον· ἐκοιμήθη δ' ἐκ πυρὸς οὐρανίου.

GLAUCUS

I

ἦν ὅτε παῖδας ἔπειθε πάλαι ποτὲ δῶρα φιλεῦντας
ὄρτυξ καὶ ῥαπτὴ σφαῖρα καὶ ἀστράγαλοι·
νῦν δὲ λοπὰς καὶ κέρμα, τὰ παίγνια δ' οὐδὲν ἐκεῖνα   5435
ἰσχύει. ζητεῖτ' ἄλλο τι, παιδοφίλαι.

3 χάλκεος P   ἀντὶ Pl   4 εἴσεται P
IX A. Plan. (Plᴬ) 158 Διοτίμου   1 εὖ δ' Grotius: εἰδ' Pl
χαλκὸς Jacobs: -κεὺς Pl
X A.P. 7. 173, Plᴬ [CPl] Διοτίμου, οἱ δὲ Λεωνίδου   1 αὐτόματοι
Pl   δείλῃ Hecker: -λαὶ PPl   ταΰλιον Pl: τ' ὠυλίον P, τάυλια Cᵞᵖ
GLAUCUS I A.P. 12. 44 (caret Pl) Γλαύκου   1 φιλεῦντος Dilthey

GLAUCUS

II

οὐ κόνις οὐδ' ὀλίγον πέτρης βάρος, ἀλλ' Ἐρασίππου
ἦν ἐσορᾷς αὕτη πᾶσα θάλασσα τάφος·
ὤλετο γὰρ σὺν νηί, τὰ δ' ὀστέα ποῦ ποτ' ἐκείνου
πύθεται αἰθυίαις γνωστὰ μόναις ἐνέπειν.   5440

III

— Νύμφαι, πευθομένῳ φράσατ' ἀτρεκές, εἰ παροδεύων
Δάφνις τὰς λευκὰς ὧδ' ἀνέπαυσ' ἐρίφους.
— ναὶ ναί, Πὰν συρικτά, καὶ εἰς αἴγειρον ἐκείναν
σοί τι κατὰ φλοιοῦ γράμμ' ἐκόλαψε λέγειν.
5 — "Πάν, Πάν, πρὸς Μαλέαν, πρὸς ὄρος Ψωφίδιον ἔρχευ·   5445
ἰξοῦμαι." Νύμφαι χαίρετ', ἐγὼ δ' ὑπάγω.

HEGEMON

I

εἴποι τις παρὰ τύμβον ἰὼν ἀγέλαστος ὁδίτας
τοῦτ' ἔπος· "ὀγδώκοντ' ἐνθάδε μυριάδας
Σπάρτας χίλιοι ἄνδρες †ἐπέσχον αἷμα τὸ† Περσῶν
καὶ θάνον ἀστρεπτεί. Δώριος ἁ μελέτα."   5450

II A.P. 7. 285, Pl^B [CPl] Γλαύκου [C] Νικοπολίτου   1 πέτρας
Pl ἀλλ' Ἐρασίππου CPl : ἀλγερ- P
III A.P. 9. 341, Pl^A [CPl] Γλαύκου   5 Ψωφήδιον PPl
HEGEMON I A.P. 7. 436 (caret Pl) [C] Ἡγεμόνος   4 ἁ Jacobs:
αὖ P

327

HERMOCREON

I

ἵζευ ὑπὸ σκιερὰν πλάτανον, ξένε, τάνδε παρέρπων,   5451
ἇς ἁπαλῷ Ζέφυρος πνεύματι φύλλα δονεῖ,
ἔνθα με Νικαγόρας κλυτὸν εἴσατο Μαιάδος Ἑρμᾶν,
ἀγροῦ καρποτόκου ῥύτορα καὶ κτεάνων.

II

Νύμφαι ἐφυδριάδες, ταῖς Ἑρμοκρέων τάδε δῶρα   5455
εἴσατο καλλινάου πίδακος ἀντιτυχών,
χαίρετε, καὶ στείβοιτ' ἐρατοῖς ποσὶν ὑδατόεντα
τόνδε δόμον, καθαροῦ πιμπλάμεναι πόματος.

HERMODORUS

I

τὰν Κνιδίαν Κυθέρειαν ἰδών, ξένε, τοῦτό κεν εἴποις·
"αὖτα καὶ θνατῶν ἄρχε καὶ ἀθανάτων."   5460
τὰν δ' ἐν Κεκροπίδαις δορυθαρσέα Παλλάδα λεύσσων
αὐδάσεις "ὄντως βουκόλος ἦν ὁ Πάρις."

MENECRATES

I

παισὶν ἐπὶ προτέροις ἤδη τρίτον ἐν πυρὶ μήτηρ
θεῖσα καὶ ἀπλήστῳ δαίμονι μεμφομένη,

HERMOCREON I   A. Plan. (Pl^B) 11, Σπ [Pl Σπ] Ἑρμοκρέοντος; Syll.E
Πλάτωνος
    II   A.P. 9. 327 Pl^A [CPl] Ἑρμοκρέοντος   2 ἀντιάσας Pl
HERMODORUS I   A. Plan. (Pl^A) 170 Ἑρμοδώρου   2 αὐτὰ ... ἄρχε Pl
MENECRATES I   A.P. 9. 390, Pl^A [PPl] Μενεκράτους Σμυρναίου

MENECRATES

τέτρατον ἄλγος ἔτικτε καὶ οὐκ ἀνέμεινεν ἀδήλους   5465
ἐλπίδας, ἐν δὲ πυρὶ ζωὸν ἔθηκε βρέφος,
5   "οὐ θρέψω", λέξασα, "τί γὰρ πλέον; Ἅιδι, μαστοί,
κάμνετε· κερδήσω πένθος ἀμοχθότερον."

II

γῆρας ἐπὰν μὲν ἀπῇ, πᾶς εὔχεται· ἢν δέ ποτ' ἔλθῃ,
μέμφεται. ἔστι δ' ἀεὶ κρεῖσσον ὀφειλόμενον.   5470

III

εἴ τις γηράσας ζῆν εὔχεται, ἄξιός ἐστι   5471
γηράσκειν πολλὰς εἰς ἐτέων δεκάδας.

NICANDER

I

Ἑρπυλίδας, Ἐράτων, Χαῖρις, Λύκος, Ἆγις, Ἀλέξων,
ἐξ Ἰφικρατίδα παῖδες, ἀπωλόμεθα
Μεσσάνας ὑπὸ τεῖχος· ὁ δ' ἕβδομος ἄμμε Γύλιππος   5475
ἐν πυρὶ θεὶς μεγάλαν ἦλθε φέρων σποδιάν,
5   Σπάρτᾳ μὲν μέγα κῦδος, Ἀλεξίππᾳ δὲ μέγ' ἄχθος
ματρί· τὸ δ' ἐν πάντων καὶ καλὸν ἐντάφιον.

II

Ζεῦ πάτερ, Ὀθρυάδα τίνα φέρτερον ἔδρακες ἄλλον,
ὃς μόνος ἐκ Θυρέας οὐκ ἐθέλησε μολεῖν   5480

II A.P. 9. 54, Pl^A [CPl] Μενεκράτους; Syll.E; Stob. flor. 4. 50. 62
Μενεκράτους Σαμίου   1 ἂν δέ Meineke   2 κρέσσον Syll.
III A.P. 9. 55 [C] Λουκιλλίου et Λουκιλλίου, οἱ δὲ Μενεκράτους
Σαμίου, Pl^A Λουκιλλίου, οἱ δὲ τοῦ αὐτοῦ [sc. Μενεκρ.]   2 πολλὰς
Brunck: πολλῶν PPl et C qui versum iterum scr.

NICANDER I A.P. 7. 435 (caret Pl) [C] Νικάνδρου   1 Ἑρπ- C:
Εὐπ- P   3 ἄμμε Brunck: ἄμμι P   5 ἄχθος C: -ους P
II A.P. 7. 526, Pl^B [CPl] Νικάνδρου [C] Κολοφωνίου; Nicandri cod. G

πατρίδ' ἐπὶ Σπάρταν, διὰ δὲ ξίφος ἤλασε πλευρᾶν
δοῦλα καταγράψας σκῦλα κατ' Ἰναχιδᾶν;

NICARCHUS

I

κράνας εὐύδρου παρὰ νάμασι καὶ παρὰ Νύμφαις
ἔστασέν με Σίμων Πᾶνα τὸν αἰγιπόδαν.
τεῦ δὲ χάριν λέξω τοι. ὅσον ποθέεις ἀπὸ κράνας   5485
καὶ πίε καὶ κοίλαν κάλπιν ἑλὼν ἄρυσαι·
ποσσὶ δὲ μὴ ποτὶ νίπτρα φέρειν κρυστάλλινα Νυμφᾶν
δῶρα, τὸν ὑβριστὰν εἰς ἐμὲ δερκόμενος,
ἢ σὺ μὲν οὐ λέξεις ἕτερον λόγον, ἀλλὰ παρέξεις
πυγίξαι· τούτοις χρῶμαι ὁ Πὰν νομίμοις.   5490
ἢν δὲ ποιῇς ἐπίτηδες, ἔχων πάθος, ἔστι καὶ ἄλλα
τέχνα· τῷ ῥοπάλῳ τὰν κεφαλὰν λέπομες.

II

ἡ πρὶν Ἀθηναίης ὑπὸ κερκίσι καὶ τὰ καθ' ἱστῶν
νήματα Νικαρέτη πολλὰ μιτωσαμένη
Κύπριδι τὸν κάλαθον τά τε πηνία καὶ τὰ σὺν αὐτοῖς   5495
ἄρμεν' ἐπὶ προδόμου πάντα πυρῆς ἔθετο,
"ἔρρετε," φωνήσασα, "κακῶν λιμηρὰ γυναικῶν
ἔργα, νέον τήκειν ἄνθος ἐπιστάμενα."
εἵλετο δὲ στεφάνους καὶ πηκτίδα καὶ μετὰ κώμων
ἡ παῖς τερπνὸν ἔχειν ἐν θαλίαις βίοτον·   5500

3 πλευρῶν Pl   4 κατατρίψας G
NICARCHUS I   A.P. 9. 330 (caret Pl) [C] Νικάρχου   2 αἰγιπόδαν
Stadtmueller : -δην P   5 νῆπτρα P   7 ἢ σὺ μὲν Wilamowitz,
οὐ Salmasius : ὦ σεμνοῦ P   9 ποιῇς Reiske: πίνηις P
II   A.P. 6. 285 Νικάρχου δοκεῖ, Pl^A Νικάρχου   3 τά τε Meineke:
τε τὰ PPl   καὶ σὺν (om. τὰ) Pl   6 νέων Pl   ἐπιστάμενα CPl: -ναι P

εἶπε δέ, "παντός σοι δεκάτην ἀπὸ λήμματος οἴσω,
Κύπρι· σὺ δ' ἐργασίην καὶ λαβὲ καὶ μετάδος."

10

III

'Ορφεὺς μὲν κιθάρᾳ πλεῖστον γέρας εἴλετο θνητῶν,
Νέστωρ δὲ γλώσσης ἡδυλόγου σοφίῃ,
τεκτοσύνῃ δ' ἐπέων πολυΐστωρ θεῖος Ὅμηρος,
Τηλεφάνης δ' αὐλοῖς, οὗ τάφος ἐστὶν ὅδε.

5505

IV

αἰγιβάτῃ τόδε Πανὶ καὶ εὐκάρπῳ Διονύσῳ
καὶ Δηοῖ χθονίῃ ξυνὸν ἔθηκα γέρας·
αἰτέομαι δ' αὐτοὺς καλὰ πώεα καὶ καλὸν οἶνον
καὶ καλὸν ἀμῆσαι καρπὸν ἀπ' ἀσταχύων.

5510

NICOMACHUS

I

ἆδ' ἔσθ', ἆδε Πλάταια; τί τοι λέγω; ἂν ποτε σεισμός   5511
ἐλθὼν ἐξαπίνας κάββαλε πανσυδίᾳ·
λείφθη δ' αὖ μοῦνον τυτθὸν γένος, οἱ δὲ θανόντες
σᾶμ' ἐρατὰν πάτραν κείμεθ' ἐφεσσάμενοι.

III   A.P. 7. 159 [J] Νικάρχου, Pl^A s.a.n.   1 κιθάρᾳ CPl: -ριν ?P
2 γλώσσης CPl: γλώσηις P   σοφίης P   de auctore non constat;
vid. Gow–Page HE 2. 427
IV   A.P. 6. 31 (caret Pl) ἄδηλον [C] οἱ δὲ Νικάρχου   1 αἰγιβάτηι
C: -τωι P   Διονύσσωι P

NICOMACHUS I   A.P. 7. 299 (caret Pl) [C] Νικομάχου   1 ἔστ' P
2 ἐξαπίνης C   πανσυδίᾳ Gow: -ίηι P   4 πάτραν C: πέτραν P

PAMPHILUS

I

οὐκέτι δὴ χλωροῖσιν ἐφεζόμενος πετάλοισιν   5515
ἀδεῖαν μέλπων ἐκπροχέεις ἰαχάν·
ἀλλά σε γαρύοντα κατήναρεν, ἀχέτα τέττιξ,
παιδὸς ἀπ' ἠιθέου χεὶρ ἀναπεπταμένα.

II

τίπτε παναμέριος, Πανδιονὶ κάμμορε κούρα,
μυρομένα κελαδεῖς τραυλὰ διὰ στομάτων;   5520
ἢ τοι παρθενίας πόθος ἵκετο, τάν τοι ἀπηύρα
Θρηίκιος Τηρεὺς αἰνὰ βιησάμενος;

PANCRATES

I

ἐκ πυρὸς ὁ ῥαιστὴρ καὶ ὁ καρκίνος ἥ τε πυράγρη
ἄγκεινθ' Ἡφαίστῳ δῶρα Πολυκράτεος,
ᾧ πυκνὸν κροτέων ὑπὲρ ἄκμονος εὕρετο παισίν   5525
ὄλβον, ὀιζυρὴν ὠσάμενος πενίην.

PAMPHILUS I   A.P. 7. 201, Pl[B] [CPl] Παμφίλου; Sud. s.v. ἠχέτης [3–4]
2 ἠδεῖαν Pl   3 γηρύ- PSud.   ἀχέτα Brunck : ἠχ- PPlSud   4 χεὶρ
ἀναπεπταμένα Brunck : χειρί με πεπτ- PSud., χεὶρ ἅμα πεπτ- C[γρ], χειρὶ
μεταπτάμενον Pl

II   A.P. 9. 57 [C] Παμφίλου, Pl[B] Παλλαδᾶ   1 πανήμ- Pl   κούρη
Pl   2 μυρομένη Pl   3 παρθενίας Jacobs : -ίης PPl   τήν Pl
4 βιασσά- Pl; βιασά- Aldus

PANCRATES I   A.P. 6. 117 Παγκράτους, Pl[A] Παγκρατίου; Sud. s.vv.
ῥαιστήρ [1–2], ἄγκεινθ' [2 ἀγκ. Ἡφ.], ὀιζυρήν [3 εὕρ.–4]   2 ἄγκειθ'
PlSud. v.l.   Πολυκράτεος CPl : -έως P   3 κροτέων CPl : βροτ- P

PANCRATES

II

Κλειοῦς αἱ δύο παῖδες, Ἀριστοδίκη καὶ Ἀμεινώ,
Κρῆσσαι, πότνια, σῆς, Ἄρτεμι, νεικοκόρου,
τετραετεῖς, ἀπὸ μητρός. ἴδοις, ὤνασσα, τὰ τῆσδε
εὔτεκνα, κἀντὶ μιῆς θὲς δύο νεικοκόρους.   5530

III

ὤλεσεν Αἰγαίου διὰ κύματος ἄγριος ἀρθεὶς   5531
Λὶψ Ἐπιηρείδην Ὑάσι δυομέναις
αὐτῇ οἱ σὺν νηὶ καὶ ἀνδράσιν· ᾧ τόδε σῆμα
δακρύσας κενεὸν παιδὶ πατὴρ ἔκαμεν.

PHAENNUS

I

οὐκ ἔτλας, ὤριστε Λεωνίδα, αὖθις ἱκέσθαι   5535
Εὐρώταν, χαλεπῷ σπερχόμενος πολέμῳ·
ἀλλ' ἐπὶ Θερμοπύλαισι τὸ Περσικὸν ἔθνος ἀμύνων
ἐδμάθης, πατέρων ἁζόμενος νόμιμα.

II

Δαμοκρίτῳ μὲν ἐγώ, λιγυρὰν ὄκα μοῦσαν ἀνείην
ἀκρὶς ἀπὸ πτερύγων, τὸν βαθὺν ἆγον ὕπνον·   5540

II A.P. 6. 356 (caret Pl) Παγκράτους   1 κλείουσαι C, -σα P
Ἀριστοδίκη C: -δόκη P   3 τετραετεῖς Ap.B.: -της P   4 εὖ
τέκνα Lobeck
III A.P. 7. 653 [C] Παγκράτους, Plᴮ Παγκρατίου   2 υἱάσι P
3 αὐτὸν ἑῇ Meineke   4 δακρύσας: Τίμανδρος Beckby e lemmate
Ἐπιηρείδην υἱὸν Τιμάνδρου, patris enim nomen lemmatistae non potuit
notum esse nisi ex ipso epigrammate

PHAENNUS I A.P. 7. 437, Plᴬ [CPl] Φαέννου   1 αὖτις Pl
II A.P. 7. 197, Plᴮ [CPl] Φαέννου   1 ὅτε C   ἀνείην Her-
mann: ἐνείην P, ἐνίειν Pl   2 ὕπνον ἄγον Pl

Δαμόκριτος δ' ἐπ' ἐμοὶ τὸν ἐοικότα τύμβον, ὁδῖτα,
ἐγγύθεν Ὠρωποῦ χεῦεν ἀποφθιμένᾳ.

PHILETAS SAMIUS

I

πεντηκονταέτις καὶ ἐπὶ πλέον ἡ φιλέραστος
Νικιὰς εἰς νηὸν Κύπριδος ἐκρέμασεν
σάνδαλα καὶ χαίτης ἀνελίγματα, τόν τε διαυγῆ   5545
χαλκὸν ἀκριβείης οὐκ ἀπολειπόμενον,
5   καὶ ζώνην πολύτιμον, ἅ τ' οὐ φωνητὰ πρὸς ἀνδρός·
ἀλλ' ἐσορᾷς πάσης Κύπριδος ὀπτασίην.

II

ἁ στάλα βαρύθουσα λέγει τάδε· "τὰν μινύωρον
τὰν μικκὰν Ἀίδας ἅρπασε Θειοδόταν·"
χἁ μικκὰ τάδε πατρὶ λέγει· "πάλιν ἴσχεο λύπας,   5550
Θειόδοτε· θνατοὶ πολλάκι δυστυχέες."

THEODORUS

I

σοὶ τὸν πιληθέντα δι' εὐξάντου τριχὸς ἀμνοῦ,
Ἑρμᾶ, Καλλιτέλης ἐκρέμασεν πέτασον

4 ὠρούπου P   ἀποφθιμένᾳ CPl: -νει P

PHILETAS I A.P. 6. 210 (caret Pl) Φιλιτᾶ [C] Σαμίου   1 -αέτις
Reiske: -αέτης P   3 τόν τε Ap.B.: τὸν δὲ P   5 φωνητὰ C:
-νῆι τὰ P   6 ἐσορᾷς Jacobs: ἐς ὁρῆι P

II A.P. 7. 481 (caret Pl) [C] Φιλιτᾶ Σαμίου   1 μινύωρον C: -ριον P
3 χἁ μικκὰ apogrr.: χ' ἀμμικὰ P   4 πολλάκι Reiske: πολλὰ P

THEODORUS I A.P. 6. 282 (caret Pl) Θεοδώρου; Sud. s.vv. πετάλοις,
πιληθέντα [1-2], περόνη [3 καὶ δ.—4 τόξ.], σφαῖρα [5 καὶ σχ.—ἀειβ.]
1 εὐξάντου Sud.: -ξάνθου P   2 Ἑρμαῖ Pac   πέτασον Salmasius:
πέταλον PSud.

καὶ δίβολον περόναν καὶ στλεγγίδα καὶ τὸ τανυσθέν   5555
τόξον καὶ τριβακὰν γλοιοπότιν χλαμύδα
5   καὶ σχίζας καὶ σφαῖραν ἀείβολον. ἀλλὰ σὺ δέξαι
δῶρα, φιλευτάκτου †δῶρον† ἐφηβοσύνας.

THYMOCLES

I

μέμνῃ που, μέμνῃ, ὅτε τοι ἔπος ἱερὸν εἶπον,
"ὥρη κάλλιστον χῶρη ἐλαφρότατον·"   5560
ὥρην οὐδ᾽ ὁ τάχιστος ἐν αἰθέρι †παρθύσει† ὄρνις.
νῦν ἴδε, πάντ᾽ ἐπὶ γῆς ἄνθεά σευ κέχυται.

TYMNES

I

Μίκκος ὁ Πελλαναῖος Ἐνυαλίου βαρὺν αὐλόν
τόνδ᾽ ἐς Ἀθαναίας ἐκρέμασ᾽ Ἰλιάδος,
Τυρσηνὸν μελέδαμα, δι᾽ οὗ ποκα πόλλ᾽ ἐβόασεν   5565
ὡνὴρ εἰράνας σύμβολα καὶ πολέμου.

II

μή σοι τοῦτο, Φιλαινί, λίην ἐπικαίριον ἔστω,
εἰ μὴ πρὸς Νείλῳ γῆς μορίης ἔτυχες,

3 στεγγίδα PSud.   4 τριβακὰν Hecker: -κὴν P   6 δῶρον: ῥύτορ Dilthey   ἐφηβο- Ap.B.: ἐφημο- P

THYMOCLES I   A.P. 12. 32 (caret Pl) Θυμοκλέους   1 ἱερὸν Dorville: -ὸς P   3 ὥρην Ap.B.: ὥρη P   παρφθάσει Dorville, παρσύθη Gow

TYMNES I   A.P. 6. 151 (caret Pl) Τύμνεω   1 Παλλα- Valckenaer   2 Ἀθαναίας C: -αίης P   3 Τυρσανόν Hecker   ἐβόασεν C: ἐβόησ- P
II   A.P. 7. 477[1], denuoque[2] C marg. sup. fol. 257, Pl[A] [C[1,2] Pl]   Τύμνεω   1 ἐπικάρδιον Jacobs

335

ἀλλά σ᾽ Ἐλευθέρνης ὅδ᾽ ἔχει τάφος· ἔστι γὰρ ἴση
πάντοθεν εἰς Ἀίδην ἐρχομένοισιν ὁδός.　　　　　　　5570

III

†Εὐήθης τρύτωνος† ἐπ᾽ οὐκ ἀγαθαῖς ἐλοχεύθη　　　　5571
κληδόσιν, οὐ γὰρ ἂν ὧδ᾽ ὤλετο δαιμονίη
ἀρτιτόκος· τὰ δὲ πολλὰ κατήγαγεν ἓν βρέφος Ἅιδην
σὺν κείνῃ, δεκάτην δ᾽ οὐχ ὑπερῆρεν ἕω.

IV

ὄρνεον ὦ Χάρισιν μεμελημένον, ὦ παρόμοιον　　　　　5575
ἀλκυόσιν τὸν σὸν φθόγγον ἰσωσάμενον,
ἡρπάσθης, φίλ᾽ ἔλαιε· σὰ δ᾽ ἤθεα καὶ τὸ σὸν ἡδύ
πνεῦμα σιωπηραὶ νυκτὸς ἔχουσιν ὁδοί.

V

τῇδε τὸν ἐκ Μελίτης ἀργὸν κύνα φησὶν ὁ πέτρος
ἴσχειν, Εὐμήλου πιστότατον φύλακα.　　　　　　　5580
Ταῦρόν μιν καλέεσκον ὅτ᾽ ἦν ἔτι, νῦν δὲ τὸ κείνου
φθέγμα σιωπηραὶ νυκτὸς ἔχουσιν ὁδοί.

VI

τὸν παραβάντα νόμους Δαμάτριον ἔκτανε μάτηρ,
ἁ Λακεδαιμονία τὸν Λακεδαιμόνιον,

3 Ἐλευθέρνης Reiske : -θερίης PC²Pl　　4 Ἀίδην CPl : -ηα ?P
III A.P. 7. 729 [C] Τύμνεω, Plᴮ s.a.n.　　　　εὐήθης τρύτωνος C,
εὐήθη στρυτωνος P, εὐήθης Τρύτωνος Pl ; Εὐήθη Τρύτωνος Brunck, Τρίτωνος
Meineke　　οὐκ ἐπ᾽ Pl　　ἐλοχεύθην P　　2 ἂν om. P　　3 κατά-
γηεν βρ. P　　Ἄιδαν P　　4 κλεινῇ P　　δ᾽ om. P
IV A.P. 7. 199, Plᴮ [CPl] Τύμνεω　　1 ὄρνεον ὦ CPl : -νιον ὦι P
3 ἡρπάσθης CPlᵖᶜ : -θη PPlᵃᶜ　　φιλέλαιε PPl, φίλε λάρε C
V A.P. 7. 211 (caret Pl) [C] Τύμνεω
VI A.P. 7. 433, Plᴬ [CPl] Τύμνεω ; Plut. mor. 240f [1–2], 241a
[5–8] ; Sud. s.vv. θηκτόν [3 θ.–4 ἐπιβρ.], βρύκουσα [3 εἶπ.–4], ἔρρε [5–6] ;
Tzetz. An. Ox. Cramer 4. 43 [1–2]

θηκτὸν δ᾽ ἐν προβολᾷ θεμένα ξίφος εἶπεν, ὀδόντα 5585
ὀξὺν ἐπιβρύκουσ᾽ οἷα Λάκαινα γυνά,
5 "ἔρρε κακὸν φίτυμα διὰ σκότος, οὗ διὰ μῖσος
Εὐρώτας δειλαῖς μηδ᾽ ἐλάφοισι ῥέοι·
ἀχρεῖον σκυλάκευμα, κακὰ μερίς, ἔρρε ποθ᾽ Ἅιδαν,
ἔρρε· τὸ μὴ Σπάρτας ἄξιον οὐδ᾽ ἔτεκον." 5590

VII

πάντα πριηπίζω, κἂν ᾖ Κρόνος· οὐ διακρίνω 5591
οὐδένα φῶρ᾽ οὕτω ταῖσδε παρὰ πρασιαῖς.
ἔπρεπε μὴ λαχάνων ⟨ἔνεκεν⟩ τάδε καὶ κολοκυνθῶν,
φήσει τις, με λέγειν. ἔπρεπεν, ἀλλὰ λέγω.

ANONYMA

A. E CORONA MELEAGRI

I

οὐκέτ᾽ ἐρῶ. πεπάλαικα πόθοις τρισίν· εἷς μὲν ἑταίρης, 5595
εἷς δέ με παρθενικῆς, εἷς δέ μ᾽ ἔκαυσε νέου,
καὶ κατὰ πᾶν ἤλγηκα. γεγύμνασμαι μὲν ἑταίρης
πείθων τὰς ἐχθρὰς οὐδὲν ἔχοντι θύρας·
5 ἔστρωμαι δὲ κόρης ἐπὶ παστάδος αἰὲν ἄϋπνος,
ἔν τι ποθεινότατον παιδὶ φίλημα διδούς· 5600
οἴμοι, πῶς εἴπω πῦρ τὸ τρίτον; ἐκ γὰρ ἐκείνου
βλέμματα καὶ κενεὰς ἐλπίδας οἶδα μόνον.

4 γύναι Pᵃᶜ   5-6 carent PPl   7 ἀχρεῖον Plut.: ἔρρε κακὸν
PPlSud.   ποτ᾽ Pᵃᶜ   8 τὸ μὴ Plut.: τὸν οὐ PPlSud.   ἄξιον ἐτρέ-
φομεν Pl   οὐκ ἔτεκον Page
    VII   A. Plan. (Plᴬ) 237 Τύμνεω   3 suppl. Aldus   κολοκυντῶν Pl
Anonyma I   A.P. 12. 90 (caret Pl) ἀδηλον   5 ἐπὶ παστάδος Sal-
masius: ἐπιστάδος P   6 τι Brunck: τυ P   8 μόνον Brunck:
-ου P

ANONYMA

II

Κύπρι, τί μοι τρισσοὺς ἐφ' ἕνα σκοπὸν ἤλασας ἰούς,
ἐν δὲ μιῇ ψυχῇ τρισσὰ πέπηγε βέλη;
καὶ τῇ μὲν φλέγομαι, τῇ δ' ἕλκομαι· ᾗ δ' ἀπονεύσω   5605
διστάζω, λάβρῳ δ' ἐν πυρὶ πᾶς φλέγομαι.

III

καὶ πυρὶ καὶ νιφετῷ με καὶ εἰ βούλοιο κεραυνῷ
βάλλε, καὶ εἰς κρημνοὺς ἕλκε καὶ εἰς πελάγη·
τὸν γὰρ ἀπαυδήσαντα πόθοις καὶ ἔρωτι δαμέντα
οὐδὲ Διὸς τρύχει πῦρ ἐπιβαλλόμενον.   5610

IV

οὑμὸς ἔρως παρ' ἐμοὶ μενέτω μόνῳ· ἢν δὲ πρὸς ἄλλους   5611
φοιτήσῃ, μισῶ κοινὸν ἔρωτα, Κύπρι.

V

εἰς οἵων με πόθων λιμένα ξένον, ὦ Κύπρι, θεῖσα
οὐκ ἐλεεῖς, καὐτὴ πεῖραν ἔχουσα πόνων;
ἦ μ' ἐθέλεις ἄτλητα παθεῖν καὶ τοῦτ' ἔπος εἰπεῖν,   5615
"τὸν σοφὸν ἐν Μούσαις Κύπρις ἔτρωσε μόνη";

VI

ἄκρητον μανίην ἔπιον· μεθύων μέγα μύθοις
ὥπλισμαι πολλὴν εἰς ὁδὸν ἀφροσύνην.
κωμάσομαι· τί δέ μοι βροντέων μέλει ἢ τί κεραυνῶν;
ἢν βάλλῃ, τὸν ἔρωθ' ὅπλον ἄτρωτον ἔχω.   5620

II   A.P. 12. 89 ἄδηλον, Pl^A s.a.n.   3 ᾗ Brunck: ἢν P   ἀπανεύσω P
III   A.P. 5. 168, Pl^A [PPl] ἄδηλον   2 καὶ εἰς π. ἕλκε P^ac   3 πόθοις
CPl: πόνοις P
IV   A.P. 12. 104 ἄδηλον, Pl^A s.a.n.   1 μόνον P
V   A.P. 12. 100 (caret Pl) ἄδηλον
VI   A.P. 12. 115 (caret Pl) ἄδηλον   2 ἀφροσύνην Gow: -ναν P
4 ἔχω Reiske: -ων P

ANONYMA

VII

— μή μ' εἴπῃς πάλιν ὧδε. — τί δ' αἴτιος; αὐτὸς ἔπεμψε.　5621
— δεύτερον οὖν φήσεις; — δεύτερον· εἶπεν "ἴθι."
ἀλλ' ἔρχευ· μὴ μέλλε· μένουσί σε. — πρῶτον †ἐκείνου
εὑρήσω, χῄξω. τὸ τρίτον οἶδα πάλαι.

VIII

παύετε, παιδοφίλαι, κενεὸν πόνον. ἴσχετε μόχθων,　5625
δύσφρονες· ἀπρήκτοις ἐλπίσι μαινόμεθα.
ἶσον ἐπὶ ψαφαρὴν ἀντλεῖν ἅλα, κἀπὸ Λιβύσσης
ψάμμου ἀριθμητὴν ἀρτιάσαι ψεκάδα,
5　ἶσον καὶ παίδων στέργειν πόθον, ὧν τὸ κεναυχές
κάλλος ἐνὶ χθονίοις ἡδύ τε κἀθανάτοις.　5630
δέρκεσθ' εἰς ἐμὲ πάντες, ὁ γὰρ πάρος εἰς κενὸν ἡμῶν
μόχθος ἐπὶ ξηροῖς ἐκκέχυτ' αἰγιαλοῖς.

IX

ἠγρεύθην ὑπ' Ἔρωτος, ὁ μηδ' ὄναρ, οὐδὲ μαθών περ
ἄρσενα ποιμαίνειν θεσμὸν ὑπὸ κραδίας·
ἠγρεύθην· ἀλλ' οὔ με κακῶν πόθος ἀλλ' ἀκέραιον　5635
σύντροφον αἰσχύνῃ βλέμμα κατηνθράκισεν.
5　τηκέσθω Μουσέων ὁ πολὺς πόνος· ἐν πυρὶ γὰρ νοῦς
βέβληται γλυκερῆς ἄχθος ἔχων ὀδύνης.

X

ὄρνιθες ψίθυροι, τί κεκράγατε; μή μ' ἀνιᾶτε,
τὸν τρυφερῇ παιδὸς σαρκὶ χλιαινόμενον,　5640

VII　A.P. 12. 155 (caret Pl) ἄδηλον　　epigr. obscurum
VIII　A.P. 12. 145 (caret Pl) ἄδηλον　　1 ἴσχετε Salmasius: ἴσχε
P　5 ὧν Jacobs: οἷς P　6 κἀθανάτοις Jacobs: ἀκαμάτοις P
7 ἡμῶν Salmasius: ἦμαρ P　8 μόχθος Salmasius: -θοις P
IX　A.P. 12. 99 (caret Pl) ἄδηλον　　1 μαθών Brunck: -θόν P
2 θεσμὸν Brunck: θερμόν P　fort. κραδίᾳ
X　A.P. 12. 136 ἄδηλον, Plᴬ s.a.n.　　1 μή μ' P: τίπτ' Pl, μ supra
ππ scr.　　2 τρυφερῇ παιδὸς P: τρυφερῆς παρθένου Pl

ANONYMA

ἑζόμεναι πετάλοισιν ἀηδόνες· εἰ δὲ λάληθρον
θῆλυ γένος, δέομαι μείνατ᾽ ἐφ᾽ ἡσυχίης.

XI

Ἀντίπατρός μ᾽ ἐφίλησ᾽ ἤδη λήγοντος ἔρωτος,
καὶ πάλιν ἐκ ψυχρῆς πῦρ ἀνέκαυσε τέφρης,
δὶς δὲ μιῆς ἄκων ἔτυχον φλογός. ὦ δυσέρωτες,   5645
φεύγετε, μὴ πρήσω τοὺς πέλας ἁψάμενος.

XII

μὴ ᾽κδύσῃς, ἄνθρωπε, τὸ χλαινίον, ἀλλὰ θεώρει
οὕτως ἀκρολίθου κἀμὲ τρόπον ξοάνου.
γυμνὴν Ἀντιφίλου ζητῶν χάριν ὡς ἐπ᾽ ἀκάνθαις
εὑρήσεις ῥοδέαν φυομένην κάλυκα.   5650

XIII

εἴ τινά που παίδων ἐρατώτατον ἄνθος ἔχοντα   5651
εἶδες, ἀδιστάκτως εἶδες Ἀπολλόδοτον·
εἰ δ᾽ ἐσιδών, ὦ ξεῖνε, πυριφλέκτοισι πόθοισιν
οὐκ ἐδάμης, πάντως ἢ θεὸς ἢ λίθος εἶ.

XIV

†Ἑρμῇ τοξευθεὶς ἐξέσπασε πικρὸν ἐφήβῳ†   5655
κἠγὼ τὴν αὐτήν, ξεῖνε, λέλογχα τύχην·
ἀλλά μ᾽ Ἀπολλοφάνους τρύχει πόθος. ὦ φιλάεθλε,
ἔφθασας· εἰς ἓν πῦρ οἱ δύ᾽ ἐνηλάμεθα.

XI   A.P. 12. 79 (caret Pl) ἄδηλον, App.B.–V. 35 τοῦ αὐτοῦ [sc.
Μελεάγρου]   3 δὲ Brunck : με P
XII   A.P.12. 40 (caret Pl) ἄδηλον
XIII   A.P. 12. 151 (caret Pl) ἄδηλον
XIV   A.P. 12. 143 (caret Pl) ἄδηλον   1 inter πικρὸν et ἐφήβῳ
exciderunt vv. duo ut vid. ; dialogus fuit

XV

εὐφαμεῖτε νέοι· τὸν "Ερωτ' ἄγει Ἀρκεσίλαος
πορφυρέῃ δήσας Κύπριδος ἁρπεδόνῃ. 5660

XVI

τὸν καλὸν ὡς ἰδόμαν Ἀρχέστρατον, οὐ μὰ τὸν Ἑρμᾶν
οὐ καλὸν αὐτὸν ἔφαν, οὐ γὰρ ἄγαν ἐδόκει.
εἶπα, καὶ ἁ Νέμεσίς με συνάρπασε, κεὐθὺς ἐκείμαν
ἐν πυρί, παῖς δ' ἐπ' ἐμοὶ Ζεὺς ἐκεραυνοβόλει.
5 τὸν παῖδ' ἱλασόμεσθ' ἢ τὰν θεόν; ἀλλὰ θεοῦ μοι 5665
ἔστιν ὁ παῖς κρείσσων. χαιρέτω ἁ Νέμεσις.

XVII

ἄθρει· μὴ διὰ παντὸς ὅλαν κατάτηκ', Ἀρίβαζε, 5667
τὰν Κνίδον. ἁ πέτρα θρυπτομένα θέρεται.

XVIII

ματέρες αἱ Περσῶν, καλὰ μὲν καλὰ τέκνα τέκεσθε,
ἀλλ' Ἀρίβαζος ἐμοὶ κάλλιον ἢ τὸ καλόν. 5670

XIX

δισσοί με τρύχουσι καταιγίζοντες ἔρωτες,
Εὔμαχε, καὶ δισσαῖς ἐνδέδεμαι μανίαις·

XV A.P. 12. 112 (caret Pl) ἄδηλον   1 "Ερωτ' ἄγει Jacobs:
"Ερωτα λέγει P
XVI A.P. 12. 140 (caret Pl) ἄδηλον   4 παῖς δ' ἐπ' Pierson:
πᾶς δ' ἐν P   5 ἱλασσο- P   6 κρέσσων P
XVII A.P. 12. 61 (caret Pl) ἄδηλον   1 μὴ Hecker: μοι P
2 θέρεται Salmasius: φέρ- P
XVIII A.P. 12. 62 (caret Pl) s.a.n. cum XVII coniunctum
XIX A.P. 12. 88 (caret Pl) ἄδηλον

ᾗ μὲν ἐπ' Ἀσάνδρου κλίνω δέμας, ᾗ δὲ πάλιν μοι
ὀφθαλμὸς νεύει Τηλέφου ὀξύτερος.
5 τμῆξατ' — ἐμοὶ τοῦθ' ἡδύ — καὶ εἰς πλάστιγγα δικαίην   5675
νειμάμενοι, κλήρῳ τἀμὰ φέρεσθε μέλη.

XX

τλῆμον "Ερως, οὐ θῆλυν ἐμοὶ πόθον, ἀλλά τιν' αἰεί
διανεύεις στεροπὴν καύματος ἀρσενικοῦ·
ἄλλοτε γὰρ Δήμωνι πυρούμενος, ἄλλοτε λεύσσων
Ἰσμηνόν, δολιχοὺς αἰὲν ἔχω καμάτους.   5680
5 οὐ μούνοις δ' ἐπὶ τοῖσι δεδόρκαμεν, ἀλλ' ἐπιπάντων
ἄρκυσι πουλυμανῆ κανθὸν ἐφελκόμεθα.

XXI

Ζεῦ, προτέρῳ τέρπου Γανυμήδεϊ, τὸν δ' ἐμόν, ὦναξ,
Δέξανδρον δέρκευ τηλόθεν· οὐ φθονέω.
εἰ δὲ βίῃ τὸν καλὸν ἀποίσεαι, οὐκέτ' ἀνεκτῶς   5685
δεσπόζεις· ἀπίτω καὶ τὸ βιοῦν ἐπὶ σοῦ.

XXII

εἰαρινῷ χειμῶνι πανείκελος, ὦ Διόδωρε,
οὑμὸς ἔρως ἀσαφεῖ κινύμενος πελάγει·
καὶ ποτὲ μὲν φαίνεις πολὺν ὑετόν, ἄλλοτε δ' αὖτε
εὔδιος, ἁβρὰ γελῶν τ' ὄμμασιν ἐκκέχυσαι.   5690
5 τυφλὰ δ' ὅπως ναυηγὸς ἐν οἴδματι κύματα μετρῶν
δινεῦμαι μεγάλῳ χείματι πλαζόμενος·

5 τμῆξατ', ἐμοὶ Brunck : -ατέ μου P
  XX A.P. 12. 87 (caret Pl) ἄδηλον   1 ἐμοὶ Brunck : ἐμοῦ P
2 διανεύεις Salmasius : -ει P   καύματος Brunck : κύμ- P   6 ἄρκυσι
Jacobs : δάκρυσι P   πολυ- P
  XXI A.P. 12. 69 (caret Pl), App.B.-V. 2 [PApp.] ἄδηλον   3 ἀποί-
σεαι App. : -εται P   4 τὸ App. : om. P
  XXII A.P. 12. 156 (caret Pl) ἄδηλον   1 κινύμενος Page :
κρινόμενος P   4 εὔδιος Brunck : εὔδεις P   τ' Gow : δ' P   6 χείματι
Huschke : κύμ- P

ἀλλά μοι ἢ φιλίης ἔκθες σκοπὸν ἢ πάλι μίσους,
ὡς εἴδω ποτέρῳ κύματι νηχόμεθα.

XXIII

τίς, — ῥόδον ὁ στέφανος Διονυσίου, ἢ ῥόδον αὐτός   5695
τοῦ στεφάνου; δοκέω, λείπεται ὁ στέφανος.

XXIV

τὸν καλόν, ὦ Χάριτες, Διονύσιον, εἰ μὲν ἔλοιτο
τἀμά, καὶ εἰς ὥρας αὖθις ἄγοιτε καλόν·
εἰ δ' ἕτερον στέρξειε παρεὶς ἐμέ, μύρτον ἔωλον
ἐρρίφθω ξηροῖς φυρόμενον σκυβάλοις.   5700

XXV

τὸν καλὸν οὐχ ὁρόω Διονύσιον. ἆρά γ' ἀναρθείς,   5701
Ζεῦ πάτερ, ⟨ἀθανάτοις⟩ δεύτερος οἰνοχοεῖ;
αἰετέ, τὸν χαρίεντα ποτὶ πτερὰ πυκνὰ τινάξας
πῶς ἔφερες; μή που κνίσματ' ὄνυξιν ἔχει;

XXVI

κρίνατ', Ἔρωτες, ὁ παῖς τίνος ἄξιος. εἰ μὲν ἀληθῶς   5705
ἀθανάτων, ἐχέτω· Ζανὶ γὰρ οὐ μάχομαι·
εἰ δέ τι καὶ θνατοῖς ὑπολείπεται, εἴπατ', Ἔρωτες,
Δωρόθεος τίνος ἦν καὶ τίνι νῦν δέδοται.

5   ἐν φανερῷ φωνεῦσιν· ἐμὰ χάρις. ἀλλ' ἀποχώρει,
μηδ' ἔτι πρὸς τὸ καλὸν καὶ σὺ μάταια φέρου.   5710

7 πάλι Brunck: -λιν P
   XXIII   A.P. 5. 142, Pl^A [PPl] ἄδηλον
   XXIV   A.P. 12. 107 (caret Pl) ἄδηλον   1 ἔλοιτο Salmasius:
ἔχοιτε P   2 καὶ εἰς Salmasius: κεις P   4 φυρόμενον Salmasius:
φυόμ- P
   XXV   A.P. 12. 67 (caret Pl) ἄδηλον   2 suppl. Toup
4 ἔχῃ Brunck
   XXVI   A.P. 12. 66 (caret Pl) ἄδηλον   5 φονεῦσιν P ἐμὰ Page:
ἐμὴ P   6 μηδ' ἔτι ... φέρου Gow: μημέτι ... φέρηι P

XXVII

εἶπα καὶ ⟨αὖ⟩ πάλιν εἶπα "καλός, καλός." ἀλλ' ἔτι φήσω
ὡς καλός, ὡς χαρίεις ὄμμασι Δωσίθεος.
οὐ δρυὸς οὐδ' ἐλάτης ἐχαράξαμεν οὐδ' ἐπὶ τοίχου
τοῦτ' ἔπος, ἀλλ' ἐν ἐμῇ ἴσχετ' ἔρως κραδίᾳ.
εἰ δέ τις οὐ φήσει, μὴ πείθεο· ναὶ μὰ σέ, δαῖμον,   5715
ψεύδετ', ἐγὼ δὲ λέγειν ἀτρεκὲς οἶδα μόνος.

5

XXVIII

πτανὸς Ἔρως, σὺ δὲ ποσσὶ ταχύς, τὸ δὲ κάλλος ὁμοῖον   5717
ἀμφοτέρων. τόξοις, Εὔβιε, λειπόμεθα.

XXIX

Μάγνης Ἡράκλειτος, ἐμοὶ πόθος, οὔτι σίδηρον
πέτρῳ, πνεῦμα δ' ἐμὸν κάλλει ἐφελκόμενος.   5720

XXX

πυγῇ νικήσαντα τὸν Ἀντικλέους Μενέχαρμον   5721
λη',μνίσκοις μαλακοῖς ἐστεφάνωσα δέκα,
καὶ τρισσῶς ἐφίλησα πεφυρμένον αἵματι πολλῷ,
ἀλλ' ἐμοὶ ἦν σμύρνης κεῖνο μελιχρότερον.

XXXI

θαρσαλέως τρηχεῖαν ὑπὸ σπλάγχνοισιν ἀνίην   5725
οἴσω καὶ χαλεπῆς δεσμὸν ἀλυκτοπέδης·

XXVII A.P. 12. 130 (caret Pl) ἄδηλον   1 suppl. Jacobs
6 δὲ λέγειν Gow: δ' ὁ λέγων P
XXVIII A.P. 12. 111 (caret Pl) ἄδηλον
XXIX A.P. 12. 152 (caret Pl) s.a.n. cum XIII coniunctum
XXX A.P. 12. 123 (caret Pl) ἄδηλον   1 πυγμῇ apogr., sed
ioculo indulget poeta
XXXI A.P. 12. 160 (caret Pl) ἄδηλον

οὐ γάρ πω, Νίκανδρε, βολὰς ἐδάημεν Ἔρωτος
νῦν μόνον, ἀλλὰ πόθων πολλάκις ἠψάμεθα.
5   καὶ σὺ μέν, Ἀδρήστεια, κακῆς ἀντάξια βουλῆς
τῖσαι καὶ μακάρων πικροτάτη Νέμεσις.   5730

XXXII

ἐσβέσθη Νίκανδρος — ἀπέπτατο πᾶν ἀπὸ χροιῆς   5731
ἄνθος, καὶ χαρίτων λοιπὸν ἔτ᾽ οὐδ᾽ ὄνομα —
ὃν πρὶν ἐν ἀθανάτοις ἐνομίζομεν. ἀλλὰ φρονεῖτε
μηδὲν ὑπὲρ θνητούς, ὦ νέοι· εἰσὶ τρίχες.

XXXIII

οὔτι μάταν θνατοῖσι φάτις τοιάδε βοᾶται,   5735
ὡς οὐ πάντα θεοὶ πᾶσιν ἔδωκαν ἔχειν·
εἶδος μὲν γὰρ ἄμωμον, ἐπ᾽ ὄμμασι δ᾽ ἁ περίσαμος
αἰδώς, καὶ στέρνοις ἀμφιτέθαλε χάρις,
5   οἷσι καὶ ἠιθέους ἐπιδάμνασαι· ἀλλ᾽ ἐπὶ ποσσίν
οὐκέτι τὰν αὐτὰν δῶκαν ἔχειν σε χάριν.   5740
πλὴν κρηπὶς κρύψει ποδὸς ἴχνιον, ὦγαθὲ Πύρρε,
κάλλει δὲ σφετέρῳ τέρψει ἀγαλλόμενον.

XXXIV

κωμάσομαι, μεθύω γὰρ ὅλως μέγα· παῖ, λαβὲ τοῦτον
τὸν στέφανον τὸν ἐμοῖς δάκρυσι λουόμενον.
μακρὴν δ᾽ οὐχὶ μάτην ὁδὸν ἴξομαι· ἔστι δ᾽ ἀωρί   5745
καὶ σκότος, ἀλλὰ μέγας φανὸς ἐμοὶ Θεμίσων.

3 βολὰς Pierson : βοὰς P
   XXXII A.P. 12. 39 (caret Pl) ἄδηλον
   XXXIII A.P. 12. 96 (caret Pl) ἄδηλον   1 βοᾶται Brunck : -τε
P   8 ἀγαλλόμενον Brunck : -ος P
   XXXIV A.P. 12. 116 (caret Pl) ἄδηλον   1 ὅλος Brunck

XXXV

ἴυγξ ἡ Νικοῦς, ἡ καὶ διαπόντιον ἕλκειν
ἄνδρα καὶ ἐκ θαλάμων παῖδας ἐπισταμένη,
χρυσῷ ποικιλθεῖσα, διαυγέος ἐξ ἀμεθύστου
γλυπτή, σοὶ κεῖται, Κύπρι, φίλον κτέανον,   5750
5   πορφυρέης ἀμνοῦ μαλακῇ τριχὶ μέσσα δεθεῖσα,
τῆς Λαρισαίης ξείνια φαρμακίδος.

XXXVI

ὁ κρόκος οἵ τε μύροισιν ἔτι πνείοντες Ἀλεξοῦς
σὺν μίτραις κισσοῦ κυάνεοι στέφανοι
τῷ γλυκερῷ καὶ θῆλυ κατιλλώπτοντι Πριήπῳ   5755
κεῖνται, τῆς ἱερῆς ξείνια παννυχίδος.

XXXVII

ἠγρύπνησε Λεοντὶς ἕως πρὸς καλὸν ἐῷον
ἀστέρα τῷ χρυσέῳ τερπομένη Σθενίῳ,
ἧς πάρα Κύπριδι τοῦτο τὸ σὺν Μούσαισι μεληθέν
βάρβιτον ἐκ κείνης κεῖτ' ἔτι παννυχίδος.   5760

XXXVIII

κερκίδα τὴν φιλοεργὸν Ἀθηναίῃ θέτο Βιττώ
ἄνθεμα, λιμηρῆς ἄρμενον ἐργασίης,
πάντας ἀποστύξασα γυνὴ τότε τοὺς ἐν ἐρίθοις
μόχθους καὶ στυγερὰς φροντίδας ἱστοπόνων·

XXXV   A.P. 5. 205 (caret Pl) ἄδηλον; Sud. s.v. ἴυγξ [1–2]   1 ἦυξ
P   ἕλκειν App.G.B.: ησακειν C, ἤλκαὶ ?P, om. Sud.   3 ποικιλ-
θεῖσα Ap.G.: ποικίλλουσα P   5 μαλακῇ apogr.: -κὶ P
6 Λαρισσ- P
XXXVI   A.P. 5. 200 (caret Pl) ἄδηλον; Sud. s.v. ἱλλώπτειν [3]
3 γλυκερῷ C: -ρῶν P, -ρὸν Sud.   4 κεῖνται Salmasius: κεῖται P
ἱερῆς C: -ρᾶς P
XXXVII   A.P. 5. 201 (caret Pl) ἄδηλον
XXXVIII   A.P. 6. 48 ἄδηλον, Pl^A ἀδέσποτον   3 ἐρίθοις CPl:
-θους P

ANONYMA

5 εἶπε δ' Ἀθηναίη "τῶν Κύπριδος ἅψομαι ἔργων,   5765
   τὴν Πάριδος κατὰ σοῦ ψῆφον ἐνεγκαμένη."

XXXIX

ἡ τὸ πρὶν αὐχήσασα πολυχρύσοις ἐπ' ἐρασταῖς,
ἡ νέμεσιν δεινὴν οὐχὶ κύσασα θεῶν,
μίσθια νῦν σπαθίοις πενιχροῖς πηνίσματα κρούει.
ὀψέ γ' Ἀθηναίη Κύπριν ἐληΐσατο.   5770

XL

λάθρη κοιμηθεῖσα Φιλαίνιον εἰς Ἀγαμήδους   5771
κόλπους τὴν φαιὴν εἰργάσατο χλανίδα.
αὐτὴ Κύπρις ἔριθος, εὔκλωστον δὲ γυναικῶν
νῆμα καὶ ἠλακάτην ἀργὸς ἔχοι τάλαρος.

XLI

Τιμαρέτα πρὸ γάμοιο τὰ τύμπανα τάν τ' ἐρατεινάν   5775
σφαῖραν τόν τε κόμας ῥύτορα κεκρύφαλον
τάς τε κόρας, Λιμνᾶτι, κόρᾳ κόρα, ὡς ἐπιεικές,
ἄνθετο καὶ τὰ κορᾶν ἐνδύματ' Ἀρτέμιδι.
5 Λατῴα, τὺ δὲ παιδὸς ὑπὲρ χέρα Τιμαρετείας
θηκαμένα σώζοις τὰν ὁσίαν ὁσίως.   5780

XLII

μῆτερ ἐμὴ Ῥείη, Φρυγίων θρέπτειρα λεόντων,
Δίνδυμον ἧς μύσταις οὐκ ἀπάτητον ὄρος,

XXXIX A.P. 6. 283 ἄδηλον, Pl^A ἀδέσποτον, Pl^B s.a.n.   2 θεῶν
C: θεὸν PPl   4 Ἀθηναίη CPl : -ην P
   XL A.P. 6. 284 (caret Pl) ἄδηλον   1 Ἀγαμήλους P
   XLI A.P. 6. 280 (caret Pl) ἄδηλον   1 τάν τ' ἐρατεινάν Ap.G. :
τήν τ' ἐρατεινήν P   3 κόρας Salmasius : κόμας P   4 καὶ τὰ
Pierson : κατα P   5 χεῖρα P   6 ὁσίως Salmasius : ὁσίωι P
   XLII A.P. 6. 51 s.a.n., Pl^A Ἀλέξιδος   1 Ῥείη Hermann : γαίη
PPl   2 Δινδυμίνης C marg., μονης post spat. vac. Pl

σοὶ τάδε θῆλυς Ἄλεξις ἑῆς οἰστρήματα λύσσης
ἄνθετο, χαλκοτύπου παυσάμενος μανίης,
5   κύμβαλά τ᾿ ὀξύφθογγα βαρυφθόγγων τ᾿ ἀλαλητόν   5785
αὐλῶν, οὓς μόσχου λοξὸν ἔκαμψε κέρας,
τύμπανά τ᾿ ἠχήεντα καὶ αἵματι φοινιχθέντα
φάσγανα καὶ ξανθὰς τὰς πρὶν ἔσεισε κόμας.
ἵλαος, ὦ δέσποινα, τὸν ἐν νεότητι μανέντα
10   γηραλέον προτέρης παῦσον ἀγρειοσύνης.   5790

XLIII

ὀξέσι λαχνήεντα δέμας κέντροισιν ἐχῖνον   5791
ῥαγολόγον, γλυκερῶν σίντορα θειλοπέδων,
σφαιρηδὸν σταφυλῇσιν ἐπιτροχάοντα δοκεύσας
Κώμαυλος Βρομίῳ ζωὸν ἀνεκρέμασεν.

XLIV

αὐτῷ καὶ τεκέεσσι γυναικί τε τύμβον ἔδειμεν   5795
Ἀνδροτίων, οὔπω δ᾿ οὐδ᾿ ἑνός εἰμι τάφος.
οὕτω καὶ μείναιμι πολὺν χρόνον· εἰ δ᾿ ἄρα καὶ δεῖ,
δεξαίμην ἐν ἐμοὶ τοὺς προτέρους προτέρους.

XLV

ἐνθάδ᾿ ἐγὼ ληστῆρος ὁ τρισδείλαιος ἄρηι
ἐδμήθην, κεῖμαι δ᾿ οὐδενὶ κλαιόμενος.   5800

3 τόδε Pl   5 ἀλαλήτων P   6 κέρας CPl: γέρας P   10 ἀγριοσ-
C, ἀγριωσ- P
    XLIII   A.P. 6. 45, Plᴬ [PPl] s.a.n.; Sud. s.vv. ἐχῖνον [1], θειλόπεδον,
σίντης [1 ἐχ.—2], ῥαγολόγον [2]   2 θειλο- Sud.: θηλο- PPl
    XLIV   A.P. 7. 228 s.a.n., Plᴬ ἀδέσποτον   2 οὐδ᾿ ἑνός C: οὐδενός
PPl
    XLV   A.P. 7. 737 (caret Pl) [C] ἀδέσποτον   1 ληστῆρος
Brunck: -τῆος P

XLVI

εἷς ὅδε Νικάνδρου τέκνων τάφος· ἐν φάος ἀοῦς   5801
ἄνυσε τὰν ἱερὰν Λυσιδίκας γενεάν.

XLVII

Ἄιδη ἀλλιτάνευτε καὶ ἄτροπε, τίπτε τοι οὕτω
Κάλλαισχρον ζωᾶς νήπιον ὠρφάνισας;
ἔσται μὰν ὅ γε παῖς ἐν δώμασι Φερσεφονείοις   5805
παίγνιον, ἀλλ᾽ οἴκοι λυγρὰ λέλοιπε πάθη.

XLVIII

οὔπω τοι πλόκαμοι τετμημένοι, οὐδὲ σελάνας
τοὶ τριετεῖς μηνῶν ἀνιοχεῦντο δρόμοι,
Κλεύδικε, Νικασὶς ὅτε σὰν περὶ λάρνακα μάτηρ,
τλᾶμον, ἐπ᾽ αἰακτῷ πόλλ᾽ ἐβόασε τάφῳ   5810
5   καὶ γενέτας Περί⟨κλειτος⟩· ἐπ᾽ ἀγνώτῳ δ᾽ Ἀχέροντι
ἡβάσεις ἥβαν, Κλεύδικ᾽, ἀνοστοτάταν.

XLIX

αἰαῖ τοῦτο κάκιστον, ὅταν κλαίωσι θανόντα
νυμφίον ἢ νύμφην, ἡνίκα δ᾽ ἀμφοτέρους,
Εὔπολιν ὡς ἀγαθήν τε Λυκαίνιον, ὧν ὑμέναιον   5815
ἔσβεσεν ἐν πρώτῃ νυκτὶ πεσὼν θάλαμος,

XLVI   A.P. 7. 474 (caret Pl) [C] ἄδηλον   2 Λυσι- apogr. :
Αὐσι- P
XLVII   A.P. 7. 483, Pl^A [CPl] ἄδηλον   1 ἀλλι- C: ἀλι- PPl
τοι οὕτω Reiske : τοιοῦτο PPl   2 ὀρφ- P   3 ἐνὶ ... Φερσεφο-
νείας Pl
XLVIII   A.P. 7. 482 (caret Pl) [C] ἄδηλον   4 τλᾶμον Hecker :
τλῆμ- P   αἰακτῷ C: -τα P   ἐβόασε τάφῳ Jacobs: ἐβόα στεφάνωι P
5 suppl. Salmasius
XLIX   A.P. 7. 298 [C] ἀδέσποτον, Pl^B s.a.n.   3 Γλυκαίριον Pl
ὑμέναιος C   4 ἔσβη P

5 οὐκ ἄλλῳ τόδε κῆδος ἰσόρροπον, ᾧ σὺ μὲν υἱόν,
   Νῖκι, σὺ δ' ἔκλαυσας, Εὔδικε, θυγατέρα.

L

Νηιάδες καὶ ψυχρὰ βοαύλια, ταῦτα μελίσσαις
οἶμον ἐπ' εἰαρινὴν λέξατε νισομέναις,   5820
ὡς ὁ γέρων Λεύκιππος ἐπ' ἀρσιπόδεσσι λαγωοῖς
ἔφθιτο χειμερίῃ νυκτὶ λοχησάμενος.
5 σμήνεα δ' οὐκέτι οἱ κομέειν φίλον, αἱ δὲ τὸν ἄκρης
   γείτονα ποιμένιαι πολλὰ ποθοῦσι νάπαι.

LI

ἐν πόντῳ Σώδαμος ὁ Κρὴς θάνεν, ᾧ, φίλε Νηρεῦ,   5825
δίκτυα καὶ τὸ σὸν ἦν κεῖνο σύνηθες ὕδωρ,
ἰχθυβολεὺς ὁ περισσὸς ἐν ἀνδράσιν· ἀλλὰ θάλασσα
οὔτι διακρίνει χείματος οὐδ' ἁλιεῖς.

LII

'Ρήγιον 'Ιταλίης τεναγώδεος ἄκρον ἀείδω,
αἰεὶ Θρινακίου γευομένην ὕδατος,   5830
οὕνεκα τὸν φιλέοντα λύρην, φιλέοντα δὲ παῖδας
"Ιβυκον εὐφύλλῳ θῆκεν ὑπὸ πτελέῃ
5 ἠδέα πολλὰ παθόντα, πολὺν δ' ἐπὶ σήματι κισσόν
   χεύατο καὶ λευκοῦ φυταλιὴν καλάμου.

5 οὐκ ἄλλῳ Salmasius: οὐκ ἄλλος P, οὐ καλῶς Pl   ᾧ σὺ Reiske: ὡς ὁ PPl
6 Νῖκι Scaliger: Νικία PPl   Θεύδικε Meineke
   L A.P. 7. 717 (caret Pl) [C] ἀδέσποτον   2 ἐπ' Reiske: ὑπ' P
   LI · A.P. 7. 494 [C] ἀδέσποτον, Plᴮ Ἀθηνοδώρου   1 Σώδαμις
Pl   φίλα Hecker   Νιρεῦ P   4 οὔτι Pl: οὐδὲ P
   LII A.P. 7. 714 [C] ἀδέσποτον, Plᴮ s.a.n.   1 'Ιταλίη σταγανώ-
δεος P, 'Ιταλίης στεγανώδεος J   2 γευομένης Pl   5 ἠδέα P:
τῇδέ τε Pl   ἐπὶ Reiske: ὑπὸ PPl   6 καλάμου CPl: -μην P

LIII

ἁ πάρος ἄδμητος καὶ ἀνέμβατος, ὦ Λακεδαῖμον,   5835
καπνὸν ἐπ' Εὐρώτᾳ δέρκεαι ὠλένιον
ἄσκιος· οἰωνοὶ δὲ κατὰ χθονὸς οἰκία θέντες
μύρονται, μήλων δ' οὐκ ἀίουσι λύκοι.

LIV

ΕΡ. χαίρω τὸν λακέρυζον ὁρῶν θεὸν εἰς τὸ φάλανθον
βρέγμ' ὑπὸ τᾶν ὀχνᾶν, αἰπόλε, τυπτόμενον.   5840
ΠΡ. αἰπόλε, τοῦτον ἐγὼ τρὶς ἐπύγισα, τοὶ δὲ τραγίσκοι
εἰς ἐμὲ δερκόμενοι τὰς χιμάρας ἔβλεπον.
5   ΑΙ. ὄντως σ', Ἑρμαφρόδιτε, πεπύγικεν; ΕΡ. οὔ, μὰ τὸν
Ἑρμᾶν,
αἰπόλε. ΠΡ. ναὶ τὸν Πᾶν', αἰπόλε, κἀπιγελῶν.

LV

πρὶν μὲν ἁλικλύστου πέτρας ἐν βένθεσιν ἦμαν   5845
εὐαλδὲς πόντου φῦκος ἀπαινυμένα,
νῦν δέ μοι ἱμερόεις κόλπων ἔντοσθεν ἰαύει
λάτρις ἐυστεφάνου Κύπριδος ἁβρὸς Ἔρως.

LVI

οἶδα φιλεῖν φιλέοντας· ἐπίσταμαι ἤν μ' ἀδικῇ τις
μισεῖν· ἀμφοτέρων εἰμὶ γὰρ οὐκ ἀδαής.   5850

LIII   A.P. 7. 723, Pl^A [CPl] ἀδέσποτον   1 εὔδμητος Pl^pc
2 ὠλένιον· κακὸν ἢ δεινόν, Hesych.   4 λύκοι CPl : -κους P
LIV   A.P. 9. 317 (caret Pl) [C] ἄδηλον   1 λακέρυζον ?P, Toup :
λακόρ- P^pc   4 χιμάρας P   ἐβάτευν Salmasius   5 σ' Ap.B. :
om. P   6 ναὶ Ap.G. : καὶ P
LV   A.P. 9. 325 (caret Pl) [J] ἄδηλον   1 ἁλικλύστου Heringa :
-κλαύστου P   3 κόλπων Salmasius : -ποις P
LVI   A.P. 12. 103 ἄδηλον, Pl^A s.a.n.   1 κἢν μ' ἀδικεῖ P

LVII

στρογγύλη, εὐτόρνευτε, μονούατε, μακροτράχηλε,
ὑψαύχην, στεινῷ φθεγγομένη στόματι,
Βάκχου καὶ Μουσέων ἱλαρὴ λάτρι καὶ Κυθερείης,
ἡδύγελως, τερπνὴ συμβολικῶν ταμίη,
5 τίφθ' ὁπόταν νήφω μεθύεις σύ μοι, ἢν δὲ μεθυσθῶ   5855
ἐκνήφεις; ἀδικεῖς συμποτικὴν φιλίην.

B. ALIA ANONYMA

LVIII

αὐτῷ σοὶ πρὸς "Ολυμπον ἐμακύναντο κολοσσόν
τόνδε 'Ρόδου ναέται Δωρίδος, Ἀέλιε,
χάλκεον, ἀνίκα κῦμα κατευνάσαντες 'Εννοῦς
ἔστεψαν πάτραν δυσμενέων ἐνάροις·   5860
5 οὐ γὰρ ὑπὲρ πελάγους μόνον ἄνθεσαν, ἀλλὰ καὶ ἐν γᾷ
ἁβρὸν ἀδουλώτου φέγγος ἐλευθερίας·
τοῖς γὰρ ἀφ' 'Ηρακλῆος ἀεξηθεῖσι γενέθλας
πάτριος ἐν πόντῳ κἠν χθονὶ κοιρανία.

LIX

κοίρανος Εὐρώπας, ὁ καὶ εἰν ἁλὶ καὶ κατὰ χέρσον   5865
τόσσον ἄναξ θνατῶν Ζεὺς ὅσον ἀθανάτων,
Εἰνοδίᾳ τὰ λάφυρα κατὰ θρασέος Κιροάδα
καὶ τέκνων καὶ ὅλας γᾶς ἔθετ' 'Οδρυσίδος,
5 υἱὸς ἐυμμελίᾳ Δαματρίου. ἁ δὲ Φιλίππου
δόξα πάλαι θείων ἄγχι βέβακε θρόνων.   5870

LVII A.P. 5. 135 (caret Pl) ἄδηλον, App.B.-V. 16 [5-6] s.a.n.
1 -τράχηλε C: -τραχήλου ?P   3 Μουσέων Brunck: -σῶν P
LVIII A.P. 6. 171 s.a.n., Pl^A s.a.n.; Sud. s.v. κολοσσαεῖς [1-4]
3 κατευνάσσ- Pl   5 κάτθεσαν P   6 ἐλευθερίας Brunck: -ίης
PPl   7 γενέθλας C: -λης PPl   8 κοιρανία Brunck: -ίαι P,
-ίη Pl
LIX A. Plan. (Pl^B) 6 ἄδηλον   3 λάφυρ' 'Εκάτᾳ Hecker
4 γᾶς edd. vett.: τᾶς Pl   'Οδρυσίδος Brunck: 'Οδριάδος Pl

LX

Ἀλκαίου τάφος οὗτος, ὃν ἔκτανεν ἡ πλατύφυλλος   5871
τιμωρὸς μοιχῶν γῆς θυγάτηρ ῥάφανος.

LXI

τρίς με τυραννήσαντα τοσουτάκις ἐξεδίωξεν
δῆμος Ἐρεχθῆος καὶ τρὶς ἐπηγάγετο,
τὸν μέγαν ἐν βουλῇ Πεισίστρατον, ὃς τὸν Ὅμηρον   5875
ἤθροισα σποράδην τὸ πρὶν ἀειδόμενον·
5   ἡμέτερος γὰρ κεῖνος ὁ χρύσεος ἦν πολιήτης,
εἴπερ Ἀθηναῖοι Σμύρναν ἀπῳκίσαμεν.

LXII

Ἀβρότονον Θρήισσα γυνὴ πέλον· ἀλλὰ τεκέσθαι
τὸν μέγαν Ἕλλησίν φημι Θεμιστοκλέα.   5880

LXIII

Θεσπιαὶ εὐρύχοροι πέμψαν ποτὲ τούσδε σὺν ὅπλοις   5881
τιμωροὺς προγόνων βάρβαρον εἰς Ἀσίην,
οἳ μετ' Ἀλεξάνδρου Περσῶν ἄστη καθελόντες
στῆσαν Ἐριβρεμέτᾳ δαιδάλεον τρίποδα.

LX   A.P. 9. 520 (caret Pl) s.a.n.
LXI   Σπ (= 'A.P. 11. 442'), Plᴬ, s.a.n.; vit. Hom. pp. 246, 249
Allen, An. Bekker 768   2 Ἐρεχθειδῶν Pl   5 γὰρ ἐκεῖνος Pl
LXII   A.P. 7. 306 (caret Pl) [C] ἀδέσποτον; Athen. 13. 576ᶜ s.a.n.;
Plut. vit. Them. 1 s.a.n.   1 Ἀβρ- Pᵃᶜ, Athen., Plut.   πέλον P:
γένος Athen., Plut.   2 φασι Athen.
LXIII   A.P. 6. 344 (caret Pl) s.a.n.   1 σὺν ὅπλοις C: συνόπλους
P   2 Ἀλεξάνδρου Huschke: -ρον P   4 -βρεμέτᾳ Hecker
(-τῃ): -βρεμέα P

LXIV

ὦ Χρόνε, παντοίων θνητοῖς πανεπίσκοπε δαῖμον,   5885
ἄγγελος ἡμετέρων πᾶσι γένου παθέων·
ὡς ἱερὰν σώζειν πειρώμενοι Ἑλλάδα χώρην
Βοιωτῶν κλεινοῖς θνήσκομεν ἐν δαπέδοις.

LXV

Καλλιόπης Ὀρφῆα καὶ Οἰάγροιο θανόντα
ἔκλαυσαν ξανθαὶ μυρία Βιστονίδες,   5890
στικτοὺς δ᾽ ἡμάξαντο βραχίονας ἀμφὶ μελαίνη
δευόμεναι σποδιῇ Θρηίκιον πλόκαμον·
5   καὶ δ᾽ αὐταὶ στοναχεῦντι σὺν εὐφόρμιγγι Λυκείῳ
ἔρρηξαν Μοῦσαι δάκρυα Πιερίδες
μυρόμεναι τὸν ἀοιδόν· ἐπωδύραντο δὲ πέτραι   5895
καὶ δρύες, ἃς ἐρατῇ τὸ πρὶν ἔθελγε λύρῃ.

LXVI

ἔλθετε πρὸς τέμενος γλαυκώπιδος ἀγλαὸν Ἥρης,
Λεσβίδες, ἁβρὰ ποδῶν βήμαθ᾽ ἑλισσόμεναι,
ἔνθα καλὸν στήσασθε θεῇ χορόν· ὔμμι δ᾽ ἀπάρξει
Σαπφώ, χρυσείην χερσὶν ἔχουσα λύρην.   5900
5   ὄλβιαι ὀρχηθμοῦ πολυγηθέος· ἦ γλυκὺν ὕμνον
εἰσαΐειν αὐτῆς δόξετε Καλλιόπης.

LXIV I.G. II¹ 1680 = II² 5226 s.a.n.; A.P. 7. 245 [C] τοῦ αὐτοῦ (sc. Γαιτυλίκου), Pl^A Γετουλίκου   lapis 1]επαντοιων θνητο[, 2]οσημετερωνπασ[1 θνητῶν Pl   3 ἱερὴν Pl   χώραν Kaibel inscr. saec. IV p. post.; de mortuis in pugna ad Chaeroneam 338 a.C.
LXV A.P. 7. 10, Pl^A, s.a.n.   5 δ᾽ Pl^sscr: om. P
LXVI A.P. 9. 189 [C] ἄδηλον; bis scr. Pl, fol. 16^r Pl^A ἄδηλον, fol. 99^v Pl^B s.a.n.   1 ταυρώπιδος Hecker   2 ἁβρὰ ποδῶν Pl^B: ἁβροπόδων PPl^A βήματ᾽ ἐρεισάμεναι Pl^AB (βήματ᾽ etiam P)   3 στήσασθε θεῇ Pl^A: στήσασθεη P; ἔνθα χορὸν καλὸν στήσασθ᾽ ὔμμι δ᾽ ἀπ. Pl^B
4 χερσὶν om. P spat. vac. relicto   5 ὕμμον P

LXVII

ἄρτι λοχευομένην σε μελισσοτόκων ἔαρ ὕμνων,
ἄρτι δὲ κυκνείῳ φθεγγομένην στόματι,
ἤλασεν εἰς Ἀχέροντα διὰ πλατὺ κῦμα καμόντων   5905
Μοῖρα λινοκλώστου δεσπότις ἠλακάτης.
5   σὸς δ' ἐπέων, Ἤριννα, καλὸς πόνος οὔ σε γεγωνεῖ
φθίσθαι, ἔχειν δὲ χοροὺς ἄμμιγα Πιερίσιν.

LXVIII

Λέσβιον Ἠρίννης τόδε κηρίον· εἰ δέ τι μικρόν,
ἀλλ' ὅλον ἐκ Μουσέων κιρνάμενον μέλιτι.   5910
οἱ δὲ τριηκόσιοι ταύτης στίχοι ἶσοι Ὁμήρῳ,
τῆς καὶ παρθενικῆς ἐννεακαιδεκέτευς·
5   ἢ καὶ ἐπ' ἠλακάτῃ μητρὸς φόβῳ, ἢ καὶ ἐφ' ἱστῷ
ἑστήκει Μουσέων λάτρις ἐφαπτομένη.
Σαπφὼ δ' Ἠρίννης ὅσσον μελέεσσιν ἀμείνων,   5915
Ἤριννα Ψαπφοῦς τόσσον ἐν ἑξαμέτροις.

LXIX

σοὶ καὶ νῦν ὑπὸ γῆν, ναὶ δέσποτα, πιστὸς ὑπάρχω
ὡς πάρος, εὐνοίης οὐκ ἐπιληθόμενος,
ὥς με τότ' ἐκ νούσου τρὶς ἐπ' ἀσφαλὲς ἤγαγες ἴχνος
καὶ νῦν ἀρκούσῃ τῇδ' ὑπέθου καλύβῃ,   5920
5   Μάνην ἀγγείλας, Πέρσην γένος· εὖ δέ με ῥέξας
ἕξεις ἐν χρείῃ δμῶας ἑτοιμοτέρους.

LXVII A.P. 7. 12 ἄδηλον, Pl^A ἀδέσποτον   4 -κάτας CPl
LXVIII A.P. 9. 190 [C] ἄδηλον, Pl^A s.a.n.; Eust. Il. ad B 711 seqq.,
p. 327 (1. 509 Van der Valk) s.a.n.   1 εἰ δέ τι Jacobs: ἁδύ τοι P, ἁδύ
τι Pl, ἁδὺ τὸ Eust.   3 οἱ δὲ P, Eust.: οὐδὲ Pl   4 -δεκάτευς P,
Eust.   6 Ψαπφοῦς Schneidewin: Σαπ- PPl, Eust.
LXIX A.P. 7. 179 [C] ἄδηλον, Pl^A ἀδέσποτον   2 ἐπιλαθ- P
3 ὅς με Pl   τότ' Brunck: τὸν PPl   ἐπισφαλὲς P   6 δμῶας PPl^sscr:
ἄμμες Pl

LXX

εἰπέ, ποτὶ Φθίαν εὐάμπελον ἤν ποθ' ἵκηαι
καὶ πόλιν ἀρχαίαν, ὦ ξένε, Θαυμακίαν,
ὡς δρυμὸν Μαλεαῖον ἀναστείβων ποτ' ἔρημον   5925
εἶδες Λάμπωνος τόνδ' ἐπὶ παιδὶ τάφον
5   Δερξίᾳ, ὅν ποτε μοῦνον ἕλον δόλῳ οὐδ' ἀναφανδόν
κλῶπες ἐπὶ Σπάρταν δῖαν ἐπειγόμενον.

LXXI

— χαῖρε, κόρη. — καὶ δὴ σύ. — τίς ἡ προϊοῦσα; — τί
πρὸς σέ;
— οὐκ ἀλόγως ζητῶ. — δεσπότις ἡμετέρη.   5930
— ἐλπίζειν ἔξεστι; — θέλεις δὲ τί; — νύκτα. — φέρεις τί;
— χρυσίον. — εὐθύμει. — καὶ τόσον. — οὐ δύνασαι.

LXXII

εἴθ' ἄνεμος γενόμην, σὺ δὲ ⟨δὴ⟩ στείχουσα παρ' αὐγάς   5933
στήθεα γυμνώσαις καί με πνέοντα λάβοις.

LXXIII

εἴθε ῥόδον γενόμην ὑποπόρφυρον, ὄφρα με χερσίν   5935
ἀραμένη χαρίσῃ στήθεσι χιονέοις.

LXXIV

πέμπω σοι μύρον ἡδύ, μύρῳ παρέχων χάριν, οὐ σοί·   5937
αὐτὴ γὰρ μυρίσαι καὶ τὸ μύρον δύνασαι.

LXX   A.P. 7. 544 (caret Pl) [C] ἀδέσποτον   Θαυμακίαν Hol-
sten: -κίδαν P
LXXI   A.P. 5. 101 ἀδέσποτον, Pl^A ἄδηλον   προϊοῦσα Jacobs:
προσιοῦσα PPl   3 θέλεις Reiske: ζητεῖς (ex ζητῶ supra) PPl
3-4   φέρεις τι / χρυσίον; — εὐθήμει· μὴ τόσον. — οὐ δύνασαι Jacobs
LXXII   A.P. 5. 83 ἀδέσποτον, Pl^A τοῦ αὐτοῦ [sc. Διονυσίου σοφιστοῦ];
schol. Dion. Chrys. II 65   1 δὴ suppl. Jacobs, γε Pl, καὶ σὺ στείχ.
schol. στίχουσα P αὐγὰς P, schol.: αὐλᾶς Pl   2 πνέοντα P
LXXIII   A.P. 5. 84 ἀδέσποτον, Pl^A (epigrammatis prioris con-
tinuatio); schol. Dion. ibid.   2 ἀρσαμένη P χαρίσηι P (et hoc
novit schol.): κομίσαις Pl
LXXIV   A.P. 5. 91 ἀδέσποτον, Pl^A s.a.n.

INDEX I

De librorum comparatione:

1. alius libri cuiusvis locum si in nostro quaeris, epigrammatis initium (Ind. II) respice.

2. numeri epigrammatum quae ediderunt Th. Bergk et E. Diehl numeris interioribus (e.g. 'Erinna III [4B., 3D.]') appositi sunt.

3. numeri interiores epigrammatum quae ediderunt Gow et Page integri servantur exceptis eorum quae sequuntur:

INDEX II

EPIGRAMMATUM INITIA

EPIGRAMMATUM INITIA

371

INDEX III

AUCTORES